PROJEKTE

Wissenschaftliche Arbeitsgruppe
für weltkirchliche Aufgaben
der Deutschen Bischofskonferenz

Antonella Invernizzi

Straßenkinder in Afrika, Asien und Osteuropa

Eine kommentierte Bibliographie

Die Wissenschaftliche Arbeitsgruppe für weltkirchliche Aufgaben der Deutschen Bischofskonferenz hat die Aufgabe der wissenschaftlichen Behandlung von Fragen aus dem Bereich der weltkirchlichen Verantwortung der Kirche in Deutschland. Die Arbeit ist in vier Forschungsbereiche gegliedert

- Forschungsbereich Theologie, Religionswissenschaft, pastorale Arbeit in der Dritten Welt/Dialog mit den Kirchen der Dritten Welt
- Forschungsbereich Förderung des Friedens: kirchliche Entwicklungsarbeit, Entwicklungspolitik, Weltwirtschaft, Menschenrechte
- Forschungsbereich Sicherung des Friedens: Friedens- und Sicherheitspolitik, Europa
- Forschungsbereich Konfliktstudien

Antonella Invernizzi, ausgebildete Sozialarbeiterin und Soziologin, hat im Soziologischen Seminar der Universität Fribourg (CH) geforscht und gelehrt, wo sie eine Dissertation zum Thema „Kinderarbeit in Peru" vorgelegt hat. Ihre gegenwärtige Forschungsarbeit umfasst die Themengebiete Straßenkinder und Kinderarbeit.

Straßenkinder in Asien, Afrika und Osteuropa – Eine kommentierte Bibliographie (Wissenschaftliche Arbeitsgruppe für welt-kirchliche Aufgaben der Deutschen Bischofskonferenz: PROJEKTE 9)

Bonn, Januar 2001

ISBN 3-932535-47-2 (Deutsche Kommission Justitia et Pax)

Zu beziehen bei der Zentralstelle Weltkirche
der Deutschen Bischofskonferenz, Kaiserstraße 163, 53113 Bonn,
Telefon: 0228/103-288, Fax: 0228/103-335

Inhalt

Vorwort 5

Thesenpapier zur Fachkonferenz „Straßenkinder". Wissenschaftliche Beiträge zur Weiterentwicklung von Konzepten kirchlicher Hilfswerke

deutsche Fassung 7
englische Fassung 12
französische Fassung 17
spanische Fassung 22
portugiesische Fassung 27
polnische Fassung 32
russische Fassung 37

Einleitung 42

   1. Gebrauch des Begriffs „Straßenkinder" 43
   2. Abgrenzungsprobleme 47
   3. Ansätze, Methoden und erläuternde Perspektiven 50
   4. Das Kind nach dem Projektbesuch und nach dem Wegzug
       von der Straße 71
   5. Schlagwortkatalog 75

Introductory remarks 77

   1. Use of the term „street children" 78
   2. Definition problems 81
   3. Approaches, methods and the perspectives to be explicated 85
   4. The child after taking part in a project and moving away
       from the street 104
   5. Keywords 108

Remarques introductives 110

1. Les usages de l'expression „enfant de la rue" 111
2. Les problèmes de définition.. 114
3. Les approches, les méthodes et les perspectives explicatives................. 118
4. L'enfant après le projet et après la rue 138
5. Mots-clefs 142

A. Bibliographie générale.. 143

B. Afrique 219

C. Asie... 318

D. Europe Centrale et de l'Est, Asie (pays „en transition"),
   Europe du Sud-Est... 377

Annexe: Adresses.. 407

Vorwort

Die Problematik der Straßenkinder hat nicht erst seit „Konvention über die Rechte des Kindes„ (1989) und dem Weltkindergipfel (1990) vermehrte öffentliche Aufmerksamkeit gefunden. Schon die staatlich organisierten Verschleppungen von Straßenkindern, die in Brasilien und Kolumbien in den 70er Jahren stattgefunden haben, und die Ermordung zahlreicher Kinder im Sao Paulo der 80er Jahre fanden breite Publizität. In den vergangenen Jahren haben ganz unterschiedliche Hilfsorganisationen die Straßenkinder entdeckt und eine Vielzahl von Aktionen, meist nur mit begrenztem Erfolg, durchgeführt.

Hilfsbereitschaft wie Aktionismus, die bei Projekten mit Straßenkindern zu beobachten waren und sind, kontrastieren mit einem allgemeinen Wissensdefizit über deren sehr unterschiedliche Lebenssituation und die vielschichtigen Gründe dieses Phänomens. Auf Wunsch der Unterkommission für wissenschaftliche Aufgaben im weltkirchlichen Bereich hat sich die Wissenschaftliche Arbeitsgruppe der Thematik angenommen. In intensiven Kontakten mit den kirchlichen Hilfswerken wurde deren Straßenkinder-Arbeit systematisiert, auf einer Auswertungskonferenz thematisiert und schließlich im Frühjahr des Jahres 1999 auf einer Fachkonferenz, an der verschiedene Fachleute zum Thema teilgenommen haben, zur Diskussion gestellt. Als ein Ergebnis der Fachkonferenz wurde ein Thesenpapier zusammengestellt, das in mehreren Sprachen vorliegt und der konkreten Arbeit der verschiedenen Hilfswerke dient. Es wird in der vorliegenden Publikation dokumentiert (vgl. S. 7-41).

Die Tagung hat jedoch auch Defizite erkennen lassen. Es sind Wünsche im Bereich der Ursachenforschung, also der Frage "Wie kommen Kinder zu ihrem Leben als Straßenkinder?", und vor allem zur Frage „Was wird aus Straßenkindern, wenn sie nicht mehr zu den Programmen der Hilfswerke gehören?". Zudem hat sich gezeigt, dass das Problem der Straßenkinder im lateinamerikanischem Kontext ziemlich gut erforscht ist, dies jedoch nicht für die Kontinente Afrika und Asien gilt – auch nicht für die Länder Mittel- und Osteuropas.

Die vorliegende Literaturstudie soll dem Zweck dienen, diese Lücken soweit zu überwinden, dass zumindest die vorhandenen Forschungsergebnisse in kommentierter Form präsentiert werden. Die Literaturstudie dient damit dem Zweck einer konkreten Weiterarbeit am Thema. Man wird sich dabei immer wieder neu vor Augen halten müssen, dass es bei diesen Kindern um Menschen geht, die unter normalen Umständen noch ihr gesamtes Leben vor sich haben und denen die Chance geboten werden sollte, ihre Talente und Kräfte eigenverantwortlich zu entfalten.

Prof. Dr. Johannes Müller SJ
Vorsitzender der Wissenschaftlichen Arbeitsgruppe
für weltkirchliche Aufgaben der Deutschen Bischofskonferenz

Thesenpapier
zur Fachkonferenz
„Straßenkinder". Wissenschaftliche Beiträge zur Weiterentwicklung von Konzepten kirchlicher Hilfswerke" – 28. bis 30. April 1999 in Bensberg

I. Begrifflichkeit

1. Der aus der lateinamerikanischen Realität gewonnene Begriff von „Straßenkind" ist nicht ohne weiteres auf andere Länder und Kontinente zu übertragen.

2. Eine scharfe Unterscheidung von „Straßenkindern" und „arbeitenden Kindern" bzw. „children of the street" und „children in the street" kann dazu dienen, in einem entsprechenden Kontext Zielgruppen zu definieren, ist jedoch nicht global anwendbar.

3. Eine Beschränkung der Aufmerksamkeit auf Straßenkinder im engeren Sinn kann den Blick versperren auf verwandte Zielgruppen, deren Probleme vor Ort möglicherweise drängender sind. (AIDS-Waisen und Kindersoldaten in Afrika, Sinti und Roma in Osteuropa, Kinder in Gefängnissen).

4. Begriffe wie „Kindheit", „Familie", „Armut" und „Arbeit" sind zu klären. Dies gilt sowohl für das zugrundeliegende eigene Verständnis als auch für die Bedeutung dieser Begriffe vor Ort. Ihr jeweiliger soziokultureller Kontext ist stets zu berücksichtigen.

5. Straßenkinder leiden stärker unter sozialer Armut und einem affektiven Notstand als unter materieller Armut.

6. Eine Unterteilung von Straßenkindern in Altersgruppen ist sinnvoll. Sie trägt den Sozialisationsschritten auf der Straße und der sich wandelnden Lebensrealität Rechnung.

II. Datenlage, Analyse

1. Die Datenlage ist offensichtlich deutlich schlechter als angenommen. Dies gilt insbesondere für die Transformationsländer, Asien und Afrika.

2. Vor dem Einstieg in die konkrete Projektarbeit ist eine empirisch abgesicherte Wissensbasis über die Zielgruppe des Projektes und ihr soziokulturelles Umfeld unerlässlich. Wünschenswert wäre daher:

    a. Die Vernetzung von Forschung und Projektarbeit (Aktionsforschung). Die Forschung erlangt so umittelbaren Zugang zur Realität und die Projektarbeit kann unmittelbar von den Forschungsergebnissen profitieren.
    b. Eine stärkere interdisziplinäre Zusammenarbeit von Ärzten, Juristen, Erziehern und Sozialwissenschaftlern.
    c. Ein eigener Forschungsschwerpunkt „Mädchen".

3. Daten über Erfolge und Miterfolge einzelner Projekttypen können in Ländern, in denen die Arbeit mit Straßenkindern erst am Anfang steht, Orientierung bieten und helfen, Irrwege zu vermeiden.

III. Ansätze zur Erstellung von Förderrichtlinien

1. Die ökonomischen Aktivitäten der Kinder sind in ihrer Struktur und Motivation noch nicht genügend erforscht.

2. In Ausbildungsprogrammen für Straßenkinder ist den ökonomischen Aktivitäten der Kinder im informellen Sektor Rechnung zu tragen.

3. Hilfe kann nur aus dem jeweiligen Kontext heraus und unter Einbeziehung des sozialen Umfeldes geleistet werden. Projekte für Straßenkinder sollten in der Nachbarschaft integriert sein.

4. Ein umfassendes Hilfskonzept für Straßenkinder schließt notwendig präventive Maßnahmen und Programme mit ein. Dies heißt unter anderem:

a. Die Einbeziehung des familiären und sozialen Umfeldes potentieller Straßenkinder.
b. Aufklärungsarbeit vor Ort.
c. Kampf gegen Gewalt und sexuellen Missbrauch in den Familien.

5. Die Möglichkeit der Rückführung von Kindern in die Familie ist von den bestehenden soziokulturellen Strukturen abhängig. Im Falle einer Rückführung sollte die Familie in die Projektarbeit mit einbezogen werden.

6. In der konkreten Projektarbeit dürfen Straßenkinder nicht stigmatisiert und der Lebensraum Straße nicht pauschal verteufelt werden. Vielmehr sind die Kompetenzen der Kinder anzuerkennen und zu stärken.

7. Unterschiedliche Lebensrealitäten und die psychosoziale Heterogenität von Straßenkindern bedürfen unterschiedlicher Projektansätze. Eine Dogmatisierung bestimmter Ansätze (z.B. Rückführung in die Familie oder emanzipatorischer Ansatz) ist nicht zweckdienlich. Dies schließt jedoch einheitliche Qualitätskriterien für die beantragten Projekte nicht aus.

8. Eine gemeinsame Reflexion mit den Partnern vor Ort ist wünschenswert. Supervision und permanente Fortbildung der Sozialarbeiter sollten Bestandteile eines Gesamtkonzeptes sein.

IV. Straßenkinder und Erwachsene

1. Straßenkinder beobachten das Verhalten Erwachsener aufmerksam und werten es.

2. Trotz aller negativen Erfahrungen mit Erwachsenen im Alltag haben Kinder offenbar das Bedürfnis nach einem „idealen" Erwachsenen. Über die Beschaffenheit dieses Ideals sowie über die Vorstellungen der Kinder über ihre eigene spätere Rolle als Erwachsener ist so gut wie nichts bekannt.

3. Straßenkinder haben ein ausgeprägtes ethisches Bewusstsein und ein Bedürfnis nach moralischer Orientierung jenseits der üblichen formellen Maßstäbe, wie sie von Gesetz und Gesellschaft vorgegeben werden.

4. Der Erwachsene, der mit Straßenkindern arbeitet, hat sich selbst und seine Maßstäbe zu hinterfragen. Er muss bereit sein, bei der Suche nach Werten und Orientierung mit den Kindern neue Wege zu gehen.

V. Die Rechte der Kinder

1. Obwohl die Kinderrechtskonvention der Vereinten Nationen eine gemeinsame Grundlage geschaffen hat, werden „Kinderrechte" je nach Kultur unterschiedlich interpretiert.

2. Die pauschale Forderung nach Abschaffung jeglicher Kinderarbeit greift zu kurz. Sie birgt die Gefahr, arbeitende Kinder in die Illegalität zu drängen, statt ihnen bei der Durchsetzung ihrer Rechte und Interessen zu helfen.

3. Ein Recht der Kinder auf Arbeit als Mittel zum Überleben darf nicht den Blick verstellen auf das Recht auf Gesundheit und Ausbildung.

VI. Ergebniskriterien und Evaluation

1. Der Begriff der Nachhaltigkeit ist für soziale Programme, insbesondere im Bereich „Straßenkinder" unzureichend. Es ist kaum zu erwarten, dass sich derartige Programme selbst tragen bzw. finanzieren.

2. Für die Evaluation von Straßenkinderprogrammen eignen sich am ehesten aus dem lokalen Kontext gewonnene Kriterien, z.B.

    a. die Akzeptanz des Projektes und der Straßenkinder im unmittelbaren sozialen Umfeld,
    b. der Rückgang von Gewalt gegen Straßenkinder und unter Straßenkindern.

3. Es gibt – mangels Langzeitstudien – bis auf Einzelfälle so gut wie keine Erkenntnisse über den weiteren Lebensweg und die Lebenserwartung von

(ehemaligen) Straßenkindern. Damit wird eine langfristige Bewertung von Projekten stark erschwert.

VII. Öffentlichkeitsarbeit

1. Die Rolle der Kinder als eigenständige Subjekte ist auch in Werbung und Öffentlichkeitsarbeit verstärkt zu vermitteln.

2. Die Politik muss daran erinnert werden, ihre eigenen Grundsätze auch glaubhaft umzusetzen.

THESES
of the Specialist Conference
"Street Children. Scientific contributions to the development of programmes of the relief agencies of the Church" in Bensberg on 28 - 30 April 1999

I. Terminological Differentiation

1. The term *street child*, which has been derived from the Latin American reality, cannot simply be applied to other countries and continents.

2. A clear distinction between *street children* and *child workers* or between *children of the street* and *children in the street* can help to define target groups in a specific context, however it is not globally applicable.

3. Focusing the attention on *street children* in a narrower sense may divert the attention from related target groups which - in specific regions - probably have more urgent problems (aids orphans and child soldiers in Africa, Sinti and Rom in Eastern Europe, imprisoned children).

4. Terms like *childhood, family, poverty*, and *labour* need to be defined with respect to one's own underlying conception on the one hand, and with respect to the meaning of these terms in the specific regions on the other hand. Their specific socio-cultural context must always be taken into account.

5. Street children suffer more from social poverty and from an affective state of distress than from material poverty.

6. It is useful to distinguish between street children of different ages. This takes the different stages of socialisation in the street and the changing reality of their lives into account.

II. Facts, Analysis

1. Apparently, the situation is much worse than expected, particularly in the African and Asian countries in transition.

2. Prior to the start of the actual project work, it is indispensable to compile empirical data on the project's target group and its socio-cultural environment. For this reason, the following initiatives would be desirable:

   a. Establishing a network of research and project work ('action research') which ensures that researchers are in close contact with reality and that project workers directly benefit from the results of research.
   b. A closer interdisciplinary co-operation of physicians, lawyers, teachers and sociologists.
   c. A separate 'girls' research field.

3. Data on achievements and failures of different types of projects may serve as an orientation in countries where street work projects are only about to start, and may prevent them from getting on the wrong track.

III. Approaches: Setting up Promotive Guidelines

1. The structures and motives of the children's economic activities have not been sufficiently examined yet.

2. The children's economic activities in the informal sector must be taken into account in the educational programmes for street children.

3. Help can only be provided within the specific context and taking the social environment into consideration. Projects for street children should be integrated in the neighbourhood.

4. A comprehensive relief programme for street children necessarily includes preventive measures and programmes, such as:

   a. Integration of the families and the social environment of potential street children.
   b. Local educational work.
   c. Combating violence and sexual abuse within the families.

5. The question whether the children have the opportunity of being reintegrated into their families depends on the existing socio-cultural structures. In the case of reintegration, the project work should also involve the child's family.

6. Practical project work must not allow street children to be stigmatised and life in the street to be globally disparaged, but it must recognise and strengthen the children's abilities.

7. The psychological heterogeneity of street children and the different realities of their lives require different approaches. Any dogmatisation of certain approaches (e.g. reintegration into the family or emancipatory approach) is inadequate. Nevertheless, uniform quality standards are required for the proposed projects.

8. An exchange of ideas with the local partners would be desirable. Supervision and permanent training of the social workers should be part of the overall programme.

IV. Street Children and Adults

1. Street children observe with attention how adults act, and they evaluate their behaviour.

2. In spite of so many negative experiences with adults in everyday life, the children apparently long for an 'ideal' adult. The nature of this ideal and a child's idea of its future role as an adult are almost completely unexplored.

3. Street children have a distinguished ethical sensibility and they need a moral orientation which goes beyond the usual formal standards provided by law and the society.

4. Adults who work with street children must not apply their personal standards and patterns of behaviour to the children. But they must be willing to join the children in the search of new values and orientation.

V. The Children's Rights

1. Although the United Nations *Convention on the Rights of the Child* created a common basis, the children's rights are interpreted in various ways depending on the cultural background.

2. A global demand for the abolition of any form of child labour would not have the desired effect. This would involve the danger of child workers being pushed into illegality, but would not help to protect their rights and interests.

3. The children's right to earn their living in order to ensure their survival must not outweigh their right to health and education.

VI. Criteria for Evaluation

1. In the context of social programmes, particularly those for street children, *sustainability* is an inadequate term. These programmes are hardly expected to be self-supporting or self-financing.

2. Criteria derived from the local context are best suited for the evaluation of programmes for street children, e.g.:

    a. The degree of acceptance of both, the project and the street children, in the immediate social environment.
    b. The decrease in violence against street children and among street children.

3. Due to the lack of long-term studies, hardly any data on the (former) street children's later course of life and their life expectancy are available, apart from some individual cases. For this reason, it is extremely difficult to evaluate the projects on a long-term basis.

VII. Public Relations

1. Advertising and public relations should be used to promote the child's role as an individual subject.

2. Politicians are to be reminded of their duty to apply their own principles in a convincing manner.

Compilation de thèses
résultant de la conférence d'experts sur
„Enfants de la rue. Apports scientifiques pour développer des programmes des oeuvres d'aide de l'Eglise" - 28 - 30 avril 1999 à Bensberg

I. Notions

1. La notion „enfant de la rue" provenant de la réalité en Amérique latine ne peut pas être utilisée tout simplement pour d'autres pays et continents.

2. La distinction précise entre „enfants de la rue" et „enfants travaillants" ou bien „children of the street" et „children in the street" peut servir à définir les groupes cibles dans un contexte particulier, pourtant on ne peut pas l'utiliser globalement.

3. Réduire l'attention aux enfants de la rue au sens restreint peut détourner le regard sur les groupes cibles analogues dont les problèmes sur place sont éventuellement beaucoup plus urgentes (orphelins de SIDA et enfants soldats en Afrique, les Sinté et les Roms en Europe orientale, enfants en prisons).

4. Les notions comme „enfance", „famille", „pauvreté" et „travail" demandent d'être définies, non seulement en vue de ce qu'on entend ici par elles mais également en vue de ce qu'elles signifient ailleurs. Donc, il faut toujours tenir compte de leur contexte socio-culturel.

5. Les enfants de la rue souffrent plus fortement de pauvreté sociale et de manque d'affection que de pauvreté matérielle.

6. Une répartition des enfants de la rue en catégories d'âge est utile. Elle tient compte des différentes phases de socialisation dans la rue et des réalités changeantes de vie.

II. Données, analyse

1. Evidemment la situation des données disponibles est beaucoup plus mauvaise que l'on avait supposé. Cela vaut particulièrement pour les pays en transition, l'Asie et l'Afrique.

2. Avant la mise en place de projets concrets il est indispensable d'avoir une connaissance fondée par des procédés empiriques sur le groupe cible du projet et sur son milieu socio-culturel. Pour cette raison il serait souhaitable de réaliser:

   a. L'entrelacement de la recherche avec les activités des projets (recherche - action). De cette façon la recherche trouve un accès direct à la réalité et les activités des projets peuvent directement profiter des résultats de la recherche.
   b. Une coopération interdisciplinaire plus étroite entre médecins, juristes, éducateurs et hommes de science sociale.
   c. Un domaine de recherche dédié spécialement aux „filles".

3. Disposer de données sur des succès ou des échecs de certains types de projets peut servir d'orientation pour les pays dans lesquels le travail avec les enfants de la rue est encore à ses débuts et peut aider à éviter des fausses voies.

III. Points de départ pour établir des critères de promotion

1. La structure et la motivation des activités économiques des enfants ne sont pas encore explorées suffisamment.

2. Il faut que les programmes éducatifs pour les enfants de la rue aient égard aux activités économiques dans le secteur informel.

3. Une aide efficace doit tenir compte des contextes différents et des milieux sociaux. Il serait souhaitable que les projets pour les enfants de la rue soient intégrés dans leur voisinage.

4. Un plan d'aide compréhensif pour les enfants de la rue inclut nécessairement des mesures et des programmes préventifs. Cela signifie entre autres:

   a. L'inclusion du milieu familial et social d'enfants de la rue potentiels.
   b. Un travail d'information sur place.
   c La lutte contre la violence et l'abus sexuel dans les familles.

5. La possibilité de réintégration d'enfants dans leurs familles dépend des structures socio-culturelles existantes. En cas d'une réintégration la famille devrait être associée au projet.

6. Dans le travail concret les enfants de la rue ne doivent pas être stigmatisés et leur espace vital, c'est-à-dire la rue, ne doit pas être généralement condamné. Il faut plutôt reconnaître et affirmer les compétences de ces enfants.

7. Les différentes réalités de vie et l'hétérogénéité psycho-sociale des enfants de la rue demandent des types différents de projets. Il n'est pas utile de dogmatiser certains types de projets (par exemple la réintégration dans la famille ou bien des actions purement émancipatrices). Pourtant cela n'exclut pas des critères uniformes de qualité pour les projets présentés.

8. Une réflexion commune avec les partenaires locaux est souhaitable. La supervision et la formation continue des animateurs socio-éducatifs devraient faire partie constituante du projet entier.

IV. Enfants de la rue et adultes

1. Les enfants de la rue observent attentivement la conduite des adultes et la juge.

2. Malgré toutes les expériences négatives de ces enfants faites dans leurs rapports quotidiens avec les adultes, ils éprouvent apparemment le besoin de trouver l'adulte „idéal". Mais on ne sait presque rien de précis des idées que ces enfants se font d'un tel „idéal" et de leur propre rôle à l'âge adulte.

3. Les enfants de la rue ont une conscience morale prononcée et un besoin d'orientation morale au-delà des normes formelles et traditionnelles imposées par les lois et la société.

4. Il faut éviter qu'un adulte qui travaille avec les enfants de la rue y applique ses normes personnelles. Par contre, à la recherche de valeurs et d'orientations il doit être prêt à s'engager - ensemble avec les enfants - dans des voies nouvelles.

V. Les droits des enfants

1. Bien que la *Convention relative aux droits de l'enfant des Nations Unies* ait crée une base commune, les 'droits de l'enfant' sont interprétés de façon différente selon les cultures respectives.

2. La revendication globale d'abolir le travail des enfants de tout genre ne suffit pas. Elle risque de repousser dans l'illégalité les enfants qui travaillent, au lieu de leur aider à faire valoir leurs droits et leurs intérêts.

3. Le droit des enfants au travail pour pouvoir survivre ne doit pas voiler le regard sur le droit à des soins de santé et à l'éducation.

VI. Critères d'évaluation

1. Le concept de soutenabilité ou durabilité ne suffit pas dans le contexte des programmes sociaux, surtout pas concernant les „enfants de la rue". On ne peut guère s'attendre à ce que les programmes de ce genre se suffisent à eux-mêmes en ce qui concerne l'aspect financier.

2. A l'égard de l'évaluation des programmes pour les enfants de la rue, les critères ressortissant du contexte local sont les plus efficaces, par exemple

    a. acceptation du projet et des enfants de la rue dans le milieu social direct,
    b. diminution de la violence contre les enfants de la rue et parmi les enfants de la rue eux-mêmes

3. A défaut d'études de longue durée, on n'a presqu'aucunes connaissances - exception faite de quelques cas individuels - sur les (anciens) enfants de la rue concernant le chemin de leur vie ultérieure et leur espérance de vie. Par conséquent, une évaluation à long terme des projets est extrêmement difficile.

VII. Relations publiques

1. Le rôle des enfants comme sujets autonomes doit se manifester plus intensivement dans la publicité et les relations publiques.

2. Il faut rappeler le monde politique à ce que ses propres principes soient mis en pratique de façon croyable.

Conclusiones
de la Conferencia de expertos
„Los niños de la calle". Contribuciones científicas al desarrollo de los programas de las obras de ayuda de la Iglesia" celebrada del 28 al 30 de abril de 1999 en Bensberg

I. Conceptos

1. Refiriéndose a otros países o continentes puede resultar problemático emplear el concepto de „los niños de la calle" que se deriva de la realidad latinoamericana.

2. Una clara diferenciación conceptual entre „los niños de la calle" y „los niños que trabajan" o bien entre „children of the street" y „children in the street" puede contribuir a definir grupos destinatarios en un contexto concreto pero no se puede aplicarla en general.

3. Al limitar la atención a los niños de la calle en el sentido estricto de la palabra se corre riesgo de perder de vista grupos destinatarios similares cuyos problemas pueden ser más urgentes (huérfanos del Sida y niños soldados en Africa, gitanos en Europa oriental, niños en cárceles)

4. Hay que definir las nociones siguientes: „infancia", „familia", „pobreza" y „trabajo". Tenemos que considerar no solamente nuestra propia concepción de estos conceptos sino también su significación local, es decir hay que tomar en cuenta siempre su contexto sociocultural correspondiente.

5. Los niños de la calle sufren más de la pobreza social y de la ausencia de amor que de la pobreza material.

6. Es útil clasificar el grupo de los niños de la calle por su edad puesto que esta clasificación tiene en cuenta las diferentes etapas de socialización en la calle y sus condiciones de vida que cambian.

II. Datos, análisis

1. En contra de lo que se había supuesto la situación en cuanto a los datos disponibles parece mucho peor, sobre todo en lo que se refiere a los países en transición, Asia y Africa.

2. Antes de iniciar un proyecto concreto es indispensable adquirir conocimientos empíricamente fundados acerca del grupo destinatario del proyecto y su ambiente sociocultural. Por lo tanto, sería oportuno

   a. enlazar las investigaciones con la elaboración de proyectos (investigación-acción) a fin de que la investigación tenga acceso directo a la realidad y para que los colaboradores de los proyectos puedan aprovechar directamente los resultados de la investigación.
   b. intensificar la colaboración interdisciplinar entre médicos, juristas, pedagogos y científicos sociales.
   c. implantar un campo de investigación destinado a las „muchachas".

3. Datos sobre el éxito o el fracaso de un tipo determinado de proyecto pueden servir de orientación a los países que están iniciando proyectos para niños de la calle y pueden también contribuir a evitar errores.

III. Puntos de partida para la elaboración de criterios para la promoción de proyectos

1. Todavía no se han analizado de manera suficiente las estructuras de las actividades económicas de los niños y su motivación.

2. Los programas de formación para los niños de la calle tienen que tomar en cuenta sus actividades económicas en el sector informal.

3. La ayuda tiene que estar relacionada con el contexto concreto y el ambiente social correspondientes, es decir hay que integrar los proyectos para los niños de la calle en su vecindad.

4. Un amplio proyecto de ayuda incluye necesariamente medidas y programas de carácter preventivo. Esto significa entre otras cosas que

a. se incluye el ambiente familiar y social de los niños de la calle
   b. se realizan acciones locales de información e instrucción
   c. se lucha contra la violencia y el abuso sexual en las familias

5. La reintegración de los niños en sus familias depende de las estructuras socioculturales existentes. En caso de una reintegración se debería integrar a la familia en el proyecto.

6. En los proyectos concretos hay que evitar que se estigmaticen a los niños de la calle y que se condene en general su espacio vital, es decir la calle. Más bien hay que reconocer y promover las capacidades de los niños.

7. Las diferentes condiciones de vida y la heterogeneidad psicosocial de los niños de la calle requieren diferentes tipos de proyectos. No conviene dogmatizar determinados tipos de programas (por ejemplo la reintegración en la familia o bien acciones emancipadoras). No obstante, se requieren criterios uniformes para evaluar la calidad de los proyectos sometidos.

8. Sería oportuno realizar reflexiones comunes con los colaboradores locales. La supervisión y la formación permanente de los asistentes sociales deberían ser elementos integrantes del proyecto global.

IV. Los niños de la calle y los adultos

1. Los niños de la calle están observando con atención el comportamiento de los adultos y lo juzgan.

2. Parece que los niños están buscando el adulto „ideal" a pesar de todas sus experiencias negativas en lo que se refiere a sus relaciones cotidianas con los adultos. Pero no se sabe casi nada de las ideas concretas que los niños tienen de este „ideal" y de su propio papel como adulto.

3. Los niños de la calle tienen una notable conciencia ética y anhelan orientación moral más allá de las normas convencionales impuestas por la ley y la sociedad.

4. Hay que evitar que los adultos que trabajan con los niños de la calle apliquen sus criterios personales a su trabajo. Al contrario, tienen que estar

dispuestos a seguir - junto con los niños - nuevos caminos en la búsqueda de valores y orientación.

V. Los derechos de los niños

1. Aunque la Convención sobre los Derechos del Niño de las Naciones Unidas haya creado una base común, la interpretación de „los derechos de los niños" varía de una cultura a otra.

2. La exigencia global de abolir el trabajo infantil de toda clase no es suficiente. Implica el riesgo de dejar a los niños que trabajan en la ilegalidad en vez de ayudarlos a hacer valer sus derechos e intereses.

3. El derecho de los niños a trabajar para asegurar su supervivencia no debe tener primacía sobre su derecho a la salud y a la educación.

VI. Criterios de evaluación

1. Refiriéndose a programas sociales, sobre todo a programas destinados a „los niños de la calle", el concepto de persistencia no parece adecuado. Probablemente no puede esperarse una autofinanciación de tales programas.

2. En cuanto a la evaluación de programas para los niños de la calle hay que dar preferencia a los criterios que se refieren al contexto local. Por ejemplo

    a. la aceptación del proyecto y de los niños de la calle en el ambiente social concreto;
    b. la reducción de la violencia contra y entre los niños de la calle.

3. Por falta de estudios de larga duración casi no hay datos científicos - a excepción de algunos casos particulares - sobre la vida ulterior y la esperanza de vida de (antiguos) niños de la calle. Por lo tanto, una evaluación a largo plazo de los proyectos resulta muy difícil.

VII. Relaciones públicas

1. Hay que subrayar aún más el papel de los niños como sujetos autónomos en la publicidad y en las relaciones públicas.

2. Hay que recordar a los políticos su deber de poner en práctica sus propios principios.

TESE
para a conferência
"Crianças de rua. Contribuições científicas para o desenvolvimento de conceitos para obras religiosas de assistência" –28 a 30 de abril de 1999, Bensberg

I. **Terminologia**

1. O termo "crianças de rua", criado originalmente na América Latina para descrever uma situação frequentemente encontrada, nem sempre pode ser utilizado em referência a outros países e continentes.

2. Uma diferenciação clara entre crianças de rua e crianças que trabalham, em inglês "children of the street" e "children in the street" pode facilitar a definição de grupos beneficiados em certos contextos, mas não podem ser empregados de maneira global.

3. Limitar a atenção às crianças de rua no sentido mais restrito pode bloquear a Percepção de grupos relacionados, cujos problemas reais possam ser até mais graves (órfãos causados pela SIDA e "soldados" infantis na África, Sinti e Roma na Europa oriental, crianças em prisões).

4. Conceitos como "infância", "família", "pobreza" e "trabalho" devem ser esclarecidos. Isto refere-se tanto à compreensão básica bem como à importância destes conceitos na região. Deve considerar-se sempre o conceito sócio-cultural local.

5. O sofrimento das crianças de rua relaciona-se mais à pobreza social e falta de afeto do que à pobreza material.

6. Aconselha-se uma distinção das crianças de rua de acordo com a faixa etária, a fim de dar devida atenção ao processo de socialização nas ruas e aos diferentes estágios na vida destas crianças.

II. Dados, análises

1. Aparentemente, há muito menos dados disponíveis do que se supunha. Isto refere-se principalmente aos países em desenvolvimento na Ásia e na África.

2. Prévio ao início de um projeto, é indispensável adquirir informações básicas e sólidas sobre o grupo beneficiado do projeto e seu ambiente sócio-cultural. Desta forma, seriam recomendáveis:

    a. Uma colaboração entre pesquisa e trabalho de projeto (pesquisa de ação). Assim, a pesquisa adquire contato imediato à realidade, e o trabalho de projeto é beneficiado diretamente pelos resultados de pesquisa.
    b. Uma colaboração interdisciplinar mais forte entre médicos, advogados, educadores e sociólogos.
    c. Um enfoque especial de pesquisas devotado às meninas.

3. Dados sobre os sucessos e fracassos de cada tipo de projeto podem oferecer orientação e ajudar a evitar erros, especialmente em países nos quais o trabalho com as crianças de rua está sendo apenas iniciado.

III. Princípios para a criação de conceitos de ajuda

1. A estrutura e a motivação das atividades econômicas das crianças ainda não foram suficientemente pesquisadas.

2. Programas educativos oferecidos às crianças de rua devem considerar suas atividades econômicas no setor informal.

3. A ajuda só pode ser oferecida dentro de cada conceito e sob consideração do ambiente social das crianças. Os projetos para crianças de rua devem ser integrados na vizinhança ou no bairro.

4. Um conceito global de ajuda para crianças de rua inclui as medidas e os programas preventivos necessários. Isto significa, entre outros:

a. A inclusão do ambiente social e familiar de crianças em risco de tornar-se crianças de rua.
   b. Trabalho educativo na região.
   c. Combate à violência e ao abuso sexual dentro das famílias.

5. A possibilidade de reintegração das crianças nas famílias depende das estruturas sócio-culturais existentes. Sendo planejada a reintegração, a família deveria ser integrada no trabalho do projeto.

6. Não pode ocorrer estigmatização das crianças de rua dentro do trabalho concreto do projeto, e o seu ambiente de vida não deve ser difamado de uma maneira geral. O trabalho deverá concentrar-se em reconhecer e estimular as competências das crianças.

7. Realidades de vida diferentes e a heterogeneidade psico-social das crianças de rua necessitam de enfoques diferentes de projeto. Uma dogmatização de alguns enfoques (p.ex. a reintegração familiar ou a emancipação das crianças) não é objetiva. Entretanto, isto não exclui critérios uniformes de qualidades para o projeto proposto.

8. Uma reflexão em conjunto com os parceiros locais é desejada. A supervisão e a formação permanente dos assistentes sociais deveriam ser componentes de um conceito geral.

IV. Crianças de rua e adultos

1. As crianças de rua observam e avaliam o comportamento de adultos.

2. Apesar de todas as experiências negativas vivenciadas com adultos no dia-a-dia, as crianças aparentemente necessitam de um adulto "ideal". As qualidades deste ideal bem como as expectativas das crianças sobre o próprio papel como adulto são praticamente desconhecidas.

3. As crianças de rua têm uma consciência ética bem formada, bem como uma necessidade de orientação moral além dos padrões formais usuais, conforme determinados pela legislação e pela sociedade.

4. O adulto que trabalha com crianças de rua deve questionar a si mesmo e os seus padrões de vida. Deve estar disposto a seguir novos caminhos com as crianças na procura de valores e orientação.

V. Os direitos das crianças

1. Apesar de ter sido criada uma base em comum pela convenção de direitos das crianças das Nações Unidas, os "direitos das crianças" são interpretados de formas diferentes por cada cultura.

2. A exigência global da abolição de qualquer forma de trabalho infantil não é realista. Ao invés de impor e defender os direitos das crianças que trabalham, as mesmas correriam o risco de serem forçadas à ilegalidade.

3. O direito das crianças de trabalhar para garantir sua própria sobrevivência não deve ser confundido com o direitos de obter cuidados de saúde e educação.

VI. Critérios de resultados e avaliação

1. O conceito de durabilidade é insuficiente tratando-se de programas sociais, especialmente na área de "crianças de rua". Não é de se esperar que tais programas sejam capazes de auto-sufiência ou auto-financiamento.

2. Para a avaliação de programas de crianças de rua são mais adequados os critérios de contexto local, como:

    a. A aceitação do projeto e das crianças de rua pelo ambiente social imediato.
    b. A redução da violência contra crianças de rua e entre as mesmas.

3. Devido à falta de estudos a longo prazo, quase não há conhecimentos sobre a vida adulta das crianças de rua e sobre a expectativa de vida das mesmas. Este fato dificulta a avaliação a longo prazo dos projetos.

VII. Trabalho de conscientização pública

1. O papel das crianças como indivíduos independentes deverá ser transmitido com maior intensidade em anúncios e em trabalho de conscientização pública.

2. A política deverá lembrar-se de aplicar seus próprios princípios de forma credível.

Tezy konferencyjne

„Dzieci ulicy". Referaty naukowe opracowane z myślą o szukaniu dalszych dróg rozwoju koncepcji kościelnych organizacji pomocowych." 28 - 30 kwietnia 1999r. w Bensberg, RFN

I. Terminologia

1. Wywodzącego sie z realiów Ameryki Łacińskiej określenia „dziecko ulicy" nie można dowolnie przekładać na sytuację w innych krajach i kontynentach.

2. Jednoznaczne rozróżnienie „dzieci ulicy" i „dzieci pracujących", względnie „children of the street" i „children in the street" może być pomocne przy właściwym definiowaniu odpowiednich grup, nie może być jednak stosowane globalnie.

3. Ograniczenie zainteresowania tylko do problemu dzieci ulicy w zawężonym rozumieniu może spowodować zepchnięcie na drugi plan problemów innych grup, których położenie może być w danym miejscu znacznie poważniejsze (dzieci osierocone przez chorych na AIDS, dzieci-żołnierze w Afryce, Sinti i Roma w Europie Wschodniej, dzieci w więzieniach).

4. Należy wyjaśnić pojęcia „dzieciństwo", „rodzina", „bieda" oraz „praca". Dotyczy to zarówno naszego własnego rozumienia tych pojęć, jak i ich miejscowego znaczenia. Zawsze należy uwzględniać kontekst społeczno-kulturowy.

5. Dzieci ulicy dotkliwiej cierpią z powodu wyobcowania społecznego i braku związków uczuciowych aniżeli z powodu biedy materialnej.

6. Sensowne jest rozróżnianie grup wiekowych. Jest to odpowiednie z punktu widzenia postępowania socjalizacyjnego na ulicy oraz dostosowane do zmieniających się realiów życiowych.

II. Stan wiedzy, analiza

1. Stan wiedzy jest znacznie gorszy niż się przyjmuje. Dotyczy to szczególnie krajów przechodzących okres transformacji, Azji i Afryki.

2. Przed przystąpieniem do realizacji konkretnego projektu należy obowiązkowo zdobyć sprawdzoną empirycznie podstawową wiedzę o grupie będącej celem działań, jak i o jej środowisku socjalno - kulturowym. W tym celu pożądane byłoby:

   a. Ścisłe powiązanie badań i działań związanych z realizacją projektu. Dzięki temu nauka uzyskuje bezpośredni wgląd w rzeczywistość a podczas realizacji projektu można wykorzystywać wyniki badań naukowych.
   b. Silniejsza interdyscyplinarna współpraca lekarzy, prawników, wychowawców i socjologów.
   c. Wyodrębnienie problemów dziewcząt jako samodzielnego zagadnienia badawczego.

3. W krajach, w których praca z dziećmi ulicy znajduje się w fazie początkowej, informacje o sukcesach względnie porażkach innych projektów mogą być źródłem cennych wskazówek, oraz pozwalają unikać złych rozwiązań.

III. Założenia pomocne przy ustalaniu wytycznych postępowania

1. Struktura i motywacje zarobkowej aktywności dzieci nie zostały jeszcze w dostatecznym stopniu zanalizowane.

2. W programach kształceniowych dla dzieci ulicy należy mieć wzgląd na ich zarobkowanie w nieformalnym sektorze.

3. Pomocy udzielać można tylko z uwzględnieniem właściwego kontekstu i pod warunkiem włączenia środowiska socjalnego. Działania na rzecz dzieci ulicy muszą obejmować swym zasięgiem całe otoczenie.

4. Całościowa koncepcja pomocy dzieciom ulicy zawierać musi metody i środki prewencyjne. Oznacza to m.in.:

   a. Włączenie otoczenia rodzinnego i socjalnego zagrożonych dzieci.
   b. Środowiskową działalność uświadamiającą.
   c. Zapobieganie przemocy i nadużyciom seksualnym w rodzinie.

5. Powrót dzieci do rodziny zależny jest od istniejących struktur społeczno-kulturowych. W takim przypadku należy włączyć rodzinę w działania związane z realizacją projektu.

6. Dzieci ulicy nie należy w trakcie realizacji projektu piętnować ani też jednoznacznie negować tej przestrzeni życiowej jaką jest dla nich ulica. Należy raczej okazywać uznanie dla kompetencji tych dzieci i umiejętnie je wspierać.

7. Różne realia życiowe i psychosocjalna heterogeniczność dzieci ulicy wymagają różnorodnych założeń w pracy nad realizacją projektów. Jednakże nie należy do takich założeń podchodzić dogmatycznie (np. powrót do rodziny czy samodzielność). Nie wyklucza to jednocześnie możliwości zastosowania jednolitych kryteriów jakościowych wobec zaproponowanych projektów.

8. Pożądana jest wspólna refleksja z miejscowymi partnerami. Stałymi składnikami całościowej koncepcji powinny być ciągłe dokształcanie pracowników socjalnych oraz superwizja.

IV. Dzieci ulicy a dorośli

1. Dzieci ulicy uważnie obserwują dorosłych i oceniają ich zachowanie.

2. Mimo negatywnych doświadczeń z dorosłymi w życiu codziennym dzieci te odczuwają mocną potrzebę obcowania z „idealnym" dorosłym. Nie można natomiast określić czym powinien cechować się taki ideał, jak również w jaki sposób

wyobrażają sobie same dzieci swoją późniejszą rolę osoby dorosłej.

3. Dzieci ulicy posiadają ukształtowane przekonania etyczne i silną potrzebę orientacji moralnej poza zwyczajową formalną skalą ustaloną przez prawo i społeczeństwo.

4. Pracujący z dziećmi ulicy dorosły musi być krytyczny wobec siebie i własnej skali wartości.pomagając dzieciom w poszukiwaniu wartości i punktów odniesienia musi być gotowy do stosowania niestereotypowych metod.

V. Prawa dzieci

1. Pomimo, że istnieją stworzone przez Konwencję Praw Dziecka ONZ wspólne podstawy, w różnych kulturach „prawa dziecka" interpretuje się odmiennie.

2. Bezwzględne żądanie zlikwidowania zjawiska pracy dziecięcej nie jest właściwym rozwiązaniem dla tego problemu. Niesie z sobą niebezpieczeństwo zepchnięcia pracujących dzieci poza margines prawa, nie pomagając im w wywalczeniu należnych im praw.

3. Uwzględniając prawo dzieci do pracy jako środka umożliwiającego im przeżycie nie można zapomnieć o nadrzędnym prawie dzieci do zachowania zdrowia i do zdobycia wykształcenia.

VI. Kryteria końcowe i ocena

1. W przypadku programów socjalnych, szczególnie w odniesieniu do dzieci ulicy nie znajduje zastosowania pojęcie długoterminowości. Tego rodzaju programy z zasady nie mogą się same finansować.

2. Do oceny programów pomocowych na rzecz dzieci ulicy najlepiej służą kryteria, będące wyrazem lokalnej specyfiki, np.

   a. Akceptacja dzieci ulicy oraz projektu w bezpośrednim otoczeniu socjalnym.
   b. Spadek przemocy wobec i wśród dzieci ulicy.

3. Z powodu braku studiów długoterminowych nie istnieją, z pojedynczymi wyjątkami, informacje na temat dalszych losów (byłych) dzieci ulicy, jak też ich przeciętnej długości życia. Utrudnia to w znacznym stopniu długoterminową ocenę projektów.

VII. Media

1. Należy dążyć do tego aby również media i reklamy szanowały podmiotowość dzieci.

2. Polityków należy nakłaniać do realizowania ich własnych programów.

ПРОТОКОЛ
Специальной конференции
«Уличные дети. Научный вклад в дальнейшее развитие концепций церковных благотворительных организаций» - 28 – 30 апреля 1999 в Бенсберге

I. Определение понятий

1. Позаимствованное у латиноамериканской действительности понятие «уличный ребенок» не может быть перенесено на другие страны и континенты.

2. Острое различие между «уличными детьми» от «работающими детьми» или «children of the street *(детьми улицы)*» от «children on the street *(детьми на улице)*» может послужить тому, что в соответствующем контексте могут быть определены целевые группы, однако это различие не может применяться глобально.

3. Ограничение внимания к уличным детям в более узком смысле может укрыть из вида родственные целевые группы, чьи местные проблемы возможно более неотложны. (дети, чьи родители умерли от СПИДа и дети-солдаты в Африке, Синти и Риме в Западной Европе, дети, находящиеся в тюрьмах).

4. Следует разъяснить такие понятия как «детство», «семья», «нищета» и «работа». Это послужит как для формирования собственного базового понимания, так и для определения значения этих понятий в местном масштабе. Их социо-культурный контекст должен всегда быть учтен.

5. Уличные дети страдают от социальной нищеты и чрезвычайно бедственного положения больше, чем от материальной нищеты.

6. Имеет смысл разделение уличных детей на возрастные группы. Оно учитывает шаги к социализации на улице и изменяющуюся реальность.

II. Истинное положение дел, анализ

1. Истинное положение дел очевидно хуже предполагаемого. Это характерно в особенности для развивающихся стран, Азии и Африки.

2. Перед началом конкретной работы над проектом необходимо создать эмпирически подкрепленный научный базис для целевых групп проектов и их социо-культурной среды. Отсюда было бы желательно:

    А) Объединить исследование и работу над проектом. Исследование требует совершенно непосредственного соприкосновения с реальностью и из результатов исследования можно извлечь пользу для работы проекта.
    Б) Усиленное междисциплинарное сотрудничество врачей, юристов, воспитателей и ученых социальной сферы.
    В) Собственный объект исследования «девочки»

3. Данные об успехах и неудачах отдельных типов проектов могут задать направление и помочь избежать ложного пути в странах, где работа с детьми находиться на начальном этапе.

III. Наработки для составления директив программы поддержки

1. Структура и мотивация экономического поведения детей еще недостаточно изучены.

2. Образовательные программы для уличных детей должно учитываться экономическое поведение детей в неформальном секторе.

3. Помощь может оказываться только исходя из каждого отдельного контекста и с учетом социальной среды. В работу с уличными детьми должны быть интегрированы окружающие.

4. Всеобъемлющая концепция помощи уличным детям непременно включает в себя превентивные меры и программы. Среди прочего это означает:

А) привлечение семейного и социального окружения потенциальных уличных детей.
Б) Просветительская работа на местах.
В) Борьба с насилием (в т.ч. сексуальным) в семьях.

5. Возможность возврата детей в семьи зависит от имеющихся социокультурных структур. В случае возврата ребенка семья должна быть включена в работу проекта.

6. В конкретной работе проекта уличных детей нельзя стигматизировать и преподносить им жизнь на улице только в самых черных красках. Напротив, компетенцию детей следует признавать и укреплять.

7. Различные жизненные реалии и психосоциальная гетерогенность уличных детей требуют от проектов различного подхода. Догматизация определенных подходов (например, возврат в семьи или эмансипирующий подход) не служат достижению цели. Однако это не исключает единых критериев качества для заявленных проектов.

8. Желательны совместные обсуждения с партнерами на местах проведения проекта. Наблюдение и постоянное повышение квалификации социальных работников должны стать неотъемлемыми частями общей концепции.

IV. Уличные дети и взрослые

1. Уличные дети внимательно наблюдают за поведением взрослых и оценивают его.

2. Несмотря на весь негативный опыт общения со взрослыми в повседневности дети явно имеют потребность в «идеальном» взрослом. О качествах этого идеала, а также о представлении детей о них самих в роли взрослых в дальнейшем не известно практически ничего.

3. Уличные дети имеют характерное этическое восприятие и потребность в моральной ориентации вне обычных формальных мерок в том виде, в каком их задают закон и общество.

4. Взрослый, работающий с уличными детьми, должен определить для себя и контролировать свои собственные критерии. Он должен быть готов отправиться вместе с детьми по новому пути в поисках ценностей и ориентиров.

V. Права ребенка

1. Несмотря на то, что Конвенция по правам ребенка Объединенных Наций создала общую базу, «Права ребенка» интерпретируются различно в зависимости от культуры.

2. Общее требование отмены любого детского труда слишком ограниченно. Оно таит в себе опасность изгнать работающих детей в нелегальное положение, вместо того, чтобы помочь им в осуществлении их прав и интересов.

3. Право ребенка на работу как средство выживания не должно изменять взгляда на право на здоровье и образование.

VI. Критерии для результатов и их оценка

1. Понятие «продолжительность» является недостаточным в отношении социальных программ, особенно в области работы с уличными детьми. Едва ли следует ожидать того, что подобные программы смогут сами себя обеспечивать или финансировать.

2. Для оценки программ, направленных на уличных детей, более всего подходят критерии, выделенные из локального контекста, например:

    А) позитивное восприятие проекта и уличных детей в непосредственном социальном окружении.
    Б) Сокращение насилия против уличных детей и насилия, исходящего от них.

3. За исключением отдельных случаев не имеется практически никаких основанных на длительных наблюдениях сведений о дальнейшем жизненном пути и продолжительности жизни (бывших) уличных детей. Тем самым сильно осложняется оценка проектов, рассчитанная на длительный срок.

VII. Общественно-информационная работа

1. Роль детей как самостоятельного субъекта должна быть особенно подчеркнута также при помощи рекламы и работы с общественностью.

2. Политике следует напомнить о том, что ее собственные принципы должны быть подтверждены на деле.

Einleitung

Diese Bibliographie befasst sich mit den Straßenkindern in Asien, Afrika und Osteuropa. Sie baut auf zwei Fragestellungen auf: 1. Welches sind die „Ursachen", weshalb die Kinder auf der Straße leben (die angesprochene Population befindet sich Tag und Nacht auf der Straße); 2. welches sind die „Folgen", das heißt, was wird aus den Kindern, nachdem sie an einem Projekt für Straßenkinder teilgenommen haben. Hinsichtlich der zweiten Fragestellung konnten nur wenige Informationen gesammelt werden. Tatsächlich ist den meisten nichtstaatlichen Organisationen (NGO) und Forschern die genaue Lage der Kinder nach deren Weggang unbekannt. Eine tiefergehende Studie war nicht aufzufinden. In einem zweiten Stadium wurde daher beschlossen, die Fragestellung auf jeden Abgang von der Straße auszuweiten, unabhängig von der Frage, wer das Projekt betreibt. Doch auch da gibt es nur wenige Informationen, und auch diese liegen höchst selten in systematisierter Form vor.

Aufgrund diverser praktischer Einschränkungen, unter anderem wegen der für ihre Zusammenstellung gesetzten Frist und des schwierigen Zugangs zu den Dokumenten, blieb die Dokumentenliste unvollständig. Ist schon die „graue" Literatur oft schwer erhältlich, so ist auch der Zugang zu den Ausarbeitungen der großen Organisationen nicht immer leicht, denn sie liegen entweder nicht in systematisierter Form vor oder befinden sich an Dokumentationsstellen, die für die Öffentlichkeit unzugänglich sind (vgl. dazu auch Ennew/Milne, 1996). Das hat auch mit der Problematik des Tätigkeitsfeldes selbst zu tun. So äußerte eine Mitarbeiterin einer Organisation bedauernd: *„Sie wissen sicherlich, dass man beim Thema Straßenkinder sehr vorsichtig sein muss ..."* Diese Vorsicht scheint nicht so sehr von ethischen Überlegungen hinsichtlich der Kinder geprägt, sondern hat vielmehr mit der Schwierigkeit der Mittelerlangung und der Legitimität der Institutionen zu tun. Die Verweigerung von Informationen steht dann im Widerspruch zum erklärten Anspruch, dem zufolge das Kind das zentrale Anliegen des Wissens und Handelns bilde.

Die meisten in dieser Bibliographie genannten Dokumente lagern im Seminar für Soziologie der Universität Fribourg bzw. den persönlichen Archiven von B. Milne und J. Ennew. Darüber hinaus haben wir die Dokumentationszentralen von „Défense internationale des enfants" (Genf), „Save the Children UK" (London), „Child to Child" (London), „Childhope" (London) sowie die

Bibliothek des IAA (Genf) eingesehen. Mehrere Organisationen haben uns Dokumente und Veröffentlichungen zugesandt. Überwacht wurde die Arbeit von Professor Lucchini und den Mitarbeitern des Seminars für Soziologie der Universität Fribourg.

Die meisten der von uns eingesehenen Ausarbeitungen betreffen Afrika. Hingegen sind Informationen über die mittel- und osteuropäischen Länder sehr selten. Zu der kleinen Anzahl von Studien über ein relativ neues Phänomen kommt erschwerend die problematische Zugänglichkeit der Dokumente hinzu. Lateinamerika wurde von dieser Studie ausdrücklich ausgenommen. Dennoch sind im Hinblick auf eine vollständigere Darstellung der Vorgehensweisen und der Fragestellungen der Experten auch Dokumente über Süd- und Nordamerika sowie – angesichts ihrer allgemeineren thematischen Ausrichtung – über Europa in den Allgemeinen Teil der Bibliographie aufgenommen worden.

Die Abgrenzung der „Ursachen" des Phänomens ist alles andere als einfach: Die meisten Sachverständigen betonen ihre Komplexität und die Vielzahl der Faktoren, die in das Straßendasein der Kinder und/oder die Zunahme ihrer Zahl einfließen. Die nachstehenden Bemerkungen sollen zeigen, wie die Vorgehensweisen und die Fragestellungen angelegt wurden; diese (und der Schlagwortkatalog) dienen einem besseren Verständnis der Zusammenfassungen.

Den Mittelpunkt der Debatten, der Forschung und der Abhilfeversuche bilden die Begriffe *„enfants de la rue"*, *„enfants des rues"*, *„enfants en situation de rue"* oder *„street children"*. Viele raten von ihrer weiteren Verwendung ab. Diese Debatte verläuft quer durch alle Schriften und beeinflusst ihren Inhalt. Gewisse Widersprüchlichkeiten bei den Ergebnissen sind lediglich scheinbar und werden erst verständlich, wenn man die Begriffe und Klassifizierungen eingehender diskutiert. Zwar wurden diese Ausdrücke im Text und in der Bibliographie beibehalten, aber in Wirklichkeit sind sie fragwürdig.

1. Gebrauch des Begriffs „Straßenkinder"

Der Gebrauch der Begriffe *„street children"* [Straßenkinder], *„children of the street"* [Kinder der Straße], *„children on the street"* [Kinder auf der Straße] durch internationale Organisationen, Staaten, NGO und Medien kann eine Diskriminierung und Stigmatisierung der betroffenen Kinder zur Folge haben.

Trotz sehr vielgestaltiger Situationen besteht eine gewisse Tendenz zur homogenen Behandlung des Themas „Straßenkinder". Schon die Definition des sozialen Problems „*Straßenkinder*" als solche kann im Widerspruch zum Übereinkommen über die Rechte des Kindes stehen (Ennew 1995 [Allg.]).

Nachstehend einige Probleme, die im Zusammenhang mit dem Ausdruck „*Straßenkinder*" zur Sprache kommen:

- Der Ausdruck wirkt stigmatisierend, weil er das Kind gewissermaßen der Straße und abwegigen Verhaltensweisen zuordnet und weder der Erfahrung noch den Einlassungen der betroffenen Kinder noch anderen Facetten ihrer Identität, die nicht zwangsläufig einen Straßenbezug haben, Rechnung trägt (Dallape 1996 [Allg.]; Lucchini 1993 und 1996 [Allg.]; Onta-Battha 1996 [Asien]; Kilbride u.a. 1996 [Afrika]; Tall 1996 [Afrika], usw.). Damit wird er zur Ursache einer Diskriminierung der Kinder (Ennew 1995 [Allg.]) und löst negative soziale Reaktionen aus oder verstärkt sie.

- Der Ausdruck verwischt die Vielfalt der Erfahrungen und die Heterogenität der Kinder, die die Straße bevölkern. Die meisten Forscher sind sich einig, dass der Oberbegriff „*Straßenkinder*" sehr unterschiedliche Realitäten beherbergt. Die Unterscheidung nach Kindern „*der*" Straße und Kindern „*auf der*" Straße war ein erster Versuch der Unterscheidung, wird aber von den Sachverständigen nicht als befriedigend empfunden. Die jüngsten Studien schlagen eine Begrifflichkeit vor, in deren Mittelpunkt anstelle isolierter und rein objektiver, tatsächlich sehr vereinfachender Kriterien das Verhältnis des Kindes zur Straße steht.

- Der Ausdruck lässt sich nicht vom dadurch ausgelösten Betätigungsfeld mit seinen spezifischen Zielsetzungen trennen. Wegen der starken Emotionsgeladenheit des Bildes wurde der Begriff „Straßenkind" bei der Suche nach Finanzierungsquellen ebenso strapaziert wie im generellen Diskurs über das Problem („*advocacy*"). Die hier herrschende Dramatisierung hat die sich auf der Straße befindende Population ohne Rücksicht auf den lokalen Kontext und die übrigen Kinderpopulationen in den Brennpunkt gerückt. Auf diese Weise gerieten die übrigen Kinderpopulationen, die unter genau so prekären Bedingungen leben, außer Sichtweite (Connolly/Ennew 1996 [Allg.]). Andererseits entstand durch die Betonung des Problems der Straßenkinder eine Art Markt der NGO, die zudem beim unmittelbaren Eingreifen und gegenüber den Kindern miteinander konkurrieren. Damit wird das auf der Straße lebende Kind zu einer Art Kunde, und das Hilfe- und Erziehungsverhältnis verwandelt sich in ein das Vorgehen pervertierendes Handelsverhältnis (Lucchini 1993 [Allg.]; Ennew 1996d [Allg.]).

- Das isolierte Herausgreifen des Phänomens „Straßenkind" aus dem allgemeinen Lebenszusammenhang der Kinder der Ärmsten führt dazu, dass man die strukturellen Wirkkräfte übersieht (ENDA 1995; Dallape 1996 [Allg.]). Dies tritt insbesondere dann ein, wenn sich die Blickrichtung auf die mit der Straße verbundenen Risiken und die familiären Bestimmungsfaktoren konzentriert. Dann geraten die Arbeit, die das Kind dort verrichtet, die Ressourcen, die es dort findet, sowie seine Reaktionen auf höchst prekäre Gegebenheiten ins Hintertreffen oder werden überhaupt außer Acht gelassen. Diese Reaktionen unterscheiden sich nicht zwangsläufig von denen anderer Kinder aus demselben Umfeld. Der einzig haltbare Ansatz scheint jener zu sein, der die mikro- und makrosozialen Stufen zueinander in Bezug setzt und das Phänomen nicht einzig und allein auf die auf der Straße verbrachten Nächte reduziert.

- Das Straßendasein der Kinder wird in den verschiedenen Ländern und sozialen Gruppen nicht auf dieselbe Weise wahrgenommen und beurteilt. Sogar die Kindheitsvorstellung und die Erfahrung dieser Altersgruppe ist in den diversen Kulturen und Gesellschaften uneinheitlich. Die westliche Kindheitsvorstellung beeinflusst aber deutlich die Forschung und das Verhalten gegenüber den auf der Straße lebenden oder arbeitenden Kindern (Ennew/Milne 1996 [Allg.]; Boyden 1990[1]). Diese Ausarbeitung erhebt sich über die sterile Debatte Universalismus oder Relativismus und zeigt, wie notwendig es ist, bei der Anwendung der Rechte des Kindes die kulturellen Rationalitäten mit zu berücksichtigen. Tatsächlich scheint für die Definition des Normalen in einem gegebenen Rahmen die Perspektive einer instrumentalen Rationalität (einer rationalen Wahl im Hinblick auf ein Ziel) weitgehend unerheblich. Folglich kann das Vorgehen nur in einem Raum geschehen, der von den Spannungen gekennzeichnet ist, die zwischen „global" und „lokal" bestehen (Le Roy, in: Tessier 1998 [Allg.]).

Die Frage der Intervention stellt sich je nach Beurteilung des „richtigen" Platzes für das Kind auf unterschiedliche Weise. Viele, vor allem ältere Arbeiten

---

[1] Boyden, J. (1990), „Childhood and Policy Makers: A Comparative perspective on the Globalization of Childhood. Constructing and Deconstructing Childhood", A. James/Prout A., London, Falmer Press, S. 184–215.

sind stark von der westlichen Sicht der Kindheit beeinflusst, die in der Familie den idealen oder gar einzig akzeptablen Platz für das Kind erblickt. Das hat eine Uniformisierung der Situationen der auf der Straße befindlichen Kinder zur Folge, die pauschal als gleichermaßen unangemessen gelten und angeblich jeglicher Rationalität der Kinder wie der Erwachsenen entbehren. Demgegenüber können die Betroffenen selbst die Straßenerfahrung durchaus sehr unterschiedlich empfinden. Wobei erst noch zu klären ist, um welche Erfahrung es sich denn genau handelt.

Auf dem Kolloquium in Trondheim wurde der Begriff *children out of place* [Kinder außerhalb des ihnen gemäßen Orts] geprägt, *„womit das offenbare Herausgerissensein dieser Kinder aus den Orten angesprochen wird, die für westliche, moderne Kinder der Mittelschicht gemeinhin als normal gelten – Zuhause, Schule und von Erwachsenen organisierte Clubs. Ein sich außerhalb erwachsener Aufsicht, auf den Straßen der Stadtmitte, befindliches Kind ist nicht an ‚seinem Platz'"* (Ennew/Connolly 1996; 133). Bei restriktiver Betrachtung kann die Vorstellung von einem nicht an *seinem* Ort befindlichen Kind genau so normativ sein wie die Idee des Straßenkindes. Ein erweitertes Verständnis besitzt hingegen den Vorteil, dass es die Rolle und Identität des Kindes in der Gesellschaft problematisiert, und zwar je nach sozialen Akteuren und Gruppen. Dieses Thema steht in enger Beziehung zur Legitimität der Arbeit des Kindes, zu dem Wert, den man den auf der Straße erworbenen Fertigkeiten beimisst, zum Schulbesuch, zur Rolle von seinesgleichen beim gegenseitigen Schutz, bei der Sozialisierung, usw. Diese Themen lassen sich nur behandeln, wenn man eine Beteiligungsmethode anwendet, die das Kind in den Mittelpunkt der Forschung und des Vorgehens rückt, anstatt es als Abstraktum und Objekt zu betrachten.

Diese Ausarbeitungen zur Definition des „Straßenkindes" zeigen, wie sehr die Verwendung des Begriffs auf das Leben der Kinder zurückwirkt. Er trägt zu einer **sozialen Reaktion** ihnen gegenüber bei: seitens der Öffentlichkeit, der Behörden oder der NGO. Deshalb **ist die Begriffsdefinition Bestandteil des Problems und zeitigt Wechselwirkungen mit den anderen Ursachen des Phänomens.**

Das Bewusstwerden dieser Schwierigkeiten hat dazu geführt, dass der Ausdruck „Straßenkinder" Ende der neunziger Jahre in den Texten immer seltener auftaucht. In einem auf die Rechte des Kindes abstellenden Ansatz werden die Facetten ihrer Erfahrung so aufgegliedert, dass sie in die

Situationsanalyse der unmittelbar angesprochenen Konventionsartikel passen. Diese Vorgehensweise behindert zwar die Dokumentensuche anhand des Stichworts „Straßenkinder", kann aber ein wichtiger Schritt sein, um die Probleme ausgehend von der von den Kindern erlebten Realität näher zu betrachten.

2. Abgrenzungsprobleme

Bei der Identifizierung der „Ursachen" und „Folgen" des Lebens auf der Straße anhand der Literatur stellt sich als erstes die Frage der Abgrenzung der betroffenen Population. Die Abgrenzung der Kategorien *„Straßenkinder"* und *„obdachlose Kinder"* setzt eine konkrete Betrachtungsweise voraus und unterstellt manchmal implizit auch Ursachen. Das Vorhandensein mehrerer Definitionen mahnt zu großer Vorsicht beim Vergleich der Ergebnisse, sowohl im Hinblick auf den Umfang des Phänomens, als auch auf die nähere Bestimmung seiner Ursachen oder auf die Bewertung der Folgen des Lebens auf der Straße.

Beispielhaft für diese Schwierigkeiten sind zu nennen:

- Eine weiter gespannte Abgrenzung der Kategorie Straßenkinder (*street children*) schließt die Kinder ein, denen die Straße zum Hauptaufenthaltsort geworden ist und die Familie ersetzt. Jene, die abends nach Hause gehen, werden manchmal einbezogen und manchmal ausgeschlossen, je nachdem, wie der Autor den „Hauptaufenthalt" definiert.

- Die mittlerweile klassische Unterscheidung zwischen *children of the street* (Straßenkinder) und *children on the street* (Kinder auf der Straße) beruht ebenfalls auf der räumlichen Dimension (ständiger Aufenthalt auf der Straße) und der sozialen Dimension (Anwesenheit/Fehlen verantwortlicher Erwachsener). Sie ist Gegenstand diverser Kritiken. Erstens geht der Übergang von der einen zur anderen Kategorie schnell und häufig vor sich. Zweitens gibt es mehrere Beispielfälle, die sich hier nicht einordnen lassen (Glauser 1990 [Allg.]; Lucchini 1993 [Allg.]; Reddy 1992 [Asien]). Drittens spielen mehrere weitere Elemente (nicht nur ausschließlich der Aufenthalt auf der Straße und das Fehlen verantwortlicher Erwachsener) in die Erfahrung des Kindes hinein (Connolly/Ennew 1996; Lucchini 1993 und 1996 [Allg.]). Manche Autoren unterscheiden auch zwischen *Straßenkindern* (die sich für den Aufenthalt auf der Straße entschieden haben) und *verlassenen Kindern* (die keine Alternative haben), wobei beide Kategorien die auf der Straße lebenden Kinder einbeziehen.

- Die Meinungen über die Nützlichkeit dieser Unterscheidungen sind geteilt. Manche Sachverständige sehen darin die Möglichkeit, die spezifischen Bedürfnisse der auf der Straße lebenden Kinder näher eingrenzen zu können, und halten die Unterscheidung für nützlich. Anderen geht es mehr um die Behandlung der Probleme der unterprivilegierten Kindheit als solcher; sie wollen eine Stigmatisierung der auf der Straße lebenden Kinder im Verhältnis zu den Problemen der Kriminalität, Sexualität und familiären Schwierigkeiten vermeiden. Im Rahmen dieser zweiten Betrachtung soll sich der Diskurs über die auf der Straße lebenden und/oder arbeitenden Kinder an den Themen Arbeit, Ausbildung, Armut und Ausgrenzung orientieren.

- Einige Studien, insbesondere die Anfang der neunziger Jahre unternommenen Situationsanalysen, treffen zwar in der Einleitung eine Unterscheidung, trennen jedoch anschließend in den Statistiken nicht mehr zwischen Kindern, die auf der Straße leben, und denen, die dort tagsüber arbeiten. Dann lassen sich keine spezifischen Merkmale des Straßendaseins mehr herausarbeiten. In anderen Arbeiten werden die Definitionskriterien weder ausdrücklich erläutert noch begründet. Das gilt beispielsweise für eine afrikanische Studie, welche die behinderten Bettelkinder ausschließt. Ihre Anwesenheit auf der Straße bei Tag und Nacht wird aber trotzdem erwähnt. Bei einer solchen Populationsauswahl verliert eine Analyse, die auf den Eigenmerkmalen des Kindes aufbaut, weitgehend an Relevanz. Relevant würde sie hingegen, wenn diese Population in die Studie einbezogen würde. Dieselbe Studie schließt auch die sich prostituierenden Mädchen aus, denen der Forscher nachts begegnet. Implizit wird hier, und zwar gleich zu Beginn der Recherche, zwischen Prostitution und Leben auf der Straße unterschieden. Manche Vorgehensweisen sind mehrdeutig, und diese Praxis weist auf oft ungerechtfertigte Vorurteile hin („alle Mädchen ‚der' Straße sind Prostituierte", oder gar: „alle Mädchen, die sich auf der Straße befinden, sind Prostituierte"). Die Unterscheidung zwischen *„Straßenmädchen"* und *„Prostituierte"* – und ihre Gleichsetzung – ist problematisch, wenn sie nicht durch die örtlichen Gegebenheiten gerechtfertigt ist. Diese Klassifizierungen gehen eher auf eine moralische Beurteilung und Voreingenommenheit den Mädchen gegenüber zurück und geben Anlass zur Diskriminierung (vgl. dazu Ziffer 3g). In die Kategorie Prostitution und sexuelle Ausbeutung fallen vielfältige, wenig bekannte Phänomene. Bei dem diesbezüglichen Diskurs geht es um Ähnliches wie beim „Kind *der* Straße" (s. dazu Ennew/Gopal u.a., 1996 [Allg.]).

- Aufschlussreich ist auch der Vergleich zweier afrikanischer Studien über dieselbe Kinderpopulation. Die ältere Studie reiht die Abwanderungskinder aus ländlichen Gegenden in die Kategorie „*verlassene Kinder*" ein, weil deren Eltern im Heimatdorf verblieben sind. Diese Klassifizierung führt unmittelbar zu einer Definition der „Ursachen" auf Familienebene. Die neuere Studie über Straßenkinder bezieht sie in die Forschung ein. Dort wird gezeigt, dass diese – oft aus derselben Volksgruppe stammenden – Kinder einen wichtigen Teil der auf der Straße lebenden Population ausmachen. In der ersten Studie fehlt zwangsläufig der Begriff „Migration" (als legitime Strategie dieser Populationssektoren), da die betroffenen Kinder ja zu den verlassenen gezählt werden. Nun ist ja der Begriff „Verlassen" als solcher Gegenstand verschiedener Betrachtungen. Vom Standpunkt des Kindes aus gesehen kann darunter sowohl das *„Verlassenwerden"* als auch das *„Verlassen der Familie"* (mit oder ohne Einwilligung der Eltern) verstanden werden. Diese beiden Situationen sind nicht bloß zwei unterschiedliche Kategorien, sondern scheinen die äußersten Pole eines Kontinuums darzustellen (Lucchini 1993 [Allg.]).

- Zum andern variiert die Abgrenzung der Begriffe *street children* (Straßenkinder) und *child labour* (Kinderarbeit) auch geografisch. So wird in Lateinamerika ein Kind häufiger unter der Rubrik *Straßenkind*, in gewissen asiatischen Ländern hingegen eher als *Prostituierte(r)*, in manchen afrikanischen Ländern als *Landstreicher* (*vagrancy*), in Europa und Nordamerika als *Obdachlose(r)*, und in Indien vor allem als *Arbeiter* (Kinderarbeit) behandelt (Ennew/Milne 1996 [Allg.]). Diese Eigentümlichkeiten beeinflussen die gewählte Vorgehensweise beträchtlich. Eine Analyse im Sinne von *„labour"* (Arbeit) orientiert sich meist vor allem an den wirtschaftlichen Bedürfnissen und der Ausbeutung, während bei der Behandlung unter der Rubrik „*Straßenkind*" andere Elemente in den Vordergrund treten, die in erster Linie mit der „Straße" und dem Fehlen von Erwachsenen zusammenhängen. Der jetzige Erkenntnisstand hinsichtlich der auf der Straße lebenden Kinder zeigt, dass man sich ein Nachdenken über die Kinderarbeit nicht schenken kann, weil diese häufig Teil der Erfahrung des Kindes bildet. Die dieses Thema ansprechenden Schriften sind von den

Debatten der letzten Jahre geprägt und spiegeln die diesbezüglich vorhandenen Positionen wider (vgl. Ziff. 3).

Angesichts der sehr heterogenen Situationen gerät eine Definition, die auf objektiven Kriterien wie etwa der auf der Straße verbrachten Nacht oder dem Fehlen verantwortlicher Erwachsener aufbaut, eindeutig zu kurz. Das Phänomen dürfte eher unter dem Gesichtspunkt des **Verhältnisses zur Straße**, also der Aktivitäten und Identitäten anzugehen sein als unter dem einer vorgeblichen „Zugehörigkeit zur Straße". Die Erfahrung des Kindes entzieht sich den gängigen Definitionen. Lucchini sieht das Kind als System in seiner natürlichen Umgebung. Nur wenn man die Elemente dieses Systems identifiziere, könne man verstehen, wer das Kind ist. Für Südamerika hält dieser Autor acht Dimensionen fest, die eine Typifizierung **des Verhältnisses des Kindes zur Straße** erlauben: die räumliche Dimension (Raumtypus), die zeitliche Dimension (Zeit auf der Straße und Lebensweg), die dynamische Dimension (Aktivitäten), die motivatorische Dimension (Motive, die zum Gang auf die Straße oder Verbleib auf ihr veranlassen), die Dialektik zwischen Sozialisierung in der Familie und Sozialisierung auf der Straße und Formen des Gemeinschaftserlebens (Gleichgesinnte, Gruppen und Netzwerke), sowie Typus und Identität des Kindes. Die Art und Weise, wie die Eltern die Straße wahrnehmen (aber auch die Migration, die Arbeit, Ausbildung und Erziehung), die Art und Weise, wie Jungen und Mädchen die Straße erfahren, die dortige Überlebenskompetenz des Kindes, die physischen, sozialen und symbolischen Merkmale der Aufenthaltsräume, die Stützfunktion von Kindern und ihrer Organisation, die verrichtete Arbeit, Diebstahl, Prostitution, Drogenkonsum und Spiel – all dies sind weitere Elemente des Phänomens, die von Kontext zu Kontext variieren (vgl. 3e).

3. Ansätze, Methoden und erläuternde Perspektiven

Die Frage der Methodik wurde von Ennew und Milne (1966 [Allg.]) eingehend untersucht. Sie gelangen zu dem Schluss, dass die praktische Forschungsarbeit manchmal nur wenig mit der theoretischen Betrachtungsweise gemein hat. Dann können sich daraus auch keine zuverlässigen Analysen der Ursachen des Phänomens ergeben. Als Einschränkungen werden unter anderem genannt: zu kleine Zahl der untersuchten Fälle, unzulänglicher Einsatz der Statistik, Fehlen von Kontrollgruppen[2] (Ennew/Milne 1996 [Allg.]; Studiengruppe des Europarats über Straßenkinder, 1994 [Allg.]; Connolly/Ennew 1996 [Allg.]). Unter diesen Unzulänglichkeiten leiden viele Untersuchungen von Forschern, NGO und Journalisten. Im Lichte der Definitionsprobleme (Ziff. 1) dürften somit Studien, die die Lebenssituation der Kinder und ihr Verhältnis zur Straße aussparen, nur selten einmal nützliche Angaben für ein Vorgehen liefern. Im übrigen befasst sich eine Sondernummer der Zeitschrift *Childhood* (1996) mit der Forschung; darin legen mehrere Autoren neuartige Strategien und Methoden dar. Es handelt sich dabei um Beteiligungsansätze, die noch mehr auf das Kind hingerichtet sind und ein Eingreifen möglich machen, abenso wie um eine ethische Relexion hinsichtlich der Forschung und dem Eingreifen. Diese Evolution des Schrifttums über die Forschung zeigt, dass ein Ansatz, der die Komplexität des Phänomens zu erläutern versucht, nicht unbedingt im Widerspruch zur Aktion zu stehen braucht, sofern er sich den Handelnden zu nähern sucht und zugleich die makrosozialen Mechanismen und lokalen Besonderheiten beschreibt.

Die den Straßenkindern gewidmeten Studien verwenden unterschiedliche Techniken: qualitative Fallstudien, statistische Analysen anhand von Fragebögen, Analyse der sekundären Gegebenheiten, usw. Manchmal werden mehrere Techniken kombiniert. Hinzu kommen Situationsanalysen in bezug auf ein spezifisches Risiko (AIDS, Drogenkonsum, usw.) sowie solche, die sich auf einen Artikel des Übereinkommens über die Rechte des Kindes beziehen (Konflikt mit dem Gesetz, wirtschaftliche Ausbeutung, sexuelle Ausbeutung, familiärer Rahmen, usw.). Von dieser Perspektive gehen die nationalen Berichte über die Lage des Kindes oder auch die Alternativberichte von NGO mit offenkundig politischer Zielsetzung aus. Der ältere (und stark kritisierte), kriminalitätsbezogene Ansatz behandelt die Verstöße gegen nationales Recht. Er verstärkt die Kriminalisierung der Kinder wegen kleinerer Delikte oder Landstreicherei. Des weiteren befassen sich nicht wenige Schriften mit dem direkten oder indirekten Eingreifen und dessen Wirksamkeit.

Die Literatur unterscheidet drei große Betrachtungsweisen des Phänomens der Straßenkinder: Schutz, Strafe und Menschenrechte (Europarat 1994 [Allg.]). Auch innerhalb dieser Hauptkategorien sind die Aussagen, je nach der

---

[2] *„control group"*. Nur der Vergleich mit anderen Kinderpopulationen aus unterprivilegierten Kategorien erlaubt den Nachweis, dass bestimmte Merkmale für Straßenkinder spezifisch sind. Andernfalls wird die Lage der Straßenkinder aus ihrem Kontext gelöst und implicite mit der von Kindern der Mittelschicht oder gar in den Ländern des Nordens verglichen.

inhärenten Betrachtungsweise und den Postulaten des betreffenden Forschers oder Sachverständigen, höchst unterschiedlich. Parazelli zeigt das anhand des kanadischen Eingreifens: Die Straßenjugend und ihre Probleme werden unterschiedlich angegangen, je nachdem, ob sie als Nutznießer, Kind, Akteur, Delinquent usw. betrachtet wird.[3]

Der Inhalt der Texte wird auch von einigen Zielsetzungen beeinflusst. Die Gültigkeit der Informationen ist nicht nur von der angewendeten Methode abhängig, sondern auch von der Absicht des Textes. Brandmarkung einer nationalen, internationalen oder lokalen, den Kindern nachteiligen Lage, Einrichtung einer Interventionsmethodik, Planung des Vorgehens auf nationaler oder lokaler Ebene, Suche nach Finanzmitteln, Untersuchung im Hinblick auf die Erlangung eines Titels oder der akademischen Anerkennung, Bildungsstand der Untersuchenden, Sensibilisierung der Politik, der Mittelschicht oder auch der Bevölkerungen des Nordens – all das spielt in die Schriften hinein. Die

---

[3] **Soziale Hauptvorstellungen des Eingreifens bei der Straßenjugend:**
Verhältnis zu ihr, Problemerkennung und Interventionsformen – Michel Parazelli, 1997

Soziale Vorstellung	*Familien betont*	*Therapeutisch*	*Doktrinal*	*Religiös*	*Kommerziell*	*Repressiv*	*Emanzipatorisch*
Symbolische Verhältnisarten zum Jugendlichen	Das Kind	Der Nutznießer	Der Anhänger	Der Gläubige	Der Kunde	Der Delinquent	Der Akteur
Allgemeine Problemwahrnehmung	Soziale Verwundbarkeit	Soziale Pathologie	Keine Gewaltanwendung	Kein Modell	Unerfüllte Bedürfnisse	Störung der öfftl. Ordnung	Soziale Entfremdung
Interventionsmethode	Schützen	Heilen	Leiten	Beispiel geben	Lieferung einer Dienstleistung	Festnehmen, zerstreuen und/oder evakuieren	Begleiten

(Parazelli M., „*Les jeunes de la rue*", Lehrbuch Fernkurs – Zertifikat für Jugendhilfe. Montreal: Faculté de l'Education permanente (Secteur de la formation à distance), Universität Montreal, 1998, S. 2.8.

Merkmale des Kindes und die Zwänge, dem es unterliegt, werden je nach Finalität des Dokuments und anvisierter Öffentlichkeit unterschiedlich dargestellt. Die wichtige Mediatisierung des Themas „Straßenkinder" hängt mit den Strategien der *advocacy* und der Suche nach Finanzmitteln zusammen und betont die Facetten des Straßenlebens, die mit diesen Zielsetzungen im Einklang stehen. Die ständige Wiederholung bestimmter Informationen verleiht ihnen trotz des Fehlens einer empirischen Verifizierung einen gewissen Wahrheitsgehalt. Das hat ausschnitthafte und voreingenommene Darstellungen des Phänomens zur Folge. Bei der direkten Intervention trifft diese Betrachtungsweise und Definition des Kindes nicht zu (Szanton Blanc 1994 [Allg.]; Invernizzi/Lucchini in Lucchini 1996 [Allg.]).

Die Lektüre der Texte über Straßenkinder setzt eine hermeneutische Betrachtung voraus, die diese Kinder in ihren Kontext versetzt. So verführerisch ein Situationsvergleich anhand der Literatur auch sein mag, verbietet er sich doch wegen mehrerer Probleme: wegen der Vielfalt der Definitionen des Begriffs „Straßenkind", der unterschiedlichen Ansätze der Forscher (Tessier 1998 [Allg.]), der Zuverlässigkeit der in den Büchern und Artikeln dargestellten Forschungsergebnisse (Ennew und Milne 1996 [Allg.]; Aptekar 1994 [Allg.]) und des diesen Mitteilungen zugrunde liegenden Selbstinteresses (Invernizzi/Lucchini 1996 [Allg.]).

Die Ursachen des Phänomens Straßenkind werden auf unterschiedlichen Ebenen (makro-, meso-, mikro-sozial) und unter unterschiedlichen Perspektiven untersucht. Tatsächlich scheint indes **nur eine einzige systematische Annäherungsweise der Komplexität des Phänomens Rechnung tragen zu können**. Mit anderen Worten: Man muss diverse Elemente – so etwa die auf den ärmsten Gemeinden lastenden strukturellen Zwänge, ihre Lebensbedingungen in armseligen Quartieren, Armut, Diskriminierungen, soziale Bindungen und kulturelle Signifikanz der Akteure, tagtägliche Praxis, Definitionen der NGO, Rechte des Kindes, usw. – in Rechnung stellen und miteinander verknüpfen.

Die meisten Ausarbeitungen untersuchen die eine oder andere Ebene und/oder erproben Hypothesen in einer präzisen Perspektive. So erscheint es angezeigt, sie gewissermaßen einer Vorablektüre zu unterziehen.

In der deterministischen Sicht erliegt das Individuum den Zwängen seiner Umgebung, weshalb die Erklärung in äußeren und dem Gang auf die Straße vorgelagerten Faktoren gesucht wird. Anders stellt sich die Frage, wenn man das Individuum als Handelnden und Subjekt betrachtet. In diesem Fall tragen der

Gesichtspunkt des Kindes und insbesondere seine Motive zur Erklärung bei, warum es sich auf die Straße begab und dort blieb. Dieser Ansatz setzt eine Verlagerung des Untersuchungsschwerpunkts auf das Erfahren und Erleben der Straße durch das Kind voraus. Sehr oft erklären diese beiden Perspektiven gar nicht dasselbe Phänomen. Makroskopische Studien konzentrieren sich im allgemeinen auf das Auftauchen des Phänomens der Straßenkinder und/oder seine zahlenmäßige Zunahme. Mikroskopische Untersuchungen interessieren sich für den Zug des Kindes auf die Straße und seinen dortigen Verbleib, für das Gemeinschaftserlebnis, die dort ausgeübten Aktivitäten, usw.

Diese methodische Wahl beeinflusst sehr stark die Wahrnehmung der Ursachen. Die Berücksichtigung des Gesichtspunkts des Kindes als Subjekt scheint sich statt der rein vergangenheitsbezogenen auf gegenwartsverankerte und zukunftsgerichtete Kausalitäten konzentrieren zu sollen. Eine partizipative Betrachtungsweise in Forschung und Aktion dürfte dann die externen Zwänge berücksichtigen, zugleich aber auch die Motive der Handelnden, ihre eigene Lagewahrnehmung und die darauf erfolgenden Reaktionen einschließen müssen.

Im Sinne möglichst großer Klarheit soll die Reihenfolge der Bibliographie einen Überblick über die Perspektiven und Fragestellungen vermitteln. Sie ist in Listenform gehalten und arbeitet mit Kategorien, die insoweit pauschal wirken mögen, als die Autoren sich ihnen nicht zwangsläufig anschließen. Zugleich bleibt festzuhalten, dass mehrere Arbeiten unter mehr als eine Kategorie fallen.

a) Strukturelle Zwänge: internationale Aspekte

Eine Erklärungsschiene lässt die makroskopischen Faktoren von Phänomenen wie dem internationalen Wirtschaftsaustausch, der äußeren und inneren Staatsverschuldung und der Reduzierung der Haushaltsmittel für soziale, schulische, gesundheitliche Aufgaben, den Wohnungsbau usw. einfließen. Als gemeinsamer Nenner dienen dann meist die Zwänge, die mit der Weltwirtschaftsordnung – den strukturellen Anpassungsmaßnahmen also und dem „Übergang" zur Marktwirtschaft – zusammenhängen (Connolly/Ennew 1996), die zur Folge haben, dass Straßenkinder auftreten oder ihre Zahl zunimmt. Diese Zwänge seien für die Krise der diversen Sozialisierungskreise – Familie, Schule, öffentliche Dienstleistungen usw. – verantwortlich.

Die Bibliographie enthält einige Untersuchungen der Lage der Kinder in den Ländern der ehemaligen Sowjetunion, und dort insbesondere der „Risikokinder", wobei die *obdachlosen* Kinder nur flüchtig oder überhaupt nicht behandelt werden.

Diese Studien erläutern meist zwar die Zunahme der Straßenkinder oder auch das erste Auftreten des Phänomens, geben aber keinen Aufschluss darüber, warum sich die Kinder der Straße zuwenden. Generell sind die genannten Zahlen wegen der methodischen und definitorischen Probleme wenig verlässlich. Ennew weist darauf hin, dass die zahlenmäßige Zunahme der Straßenkinder seit Jahren ausgehend von einer von UNICEF genannten Zahl (100 Millionen) gegeißelt werde, die Zahl selbst aber unverändert bleibe. Andererseits kann es geschehen, dass sich hinter den statistischen Angaben über Straßenkinder nicht nur eine substanzielle Veränderung der Lebensbedingungen des Kindes, sondern mehr noch Übergänge von einer Kategorie zu einer anderen (geborgene Kinder werden zu Straßenkindern; Opfer von Gewalt werden zu Straßenkindern) verbergen.

Eine Analyse der strukturellen Zwänge, die sich ausschließlich an der Lage des auf der Straße lebenden Kindes orientiert, erscheint wenig sinnvoll; nützlicher wäre es, den Betrachtungsrahmen auf andere Kinderpopulationen zu erweitern oder überhaupt die Lage aller Kinder in Betracht zu ziehen.

b) Lokaler Kontext: Armut, Verstädterung, Bevölkerungsverschiebungen und Wanderung, Unzulänglichkeiten der Sozial- und Bildungspolitik

Die meisten Dokumente sehen die Ursachen des Phänomens „Straßenkind" in der **Armut** und der rasanten **Verstädterung**. Deren Nebenerscheinung ist das Leben in Slums ohne Grundversorgung und mit nur geringen Zukunftsperspektiven. Hier ist darauf hinzuweisen, dass viele Arbeiten diese Ursachen zwar nennen, aber nicht zwangsläufig auch empirisch untersuchen. Meist dient dieser Diskurs der Brandmarkung mangelnden politischen Willens zur Bekämpfung der Armut, obwohl es wirtschaftliche Abhilfemöglichkeiten gäbe. Von dieser Erklärung gehen alle Informationen aus, die sich mit der Arbeit der Eltern, der Rentabilität der Tätigkeiten der Kinder, des Zugangs zu Schule und Bildung befassen. Dies gilt für die Ursache „Armut", die in der Einleitung und Schlussfolgerung der meisten Situationsanalysen der „Straßenkinder" behandelt wird.

Hinsichtlich der Beziehung zwischen Armut und „Straßenkindphänomen" sind sich die Forscher zwar einig, nicht aber hinsichtlich ihres Wesens (Black 1993). Armut lässt sich auf vielerlei Weise erklären: durch Unter- oder Minderentwicklung, durch mangelnde Bildung und Ausbildung der Eltern, durch Kinderarbeit, womit die Armut sogar bis ins Erwachsenenalter fortdauert, durch soziale und wirtschaftliche Ungleichheiten, durch soziale Diskriminierung, usw. Zudem müssen die Begriffe „Armut" und „**Überleben**" problematisiert werden, denn sinnvoll werden sie nur in einem bestimmten Kontext und ausgehend von den näheren Umständen der Betroffenen (vgl. c), d) und e)). Die Art und Weise, wie die Armut problematisiert wird, wirkt beträchtlich auf die Klassifizierung, die politischen Optionen und die Aktionsstrategien zurück. Ennew (1996 [Afrika]) stellt beispielsweise die Frage nach den Gründen, aus denen die Armut zu den Ursachen der Existenz in besonders schwierigen Umständen lebender Kinder (*„children in especially difficult circumstances"*) gerechnet wird. Sollte sie nicht *als solche* als besonders schwieriger Lebensumstand angesehen werden?

Die Debatte über **Kinderarbeit** steht in engem Zusammenhang mit diesen Konzeptionen der „Armut". Die Art und Weise, wie die Kinderarbeit angegangen wird, führt zu einer speziellen Analyse der Ursachen und Folgen des Straßendaseins. Im übrigen leiden die Untersuchungen der Kinderarbeit unter denselben Schwierigkeiten wie die über Straßenkinder: unter konzeptuellen Problemen (Begriffsbestimmung von Arbeit, Ausbeutung, „erträglicher" und „unerträglicher" Arbeit), Problemen der Betrachtungsweise und Methodik, Widersprüche aufgrund der Zielsetzung der Arbeit (*advocacy*, Brandmarkung, Suche nach Finanzmitteln, Einrichtung von Projekten). Deshalb müssen die Ausführungen der Experten in ihren jeweiligen Zusammenhang gestellt und im einzelnen untersucht werden. Manche Dokumente konzentrieren sich auf die Ausbeutung des Kindes. Hier geht es um die Beseitigung der Kinderarbeit oder den Schutz des arbeitenden Kindes. „Straßenkind" wird dann gleichbedeutend mit unerträglicher Arbeit (UNICEF 1996 [Allg.]). Geht es um die Beseitigung von Kinderarbeit oder den Schutz des arbeitenden Kindes, wird die Arbeit meist als eine Behinderung der Entwicklung des Kindes angesehen. Dabei wird die Kinderarbeit zugleich als Ursache und Folge der Armut betrachtet (IAA 1996). Wird die Arbeit als eine Form der Ausbeutung angesehen, so gilt sie als eine Ursache für den Aufenthalt auf der Straße. Er wird dann als eine Form der „Selbstausbeutung" der Familien verstanden und manchmal als Quelle familiärer Konflikte (Black 1993 [Allg.]; Tessier 1998 [Allg.]). oder als Entfernung aus dem häuslichen Raum beschrieben, die beide den Übergang zum Straßenleben begünstigen können. Meist ist dann von Prostitution, Kriminalität oder gefährlicher und/oder wenig ausbildungsfördernder Randbetätigung die Rede. Andere Arbeiten hingegen gehen vom Kind als Handelndem aus. Dann wird die Arbeit als etwas angesehen, was zwar Ausbeutung zur Folge haben, aber auch Bestandteil der Sozialisierung sein kann. Dem Abgleiten auf die Straße aufgrund von Armut und Arbeit widerspricht die einfache Tatsache, dass die Zahl der Straßenkinder in keinerlei Beziehung zur Zahl der dort arbeitenden Kinder steht. Außerdem kann Arbeit unter bestimmten Voraussetzungen auch Quelle der Aufwertung und des sozialen Zusammenhalts in Familie und Gemeinschaft sein. Der ungesetzliche Charakter der Kinderarbeit kann dann als Form der Diskriminierung empfunden werden, die das Straßendasein prekär werden lässt und die Überlebenstätigkeiten des Kindes kriminalisiert (Swart 1996 [Afrika]). Man hat den Eindruck, dass die Kategorie „Kinderarbeit" zu weit gespannt ist und deshalb keine eindeutige Aussage zulässt. Dennoch wäre es falsch zu glauben, diese diversen Betrachtungsweisen rührten ausschließlich von der Analyse der verschiedenen Aktivitäten her. Ausgehend von den Definitionen der Ausbeutung, wie sie in der Perspektive der Beseitigung der Kinderarbeit oder des Schutzes des arbeitenden Kindes benutzt werden, fallen nicht nur die Aktivitäten des auf der Straße lebenden Kindes, sondern auch die von den meisten Kindern tagsüber verrichteten in die Kategorie Ausbeutung. Die Betrachtungsweise, die man sich hinsichtlich der Kinderarbeit zu eigen macht, hat offenkundige Rückwirkungen auf die Aktionen für Straßenkinder und führt zu einer anderen Projektauffassung (Ziff. 4). Der allgemeine Teil der Bibliographie enthält auch einige Studien über Kinderarbeit.

Die Ausarbeitungen über Straßenkinder nennen auch diverse Formen der **Diskriminierung**: einige Populationssektoren erleben eine Häufung von armutsbedingten Einschränkungen. So wird für Südafrika die Rassendiskriminierung genannt; insbesondere die Gesetze, die die Wanderung einschränken, sowie die Rassentrennung sind für das Zerbrechen der familiären Bande verantwortlich. Studien über die Erziehung der schwarzen Kinder erläutern die schulische Diskriminierung (Swart 1990; Peacock 1990; Chetty 1997 [Afrika]). In China haben die Wanderungs-Beschränkungsgesetze eine illegale Masse einer *„floating population"* zur Folge. Auf gleiche Weise geraten die Familien, die diese Gesetze nicht einhalten, durch die Geburtenplanung in eine prekäre Lage (Stöcklin 2000 [Asien]). In Osteuropa besteht ein Zusammenhang zwischen Armut und Ausgrenzung der Roma-Population und ihrem statistisch größeren Anteil an den Straßenkindern. Auch die

Diskriminierung und Verarmung der Frau werden behandelt (Aptekar 1999 [Afrika]; Ochola 1996 [Afrika]; Lucchini 1993 und 1996 [Allg.]), wenngleich die meisten Dokumente die Situation auf der Ebene der Familie analysieren.

Bedeutende **Bevölkerungsverschiebungen** aufgrund von **Kriegen**[4], Natur- oder vom **Menschen verursachten Katastrophen** werden für einige Länder Afrikas, Asiens oder der ehemaligen Sowjetunion erwähnt. Betroffen sind dabei ganze Populationen, Familien und sich selbst überlassene Kinder, die manchmal gegen ihren Willen von ihrer Familie getrennt wurden oder sie aus eigenem Willen verlassen haben. Einige Studien untersuchen auch den Fall der **Wanderkinder**, die von den meisten Experten jedoch als verlassene Kinder oder als Opfer angesehen werden. Doch selbst bei „Katastrophen" scheint das Kind manchmal die Wahl zu haben, ob es im häuslichen Rahmen verbleiben oder ihn verlassen will (Ressler 1988). AIDS bildet das zentrale Thema mehrerer Dokumente über Afrika.

Manche Bevölkerungsverschiebung ist auch die Folge von Ausweisungen durch die Behörden. Sie ergeben sich dann aus wirtschaftlichen Entwicklungsprojekten mit sehr hohen menschlichen Kosten, oder auch aus der Verwirklichung von Projekten der Land- oder Stadtentwicklung. Es besteht aber ein direkter Zusammenhang zwischen der Ausweisung von Populationen und der Familientrennung oder dem Phänomen obdachloser Erwachsener und obdachloser Kinder (Ochola 1996 [Afrika]; Black M. 1991 [Asien]; Seelig 1994 [Afrika]).

Die Unzulänglichkeit der staatlichen Sozialpolitik und des Erziehungswesens wird in mehreren Arbeiten ebenfalls als verantwortlich für das Phänomen Straßenkinder genannt. **Die Schule** bleibt Kindern nicht nur wegen der direkten (Schulgebühren) und indirekten wirtschaftlichen Kosten (Uniformen; Fahrten, usw.) verschlossen, sondern auch, weil sie den Anforderungen der Kinder nicht gerecht wird. Die Lehrinhalte haben wenig mit

---

[4] In den Ausarbeitungen über Straßenkinder werden politische Gewalt und Krieg häufig als Ursache für die Abwanderung der Kinder in die Städte und das Phänomen Straßenkinder genannt. Wir haben einige Studien über Kinder als Opfer von Wanderungen und Kriegen eingesehen, um festzustellen, ob irgendwo eine direkte Verbindung genannt wird, dabei aber nun wenige Spuren gefunden. (Folgende Werke wurden eingesehen: Gibb S./Boyden J. *„Children affected by organized violence: annotated bibliography on research methods"*; Radda Barnen, 1996; David Tolfree *„Restoring Playfulness: Different approaches to assisting children who are psychologically affected by war or Displacement"*; Rädda Barnen, Stockholm, 1996; Jan Williamson/Audrey Moser, *„Unaccompanied children in Emergencies: A field Guide for their Care and Protection"*, International Social Service, 1988).

den Lebensformen dieser Populationen gemein (Reddy 1992 [Asien]; Dalglish/Connolly 1992 [Allg.]).

Gleiches gilt für die **Kinderhilfsdienste** in Afrika, die die traditionellen Formen der Kinderfürsorge nicht berücksichtigen (Umbina 1991). Fehlende Berufsausbildung ist ebenfalls eine Unzulänglichkeit der staatlichen Tätigkeit. Auch die massive Heimunterbringung von Kindern unter den kommunistischen Regimes in Osteuropa wird erwähnt.

Ein weiterer Fragestellungskomplex gilt dem unzulänglichen **Rechtssystem**, das nur von juristischen Regeln ausgeht und die juristische Realität ausspart (Kuyu und Le Roy in Tessier 1998 [Allg.]). Es erweise sich als unfähig, den Kräfteverhältnissen, Verhandlungen und kulturellen Besonderheiten Rechnung zu tragen.

Die **Beteiligung der NGO an dieser Unzulänglichkeit** wird von einigen Autoren ebenfalls angesprochen. Die NGO funktionieren wie ein Markt, innerhalb dessen das Verhältnis zum Kind instrumentalisiert wird nach einer politischen, gesetzlichen und wirtschaftlichen Logik, die sich nicht notwendig auf die Bedürfnisse der Kinder reimt. Weshalb Kuyu (in Tessier 1998 [Allg.]) zu dem Schluss kommt: „das institutionelle Ganze aus Grundbesitzern, NGO und politischen Verantwortlichen funktioniert regelrecht als ‚Maschine zur Erzeugung von Straßenkindern'". Andere Dokumente werfen die Frage auf, welche Rolle die NGO dabei spielen, dass sich der Staat gegenüber den fundamentalsten sozialen Problemen aus der Verantwortung stiehlt.

Ist nun die Auswirkung dieser Faktoren auf die Lage der Kinder unbestritten, so bleibt doch offen, wie Elemente wie Armut (ungeachtet der Art, wie sie erklärt wird), Wanderung, Bevölkerungsverschiebungen, Diskriminierungen und Unzulänglichkeiten des Staates dazu führen, dass Kinder die Straße wählen. Eine Erklärung, die sich ausschließlich auf Armut stützt, ist weitgehend unzureichend, denn bei ansonsten gleichen Bedingungen verlassen manche Kinder die Familie und wenden sich der Straße zu, während andere im häuslichen Rahmen verbleiben. Mehrere Elemente mediatisieren das Verhältnis zwischen den makro-/mesoskopischen Faktoren und dem Weggang des Kindes; man spricht dann von kultureller, familiärer, räumlicher und identitätsbezogener Mediation.

c) Kulturelle/interkulturelle Perspektive

Die hierauf basierenden Überlegungen gehen von mehreren Fragestellungen aus. Eine erste betrifft die Beeinflussung der Studien über Straßenkinder durch eine vorherrschende, aus den Ländern des Nordens stammende Kindheitsdefinition. Einige Sachverständige analysieren die von den Forschern und Praktikern angewandten Konzepte und Theorien. Aus diesen Arbeiten geht hervor, warum Vorgehensweisen des öffentlichen und privaten Sektors (s. o.), die sich von der Praxis der betroffenen Handelnden entfernen oder ihr widersprechen, unangemessen sind. Eine eng mit der ersten verbundene, weitere Frage gilt den Vorstellungen von Kindheit und der Erfahrung des Kindes, die man in seinem Lebensmilieu für angemessen hält. Dies betrifft ebenfalls die Vorstellung von der Straße als legitimem oder illegitimem Raum des Gemeinschaftserlebnisses und die Umstände des Aufenthalts auf ihr (tagsüber, Straßentypus, Abwanderung in die Städte, Selbständigkeit, Arbeit, Sexualität, usw.), sowie die sich daraus ergebende Vorstellung von der Familie und Familienstruktur, der Identität des Kindes und seiner Kompetenz (Adick 1998 [Allg.]; Aptekar/Abebe 1997 [Allg.]; Bar-On 1997 [Allg.]; Lucchini 1996 [Allg.]).

So gilt es beispielsweise in einigen Sektoren der Population als durchaus legitim, dass das Kind unter bestimmten Bedingungen auf der Straße arbeitet oder zur Arbeit oder zum Studium in die Stadt abwandert. Diese Normen variieren von Gesellschaft zu Gesellschaft und von Sozialgruppe zu Sozialgruppe. Die dieser Praxis zugrundeliegende Rationalität wird nur verständlich, wenn man in Betracht zieht, was im Lebensmilieu des Kindes als „Normalität" anzusehen ist, selbst dann, wenn sich das Kind von dieser Normalität entfernt. Ein Beispiel hierfür ist der Idealweg des Wanderkindes, das sich eigentlich zu Verwandten in die Stadt begeben oder dort schnell Arbeit und Wohnung finden soll, aber aus irgendwelchen Gründen auf der Straße landet. Dies betrifft sehr unmittelbar die Kinderarbeit, die in mehreren Ländern Asiens, Afrikas und Lateinamerikas als legitim gilt. Wobei immer noch zwischen den von den Kindern ausgeübten Aktivitäten zu differenzieren bleibt.

Nur wenige Studien verwenden ausdrücklich eine Kontrollgruppe, anhand derer die Lebensqualität des Straßenkindes mit der seinesgleichen verglichen werden kann, die zu Hause geblieben sind (Richter 1966 [Afrika]; Backer u.a. 1997 [Asien]). Backer weist zudem nach, dass der Wanderweg zu einer Verbesserung der globalen Lage des Straßenkindes führen kann und diese unter dem Gesichtspunkt der Ernährung und Gesundheit mit jener in armen Stadtvierteln oder auf Dörfern vergleichbar ist. Die Selbständigkeit, die diese Kinder an den Tag legen, gilt in ihren Familien im übrigen nicht als anomal.

Eine zweite Kategorie von Arbeiten betrifft die diskriminierenden traditionellen Praktiken gegenüber gewissen Kindern, die zu ihrer Ausgrenzung führen (Adrien 1995 und 1999; Poitu 1996 [Afrika], sowie traditionelle Praktiken, die durch ihre Monetarisierung verfälscht worden sind. Über das Verhältnis dieser Formen der Ausgrenzung zum Leben auf der Straße ist indes nur wenig bekannt. Diese Fragestellungen betreffen auch Kinder, die im Rahmen der Koranerziehung betteln. Obwohl einige Ausarbeitungen Straßenkinder im Zusammenhang mit der Ausbeutung und schlechten Behandlung durch Lehrer und Tutoren erwähnen, scheint man diese Frage nur auf dem Umweg über die Sozialisierungspraktiken und die „Normalität" in diesem sozialen und kulturellen Kontext angehen zu können (Hunt 1993 [Afrika]; Wiegelmann in Adick 1998 [Allg.]).

Eine dritte Fragestellung betrifft die Fortdauer oder den Verlust der traditionellen Werte von Solidarität und Zusammenarbeit in Familie und Gemeinschaft. Sie behandelt die Sozialisierungsmodelle und -praktiken, das individualistisch geprägte Stadtleben und die Monetarisierung der Beziehungen, die Familienorganisation und -struktur, usw. Nach Auffassung einiger Forscher führt die Verwestlichung zu einer Durchlöcherung des Sozialgewebes und zum Bruch familiärer und gemeinschaftlicher Bindungen. Andere Ausarbeitungen hingegen sehen in diesen Veränderungen nicht nur das Ergebnis der Armut und der kulturellen Veränderungen, sondern auch eine Umgestaltung, die nicht durch miserabilistische Betrachtung stigmatisiert werden darf (Ennew 1996 [Afrika]). Eine andere Facette desselben Problems betrifft die Rolle, die der Staat bei der Auf- oder Abwertung dieses Praktiken spielt, sowie seine Sozial- und Bildungspolitik (s.o.).

Eine vierte Fragestellung gilt der „Subkultur" der Straße mit ihren Formen des Gemeinschaftslebens und ihren Regeln, sowie der Anziehungskraft, die die Gruppe auf das Kind ausüben kann (s. e)).

d) Die Familie

Als Erklärung für den Zug des Kindes auf die Straße werden am häufigsten Armut und familiäre Probleme genannt. Die meisten Studien stellen fest, Armut allein sei als Erklärung unzureichend. Die Mehrheit der Forscher konstatiert das Junktim zwischen sozio-ökonomischen Zwängen und Familie, doch gibt es mehrere Lesarten dieses Problems.

Eine erste Lesart betrifft den Zerfall der Familie aufgrund von Armut und/oder Verwestlichung. Diese Feststellung findet sich in bezug auf asiatische, afrikanische und osteuropäische Länder. Die Familie wird dann als problematisch angesehen. Allzu oft wird sie jedoch nicht untersucht, und ihre Probleme werden nicht dokumentiert. Das Bild von der zerfallenden Familie ist in erster Linie ein Vorurteil (Aptekar 1994, 1997 [Allg.]).

Vielen Untersuchungen zufolge sind der Tod von Angehörigen, Familientrennung, Neuverheiratung der Eltern und Anwesenheit einer Stiefmutter/eines Stiefvaters bei den Straßenkindern unterrepräsentiert, wie auch die Arbeiten zeigen, bei denen Straßenkinder mit arbeitenden Kindern verglichen werden, die abends heimkehren (Baker u.a. 1997 [Asien]; Bond 1992 [Asien]; Szanton Blanc 1994 [Allg.]). Andere konnten keine Korrelation zwischen bestimmten Familienstrukturen und dem Aufenthalt auf der Straße feststellen. Scheinen solche Brüche auch bei Straßenkindern häufig vorzukommen, so gelten sie doch nicht für alle, weshalb eine Verbindung von Ursache und Wirkung zwischen diesen beiden Phänomenen nicht festzustellen ist.

Eine zweite Lesart verknüpft die Veränderungen in der Familienstruktur und -funktion mit dem Versuch einer Reorganisation, die es zu fördern gelte. Ein weiterer Annäherungsweg der Forscher verläuft über die Fragilisierung der Stellung der Frau und die Feminisierung der Armut, die wichtige Rückwirkungen auf das Familienleben und die Kinder hätten (Toto 1998 [Afrika]; Aptekar 1999 [Afrika]). Nach Aptekar besteht ein enger Zusammenhang zwischen der Selbständigkeit des Jungen, der sich auf die Straße begibt, und den Familien, in denen die Mutter Familienoberhaupt ist (1994 [Allg.]). Für einige afrikanische Länder wird auch der Tod der an AIDS erkrankten Eltern genannt (Lenoble-Bart 1996; Malich u.a. 1996).

Wichtig für ein Verständnis des Gangs auf die Straße ist die Untersuchung des Weges des Kindes; er wird aber in den Studien nicht immer ausdrücklich angesprochen. Marguerat (1994 und 1999 [Afrika]) spricht in seiner Typologie von den vielfältigen Wegverläufen und den unterschiedlichen Zwängen, denen das Kind unterliege. Hier kommen Kinder vor, die aus ländlichen Zonen stammen und mit ihrer Familie gebrochen haben, andere sind wegen bewaffneter Auseinandersetzungen oder Katastrophen weggegangen, bei dritten handelt es sich um eine Migration im Rahmen erlaubter Sozialisierungspraktiken. Letztere können jedoch wegen der Schwierigkeiten des Einlebens in der Stadt auf der Straße landen. Wiederum andere Kinder stammen aus städtischen Familien, deren Familienbande brüchig geworden sind, oder sie haben mit der Schule gebrochen, manche wurden von der Familie verlassen, andere können sich auf kein Familienmitglied stützen. Die Gründe für den Weggang des Kindes können mithin höchst unterschiedlich sein (Veale u.a. 1992 [Afrika]; Mdoe 1997 [Afrika]).

Ein anderer Lebensweg, der für die Länder des Ostens häufig genannt wird, aber auch für Länder Asiens und Afrikas zutrifft, gilt dem Kind, das eine Institution, in die es verbracht wurde, verlässt. Zwar wird oft von Missbrauch und Gewalt in staatlichen Institutionen gesprochen, doch gibt es auch Kinder, die aus eigens von NGO für Straßenkinder errichteten Heimen entfliehen, womit die ganze Komplexität der Frage deutlich wird (vgl. 3e) und 4)).

Ein weiterer Wegverlauf, der für Afrika und Asien häufig genannt wird, ist die **Abwanderung** von Kindern aus ländlichen Gegenden. Sie betrifft jedoch nicht alle Länder auf gleiche Weise. Die verfügbaren Transportmittel scheinen die Wanderungsbewegungen unmittelbar zu beeinflussen. Einige afrikanische Studien weisen darauf hin, dass dieser Weg des Kindes in einigen Populationssektoren legitim ist und in seinem Lebensmilieu, mit dem es in Kontakt bleiben soll, hoch eingeschätzt wird (Veale 1992 [Afrika]; Sharp 1996 [Afrika]). Bei den Sinti- und Roma-Minderheiten in Osteuropa kann der Gang des Kindes auf die Straße eine legitime Sozialisierungsform sein und bedeutet nicht zwangsläufig den Bruch mit der Familie (Gabura in Europarat 1994 [Osteuropa]). Asiatische Studien bezeugen die Aufrechterhaltung der Familienbeziehungen auch nach der Wanderung, allerdings mit unterschiedlicher Begegnungsintensität. So wird in einigen Arbeiten von Kindern gesprochen, die regelmäßig ihr Dorf besuchen, während andere Studien Kinder nennen, die ihre Adresse, ja sogar ihre Muttersprache vergessen haben (Lugalla 1999 [Afrika]). Das bedeutet nicht unbedingt, dass der Lebensweg des wandernden Kindes auf der Straße enden muss; die diesbezüglichen Informationen sind nicht immer sehr präzise. Toto (1996 [Afrika]) spricht von der Wanderbewegung des arbeitenden Kindes und zeigt, dass davon ausgegangen wird, dass es von Verwandten aufgenommen wird. Diese Wanderbewegung wird als möglicherweise die Bande fragilisierendes Element verstanden, das die Tatsache erkläre, dass gewisse Kinder auf der Straße landen können; sie wird aber auch als eine Reaktion auf wirtschaftliche Schwierigkeiten verstanden, die durchaus wirksam sein kann und dann Förderung verdient.

e) Das Kind als Subjekt und seine Identität: mikrosoziologische und psychosoziale Ansätze

Die **mikroskopische** Ebene bezieht sich auf „eine Wirklichkeit, in die das Kind als sozial Handelnder unmittelbar einbezogen ist". Dabei spielen äußere und innere Faktoren mit. Erstere sind etwa „die Familienstruktur und Verwandtschaft sowie Netze der gegenseitigen Hilfe unter Nachbarn, Viertelsbanden, Straßenkinder-Netzwerke, Hilfsprogramme und umbauter Raum (Unterkunft, Viertel, Straße)" (Lucchini 1993: 10 [Allg.]). Davon sprachen wir bereits in früheren Abschnitten. Der psychosoziale Ansatz hingegen basiert darauf, wie das Kind diese Elemente und damit seine Identität wahrnimmt. Die Analysen gehen dann von der Motivlage, den Strategien und der Praxis des Kindes aus und versuchen nicht nur die äußeren Zwänge, sondern auch den Spielraum darzulegen, der dem Kind als Subjekt zur Reaktion auf sie bleibt.

Dass sich das Kind der Straße zuwendet und dort verbleibt, wird **als Reaktion** auf unterschiedliche, nachteilige Situationen betrachtet: städtische oder ländliche Armut, fehlende Zukunftsperspektiven, Brüche, Gewalt und/oder Missbrauch in der Familie, Promiskuität, fehlende Anreize, Arbeits- und Ausbildungschancen in unterprivilegierten Bezirken, usw. Da der **Zug auf die Straße** in solchen Situationen nicht alle Kinder gleich betrifft, gilt es, sich die Lage und Motivationen zu vergegenwärtigen, anstatt ein einheitliches Profil zeichnen zu wollen.

Mehrere Beweggründe werden genannt: Suche nach wirtschaftlichen Ressourcen, Abenteuer- und Spiellust, Zusammenleben mit Gleichgesinnten, Wunsch, der Familie zu helfen, Ausbildung, Flucht aus unerquicklichen oder unerträglichen Situationen... Die Stärke dieser Motive lässt sich dann nachprüfen, wenn das Kind zwar andere Möglichkeiten hätte, aber dennoch die

Straße wählt. Sehr häufig treffen mehrere Motive zusammen. Der Gang des Kindes auf die Straße hat nicht immer mit Ausgrenzung oder Verlassenwerden zu tun. Andererseits stellt die Straße nicht die einzige Reaktion des Kindes dar. Gewalt und familiäre Probleme werden zwar häufig genannt, aber es bleibt festzuhalten, dass sie nicht bei allen Straßenkindern zutreffen. Außerdem gibt es nicht etwa zwei Kategorien des Weggangs (freiwilliger Weggang oder Verstoßung), sondern ein Kontinuum aus beiden (Lucchini 1993 [Allg.]).

Im übrigen ist der Gang auf die Straße kein isoliertes Ereignis, das für sich allein das Straßendasein erklären könnte. Das Kind kann dort mehr oder weniger lange bleiben, zwischen Straße und anderen Räumen wechseln, und diese Verhaltensweisen stehen in engem Zusammenhang mit der Art und Weise, wie es auf der Straße lebt. Mithin ergibt sich die Notwendigkeit, **den Daueraufenthalt des Kindes auf der Straße** und seinen Wunsch, dort zu bleiben, **zu erklären**. Eine Reihe von Kindern empfinden ihre Erfahrung als positiv. Hier scheint die auf das Kind konzentrierte Betrachtungsweise nützlich, weil sie verständlich macht, wie das Kind die ihm vorliegenden Optionen bewertet: das Leben in der Familie, auf der Straße, oder auch in einer Unterkunft oder einer Wohnung mit seinesgleichen, usw. Diese Annäherungsweise dürfte nützlich sein, um die von den NGO aufgezeigten Schwierigkeiten zu verstehen, dass manche Kinder das Leben im Heim ablehnen oder, wenn sie sich dort befinden, wieder auf die Straße zurückkehren wollen.

Diese Perspektive ergibt weniger eine objektive Erfahrung der Straße, sondern vermittelt mehr ein zum Teil subjektives Verhältnis zwischen Kind und Straße. Die Straße entspricht diversen materiellen, affektiven, relationalen und symbolischen Bedürfnissen des Kindes, und diese gilt es in ihrem spezifischen Zusammenhang näher zu bestimmen.

Bei den Forschungsarbeiten dieser Perspektive wurden verschiedene Konzepte benutzt, um sich der Erfahrung des Kindes zu nähern.

- **Die Laufbahn des Kindes** bezeichnet die Evolution der Straßenerfahrung und der Identität des Kindes (Visano 1990 [Allg.]; Veale 1992 [Afrika]; Lucchini 1993, 1996, 1999 [Allg.]; Hanssen 1996 [Asien]; Stöcklin 2000 [Asien]). Sie geht Hand in Hand mit dem Kompetenzerwerb und einer Veränderung der Wahrnehmung des Lebens auf der Straße; die Motive des Kindes entwickeln sich in der Zeit und dürfen nicht auf den Augenblick des Weggangs von zu Hause beschränkt werden. Ein anderer, deterministischerer Laufbahnbegriff betrifft die soziale Reaktion und die Ausgrenzung des

Straßenkindes, das damit in den Augen der Bevölkerung zum Kriminellen wird. Die Folge ist dann eine Flucht ins Kriminellenmilieu (vgl. soziale Reaktion).

- **Verhältnis zwischen Gleichgesinnten: Zusammenarbeit, Solidarität und Gewalt.** Dies ist ein weiteres wichtiges Thema für ein Verständnis der Erfahrung der Kinder. Die Gruppe Gleichgesinnter kann stützend wirken für mehrere Aktivitäten bis hin zum Diebstahl, Gewaltverhalten und Drogenkonsum. Neben diesen Risikoverhaltensweisen betonen die Forscher auch die wichtige Rolle der Gleichgesinnten beim Schutz und bei der gegenseitigen Hilfe. Die Gruppe kann Überlebens- und Sozialisierungsfunktionen erfüllen und materiellen, identitären und affektiven Bedürfnissen entsprechen (Ennew 1994b [Allg.]; Taracena in Tessier 1998 [Allg.]; Lucchini 1996 [Allg.]; Hanssen 1994, 1996 [Asien]; Baker 1997 [Asien]). Sie kann dem Kind Anlass sein, sich für die Straße zu entscheiden anstatt für eine andere Umgebung, die seinen Bedürfnissen weniger gerecht wird.

Obwohl die meisten Arbeiten das Vorhandensein von Banden oder Netzwerken erwähnen, scheinen deren Strukturen doch sehr unterschiedlich, die näher zu ergründen wären (Lucchini 1993 [Allg.]; Tessier 1998 [Allg.]), denn über sie ließe sich eine Aktion einrichten. Als weiteres Thema werden die Paarbildung und die Straße als Ersatzfamilie behandelt.

- **Die Straße ist ein physikalischer, sozialer und symbolischer Raum**, der je nach Kontext sehr unterschiedlich sein kann; Straßen gibt es vielerlei. Dieser Raum kann für das Kind nützliche Ressourcen enthalten: Arbeitsmöglichkeiten, Gemeinschaftserlebnis unter Kindern oder mit Erwachsenen. Trotz aller Risiken und Schwierigkeiten kann der Weg, der in die Straße mündet, eine wirksame Strategie sein, mit der sich die Lage des Kindes verbessert.

Hierbei scheint es auch auf die Merkmale dieses Raums anzukommen. Das Gemeinschaftserlebnis unter Kindern und die Überlebensmöglichkeit sind davon abhängig (Lucchini 1996 [Allg.]; Stöcklin 2000 [Asien]). Als physikalischer und sozialer Raum kann er sowohl Ressourcen als auch Einschränkungen und Gefahren bedeuten. Dies ist abhängig davon, wie er organisiert ist, welche Beziehungen das Kind mit anderen Straßenbewohnern unterhält (Ausbeutung, Missbrauch, Hilfe und Unterstützung, usw.). Als symbolischer Raum kann er Ort der Ausgrenzung, der Marginalisierung, der

Integration oder sogar der Sozialisierung sein. Im letzteren Fall steht er nicht im Widerspruch zum (Familien)Heim, sondern ergänzt es. Er kann außerdem von den Kindern symbolisch angereichert werden durch Einweihungsriten, die an die Stelle traditioneller Praktiken treten (Aptekar/Abebe 1997 [Afrika]), oder auch durch Protest- und Trotzdemonstrationen, die in engem Zusammenhang mit der feindseligen sozialen Reaktion stehen.

- **Die Tätigkeiten** des Kindes sind vielgestaltig und beeinflussen ebenfalls sein Verhältnis zur Straße. Allzu oft wird das Straßendasein mit Kriminalität und Drogenkonsum in Verbindung gebracht; in Wirklichkeit besteht es für viele Straßenkinder in erster Linie aus Arbeit. Die Tätigkeiten des Kindes sind dann ein wichtiges Kriterium für eine nähere Erkenntnis seiner Erfahrung (s.o.), dessen, wozu es die Straße nutzt und welche Bedeutung es ihr beimisst (Lucchini 1996 [Allg.]). Auch die Prostitution wird unablässig erwähnt, doch hat es den Anschein, dass erheblich eingehender untersucht werden sollte, wie das Kind und die zu seinem Lebensmilieu gehörenden Erwachsenen sie wahrnehmen.

- **Die psychosoziale Identität** des Kindes entwickelt sich mit seiner Straßenerfahrung weiter. Sie bezieht sich auf seine Selbstsicht, sein Rollenverständnis, seine Vorstellungen und seine Kompetenz. Sie kann von Entbehrungen geprägt sein, ist aber auch Gegenstand spezifischer **Kompetenzen**, die zum Teil sehr weit entwickelt sein können. Einige Forschungsarbeiten sprechen von einem Unverhältnis zwischen dem Bild, das die NGO von den Kindern haben, und deren tatsächlichen Kompetenzen. Die Forscher stellen auch die Frage nach ihrer unterschiedlichen Einschätzung und ihrer Nützlichkeit im Hinblick auf die Resozialisierung und den Wegzug von der Straße (Lucchini 1996 [Allg.]; Tessier 1998 [Allg.]). Die Straße ist ein schwieriges Umfeld, und nicht allen Kindern ist es gegeben, dort zu überleben. Mehrere Sachverständige weisen darauf hin, dass das Kind, das auf die Straße zieht, besondere Merkmale aufweist, die es ihm erlauben, sich diesem Umfeld anzupassen. Nach Ansicht einiger Autoren tragen dieselben Kompetenzen, die diese Anpassung erlauben, dazu bei, dass das Kind auf der Straße verbleibt, weil es dort am leistungsfähigsten ist (Donald u.a. 1997 [Afrika]; Tessier 1998 [Allg.]). Um diese Frage beantworten zu können, dürfen wohl Kompetenztypus und Lebenskontext des Kindes nicht ausgespart werden.

- **Die Kollektividentität und die Sozialisierung** sind zwei Konzepte, die ebenfalls mit der Subjektperspektive zusammenhängen. Mit der Kombination einer strukturellen Perspektive und interkultureller Fragestellungen versuchen einige Studien eine Kollektividentität der Kinder zu fördern, die in den Entwicklungsländern einen Sozialisierungsprozess durchlaufen, der anders ist als der, den man sich unter Zugrundelegung der Kindheitsvorstellung der Industrieländer vorstellt. Diese Arbeiten betreffen im wesentlichen die arbeitenden Kinder und beziehen die Straßenkinder lediglich ein. So wird Arbeit als spezifischer Sozialisierungsmodus betrachtet, und mit einer Analyse der Strukturen und der Ausbeutung wird eine Perspektive verbunden, die sich mit der positiven Identitätsbildung des Kindes als individuelles und kollektives Subjekt befasst. Damit übersteigt die Perspektive die mikrosoziologische Analyse und kehrt zu den Überlegungen und Aktionen auf meso- und makroskopischer Ebene zurück.

f) Die soziale Reaktion

Mehrere Dokumente befassen sich mit der sozialen Reaktion auf die Straßenkinder und die Behandlung, die man ihnen angedeihen lässt. Sie beschreiben sowohl Ursache und Wirkung als auch die Folgen des Straßendaseins (Ziff. 4). In den meisten Texten wird von der Stigmatisierung der Straßenkinder und der ihnen gegenüber geübten Gewalt gesprochen. Im Zentrum der Debatte steht die Behandlung durch Polizei und Justiz: Die Kriminalisierung der Straßenkinder entspringt mehr der kriminalisierenden Betrachtungsweise als den tatsächlich verübten Vergehen, die in erster Linie aus Landstreicherei bestehen (Dalglish 1992 [Allg.]). Die Kriminalisierung der Straßenkinder wird somit zur unmittelbaren Erfahrung einer selbsterfüllenden Prophezeiung, die nicht etwa an den Merkmalen der Kinder ausgemacht wird, sondern daher rührt, dass die soziale Reaktion und der Mangel an einer Alternative die Kinder in die Kriminalität treibt.

Die soziale Reaktion erklärt den Daueraufenthalt auf der Straße damit, dass den Kindern andere, „ihnen gemäße" Möglichkeiten der sozialen Eingliederung verweigert werden. In einer späteren Phase stünde dem Kind dann einzig noch die Einbeziehung in abartige oder kriminelle Verhaltensweisen offen (Randdasein, Prostitution, Kriminalität) (Chetty 1997 [Afrika]; Dalglish 1992 [Allg.]). In dieser Perspektive verübt das Kind zunächst kleinere Delikte, um seine Überlebensbedürfnisse zu befriedigen; sodann treibt die kriminalisierende

Behandlung es dazu, auf diesem Weg fortzufahren und sich mit der Rolle des Delinquenten zu identifizieren.

Im Zusammenhang mit Gewalt und den Todesschwadronen werden im Hinblick auf eine Brandmarkungsabsicht oft dieselben Fälle mehrfach berichtet, wobei nicht immer einfach festzustellen ist, ob sich die Gewalt gegen Vorortkinder, Straßenkinder der Stadtzentren oder andere Marginalpopulationen richtet. Treffender wäre es, die Fragestellung auszuweiten, statt sich auf Einzelfälle zu beschränken. Die formale Kontrolle der Straße durch den Staat ist Teil der städtischen Sicherheitspolitik gegenüber allen marginalen Populationen. Die soziale Reaktion auf Straßenkinder muss in dieser Perspektive verstanden werden (Bar-On 1997 [Allg.]; Lucchini 1993 [Allg.]). Neben der Behandlung durch Justiz und Polizei wirken auch andere negative Reaktionen unmittelbar auf die Straßenkinder zurück. Aptekar und Abebe (1997 [Afrika]) unterscheiden in diesem Zusammenhang drei Kategorien der „Feindseligkeit": strafrechtliche Feindseligkeit, öffentliche Feindseligkeit (soziale Reaktion der Mittelschicht) und kulturelle Feindseligkeit. Letztere erklärt sich aus dem Unverständnis für die Lebensformen der ärmsten Familien. Damit steht dann erneut die Kindheitsvorstellung im Zentrum der Überlegung. Creuzinger formuliert eine ähnliche Feststellung im Zusammenhang mit Russland: Die Behandlung der unerwünschten Kinder („*unwanted children*") hängt von den vom Staat bereitgestellten wirtschaftlichen Ressourcen ab, und diese wiederum hängen mit der Vorstellung zusammen, die man sich von ihrer Lage macht. Die unzulängliche Fürsorge seitens der staatlichen Institutionen treibe die Kinder auf die Straße.

Die Bedeutung der Rolle der Hilfsinstitutionen unterstreicht Van der Ploeg in bezug auf die *Obdachlosen* in den Industriegesellschaften. Der junge Obdachlose erlebe nicht nur den Ausschluss aus der Familie, sondern auch aus der Institution (Van der Ploeg 1997 [Allg.]). Auch für die Länder Europas wird die Ausgrenzung als Ursache häufig genannt (Europarat 1994 [Allg.]). Einige Untersuchungen behandeln die Rolle der NGO im Stigmatisierungsprozess (Invernizzi/Lucchini 1996 [Allg.]; Chetty 1997 [Afrika]).

g) Mädchen auf der Straße; Geschlecht

Nur wenige Arbeiten befassen sich mit den Besonderheiten der Lage des Mädchens auf der Straße.

Die geringere Zahl der Mädchen erklärt sich aus dessen Lage in der Familie und der unterschiedlichen Sozialisierung je nach Geschlecht. Dem Mädchen werden mehr Verantwortung und häusliche Aufgaben übertragen und/oder es genießt eine geringere Selbständigkeit als der Junge (Panicker 1993 [Asien]; Lucchini 1996 [Allg.]; Aptekar u.a. 1999 [Afrika]). Verlässt ein Mädchen ihr Zuhause, so begibt sie sich meist anderswohin als auf die Straße (Lucchini 1996 [Allg.]). Eine weitere Erläuterung betrifft den schnellen Wegzug des zur Prostituierten werdenden Mädchens von der Straße.

Bekanntlich hängt das Stereotyp des Straßenmädchens eng mit sexuellen Verhaltensweisen und Prostitution zusammen. Zwar verurteilt die Literatur die Vermengung von Straßenmädchen und Prostituierten, aber dennoch erwähnt sie Mädchen häufig im Zusammenhang mit ihren sexuellen Verhaltensweisen und dem Missbrauch. In Lateinamerika geht die moralische Beurteilung dieser Verhaltensweisen Hand in Hand mit einer sozialen und institutionellen Reaktion, die häufig die Entfernung des Mädchens von der Straße fordert (Lucchini 1996 [Allg.]). Es bleibt jedoch festzuhalten, dass der für Mädchen für richtig gehaltene Platz mit dem sozialen Kontext variiert und auf bedeutsame Unterschiede zwischen dem stark von der Macho-Ideologie geprägten Lateinamerika und dem afrikanischen Kontext hingewiesen wird (Ennew 1996 [Afrika]).

Zahlreiche Studien gehen auch davon aus, dass sich das Mädchen psychisch und emotional in einer prekäreren und verwundbareren Lage befindet (Aptekar 1999 [Afrika]; Barker u. a. 2000 [Allg.]). Nun wird zwar die Lage des Mädchens in den meisten Untersuchungen genannt, aber nur selten werden die geschlechtsspezifischen Unterschiede eingehender untersucht. Wie bei der Analyse der Frau als Familienoberhaupt und der Feminisierung der Armut gehen die meisten Untersuchungen von der Ebene der Familie und/oder der Identität aus und enthalten nur selten eine strukturellen Perspektive.

h) Individuelle Erklärungen: psychologische und psycho-pathologische Ansätze

Die Erklärungsversuche betreffen die Eigenmerkmale des Kindes. Einige Studien beschreiben die Straßenkinder insoweit als besonders intelligent, als diese Erfahrung nicht allen Kindern offen stehe. Andere Untersuchungen nennen Verhaltensprobleme und/oder pathologische Symptome. Das Vorurteil, wonach das Kind auf der Straße pathologische Symptome entwickle, ist in Wirklichkeit nur selten empirisch untersucht worden. Einige Forscher bestreiten es. Erstens seien Verhaltensweisen, die man auf den ersten Blick für pathologisch halten könnte, in bestimmten Kontexten wirksame Anpassungsstrategien (Richter 1996 [Afrika]; Aptekar/Stöcklin 1997 [Allg.]; Van der Ploeg 1997 [Allg.]). Zweitens müsse der psycho-pathologische Ansatz selbst problematisiert werden, weil seine Klassifizierung der Symptome sehr normativ sein könne (Richter 1996 [Afrika]). Drittens würden die Verhaltensweisen der Kinder nur unter Zugrundelegung einer interkulturellen Betrachtungsweise verständlich (Aptekar/Stöcklin 1997 [Allg.]). Viertens könnten diese Verhaltensweisen schon vor dem Zug auf die Straße vorgelegen haben (Richter 1996 [Afrika]). Letzterer weist darauf hin, bei den südafrikanischen Straßenkindern erhöhe ein längerer Verbleib auf der Straße die Chancen, psychische Pathologiesymptome anzutreffen. Ein Drittel der untersuchten Kinder wiesen indes Merkmale von Widerstandskraft auf.

Manchmal wird dem Studium spezifischer Verhaltensweisen wie etwa dem Konsum von Inhalations- oder anderen toxischen Substanzen die psychiatrische oder psychoanalytische Betrachtungsweise zugrundegelegt.

4. Das Kind nach dem Projektbesuch und nach dem Wegzug von der Straße

Die Literatur gibt nur sehr geringen Aufschluss darüber, was aus dem Kind wird, nachdem es eine NGO besucht oder nachdem es auf der Straße gelebt hat. Eine erschöpfende Untersuchung dieses Themas gibt es nicht. Generell verweilen die Studien bei einem begrenzten Zeitausschnitt, und die wirkliche Entwicklung eines Straßenkindes ist schwer zu dokumentieren. Die Beantwortung dieser Frage würde eine Längsschnittstudie über mehrere Jahre und spezifische Verfahren voraussetzen, wenn man den Gang der sehr mobilen Kinder verfolgen oder sie später wieder antreffen will.

Einige Dokumente berichten von Einzelfällen. Sofern er überhaupt genannt wird, wird der Weggang von der Straße auf viererlei Weisen beschrieben. Ein erster Ansatz geht von der Wirksamkeit des Projekts aus. Er basiert damit implicite auf Interventionsoptionen einer nichtstaatlichen oder staatlichen Organisation und bezeichnet ein Wegzugskriterium: Eingliederung durch Arbeit; Selbständigkeit gegenüber dem Projekt, oder auch Rückkehr in die

Familie. Diese Dokumente liefern keine detaillierten Informationen über das, was aus dem Kind geworden ist. In vielen Fällen scheinen diese Informationen nicht vorzuliegen. Zweitens wird der Wegzug unter Darstellung der sogenannten „Risiko"-Situationen behandelt. Meist bedeutet dies, dass nicht auf konkrete Fälle eingegangen wird, oder, falls sie genannt werden, sie nur der Illustration dienen. Ein dritter diesbezüglicher Diskurs befasst sich mit den „Verletzungen der Rechte des Kindes". Wie der zweite beschreibt auch er den Zusammenhang zwischen Straßensituation und Verhaftung, pauschalen Gerichtsverfahren, Gewalt, Tod, u.a.m. Ein vierter Diskurs widersetzt sich einer mechanischen Risikobetrachtung und befasst sich mit der Widerstandskraft des Kindes. Er zeigt auf, dass die Verwundbarkeit des Kindes nicht notwendig einen systematischen negativen, pathologischen oder abartigen Verlauf seines Lebensweges bedeutet. So stellt ein Dokument von Childhope (1995 [Asien]) „erfolgreiche" Fälle des Abschlusses eines Projekts dar und versucht die Elemente zu identifizieren, die diese Widerstandskraft begünstigen. Es handelt sich aber nicht um eine Untersuchung aller Projektabschlüsse, sondern um die Analyse eines Abschlusstypus, dessen Häufigkeit unbekannt bleibt.

Unbeschadet der Kategorie „Risiko", „Verletzung der Rechte des Kindes" und „Bewertung der Projektwirkung" – stets sind die Informationen über das erfolgreiche Abbringen von der Straße wegen der vielfältigen Zielsetzungen (Suche nach Finanzmitteln, *advocacy*, Brandmarkung, usw.) mit Vorsicht zu genießen. Gibt es dabei auch mehrere Wege, so weiß man doch nur wenig über ihre reale Häufigkeit.

„Risiko"-Wege:
- Gefängnis
- Institutionalisierung in staatlichen Heimen
- Krankheit und Tod
- Rückkehr auf die Straße nach dem Projekt
- Eintritt in eine Prostitutionskette
- Eintritt in eine Kette erwachsener und/oder organisierter Kriminalität

Informationen über Projektabschlüsse
- Heirat und Bilden einer Familie
- Eingliederung in einen Beruf
- Eingliederung in die NGO als Mitarbeiter (Erzieher)

- Rückkehr zur Familie
- Wegzug aus der Stadt und Rückkehr in entfernte Gebiete desselben Landes oder Wegzug ins Ausland
- Leben in einer Unterkunft gemeinsam mit anderen Kindern/Jugendlichen
- Migration in andere Regionen oder Länder

Sonstige Wege
- Leben auf der Straße als Erwachsener und Bildung einer Familie
- Eintritt in die Armee

Die Abgrenzung des „Weggangs von der Straße" ist empirisch unklar, weil gewisse Wegzüge nur vorübergehend erfolgen und die Kinder sehr mobil sind. Mehrere Studien dokumentieren den Wechsel der Kinder zwischen Straße, Programmen und Zuhause (Lucchini 1993 und 1996 [Allg.]; Baker u.a. 1997 [Asien]; Aptekar 1996 [Afrika]). In China ist Stöcklin (2000 [Asien]) Kindern begegnet, die fünf Aufenthalte in Shanghaier Umerziehungsheimen hinter sich hatten.

Die Forschungsberichte enthalten nur sehr wenige Informationen, aber auch in den Dokumenten der NGO sind sie höchst fragmentarisch. Deren Auswertungen beschränken sich meist auf die Wirksamkeit des Projekts während des Daueraufenthalts des Kindes auf der Straße, zudem fast immer in quantitativer Sicht. Im übrigen geht es nicht bei allen Programmen darum, die Kinder von der Straße wegzubringen; mehrere Arbeitsoptionen streben dies nicht unmittelbar an, ebenso wenig den Heimaufenthalt.

Hinsichtlich des Eingreifens wird in den Texten die Unterbringungsschwierigkeit nach einer Berufsausbildung oder Lehre im Rahmen eines Projekts erwähnt. Arbeitslosigkeit und Armut erweisen sich als starkes Hemmnis (UNESCO 1995 [Allg.]). Gleiches gilt für die Rückkehr in die Familie, die nicht immer die geeignete Lösung darstellt, welche den Bedürfnissen des Kindes und/oder seinem Lebenskontext entspricht (Burke 1990 [Afrika]). Die Faktoren, die auf sozialer und wirtschaftlicher Ebene den Zug auf die Straße mitbewirken, gelten auch für den Wegzug. Das gilt für die Strategien der beruflichen oder familiären Eingliederung ebenso wie für punktuellere Aktivitäten wie etwa Theaterkreise (Tessier 1998 [Allg.]) oder AIDS-Verhütung. Die Diskriminierungen, unter denen die Kinder zu leiden haben, reduzieren die Erfolgschancen von Aktivitäten, die diese Zwänge nicht berücksichtigen (Swart 1996 und 1997 [Afrika]). Seltener erwähnt wird die Weigerung des Kindes, auf ein Projekt einzugehen oder in ihm zu verbleiben (UNESCO 1995 [Allg.]); Dube u.a. 1996 [Afrika]).

Das Thema „Abgang vom bisherigen Lebensweg" hat implizit mit **der Frage zu tun, in welchem Maße und auf welche Weise das Wohnprogramm das Kind auf die soziale Wiedereingliederung vorbereitet** (Tolfree 1995 [Allg.]; Lusk 1989 [Allg.]; Dallape 1996 [Allg.]). Zum einen müssen die **für die Eingliederung erforderlichen Kompetenzen identifiziert und zugleich festgestellt werden, welcher Wert ihnen in einer bestimmten Gesellschaft** und von der NGO selbst **zugeordnet wird** (Lucchini 1996, 1998 [Allg.]). Zum anderen müssen die Beziehungsressourcen aufgewertet werden, über die das Kind verfügt, beispielsweise die Gruppe der Gleichgesinnten (Ennew 1994b [Allg.]) oder die Beziehungen zu Erwachsenen. Einige Studien befassen sich mit dieser Frage unmittelbar auf theoretischer Ebene. Aus ihnen geht hervor, wie stark normativ der Diskurs über „das Straßenkind" sein kann. Neben der heiklen Frage der Wirksamkeit des Projekts stellt sich als ebenso heikel die Frage des Konform- oder Abweichungsverhaltens.

Diese Unschärfe kennzeichnet den Begriff „Widerstandskraft". Er wird definiert als „für die Gesellschaft akzeptable Fähigkeit zum Erfolg trotz des Stress und der Widerwärtigkeiten, mit denen normalerweise ein hohes Risiko für einen negativen Ausgang einhergeht" (Vanistendael 1995 [Allg.]). Sie trägt zwar eine unerlässliche Überlegung bei, die einen Kausaldeterminismus verneint und zur Unterscheidung der „Risiken" der „realen Lebenswege" der Kinder veranlasst, geht aber dennoch von einer normativen Hinnahme durch die Gesellschaft aus (Lucchini in Tessier 1998 [Allg.]). So definiert, überspringt sie die am Werk befindlichen Diskriminierungen, die strukturelle Gewalt und die sozialen Ungleichheiten. Die Abgrenzung zwischen akzeptablen, abweichenden oder pathologischen Verhaltensweisen, Widerstandskraft und Normalität sowie aufzuwertenden Kompetenzen werfen theoretische Probleme auf, die es zu analysieren gilt.

Diese normativen Fragen gelten auch für die Kinderarbeit. Definiert sich die Norm im Sinne von Ausbildung und Einschulung im Hinblick auf die Beseitigung der Kinderarbeit, so gilt die Arbeit als risikobehaftete Ausgrenzungsmodalität (Tessier 1998 [Allg.]) und wird deshalb nicht gefördert. Andere Experten sehen in der Arbeit hingegen eine Aktivität, die Teil der

Sozialisierung des Kindes ist und eine soziale Integrationsmodalität darstellt. Dann wird dem Wegzug in gewisse wirtschaftliche Aktivitäten das Wort geredet. In manchen Schriften wird die Gesetzgebung im Hinblick auf beschränkten Zugang zur Arbeit als Handikap geschildert (Swart 1996 [Afrika]; Tall 1996 [Afrika]). Andere zeigen, dass die Berufsausbildung zum „Reservoir" für „Straßenkinder" werden kann, ohne sie von der Straße wegzubringen. Wiederum andere weisen darauf hin, das Wohnheim löse soziale Erfolgserwartungen aus, die bei Auslaufen des Projekts sehr wohl in Frustration umschlagen könnten (Dallape 1996 [Allg.]). Allen Äußerungen gemeinsam ist, dass ein auf der Erfahrung der Mittelschicht und der Länder des Nordens aufbauendes Sozialisierungsmodell das Kind nicht auf die Eingliederung in seinen Lebenskreis vorbereitet.

Als letzte Frage bleibt zu erwähnen, **in welchem Umfang die NGO eine wesentliche Rolle beim Wegzug von der Straße spielt**. Nur sehr wenige Dokumente erwähnen den spontanen Wegzug, der jedoch recht häufig zu sein scheint oder in Südamerika gar die Mehrheit der Fälle ausmacht (persönliche Mitteilung Lucchini). Das Angebot eines Hilfeprojekts allein reicht als Voraussetzung für einen sicheren Wegzug von der Straße nicht aus. Lucchini (1999 [Allg.] identifiziert mehrere typische Abgänge von der Straße: den erzwungenen Abgang (u.a. Gefängnis und Institutionalisierung), den Wegzug aufgrund der Erschöpfung der Ressourcen, den aktiven Wegzug. Mehrere Elemente erlauben dem Kind den progressiven Aufbau einer Motivation für den Wegzug. Dazu zählen u. a. die positive Einstellung der Kameraden, die Risikobehaftung des Straßendaseins (Wegschließung), der Verlust von Straßenattributen im spielerischen und instrumentalen Bereich (Spiel bzw. wirtschaftliche Aspekte), eine Begegnung, die eine glaubhafte Alternative zur Straße aufzeigt. Damit wird deutlich, dass der Wegzug von der Straße oft progressiv geschieht, manchmal von mehrfachem Hin und Her gekennzeichnet ist und eng mit dem Lebensweg und der Identität des Kindes zusammenhängt.

5. Schlagwortkatalog

- Missbrauch/Ausbeutung (Abus/exploitation)
- Lebensweg (Carrière)
- Katastrophen/bewaffnete Auseinandersetzungen (Catastrophes/conflits armés)
- Definitionen (Définitions)
- Kriminalität (Délinquance)

- Drogen (Drogue)
- Schule/Bildung (Ecole/formation)
- Familie (Famille)
- Geschlecht/Mädchen (Genre/fille)
- Identität (Identité)
- Eingreifen/Sozialpolitik (Intervention/politiques sociales)
- Migration (Migration)
- Armut (Pauvreté)
- kulturelle/interkulturelle Perspektive (Perspective culturelle/interculturelle)
- Subjektperspektive (Perspective de l'acteur)
- juristische Perspektive/Menschenrechte/Rechte des Kindes (Perspective légale/Droits de l'Homme/CDE)
- psychologische Perspektive/Psychopathologie (Perspective psychologique/Psychopathologie)
- strukturelle Perspektive (Perspective structurelle)
- Prostitution/sexuelle Ausbeutung (Prostitution/exploitation sexuelle)
- Viertel/Wohnverhältnisse (Quartier/habitat)
- soziale Reaktion (Réaction sociale)
- Forschung (Recherche)
- Widerstandskraft (Résilience)
- AIDS (SIDA)
- Gemeinschaftserfahrung (Sociabilité)
- Sozialisierung/Kindheit (Socialisation/enfance)
- Arbeit (Travail)

Introductory remarks

This bibliography addresses the issue of street children in Asia, Africa and Eastern Europe. It is based on two questions; 1. What "causes" children to live on the streets (the population in question is on the streets day and night)? 2. What are the "consequences", i.e. what happens to the children once they have taken part in a project for street children, what is the outcome? As far as the second question is concerned, only little information could be collected. In fact, most non-governmental organisations (NGOs) and researchers do not know precisely what happens to children once they leave a programme. No detailed studies could be found. This is why we decided - in a second stage - to extend the question to each departure from the street, regardless of who ran the project. However, only little information exists and this information is only very rarely available in any kind of systemised format.

Due to various practical limitations, including the deadline set for completion of the compilation and the difficult access to documents, the list of documents remains incomplete. If the "grey" literature is already difficult to obtain, then access to the studies and reports produced by major organisations is not always easy either, for they are either not available in any systemised format or are stored in document centres to which there is no public access (see Ennew/Milne, 1996 on this issue). This is also all due to the problems of the activity field itself. For example, a member of staff at an organisation expressed her regret in the words: "*You are certainly aware that great prudence is called for on the topic of street children ...*" The cautious approach seems to be not so much shaped by ethical considerations as regards the children, but is rather connected with difficulties in finding funding and with the legitimacy of the institutions. The refusal to inform contradicts the declared claim which states that the child forms the central concern of knowledge and action.

Most of the documents named in this bibliography are stored in the Seminar of Sociology at the University of Fribourg or in personal archives maintained by B. Milne and J. Ennew. Over and above these documents, we had access to the document centres of "Défense internationale des enfants" (Geneva), "Save the Children UK" (London), "Child to Child" (London), "Childhope" (London) and to the library of the IAA (Geneva). Several organisations sent documents and publications. The work was monitored by Professor Lucchini and staff of the Seminar of Sociology at Fribourg University.

Most of the studies and reports which we looked at dealt with Africa. By contrast, information on Central and Eastern European countries was very sparse. The problem of the small number of studies on a relatively new phenomenon is further aggravated by the difficult accessibility of documents. Latin America was deliberately excluded from this study. Nevertheless, documents on South and North America as well as one Europe - due to the more general topical orientation - have been included in the general section of the bibliography for a more complete presentation of the approaches taken and issues tackled by experts.

Delimitation of the "causes" underlying the phenomenon proved to be far from easy. Most experts emphasise their complexity and the large number of factors which affect the street existence of the children and/or their increase in numbers. The following remarks aim to show how the approaches and issues were arranged. These (and an index) serve the purpose of providing a better understanding of the summaries.

The terms "*enfants de la rue*", "*enfants des rues*", "*enfants en situation de rue*" or "*street children*" are at the centre of the debate, research and intervention. Many advise against using these terms. This discussion runs through all the literature and influences its content. Certain contradictions in the findings merely seem to be such and can only be fully understood when the terms and their definitions have been discussed in detail. Although these terms were retained in the text and in the bibliography, their use is actually questionable.

1. Use of the term "street children"

Use of the term "*street children*", "*children of the street*", "*children on the street*" by international organisations, countries, NGOs and the media can result in discrimination and stigmatisation of the children in question. Despite the very varied situation, there is a certain trend towards a homogenous treatment of the topic of "street children". Even the definition of the social problem of "*street children*" as such may contradict the Convention on the Rights of the Child (Ennew, 1995 [gen.]).

The following addresses some of the problems which arise in connection with the term "*street children*":

- The term has a stigmatising effect, since the child is, as it were, allocated to the street and to delinquent behaviour. The term neither gives consideration to the experience or testimony of the children in question nor to other facets of their identity, which do not necessarily have any relevance to the street (Dallape, 1996 [gen.]; Lucchini, 1993 and 1996 [gen.]; Onta-Battha, 1996 [Asia]; Kilbride et al., 1996 [Africa]; Tall, 1996 [Africa], etc.). Thus it becomes a cause of discrimination of the children (Ennew, 1995 [gen.]) and triggers or strengthens negative social reactions.

- The term clouds over the diversity of the experiences and the heterogeneity of the children who populate the streets. Most researchers agree that the generic term "*street children*" harbours a range of very different realities. The differentiation between children "*of the*" street and children "*on the*" street marked a first attempt to diversify the situations experienced, although experts do not consider this differentiation to be satisfactory. The latest studies propose conceptual definitions which, rather than concentrating on isolated or purely objective aspects, centre on the actually very simplified criteria of the relationship which exists between the child and the street.

- The term cannot be separated from the activity field with its specific goals and objectives which the term triggers. On account of the high emotional value of the image which the term "street children" evokes, the term has been as extensively used in the quest for financial resources as it has been in the general debate on the problem ("*advocacy*"). The dramatisation prevailing here has focused attention on the population on the street without consideration of the local context or the other child populations. In this way, other child populations, which live under similarly precarious conditions, fell out of sight (Connolly/Ennew, 1996 [gen.]). On the other hand, the emphasis on the problem of street children created a kind of market of NGOs, which moreover compete with each other, both in their direct intervention and as far as the children are concerned. This means that the child living on the street becomes a kind of client and the aid and education relationship changes into a commercial relationship and so perverts the intervention (Lucchini, 1993 [gen.] ; Ennew, 1996d [gen.])

- The isolated singling out of the phenomenon of "street children" from the general living context of the children of the poorest results in structural effects being overlooked (ENDA, 1995; Dallape, 1996 [gen.]). This occurs in particular when the line of sight concentrates on the risks inherent on the street and on the family determinant factors. Then the work which the child performs there, the resources which it finds there, as well as its reactions to the highly-precarious circumstances are overshadowed by other aspects or are completely disregarded. These reactions do not necessarily differ from those of other children living in the same environment. The only tenable approach therefore seems to be one which relates the microsocial and macrosocial stages to each other and which does not solely reduce the phenomenon to nights spent on the street.

- The street existence of the children is not perceived and judged the same way in different countries and social groups. Even the concept of childhood and the experience of this age group is not uniform throughout various cultures and societies. However, the western concept of childhood clearly influences the research and the attitude towards children living or working on the streets. (Ennew/Milne, 1996 [gen.]; Boyden, 1990[5]). This treatment stands out above the sterile debate on universalism or relativism and shows how necessary it is to consider the cultural rationalities when applying the rights of the child. Indeed, the perspective of an instrumental rationality (of a rational choice as regards an objective) seems to be largely inconsequential for the definition of normal within a given framework. Consequently, action can only take place in a context characterised by the tensions which exist between "global" and "local" (Le Roy in: Tessier, 1998 [gen.]).

- The question of intervention arises in various formats, depending on the assessment of the "right" place for the child. Many, and above all older studies, are strongly influenced by the western perception of childhood, which sees the ideal or even only acceptable place for the child as being in the family. This has resulted in a uniformisation of the situations of children on the street, which are viewed across-the-board as equally inappropriate and supposedly lack any rationality on the part of children or adults. By contrast, those affected can themselves view their street experience in very different ways. Although the question as to exactly what experience we are dealing with first needs to be clarified.

The term ***children out of place*** was coined at the Colloquium in Trondheim, "*thus referring to these children's apparent dislocation from the places that are*

---

[5] Boyden, J. (1990), "Childhood and Policy Makers: A Comparative perspective on the Globalization of Childhood. <u>Constructing and Deconstructing Childhood</u>", A. James/Prout A., London, Falmer Press, pp. 184–215.

commonly regarded as normal for western, modern, middle-class children - family homes, schools and clubs organized by adults. To be a child outside adult supervision, visible on city centre streets, is to be out of place" (Ennew/Connolly, 1996:133). Interpreted restrictively, the conception of a child *out of its place* can be just as normative as the idea of a street child. On the other hand, an extended interpretation has the advantage that it expounds the role and identity of the child in society, namely looking at the problem from the perspective of social players and groups. This topic is closely related to the legitimacy attributed to the work of the child, to the value attributed to skills acquired on the street, to school attendance, to the role of peers in providing mutual protection and in the socialisation process, etc. These topics can only be dealt with if a participative method is used which shifts the child into the focus of research and action, rather than viewing it as some abstract thing or object.

These works on the definition of "street child" show how much the use of the term has repercussions on the life of the children. It contributes to a **social reaction** towards them, on the part of the public, the authorities and the NGOs. This is why **the definition of the term is part of the problem and leads to interactions with other causes of the phenomenon**.

Awareness of these difficulties resulted in the term "street children" appearing less and less frequently in texts in the late 1990s. In an approach geared to the rights of the child, facets of their experience are being categorised in such a way that they fit into the situation analysis of the convention articles directly addressed. Although this approach obstructed the search for documents under the heading of "street children", it may be an important step towards taking a closer look at the problems from the perspective of the reality as experienced by the children.

2. Definition problems

In identifying the "causes" and "consequences" of life on the street from the available literature, the first question to arise is that of defining the population in question. The definition of the categories "*street children*" and "*homeless children*" assumes a specific approach and sometimes also implicitly suggests causes. The existence of multiple definitions calls for great prudence when comparing results, both regarding the extent of the phenomenon as well as determining its causes or evaluating the consequences of life on the street. Examples of these difficulties are:

- A further-reaching delimitation of the *street children* category subsumes children for whom the street is the principal habitat, having replaced the family. Those who go home in the evening are sometimes included and sometimes excluded, depending on how the author defines "principal habitat".

- The meanwhile classical distinction between *children of the street* and *children on the street* is similarly based on the spatial dimension (constant presence on the street) and the social dimension (presence/absence of adults with responsibility). It is the target of various criticisms. First of all, the transition from the one to the other category occurs quickly and frequently. Second, there are various examples which cannot be classified here (Glauser, 1990 [gen.]; Lucchini, 1993 [gen.], Reddy, 1992 [Asia]). Third, several other elements (not only exclusively the presence on the street and the absence of adults with responsibility) contribute to defining the child's experience (Connolly/Ennew 1996, Lucchini 1993 et 1996 [gen.]). Some authors also distinguish between *street children* (who decide to stay on the street) and *abandoned children* (who have no alternative), whereby both categories subsume children living on the street.

- Opinions on the usefulness of these distinctions are split. Some experts see them as an opportunity to circumscribe more closely the specific needs of children living on the street and therefore regard such distinctions as useful. Others focus more on addressing the problems of underprivileged children as such. They wish to avoid any stigmatisation of children living on the streets in terms of the problems of crime, sexuality and family difficulties. Within the scope of this second perspective, the discourse on children living and/or working on the street should focus on the topics of labour, education, poverty and exclusion.

- Although some studies, especially situation analyses produced in the early 1990s, operate a distinction between categories, their statistics, however, no longer distinguish between children living on the street and those who work there during the day. This means that no specific characteristics of street existence can be established. Other reports neither expressly explain nor justify the definition criteria. This applies, for example, to an African study which excludes disabled child beggars. Their presence on the street day and night is nevertheless mentioned, however. With such population selection, an analysis based on the child's own characteristics largely loses its relevance. It would be relevant, however, if this population were included in the study. The same study also excludes the girls prostituting themselves who the researchers encountered at night. This implicitly, and what is more right at the beginning of the research, distinguishes between prostitution and life on the street. Some approaches are equivocal, a practice which often indicates the presence of unjustified prejudices ("all Girls '*of the*' street are prostitutes", or even: "all girls who find themselves on the street are prostitutes"). The distinction between "*street girls*" and "*prostitutes*" - and their treatment as equivalents - is problematical, if it is not justified by local circumstances. These classifications tend to go back to a moral judgement and a prejudiced attitude towards the girls and give rise to discrimination (see Point 3 g). The category of prostitutes and sexual exploitation subsumes manifold, little known phenomena. The discourse on this revolves around similar aspects as in the discussion on "child *of the* street" (see Ennew/Gopal et al., 1996 [gen.]).

- A comparison of two African studies on the self-same child population is also very interesting. The older study categorises the child migrants as "*abandoned children*", because their parents remained behind in the home village. This classification leads directly to a definition of the "causes" at family level. The more recent study on street children includes that population in its research. It shows that these children - often coming from the same ethnic group - account for an important part of the population living on the street. The first study inevitably lacks the term "migration" (as a legitimate strategy adopted by these sectors of the population), since the children in question are after all to be counted in the abandoned category. Well, the term "abandoned" as such is indeed the subject of various perspectives. From the point of view of the child, this may be understood both as "*being abandoned*" as well as "*abandoning the family*" (with or without parental permission). These two situations are not merely differing categories, but also seem to form the outermost poles of a single continuum (Lucchini 1993, [gen.]).

- On the other hand, the distinction made between the terms *street children* and *child labour* also varies geographically. In Latin America, for example, children are more frequently treated under the heading of *street child*, while in some Asian countries they are more likely to come under the heading of *prostitute*, and in some African countries will tend to come under the heading of *vagrancy*, while in Europe and North America they are more likely to be termed *homeless*, and in India, above all, will be regarded as *labourers* (child labour) (Ennew/Milne, 1996 [gen.]). These specificities substantially influence the chosen approach. In most cases, analyses in the sense of "*labour*" focus on economic needs and on exploitation, while other factors come to the fore when treating the topic under the heading of "*street child*", factors which are primarily connected with the "street" and with the lack of the presence of adults. The current level of knowledge as regards children living on the street shows that some thought needs must be given to the question of child labour, since this frequently forms part of the experience of the child. The literature on this topic has been shaped by the debates of recent years and in this respect mirrors the relevant positions taken in these debates (see Point 3).

In view of the very heterogeneous situations, any definition which is built on the basis of objective criteria, such as the night spent on the street or the lack of responsible adults, clearly fails to be a sufficient approach. The phenomenon could be approached from the perspective of the **relationship to the street**, i.e. activities and identities, rather than from that of any supposed "belonging to the street". The experience of the child evades the usual definitions. Lucchini sees the child as a system within its natural environment. Only when the elements of this system have been identified can one understand who the child is. This author identifies eight dimensions for South America which allow **the child's relationship to the street** to be standardised: the spatial dimension (space standard), the temporal dimension (time on the street and the child's life history), the dynamic dimension (activities), the motivational dimension (motives which occasioned the child to go to or stay on the street), the dialectics between socialisation in the family and socialisation on the street and the forms of community experience (peers, groups and networks), as well as the type and identity of the child. The manner in which parents perceive the street (as well as migration, labour, education, training, upbringing), the manner in which boys and girls experience the street, the survival skills of the child there, the physical, social and symbolic features of the spaces they occupy, the supportive function of children and how they are organised, the work done, stealing, prostitution, drug taking and games/play - all these are further elements of the phenomenon which vary from one context to the next (see 3e).

3. Approaches, methods and the perspectives to be explicated

The question as to the methodology was examined in detail by Ennew and Milne (1996 [gen.]). They came to the conclusion that practical research work sometimes has but little in common with the theoretical view. Where this is the case, no reliable analyses of the cause of the phenomenon can be produced. The limitations named included: too few examined cases, inadequate use of statistics, lack of control groups[6] (Ennew/Milne, 1996 [gen.]); Council of Europe study group on street children, 1994 [gen.]; Connolly/Ennew, 1996 [gen.]). Many surveys and studies carried out by researchers, NGOs and journalists suffer from these inadequacies. In the light of the definition problem (Point 1), studies which choose to ignore the living situation of the children and their relationship to the street will only rarely produce useful data and evidence on which action can be based. As it happens, a special issue of the journal *Childhood* (1996) tackled the issue of research; several authors presented new and innovative strategies and methods. These are participative approaches which centre more on the child and which come close to intervention, but also involve ethical reflection as far as the research and intervention are concerned. This evolution in writing on research shows that an approach which attempts to explain the complexity of the phenomenon need not necessarily conflict with the intervention, as long as it seeks to move closer to the players and simultaneously describes the macrosocial mechanisms and local specificities.

Studies dedicated to street children use varying techniques, for example, qualitative case studies, statistical questionnaire-based analyses, analysis of secondary circumstances, etc. Occasionally, several techniques are combined. There are also situation analyses carried out in respect of a specific risk (AIDS, drug taking, etc.) as well as those which relate to an article of the convention on the rights of the child (conflict with the law, economic exploitation, sexual exploitation, family context, etc.). The national reports on the situation of the child as well as the alternative reports by NGOs with an obviously political objective start out from this perspective. The older (and strongly criticised) delinquency-related approach treats violations against national law. It strengthens the criminalisation of the children for smaller crimes or vagrancy.

---

[6] *"control group"*. Only comparison with other child populations from underprivileged categories allows proof to be established that certain characteristics are specific to street children. Otherwise, the situation of the street children is isolated from its context and is implicitly compared with that of children from the middle classes or even with children living in the countries of the North.

Moreover, quite a few works tackle questions of direct or indirect intervention and the effects this has.

The literature distinguishes three major ways of looking at the phenomenon of street children: protection, punishment and human rights (Council of Europe, 1994 [gen.]). And even within each of these main categories, reasoning is to be found which differs greatly, depending on the inherent way of looking at the issue and the postulations made by the researchers or experts in question. Parazelli demonstrates this on the basis of the Canadian context of intervention. The street youth and their problems are tackled in various ways, depending on whether they are viewed as beneficiaries, children, players, delinquents, etc. [7]

The content of the texts is also influenced by a certain number of underlying objectives. The validity of the information is not only dependent on the method used, but also on the intention of the text. The denunciation of a national,

---

[7] **Principal types of social approach for intervening with young street people: Relationship with young street people, problem recognition and forms of intervention – Michel Parazelli, 1997**

Type of Social Approach	Family-focused	Therapeutic	Doctrinal	Religious	Commercial	Repressive	Emancipatory
Symbolic relationship with the young	Child	Beneficiary	Adherent	Believer	Client	Delinquent	Player
General perception of the problem	Social vulnerability	Social pathology	Absence of violence or force	Absence of a model	Unfulfilled needs	Public nuisance	Social alienation
Forms of intervention	Protection	Healing	Guiding	Leading by example	Providing a service	Arresting, dispersing and/or evacuating	Accompanying

(Parazelli M., "*Les jeunes de la rue*", Course Manual: Distance Education Course – Certificate of Youth Aid. Montréal : Faculté de l'Education permanente (Secteur de la formation à distance), Montréal University, 1998, p. 2.8.

international or local situation that is unfavourable to children, the quest for financial resources, research for the purpose of gaining a title or academic acknowledgement, the educational level of the researcher, the sensitisation of politics, the middle class or peoples of the North - all this plays a role in influencing the writing. The characteristics of the child and the constraints it is subject to will all be variously represented depending on the finality of the document and the target public. The important mediatisation of the topic of "street children" is related to the strategies of *advocacy* and the quest for financial resources and emphasises those aspects of street life which relate to these objectives. Despite the lack of any empirical verification, the constant repetition of certain pieces of information provides them with a certain degree of substance. This results in partial and biased representations of the phenomenon. This way of looking at and defining the child does not apply in the case of direct intervention (Szanton Blanc, 1994 [gen.] ; Invernizzi/Lucchini, in Lucchini, 1996 [gen.]).

A hermeneutic view is required when reading texts on street children which places these children in their context. As appealing as a situation comparison carried out on the basis of the literature may be, it must be ruled out due to a number of problems, namely the diversity of definitions of the term "street child", the various approaches taken by researchers (Tessier, 1998 [gen.]), the reliability of the research findings presented in books and articles (Ennew and Milne, 1996 [gen.]; Aptekar, 1994 [gen.]), and the forms of self-interest underlying these reports (Invernizzi/Lucchini, 1996 [gen.]).

The causes of the phenomenon of street children are examined at various levels (macrosocial, mesosocial, microsocial) and from varying perspectives. In fact, **only one single systematic approach seems to be able to do justice to the complexity of the phenomenon**. In other words: One must take into account and interconnect various elements - such as the structural constraints burdening the poorest communities, their living conditions in miserable quarters, poverty, discrimination, the social ties and cultural significance of the players, everyday practice, definitions of the NGOs, the rights of the child, etc.

Most works examine the one or the other level and/or test out hypotheses in a precise perspective. So it seems advisable to subject them to a kind of preliminary reading.

In the deterministic view, the individual succumbs to the constraints of his/her environment, which is why the explanation is sought in external factors which occurred before the move onto the street. The question is different when the individual is viewed as a player or subject. In this case, the perspective of the child and especially of its motives, contributes to the explanation of why it moved to the street and remained there. This approach assumes that the focus of examination is shifted to how the child experiences the street and how it lives there. Very often, these two perspectives do not explain the self-same phenomenon. Macroscopic studies generally concentrate on the emergence of the phenomenon of street children and/or the numerical increase. Microscopic examinations focus their interest on the child's move to the street and why it remains there, on the community experience, the activities it undertakes on the street, etc.

This methodological choice has a very strong influence on the perception of the causes. Instead of concentrating on the purely past-focused causalities, consideration of the perspective of the child as a subject seems to have to concentrate on present-anchored and forward-looking causalities. A participative approach in the research and action should then consider the external constraints, while at the same time also incorporating the motives of the subjects from their own perception of the situation and the ensuing reactions.

In the sense of producing as much clarity as possible, the order of the bibliography aims to provide an overview of the perspectives and questions. It has been produced as a list and works with categories which may seem to be arbitrary, since the authors do not necessarily identify with them. As the same time, it should be noted that some works will be found represented in more than one category.

a) Structural constraints: international aspects

One type of explanation includes macroscopic factors concerning phenomena such as international economic exchange, foreign and domestic state debt, and the reduction of budgetary resources for social, education and health areas, housing, etc. In these cases, the common denominator is mostly formed by those constraints which are related to the world economic order - i.e. structural adjustment measures and the "transition" to a market economy (Connolly/Ennew, 1996), which result in street children either emerging or their number increasing. These constraints are then made responsible for the crisis in the various socialisation spheres - family, school, public services, etc.

The bibliography contains some surveys on the situation of children in the countries of the former Soviet Union, and especially the "risk children" there, whereby *homeless* children are either covered in passing only or not at all.

Although most of these studies do explain the increase in street children or alternatively the first emergence of the phenomenon, they provide no information on why the children turn to the street. Generally-speaking, the numbers cited are not very reliable due to methodological and definitional problems. Ennew points out that the increase in numbers of street children has been castigated for many years now based on a figure of 100 million cited by UNICEF, but that the figure itself remains unchanged. On the other hand, it may be the case that not only substantial changes in the living conditions underlie the statistics on street children, but rather and in particular that transitions from one category to another (secure children becoming street children; victims of violence becoming street children) are concealed in these figures.

An analysis of the structural constraints which exclusively focus on the situation of the child living on the street seems to make but little sense; it would be more useful to extend the focus of attention to other child populations or even to take the situation of all children into account.

b) Local context: poverty, urbanisation, population deplacements and migration, inadequacies of social and education policy measures

Most documents consider the causes of the phenomenon of the "street child" to lie in **poverty** and breakneck **urbanisation**. Their concomitant is life in the slums without basic services and with only very few prospects for the future. It should be noted at this point that although many studies name these causes, they do not necessarily examine them empirically. In most cases, this discussion serves to denounce a lack of a political will with which to combat poverty, although economic remedies do exist. All the information which deals with the work of the parents, the profitability of the activities undertaken by the children, access to school and education, is based on this explanation. This applies to the "poverty" cause which is treated in the introduction and conclusions sections of most of the situation analyses on "street children".

Although researchers do agree as far as the connection between poverty and the "street child phenomenon" is concerned, they do not do so on the nature of this connection (Black, 1993). Poverty can be explained in many various ways, namely by underdevelopment or poor development, by the lack of the education and training enjoyed by parents, by child labour, where poverty will even continue into adulthood, by social and economic inequalities, by social discrimination, etc. Additionally, the problems underlying the terms "poverty" and "**survival**" need to be analysed, since they only become meaningful in a specific context and based on the exact circumstances experienced by those affected (see c), d) and e)). The manner in which the problems of poverty are analysed has substantial effects on the classification, the political options and the strategies of intervention. For example, Ennew, (1996 [Africa]) asks after the reasons as to why poverty is considered to be one of the causes for the existence of "*children in especially difficult circumstances*". Should it not *as such* be viewed as a particularly difficult circumstance of life?

The debate on **child labour** is closely related to these conceptions of "poverty". The manner in which child labour is approached leads to a special analysis of the causes and consequences of street life. Otherwise, the surveys on child labour suffer from the same difficulties as those on street children, namely from conceptual problems (definition of labour, exploitation, "tolerable" and "intolerable" work), problems of approach and method, contradictions arising out of the objective of the work (*advocacy*, denunciation, quest for financial resources, establishment of projects). This explains why the reports by the experts must be placed in their respective context and examined in detail. Some documents concentrate on the exploitation of the child. In these cases, the object is the elimination of child labour or protection of the working child. "Street child" then takes on the same meaning as intolerable work (UNICEF, 1996 [gen.]): If the objective is the elimination of child labour or protection of the working child, then the report is generally seen as an obstruction to the development of the child. In this, child labour is simultaneously seen as a cause and consequence (IAA, 1996). If the labour is seen as a kind of exploitation, then it is taken as a cause for the child's presence on the street. It is then understood as a form of family "self-exploitation" and sometimes as a source of family conflicts (Black, 1993 [gen.]; Tessier, 1998 [gen.]) or as a way of moving away from the domestic sphere, all of which can encourage the passage to the street. In most cases, talk is then of prostitution, crime (delinquency), or other fringe activities which also/or tend to endanger education and training. By contrast, other works centre on the child in its capacity as the player. In these cases, the labour is seen as something which may lead to exploitation, but which can also form part of the process of socialisation. The descent to the street on account of poverty and labour is contradicted by the simple fact that the number of street children bears no relationship to the number of children working there. Furthermore, labour may under certain circumstances also serve as a source of enhanced value and social cohesion in the family and the community. Where this is the case, the illegal character of child labour may be perceived as a form of discrimination which allows street life to become precarious and which criminalises the child's survival activities (Swart, 1996 [Africa]). This suggests that the category of "child labour" extends too far and therefore allows no unequivocal contention to be made. Nevertheless, it would be wrong to believe that these various approaches originated exclusively from the analysis of the various activities. Starting out from the definitions of exploitation, as used in the perspective of eliminating child labour or of protecting the working child, not only do the activities of the child living on the street fall under the category of exploitation, but so too do the activities performed by most children during the day. The approach adopted as far as child labour is concerned obviously has implications for the intervention measures among street children and leads to a different understanding of the project and of the street (Point 4). The general section of the bibliography also lists a number of studies on child labour.

The works on street children also mention various forms of **discrimination**. Some population sectors experience an accumulation of restrictions and limitations caused by poverty. For example, racial discrimination is mentioned for South Africa, especially, the laws which restrict migration and which govern racial segregation as being responsible for the breaking of family bonds. Studies on the education of black children elucidate the aspect of school discrimination (Swart, 1990; Peacock, 1990; Chetty, 1997 [Africa]). In China, the laws restricting migration have led to a mass *"floating population"* which lives under illegal circumstances. Similarly, families who fail to adhere to the laws on family planning find themselves facing a precarious situation (Stöcklin, 2000 [Asia]). In Eastern Europe, there is a connection between poverty and the exclusion of the Romany population and its statistically greater proportion of street children. The discrimination and impoverishment of women are also treated (Aptekar, 1999 [Africa] ; Ochola, 1996 [Africa], Lucchini, 1993 and 1996 [gen.]), although most documents analyse the situation at the level of the family.

Significant **population displacements** caused by **wars**[8], **natural** or **man-made disasters** are mentioned as having occurred in some countries of Africa, Asia or the former Soviet Union. This displacement affects whole populations, families and children left to fend for themselves who were sometimes separated from their families against their will or who left their families of their own accord. Some studies also examine the case of **child migrants** whom most experts treat as abandoned children or victims. Yet even in "disasters", the child sometimes appears to have a choice as to whether it wants to remain in the domestic setting or leave it (Ressler, 1988). AIDS forms the central topic of several documents on Africa.

Some instances of population displacement are also a consequence of expulsions carried out by the authorities. In these cases, they result from economic development projects involving very high human cost or from the implementation of rural and urban development projects. There is a direct correlation between the expulsion of populations and family separations or the phenomenon of homeless adults and homeless children (Ochola, 1996, [Africa]; Black M., 1991 [Asia]; Seelig, 1994 [Africa]).

The inadequacy of government social policy and the education system is also named by several studies as being responsible for the phenomenon of street children. **Schools** not only remain closed to children due to the direct (tuition) and indirect (uniforms, travel, etc.) financial costs, but also because they fail to meet the needs of the children. The curricula have little in common with the lives of these populations (Reddy, 1992 [Asia]; Dalglish/Connolly, 1992 [gen.]).

The same applies to the **child aid services** in Africa, which fail to consider the traditional forms of child care (Umbina, 1991). The lack of vocational training is also an inadequacy of government activity. Mention is also made of the massive

---

[8] In works dealing with street children, political violence and war are often named as reasons for children being displaced to the cities and for the phenomenon of street children. We have consulted some studies on children as victims of displacement and war in an effort to establish whether a direct connection is mentioned anywhere, but found only very few records of this. (The following works were consulted: Gibb S./Boyden J. "*Children affected by organized violence: annotated bibliography on research methods*", Rädda Barnen, 1996; David Tolfree "*Restoring Playfulness : Different approaches to assisting children who are psychologically affected by war or Displacement*" Rädda Barnen, Stockholm, 1996; Jan Williamson/Audrey Moser, "*Unaccompanied children in Emergencies: A field Guide for their Care and Protection*", International Social Service, 1988)

institutionalisation of children in homes and hostels under the Communist regimes of Eastern Europe.

A further complex of questions applies to the inadequacy of **legal systems** based solely on rule of law and which fail to give consideration to legal reality (Kuyu and Le Roy in Tessier, 1998 [gen.]). The systems prove to be incapable of taking into account the balance of power, negotiations and specific cultural conditions.

The **involvement of NGOs in this inadequacy** is also addressed by some authors. NGOs function like a market, within which the relationship to the child in instrumentalised in accordance with a political, legal or economic logic and does not necessarily coincide with the needs of the children. This is why Kuyu (in Tessier, 1998 [gen.]) comes to the conclusion that "the institutional ensemble of landowners, NGOs and political decision-makers functions like a veritable 'machine with which to produce street children'". Other documents raise the question as to what role NGOs play when the state fails to take responsibility for the most fundamental social problems.

Although the effects of these factors on the situation of the children are undisputed, the question does remain unanswered as to how factors such as poverty (regardless of how it is elucidated), migration, displacement, discrimination and government inadequacies result in children choosing life on the street. An explanation exclusively based on poverty is largely inadequate, since under otherwise comparable conditions, some children leave their family and turn to the street, while others remain within the domestic framework. Some elements mediatise the relationship between the macroscopic/mesoscopic factors and the departure of the child; this is then called cultural, family, spatial and identity mediation.

c) Cultural/intercultural perspective

Reflections which adopt a cultural or intercultural perspective concern several questions and issues.

The first concerns how studies on street children are influenced by a prevailing definition of childhood which originates from the countries of the North. Some experts analyse the concepts and theories used by researchers and practitioners. These works reveal why approaches taken by the public and private sectors (see above) which depart from the practice of the players in question or which contradict it are inappropriate. A further question, closely related to the first, applies to the conceptions of childhood and the experience of the child which are considered to be appropriate in the environment in which it lives. This also affects the conception of the street as a legitimate or illegitimate space of community experience and the circumstances which characterise the presence on the street (during the day, street type, migration to the city, independence, work, sexuality, etc.) as well as the conceptions arising from this as regards the family and family structure, the identity of the child and its skills (Adick, 1998 [gen.]; Aptekar/Abebe, 1997 [gen.]; Bar-On, 1997 [gen.]; Lucchini, 1996 [gen.]).

For example, some sectors of the population certainly view the fact that a child, under certain circumstances, can work on the street or even migrate to the city to work or study as absolutely legitimate. These standards vary from society to society and from one social group to the next. The rationality on which this practice is based only becomes comprehensible when consideration is given to the fact that the living environment of the child is to be seen as "normality", even when the child departs from this normality. An example of this is the ideal path taken by a child migrant who actually travels to relatives in the city, but soon finds work and a place to live there, but for some reason or another ends up on the street. This applies very directly to child labour, which is considered legitimate in several countries of Asia, Africa and Latin America. Although, differentiation between the various activities performed by children is nevertheless still called for.

Only few studies expressly use a control group as a means of comparing the quality of life of a street child with its peers who have stayed at home (Richter, 1996 [Africa]; Backer et al., 1997 [Asia]). Backer additionally proves that the migration option can lead to an improvement in the global situation of the street child and that this situation is comparable in terms of nutrition and health with that found in poor urban districts or villages. Incidentally, the independence which these children demonstrate is not regarded as abnormal within their families.

A second category of studies addresses the discriminating traditional practices towards certain children which result in their exclusion (Adrien, 1995 and 1999; Poitu, 1996, [Africa]) and traditional practices which have been falsified by their monetisation. However, only little is known about the relationship between these forms of exclusion and life on the street. These questions also apply to children who beg in the course of their Quran (Koran) education. Although some works mention street children in conjunction with exploitation and maltreatment at the hands of teachers and tutors, these question can apparently only be addressed via a roundabout way of looking at socialisation practices and "normality" in this social and cultural context (Hunt, 1993 [Africa]; Wiegelmann in Adick, 1998 [gen.]).

A third question group concerns the continuation or the loss of traditional values of solidarity and cooperation in family and community. It treats socialisation models and practices, individualistically-shaped urban life and the monetisation of relations, family organisation and structures, etc. In the opinion of some researchers, westernisation leads to an undermining of the social fabric and the rupture of family and community bonds. Other works, by contrast, see in these changes not only the result of poverty and cultural changes, but also a process of restructuring which must not be stigmatised by means of a miserablist view (Ennew, 1996 [Africa]). Another facet of the same problem concerns the role which the state plays in increasing or decreasing the value of these practices, as well as in its social and education policy measures (see above).

A fourth question applies to the "subculture" of the street with its forms of community life and its rules, as well as the appeal which the group can exert on the child (see e)).

d) The family

Poverty and family problems are most commonly cited as an explanation for the child's move to the street. Most studies establish that poverty alone is inadequate as an explanation. The majority of researchers point to the package deal between socio-economic constraints and the family. However, there are various interpretations of this problem.

A first interpretation concerns the disintegration of the family due to poverty and/or westernisation. This discussion is found in respect of Asian, African and Eastern European countries. The family is then viewed as problematical. All too often, however, is it not examined nor are its problems documented. The image of the disintegrating family is primarily a prejudice. (Aptekar, 1994 and 1997 [gen.]).

According to many studies, the death of relatives, family separation, parent(s) remarrying and the presence of a stepmother/stepfather are under-represented among street children, as is also shown by those works in which street children are compared with working children who return home in the evening (Baker et al., 1997 [Asia]; Bond, 1992 [Asia]; Szanton Blanc, 1994 [gen.]). Others could find no correlation between certain family structures and life on the street. If such breaks seem to occur frequently among street children, then they certainly do not apply to all, which is why a connection between the cause and effect of these two phenomena cannot be established.

A second interpretation links up the changes in family structure and function with the attempt to reorganise, which needs to be supported. A further route of examination taken by researchers runs via the fragilisation of the position of the woman and the feminisation of poverty, which would have important consequences for family life and the children (Toto, 1998 [Africa]; Aptekar, 1999 [Africa]). According to Aptekar, there is a close connection between the independence of the boy, who leaves for the street, and those families in which mother is the head of the family (1994 [gen.]). For some African countries, death of the parents due to AIDS is also mentioned. (Lenoble-Bart, 1996; Malich et al., 1996).

Examination of the child's life history takes is also important for understanding the departure to the street; however, this aspect is not always expressly addressed in studies. In his typology, Marguerat (1994 and 1999 [Africa]) speaks of the manifold paths through life and the differing constraints which the child is subject to. Children appear in this publication who originate from rural zones and who have broken with their family, others left their families due to armed conflicts or disasters, a third group are migrating within the context of permitted socialisation practices. The latter, however, may land on the street on account of the difficulties they encounter in coming to terms with life in the city. For their part, other children come from urban families whose family bonds have become fragile or who have broken away from school, some having been abandoned by their families, others having no family member on whom they can count for support. The reasons for a child's departure can certainly be extremely varied (Veale et al., 1992 [Africa]; Mdoe, 1997 [Africa]).

Another type of life history frequently mentioned for the countries of Eastern Europe, as well as for countries in Asia and Africa, involves a child that leaves an institution into which it had been placed. Although there is often talk of abuse and violence in state institutions, there are also children who run away from homes specifically set up by NGOs for taking up street children, which clearly illustrates the complexity of the whole question (see 3e) and 4)).

A further life history which is frequently mentioned for Africa and Asia, is that of the **migration** of children from rural areas. This does not apply equally to all countries, however. The available means of transport seem to exert a direct influence on the migratory displacement. Some African studies point out that this path through life is considered to be a legitimate one for children in some population sectors and is judged highly in the living environment with which it is supposed to remain in contact (Veale, 1992 [Africa]; Sharp, 1996 [Africa]). Among the Sinti and Romany minorities in Eastern Europe, the child's move to the street may be a legitimate form of socialisation and does not necessarily mean a break with the family (Gabura in Council of Europe, 1994 [Eastern Europe]. Asian studies attest the fact that family ties are maintained, even after migration, although the degree of the intensity of meeting up with the family varies from one case to the next. Thus, some studies speak of children who regularly visit their village, while other studies mention children who have forgotten their address and even their mother tongue (Lugalla, 1999 [Africa]). This does not necessarily signify that the migrant child's life history has to end on the street; the information available in this respect is not always very precise. Toto (1996 [Africa]) speaks of the travelling, working child and shows that one can assume that it will be put up by relatives. Such migration is understood as an element which possibly fragilises bonds, and this element explains the fact that certain children may land on the street; however, it is also understood as a reaction to economic difficulties which can certainly be effective and which then needs to be supported.

e) The child as a subject and its identity: microsociological and psychosocial approaches

The **microscopic** level relates to "a reality in which the child is directly incorporated as a social player". External and internal factors play a role in this. Examples of the former are "family structure and relations as well as networks of mutual assistance among neighbours, district gangs, street child networks, aid programmes and the built environment (a place to live, district, street)" (Lucchini, 1993: 10 [gen.]). We already mentioned this in earlier sections. By contrast, the psychosocial approach is based on how the child perceives these elements and therefore its identity. Analyses are then based on the motives, strategies and practice of the child and not only attempt to elucidate the external constraints, but also the room for manoeuvre which the child still has as a player who is still able to react.

The fact that the child turns to the street and remains there is viewed **as a reaction** to various, negative situations; urban or rural poverty, lack of future prospects, ruptures, violence and/or abuse in the family, promiscuity, lack of incentives, work and education/training opportunities in underprivileged districts, etc. Since the **move onto the street** in such situations does not equally affect all children, the situation and motives must be considered, rather than merely seeking to draw a uniform profile.

Several motives are cited, such as the quest for economic resources, adventurism and playfulness, living together with peers, desire to help the family, education and training, escape from unproductive or intolerable situations. The strength of these motives can be tested when the child nevertheless decided in favour of the street, although it had other options at its disposal. Very often, several motives will coincide. The move by the child onto the street does not always have anything to do with exclusion or abandonment. On the other hand, the street is not the only reaction on the part of the child. Although violence and family problems are often cited, it should be noted that they do not apply to all street children. Moreover, there are no two categories of departure (voluntary departure or being turned out), but rather only a single continuum composed of both (Lucchini, 1993 [gen.]).

Incidentally, the move to the street is no isolated event which could alone suffice to explain life on the street. The child can remain there for longer or shorter periods of time, alternating between the street and other places, and these forms of behaviour are closely related to the way in which the child lives on the street. Consequently, there is the need **to explain the child's permanent presence on the street** and its wish to remain there. Some children find their experience to be positive. In these cases, it would seem useful to choose an approach which concentrates on the child, since this will explain how the child evaluates the options open to it, namely life in the family, on the street, or even in some kind of lodging with peers, etc. This route should prove useful to understanding the difficulties listed by NGOs, namely that some children reject life in an institutional home/hostel and that when they are in such an institution they want to return to the street.

Rather than representing an objective experience of the street, this perspective tends to communicate a partly subjective relationship between child and street. The street stands for various material, emotional, relational and symbolic needs which the child has, and these need to be further defined in the street's specific context.

In the research work on this perspective, various concepts have been used in order to come closer to the experience of the child.

- **The child's life history** describes the evolution of street experience and the child's identity (Visano, 1990 [gen.]; Veale, 1992 [Africa]; Lucchini, 1993, 1996, 1999 [gen.]; Hanssen, 1996 [Asia]; Stöcklin, 2000 [Asia]). It goes hand in hand with the acquisition of skills and a change in the perception of life on the street; the child's motives develop in the course of time and must not remain limited to the moment of leaving home. Another, more deterministic definition of the life history deals with the social reaction and the exclusion of the street child, which in the eyes of the general population then turns the child into a criminal. The consequence of this is escape into the criminal milieu (see social reaction below).

- **Relationship between peers: cooperation, solidarity and violence.** This is another important topic for understanding the experience of children. The peer group can have a supporting effect for a number of activities extending all the way through to stealing, violent behaviour and drug taking. Besides these examples of risk behaviour, researchers also emphasise the important role played by peers in offering protection and mutual assistance. The group can fulfil survival and socialisation functions and meet material, identity and emotional needs (Ennew, 1994b [gen.]; Taracena in Tessier, 1998 [gen.]; Lucchini, 1996 [gen.]; Hanssen, 1994, 1996 [Asia]; Baker, 1997 [Asia]). It may be the reason why the child decides in favour of the street rather than choosing another environment which meets its needs to a lesser extent.

Although most works mention the existence of gangs or networks, their structures do appear to be very diverse and require more detailed examination (Lucchini, 1993 [gen.]; Tessier, 1998 [gen.]), since such knowledge would make it possible to establish some form of intervention. The formation of couples and the street in their capacity as a substitute family represent a further topic of research.

- **The street is a physical, social and symbolic space** which, depending on the context, can vary substantially; there are many streets. This space can contain useful resources for the child, such as opportunities for work, community experience among children or with adults. Despite all the risks and difficulties, the route which joins the street can be an effective strategy with which the child's situation improves.

  The characteristics of this space also seem to be important. Community experience among children and the opportunity to survive are dependent on this (Lucchini, 1996 [gen.]; Stöcklin, 2000 [Asia]). As a physical and social space, it can bear resources as well as limitations and dangers. This is dependent on how it is organised, the contacts and relations the child maintains with other street inhabitants (exploitation, abuse, help and support, etc.). As a symbolic space, it can be a place of exclusion, marginalisation, integration or even socialisation. In the latter case, it does not contradict the (family) home, but rather complements it. Moreover, the space can be symbolically enriched by the children by means of initiation rites which substitute traditional practices (Aptekar/Abebe, 1997 [Africa]), or even by means of demonstrations of protest and defiance which are closely related with the hostile social reaction.

- **The activities** performed by the child are varied and diverse and also influence its relationship to the street. All too often life on the street is connected with crime and drug taking; in reality, this primarily means work for many street children. The activities performed by the child then become an important criterion for closer insight into its experience (see above), into what it uses the street for and the significance the child attaches to it (Lucchini, 1996 [gen.]). Even prostitution is continually mentioned, although it would seem that much more detailed examination is required on how the child and the adults belonging to its living environment perceive this activity.

- **The psychosocial identity** of the child continues to develop with its street experience. This relates to its self-perception, the way it understands its role, its ideas and its skills. It can be shaped by deprivation, but is also the subject of specific **skills**, which can in some cases be very well developed. Some research work speaks of an imbalance between the picture which NGOs have of the children and the actual skills which children possess. Researchers also ask about the various ways in which these and their usefulness in respect of the resocialisation and departure from the street are evaluated (Lucchini,

1996 [gen.]; Tessier, 1998 [gen.]). The street is a difficult terrain and not all children are capable of surviving. Several experts point out that the child that moves onto the street has special characteristics which enable it to adapt to this environment. In the opinion of some authors, the same skills which make this adaptation possible also contribute to why the child remains on the street, namely because it is most efficient there (Donald et al., 1997 [Africa]; Tessier, 1998 [gen.]). In order to be able to answer this question, neither the child's skills profile nor the context of its life should be overlooked.

- **Collective identity and socialisation** are two concepts which are similarly related to the subject perspective. By combining a structural perspective and intercultural questions, some studies attempt to promote a collective identity for the children which pass through a socialisation process in developing countries which is different to the conception of childhood held in industrialised countries. These works essentially relate to working children and merely incorporate street children. This, work is viewed as a specific socialisation mode and, together with an analysis of the structures and exploitation, a perspective is understood which deals with the positive identity formation of the child as an individual and collective subject. In this respect, the perspective extends beyond the microsociological analysis and returns to the reflections and actions at mesoscopic and macroscopic level.

f) The social reaction

Several documents deal with the social reaction and the treatment given to street children. They describe both the cause and effect as well as the consequences of street life (Point 4). Most texts address the stigmatisation of street children and the violence exercised against them. The centre of the debate is formed by the treatment dealt out by police and the judicial authorities. The criminalisation of street children originates more from the crime-focused approach rather than from the crimes actually committed, which primarily have their origin in vagrancy (Dalglish, 1992 [gen.]). The criminalisation of street children thus becomes the direct experience of a self-fulfilling prophecy which is not defined on the basis of the characteristics of children, but which rather comes from the fact that the social reaction and the lack of an alternative drives the children into crime.

The social reaction explains the permanence of the child's presence on the street on the basis that the children were denied other possibilities of social integration "appropriate to them". In a later phase, the studies say, the child only has the option of becoming involved in deviant or criminal (delinquent) behaviour (fringe existence, prostitution, crime) (Chetty, 1997 [Africa], Dalglish, 1992 [gen.]). In this perspective, the child initially commits minor crimes as a means of satisfying its needs for survival; then, the criminalising treatment drives it to continue along this path and to identify itself with the role of a delinquent.

In connection with violence and with the death squads, studies often report on the self-same cases in connection with a denunciatory intention, although it is not always easy to establish whether the violence is directed against the suburban children, street children in the city centres or against other marginal populations. It would be more apt to extend the question, rather than to limit it to individual cases. The formal control of the street by the state is part of the urban security policy directed against all marginal populations. The social reaction to street children must be understood in this perspective (Bar-On, 1997 [gen.]; Lucchini, 1993 [gen.]). Besides the treatment by the judiciary and the police, other negative reactions also have a direct effect on street children. Aptekar and Abebe (1997 [Africa]) make out three categories of "hostility" in this respect: penal hostility, public hostility (social reaction of the middle classes) and cultural hostility. The latter is explained from a lack of understanding of the way of life of the poorest families. Once again, it is the conception of childhood that forms the focus of attention. Creuzinger describes a similar situation in connection with Russia: The treatment of *"unwanted children"* depends on the economic resources made available by the state, and these, for their part, are related to the conception of the situation in which these children find themselves. The inadequate care provided by state institutions drives the children onto the street.

The significance of the role played by the aid institutions is underlined by Van der Ploeg in respect of the *homeless* in industrial societies. Young homeless people not only experience rejection by the family, but also by the institution (Van der Ploeg, 1997 [gen.]). Even as far as the countries of Europe are concerned, rejection is often mentioned as a cause (Council of Europe, 1994 [gen.]), Some studies treat the role of the NGOs in the stigmatisation process (Invernizzi/Lucchini, 1996 [gen.]; Chetty, 1997 [Africa]).

g) Girls on the street; gender

Only few surveys deal with the specificities of the situation of girls on the street.

The lower number of girls is explained by their position in the family and by the varying forms of socialisation existing on the basis of gender. The girl is given more responsibility and domestic chores in the family and/or is allowed less independence than the boy (Panicker, 1993 [Asia]; Lucchini, 1996 [gen.]; Aptekar et al., 1999 [Africa]). If a girl leaves home, she will in most cases go somewhere other than on the street (Lucchini, 1996 [gen.]). A further explanation applies to the quick departure from the street of girls who become prostitutes.

It is known that the stereotype of the street girl is closely related to sexual behaviour and prostitution. Although the literature condemns the mixing of street girls and prostitution, it nevertheless often mentions girls in connection with their sexual behaviour and abuse. In Latin America, the moral judgement of such behaviour goes hand in hand with a social and institutional reaction which frequently demands the girl's removal from the street, (Lucchini, 1996 [gen.]). It should be noted, however, that the place considered right for girls varies with the social context and reference is made to the significant differences between the Latin American context, which is strongly characterised by a macho ideology, and the African context (Ennew, 1996 [Africa]).

Numerous studies also assume that the girl finds herself mentally and emotionally in a precarious and vulnerable situation (Aptekar, 1999 [Africa]; Barker et al., 2000 [gen.]). Now, although the situation faced by girls is mentioned in most studies, the gender-specific differences are seldom subjected to any closer examination. As in the analysis of the woman as the head of the family and the feminisation of poverty, most studies approach the topic from the level of the family and/or identity and only rarely contain a structural perspective.

h) Individual explanation: psychological and psycho-pathological approaches

Attempts at explanation refer to the child's own characteristics. Some studies describe street children as particularly intelligent to the extent that this experience is not open to all children. Other studies mention behavioural problems and/or pathological symptoms. In reality, the prejudice according to which the child develops pathological symptoms on the street has only been empirically examined in relatively few instances. Some researchers contest this. They say that, first of all, behaviour that may be considered pathological at first sight can prove to represent effective adaptation strategies in certain contexts (Richter, 1996 [Africa]; Aptekar/Stöcklin, 1997 [gen.]; Van der Ploeg, 1997 [gen.]). Second, that the psycho-pathological approach itself raises problems, since its classification of symptoms may be very normative (Richter, 1996 [Africa]). Third, that the behaviour of children only became comprehensible when viewed from an intercultural perspective (Aptekar/Stöcklin, 1997, [gen.]). Fourth, that this behaviour could have been present before the child moved to the street (Richter, 1996, [Africa]. The latter points out that among South African street children, longer habitation on the street increases the chances of encountering mental pathological symptoms. One third of the children examined actually showed signs of resilience.

Occasionally, the study of specific behaviour, such as the consumption of inhalation and other toxic substances, is based on the psychiatric or psychoanalytical approach.

4. The child after taking part in a project and moving away from the street

The literature provides only very little information on what happens to the child once it has taken part in an NGO project or after it has lived on and left the street. There are no exhaustive treatments of this topic. Generally, studies cover only a limited period of time and the real development of the street child is difficult to document. A longitudinal study spanning several years and specific procedures would be required to answer this question, if one wanted to follow the very mobile children or meet up with them again at a later date.

Some documents report on individual cases. Where it is mentioned at all, the departure from the street is described in a great variety of ways. A first approach assumes the effectiveness of the project. It is therefore implicitly based on the options of intervention which a non-governmental or governmental organisation has and describes the departure criterion, namely integration through work, independence from the project, or even return to the family. These documents provide no detailed information on what happened to the child. In many cases, this information seemed not to be available. Second, the departure is treated under the description of the so-called "risk" situations. In most cases, this means that concrete cases were not considered, or if they were named, then only for the purpose of illustration. A third theory in this respect deals with "violations of the rights of the child". Much as the second, it also describes the correlation between street situation and arrest, arbitrary court hearings, violence, death, and much more. A fourth approach resists taking a mechanical risk-perspective and deals with the child's capacity to show resilience. It shows that the vulnerability of the child does not necessarily mean a systematically negative, pathological or deviant course of life. Thus, a document from Childhope (1995 [Asia]) presents "successful" cases at the end of a project and attempts to identify elements which favour this capacity for resilience. However, it is not an examination of all project outcomes, but rather only an analysis of a type of completion whose frequency remains unknown.

Regardless of the category of "risk", "violation of the rights of the child", and "evaluation of project effect" - the information on the successful weaning away from the street must be considered with caution due to the wide variety of objectives existing (quest for financial resources, *advocacy*, denunciation, etc.). Yet, even though there are several paths to choose from, only little is really known about their frequency.

"Risk" paths
- imprisonment
- institutionalisation in state homes/hostels
- illness and death
- return to the street after the project
- entry into the prostitution chain
- entry into a chain of adult and/or organised crime

Information on project outcomes
- marriage and creation of a family
- integration into a career
- integration into the NGO as a staff member (educator)
- return to the family
- departure from the city and return to distance areas of the same or another country

- life in lodgings together with other children/youths
- migration to other regions or countries

Other paths
- life on the street as an adult and creation of a family
- joining the army

The delimitation of the "departure from the street" is empirically unclear, because certain departures are only temporary and the children are very mobile. Several studies document how children change between street, programmes and home (Lucchini, 1993 and 1996 [gen.]; Baker et al., 1997, [Asia]; Aptekar, 1996 [Africa]). In China, Stöcklin (2000 [Asia]) encountered children who had already completed five stays in re-education hostels in Shanghai.

The research reports contain only very little information, and even the NGO documents are highly fragmentary. In most cases, their evaluations restrict themselves to the effectiveness of the project during the child's long-term habitation on the street, additionally almost always from a quantitative perspective. Incidentally, not all programmes aim to bring the children away from the street; several work options neither directly aim to do this nor do they aim to bring children into institutionalised accommodation.

As far as the intervention is concerned, the texts mention placement difficulties after participants have completed some vocational training or apprenticeship within the context of the project. Unemployment and poverty prove to be strong obstacles (UNESCO, 1995 [gen.]). The same applies to the return to the family, which does not always represent the most suitable solution to meet the needs of the child and/or its context in life (Burke, 1990, [Africa]). The factors which share a role in motivating the move to the street at social and economic level also apply to the departure from the street. This applies to the strategies of vocational and family integration as well as to the more selective "spot" activities, such as theatre groups (Tessier, 1998 [gen.]) or Aids prevention. The forms of discrimination under which children suffer reduce the prospect of success for activities which fail to take these constraints into account (Swart, 1996 and 1997 [Africa]). The refusal on the part of the child to enter a project or stay in it is mentioned less frequently (UNESCO, 1995 [gen.]; Dube et al., 1996 [Africa]).

The topic of "departing from the previous path through life (life history)" is implicitly connected to **the question** as to **what extent and in which way the housing programme prepares the child for re-integration** (Tolfree, 1995 [gen.]; Lusk, 1989 [gen.]; Dallape, 1996 [gen.]). On the one hand, the **skills required for the integration need to be identified and, at the same time, to determine what value can be attributed to them** by the NGO itself **in a specific society** (Lucchini, 1996, 1998 [gen.]). On the other hand, the relational resources which the child has need to be upgraded, for example, the peer group (Ennew, 1994b [gen.]) or relations with adults. Some studies deal with this question directly at theoretical level. These reveal how very normative the discussion on "the street child" can be. Besides the sensitive question as to the effectiveness of the project, the equally sensitive question as to conformist and deviant behaviour also needs to be asked.

This lack of focus is characterised by the term "resilience". It is defined as "the socially acceptable capacity to succeed, despite stress and adverse conditions, which are normally accompanied by the high risk of a negative outcome" (Vanistendael, 1995 [gen.]). Although it contributes an indispensable reflection in which a causal determinism is negatively viewed and which occasion the differentiation between "risks" and the "real path through life" taken by children, it nevertheless assumes a normative acceptance on the part of society (Lucchini in Tessier, 1998 [gen.]). Thus defined, it leaps over the discriminations at work, the structural violence and the social inequalities. The delimitation between acceptable, deviant or pathological behaviour, resilience and normality as well as the valuable skills raises theoretical problems which need to be analysed.

These normative questions also apply to child labour. If the standard is defined in the sense of education and schooling as a means of eliminating child labour, then the work is regarded as a risky exclusion modality (Tessier, 1998 [gen.]) and is therefore not encouraged. By contrast, other experts see work as an activity which represents part of the socialisation of the child and therefore represents a modality of social integration. Then this is advocated as a means of departure into certain economic activities. Some studies describe legislation which restricts access to work as a handicap (Swart, 1996 [Africa], Tall, 1996 [Africa]). Others show that vocational training can become a "reservoir" for "street children", without providing them with a viable exit from the street. Others for their part point out that homes/hostels trigger social expectations which could certainly turn into frustration when a project comes to an end (Dallape, 1996 [gen.]). What all studies share is their view that a socialisation model based on the experience of the middle class and of the countries of the North fails to prepare the child for integration into its living environment.

The last question to be mentioned is that as **to what extent the NGOs play a substantial role when children leave the street**. Only very few documents mention spontaneous departure, which nevertheless seems to be quite frequent and in South America accounts for a majority of cases (information provided personally by Lucchini). The range of aid projects on offer is not sufficient on its own as a prerequisite for a safe departure from the street. Lucchini (1999 [gen.] identifies several types of departure from the street, namely the enforced departure (including imprisonment and institutionalisation), departure due to exhausted resources, active departure. Several elements allow the child to progressively build up the motivation to leave the street. These include, inter alia, the positive attitude of fellows, the risk involved in living on the street (imprisonment and institutionalisation), the loss of street attributes in the playful and instrumental field (play or economic aspects), an encounter which reveals a plausible alternative to the street. This clearly demonstrates that the departure from the street often occurs progressively, sometimes characterised by a multiple coming and going, and is closely related to the child's life history and its identity.

5. Keywords

- Abuse/exploitation (abus/exploitation)
- Life history/path through life (carrière)
- Disasters/armed conflicts (catastrophes/conflits armés)
- Definitions (définitions)
- Delinquency (Délinquance)
- Drugs (drogue)
- School/education (ecole/formation)
- Family (famille)
- Gender/girl (genre/fille)
- Identity (identité)
- Intervention/social policy (intervention/politiques sociales)
- Migration (migration)
- Poverty (pauvreté)
- Cultural/intercultural perspective (perspective culturelle/interculturelle)
- Subject perspective (perspective de l'acteur)

- Legal perspective/human rights/rights of the child (perspective légale/Droits de l'Homme/CDE)
- Psychological perspective/psychopathology (perspective psychologique/ Psychopathologie)
- Structural perspective (perspective structurelle)
- Prostitution/sexual exploitation (prostitution/exploitation sexuelle)
- District/living conditions/habitat (quartier/habitat)
- Social reaction (réaction sociale)
- Research (recherche)
- Resilience (résilience)
- AIDS (SIDA)
- Community experience (sociabilité)
- Socialisation/childhood (socialisation/enfance)
- Work (travail)

Remarques introductives

Cette bibliographie porte sur les enfants vivant dans les rues des pays d'Asie, d'Afrique et d'Europe de l'Est. Elle a été préparée à partir de deux questions: la première concerne les „causes" pour lesquelles les enfants se trouvent vivre dans la rue (La population concernée était celle qui se trouve jour et nuit dans la rue), la deuxième les „conséquences", c'est-à-dire ce que deviennent les enfants après avoir fréquenté un projet d'aide aux enfants de la rue. Peu d'informations ont été recueillies sur cette deuxième question. La plupart des ONG et des chercheurs ne connaissent pas exactement la situation des enfants après leur départ. Aucune étude approfondie n'a pu être répertoriée. Dans un deuxième temps, il a été décidé d'élargir le questionnement en incluant toute sortie de la rue, indépendamment de la prise en charge du projet. Là aussi, peu d'informations existent et elles ne sont que très rarement systématisées.

La liste de documents ne peut être qu'incomplète en raison de diverses limitations d'ordre pratique, entre autres les délais pour sa préparation et les difficultés d'accès aux documents. Si la littérature grise est parfois difficile à obtenir, il n'est par ailleurs pas toujours plus aisé de consulter les travaux des grandes organisations, dans la mesure où ils ne sont pas recueillis systématiquement ou bien parce qu'ils se trouvent dans des centres de documentation inaccessibles au public (voir également Ennew/Milne, 1996). L'accès difficile aux informations n'est pas sans rapport avec les divers enjeux qu'implique ce champ d'action. Quelques organismes nous ont refusé l'accès à leurs centres de documentation. Une employé d'une organisation exprimait ainsi son regret: *„comme vous devez le savoir, il faut être très prudent avec le thème des enfants de la rue..."*. Une telle prudence semble se rapporter moins à des considérations éthiques sur les enfants qu'à des enjeux liés à la recherche de fonds et à la légitimité des institutions. Le refus de divulguer des informations entre alors en contradiction avec les discours qui désignent l'enfant comme étant au centre de la connaissance et de l'action.

La plupart des documents qui sont mentionnés dans cette bibliographie se trouvent au séminaire de sociologie de l'Université de Fribourg ou dans les archives personnelles de B. Milne et J. Ennew. Nous avons également consulté les centres de documentation de la Défense internationale des enfants (Genève), Save the Children UK (Londres), Child to Child (Londres), Childhope

(Londres), ainsi que la bibliothèque du BIT (Genève). Plusieurs organismes nous ont adressé des documents et des publications. Le professeur Lucchini et l'équipe du séminaire de sociologie de l'Université de Fribourg ont supervisé ce travail.

Le plus grand nombre de travaux consultés concerne l'Afrique. Les informations sur les pays de l'Europe centrale et de l'Est sont par contre très rares. Au petit nombre d'études d'un phénomène relativement récent s'ajoute la difficulté d'accès aux documents. L'Amérique Latine a été explicitement exclue de cette étude. Des documents se référant à l'Amérique du Sud et du Nord, ainsi qu'à l'Europe, et dont la portée est plus générale, ont toutefois été inclus dans la section générale de la bibliographie, afin de mieux rendre compte des approches et des questionnements des experts.

La délimitation des „causes" du phénomène n'est pas une tâche aisée; la plupart des experts en signalent la complexité, de même que la multiplicité des facteurs intervenant dans l'explication de la présence des enfants dans la rue et/ou l'augmentation de leur nombre. Nous formulons ici certaines remarques destinées à montrer comment les approches et les questionnements ont été ordonnés et aider ainsi à lire les résumés (mots clefs).

Les termes mêmes d' „enfants de la rue", „enfants des rues", „enfants en situation de rue" ou de „street children" sont au centre des débats autant dans la recherche que dans l'intervention. Nombreux sont ceux qui voudraient ne plus les voir utiliser. Ce débat traverse les écrits et influence leur contenu. Certaines contradictions dans les résultats ne sont qu'apparentes et ne peuvent se comprendre qu'à partir de ces discussions sur les termes et les classements. Bien que ces expressions soient conservées dans ce texte et dans la bibliographie, elles demandent en effet à être problématisées.

1. Les usages de l'expression „enfant de la rue"

Véhiculées par les organisations internationales, les Etats, les ONG et les médias, les catégories des „street children", „children of the street", „children on the street" peuvent être sources de discrimination et de stigmatisation des enfants concernés. En dépit de la diversité des situations, il y a une tendance à produire un discours homogène sur les enfants de la rue. La définition du problème social „*enfants de la rue*" peut elle-même être en conflit avec la Convention des droits de l'enfant (Ennew, 1995 [gén.]).

Voici quelques problèmes évoqués à propos de l'expression „*street children*":

- Elle est stigmatisante car elle réduit l'enfant à une sorte d'appartenance à la rue et aux comportements déviants, sans laisser place à l'expérience, aux représentations des enfants concernés ni tenir compte des autres facettes de leur identité qui ne sont pas nécessairement en rapport avec la rue (Dallape [gén.]; 1996; Lucchini 1993 et 1996 [gén.], Onta-Battha, 1996 [Asie]; Kilbride et al., 1996 [Afrique]; Tall, 1996 [Afrique], etc.). Elle devient alors une cause de discrimination des enfants (Ennew, 1995 [gén.]) et provoque ou renforce des réactions sociales négatives.

- Elle occulte la pluralité des expériences et l'hétérogénéité des enfants qui se trouvent dans les rues. La plupart des chercheurs s'accordent à dire que la catégorie „*street children*" regroupe des réalités très diverses. La distinction entre enfants „*de*" et „*dans*" la rue a constitué une première tentative de diversifier les situations; elle n'est toutefois pas reconnue par les experts comme satisfaisante. Les travaux plus récents proposent des conceptualisations centrées sur la relation que l'enfant entretient avec la rue et non sur des critères isolés et objectifs qui sont en fait très réducteurs.

- Elle ne peut pas être séparée du champ d'action qui l'a vu naître, avec ses enjeux spécifiques. En raison de la forte charge émotionnelle qu'évoque l'image d' „enfant de la rue", il en a été fait un usage extensif dans la recherche de financements de programmes et dans les discours de dénonciation et/ou *advocacy*. La dramatisation à l'œuvre a conduit à focaliser l'attention sur la population qui se trouve dans les rues sans prendre en compte le contexte local et les autres populations d'enfants. Cette manière de procéder a invisibilisé d'autres populations d'enfants qui vivent des conditions tout aussi précaires (Connolly/Ennew, 1996 [gén.]). D'autre part, l'emphase mise sur le problème des enfants de la rue a créé une sorte de marché des ONG qui se trouvent aussi en concurrence dans l'intervention directe et face aux enfants. Dans un tel contexte, l'enfant qui vit dans la rue devient une sorte de client et la relation d'aide et éducative se transforme en une relation marchandisée qui pervertit l'intervention (Lucchini, 1993 [gén.]; Ennew, 1996d [gén.])

- L'isolement du phénomène des „enfants de la rue" du contexte de vie des enfants issus des catégories les plus démunies conduit à invisibiliser les mécanismes structurels à l'œuvre (ENDA, 1995; Dallape, 1996, [gén.]). C'est le cas notamment lorsque la réflexion se focalise sur les risques liés à la rue et sur les déterminants familiaux. Elle met en second plan, voire oublie complètement le travail que l'enfant y accomplit, les ressources qu'il trouve dans la rue et les réponses qu'il donne à une situation faite de précarité. Ces réponses ne se différencient pas nécessairement de celles des enfants issus du même milieu. La seule approche viable semble être celle qui met en relation les paliers micro- et macro-sociaux et ne réduit pas le phénomène aux nuits passées dans les rues.

- La présence des enfants dans la rue n'est pas perçue et jugée de la même manière dans les divers pays et groupes sociaux. La représentation même de l'enfance et l'expérience de cette tranche d'âge n'est pas la même dans les diverses cultures et dans les diverses sociétés. Or, la représentation occidentale de l'enfance influence fortement la recherche et l'action sur les enfants vivant ou travaillant dans les rues (Ennew/Milne, 1996 [gén.], Boyden, 1990[9]). Dépassant le débat stérile qui oppose l'universalisme et le relativisme, cette réflexion signale combien il est nécessaire de tenir compte des rationalités culturelles dans l'application des droits de l'enfant. En effet, la perspective d'une rationalité instrumentale (d'un choix rationnel par rapport à une fin) semble être largement dépassée lorsqu'il s'agit de définir ce qui est la normalité dans un contexte déterminé. L'action ne peut dès lors se situer que dans un espace marqué par les tensions qui existent entre le „global" et le „local" (Le Roy dans Tessier, 1998 [gén.]).

La question de l'intervention se pose différemment selon la manière dont on conçoit la place adéquate pour l'enfant. Biens des travaux – et notamment les plus anciens - sont fortement influencés par une vision occidentale de l'enfance qui conçoit le foyer comme la place idéale de l'enfant, voire comme l'unique place acceptable. Cela a conduit à uniformiser les situations des enfants se trouvant dans les rues et à les concevoir d'emblée comme étant toutes également inadéquates et dépourvues de toute rationalité des enfants et des adultes. Les acteurs concernés peuvent par contre évaluer de façon différente l'expérience de la rue. Encore s'agit-il de savoir de quelle

---

[9] Boyden, J. (1990). Childhood and Policy Makers: A Comparative perspective on the Globalization of Childhood. <u>Constructing and Deconstructing Childhood</u>. A. James/Prout A. London, Falmer Press, pp. 184-215.

expérience il est question.

Lors du colloque de Tronhdeim, le terme de **children out of place** a été forgé, *„thus referring to these children's apparent dislocation from the places that are commonly regarded as normal for western, modern, middle-class children - family homes, schools and clubs organized by adults. To be a child outside adult supervision, visible on city centre streets, is to be out of place"* (Ennew/Connolly, 1996:133). Interprétée de manière restrictive, l'idée d'un enfant qui n'est pas à sa place peut être tout aussi normative que celui d'enfant de la rue. En revanche, une compréhension plus élargie à l'avantage de problématiser le rôle et l'identité de l'enfant dans la société et ceci selon les divers acteurs et groupes sociaux. Ce thème est en rapport étroit avec la légitimité attribuée au travail de l'enfant, à la valeur accordée aux compétences qu'il acquiert dans la rue, à la scolarisation, au rôle que jouent les pairs dans la protection mutuelle et dans la socialisation, etc. Ces thèmes ne peuvent être abordés en dehors d'une approche participative qui place l'enfant au centre de la recherche et de l'action au lieu de le considérer comme une catégorie abstraite et objective.

Ces travaux sur la définition des *„enfant de la rue"* montrent que son usage a des conséquences sur la vie des enfants. Il contribue à créer une **réaction sociale** à leur égard, de la part du public, des autorités ou des ONG. Pour cette raison, **la manière dont les termes sont définis fait partie intégrante du problème et interagit avec les autres causes du phénomène**.

La prise de conscience de ces difficultés fait qu'à la fin des années 90, de moins en moins de textes utilisent l'expression *„street children"*. Dans une approche centrée sur les droits de l'enfant, les facettes de leur expérience sont désagrégées pour s'inscrire dans l'analyse de situation des divers articles de la Convention qui les concernent directement. Si cette manière de procéder limite la recherche de documents à partir de l'usage du mot-clef *„street children"*, elle peut constituer un pas important pour définir les problèmes à partir des réalités vécues par les enfants.

2. Les problèmes de définition

L'identification des *„causes"* et des *„conséquences"* de la vie dans la rue à partir de la litérature pose en premier lieu la question de la délimitation de la population concernée. La délimitation de la catégorie *„enfants de la rue"*,

„*street children*" ou „*homeless*" sous-entend une approche spécifique et suggère parfois implicitement des causes. L'existence de multiples définitions invite à être très prudents dans la comparaison des résultats, que cela soit pour apprécier l'ampleur du phénomène, pour définir les causes de leur présence ou évaluer les conséquences de la vie dans la rue.

Voici quelques exemples des difficultés:

- La délimitation plus large de la catégorie *street children* inclut les enfants pour lesquels la rue est devenue l'habitat principal et remplace la famille. Ceux qui rentrent chez eux le soir sont parfois inclus ou parfois exclus selon la manière dont l'auteur conçoit l'„habitat principal".

- La distinction désormais classique entre enfants de la rue (*chidren of the street*) et enfants dans la rue *(children on the street)* se base également sur la dimension spatiale (présence constante dans la rue) et la dimension sociale (présence/absence d'adultes responsables). Elle a fait l'objet de plusieurs critiques. Premièrement, le passage d'une catégorie à l'autre est rapide et fréquent. Deuxièmement, il existe plusieurs cas de figure qui ne peuvent pas y être classés (Glauser, 1990 [gén.]; Lucchini, 1993 [gén.], Reddy, 1992 [Asie]). Troisièmement, plusieurs autres éléments – et non pas exclusivement la présence dans la rue et l'absence d'adultes responsables - contribuent à définir l'expérience de l'enfant (Connolly/Ennew 1996, Lucchini 1993 et 1996 [gén.]). Certains auteurs utilisent également la distinction entre *enfants de la rue* (qui ont choisi de se rendre dans la rue) et *enfants abandonnés* (qui n'ont pas d'alternative), les deux catégories incluant des enfants qui vivent dans la rue.

- Les avis sur l'utilité de ces distinctions sont partagés. Pour certains experts, il s'agit de pouvoir cerner les besoins spécifiques des enfants vivant dans la rue et la distinction est considérée comme utile. Pour d'autres, il est plutôt question d'aborder les problèmes de l'enfance défavorisée dans sa globalité et d'éviter de stigmatiser les enfants vivant dans la rue par rapport aux problèmes de délinquance, de sexualité et aux difficultés familiales. Dans ce deuxième type de réflexion, le discours sur les enfants qui vivent et/ou travaillent dans les rues doit s'organiser autour du travail, de la formation, de la pauvreté et de l'exclusion.

- Un certain nombre de travaux, et notamment les analyses de situation réalisées au début des années 90, opèrent une distinction dans l'introduction de l'ouvrage sans distinguer par la suite les données statistiques concernant les enfants qui vivent dans la rue de celles des enfants y travaillant la journée. Dans ce cas, il n'est pas possible de distinguer des caractéristiques spécifiques à la vie dans la rue. Dans d'autres travaux, les critères de définition ne sont pas exposés explicitement ni justifiés. C'est le cas d'une étude réalisée en Afrique qui exclut les enfants mendiants handicapés. Leur présence dans la rue durant la journée et la nuit est pourtant signalée. Un tel choix de la population rend peu pertinente une analyse fondée sur les caractéristiques propres de l'enfant. Elle serait par contre pertinente si cette population était incluse dans l'étude. La même étude exclut les filles que le chercheur rencontre durant la nuit lorsqu'elles se prostituent. Implicitement, une distinction est faite entre la prostitution et la vie dans la rue et ceci en amont de la recherche. Certaines manières de procéder sont ambiguës et ces pratiques dénotent des présupposés souvent injustifiés („toutes les filles '*de*' la rue sont des prostituées" ou encore „toutes les filles qui se trouvent dans la rue sont des prostituées"). La distinction entre la „*fille de la rue*" et la „*fille prostituée*", tout comme leur assimilation, sont problématiques lorsqu'elles ne sont pas justifiées par les données du terrain. Ces classements relèvent plutôt d'un jugement moral et de préjugés sur les filles, qui sont sources de discrimination (voir point 3g)). La catégorie prostitution, comme celle d'exploitation sexuelle, inclut une multiplicité de phénomènes peu connus. Les discours qui s'y rapportent comportent des enjeux similaires à ceux qui concernent l'enfant „de" la rue (voir Ennew/Gopal et al., 1996 [gén.]).

- La comparaison de deux études africaines qui s'intéressent à la même population d'enfants est aussi éclairante. Une étude plus ancienne classe les enfants migrants des régions rurales parmi les *enfants abandonnés*, puisque leurs parents sont restés dans leurs villages d'origine. Ce classement induit directement une définition des „causes" au niveau de la famille. Une étude plus récente sur les enfants de la rue les inclut dans la recherche. Il y est montré que ces enfants, provenant souvent d'une même ethnie, représentent une partie importante de la population qui vit dans les rues. Dans la première étude, la „migration" (stratégie légitime dans ces secteurs de la population), ne peut que faire défaut en raison de la catégorie employée (enfant abandonné). Or, la notion même d'abandon fait l'objet de réflexions diverses. Du point de vue de l'enfant, elle peut inclure le fait d'être abandonné et le fait d'abandonner le foyer et ceci avec ou sans l'accord des parents. Plus que deux catégories distinctes, ces deux situations semblent constituer deux pôles extrêmes d'un continuum (Lucchini, 1993 [gén.]).

- D'autre part, la délimitation en termes de *street children, child labour, prostitution* varie selon les régions géographiques. Ainsi, un enfant sera plus souvent étudié comme un *enfant de la rue* en Amérique Latine, comme *prostitué* dans certains pays d'Asie, vagabond (*vagrancy*) dans certains pays d'Afrique, *homeless* en Europe et en Amérique du Nord et finalement comme *travailleur* („*child labour*") en Inde (Ennew/Milne, 1996 [gén.]). Ces spécificités influencent fortement l'approche choisie. Une analyse en termes de „*labour*" sera plus souvent axée sur les besoins économiques et sur l'exploitation alors qu'une analyse en termes de „*street children*" mettra en avant d'autres éléments davantage liés à „la rue" et à l'absence d'adultes. Les connaissances actuelles sur les enfants vivant dans les rues montrent qu'il est impossible de faire l'impasse sur une réflexion sur le travail de l'enfant car il fait souvent partie de son expérience. Les écrits abordant ce thème sont marqués par les débats des dernières années et reflètent les diverses positions qui existent sur le sujet (voir le p. 3).

Face à l'hétérogénéité des situations, une définition qui se base sur des critères objectifs tels que la nuit dans les rues ou bien l'absence d'adultes responsables est très réductrice. Le phénomène semble devoir être abordé en termes **de relation à la rue**, d'activités et d'identités davantage qu'en termes d'une prétendue „appartenance à la rue". L'expérience de l'enfant échappe aux définitions courantes. Pour Lucchini, l'enfant forme un système avec ses milieux naturels. C'est alors seulement en identifiant les éléments de ce système que l'on comprendra qui est l'enfant. Pour le cas sud-américain, cet auteur retient huit dimensions qui permettent de typifier **la relation de l'enfant à la rue**: la dimension spatiale (le type d'espace), la dimension temporelle (le temps dans la rue et la carrière), la dimension dynamique (les diverses activités), la dimension motivationnelle (les motifs qui le poussent à se rendre ou à rester dans la rue), la dialectique entre la socialisation dans la famille et la socialisation dans la rue et les formes de sociabilité (les pairs, les groupes et les réseaux dans lesquels il est inséré), le genre et l'identité de l'enfant. La manière dont les parents conçoivent la rue (mais aussi la migration, le travail, la formation et l'éducation), la manière dont les garçons et les filles expérimentent la rue, les compétences de l'enfant pour y survivre, les caractéristiques physiques, sociales et symboliques des espaces occupés, le soutien entre enfants et leur organisation, le travail effectué, le vol, la prostitution, la consommation de drogues, le jeu sont ainsi autant d'éléments qui définissent ce phénomène et qui varient fortement d'un contexte à l'autre (voir point 3.e).

3. Les approches, les méthodes et les perspectives explicatives

La question des méthodes a été examinée de manière approfondie par Ennew et Milne (1996 [gén.]). Ils observent que les techniques de recherche sont parfois déconnectées des approches théoriques. Elles ne peuvent dès lors pas fournir d'analyses fondées sur les causes du phénomène. Le petit nombre de cas étudiés, l'usage inadéquat des statistiques, l'absence de groupes de comparaison[10] de contrôle sont autant de limitations dans la recherche (Ennew/Milne, 1996 [gén.]; Groupe d'étude sur les enfants de la rue/Conseil de l'Europe, 1994 [gén.] Connolly/Ennew, 1996, [gén.]). Un grand nombre d'enquêtes de chercheurs, ONG, journalistes et étudiants souffrent de ces inadéquations. A la lumière des problèmes de définition (point 1), des études qui font l'impasse sur le vécu de l'enfant et sur sa relation à la rue semblent fournir peut d'indications utiles pour l'action. Un numéro spécial de la revue „*Childhood*" (1996) est par ailleurs consacré à la recherche et plusieurs auteurs exposent des stratégies et méthodes novatrices. Il est question d'approches participatives davantage centrées sur l'enfant et proches de l'intervention, mais aussi d'une réflexion éthique à propos de la recherche et de l'intervention. Cette évolution des discours sur la recherche montre qu'une approche qui cherche à rendre compte de la complexité du phénomène ne s'oppose pas a priori à l'action pour autant qu'il s'approche des acteurs et permette à la fois de rendre compte des mécanismes macro-sociaux et des spécificités locales.

Les études consacrées aux enfants qui vivent dans les rues emploient des techniques diverses: études de cas qualitatives, analyses statistiques sur la base de questionnaires, analyses de données secondaires, etc. Elles sont parfois combinées. A cela, il faut ajouter des analyses de situation par rapport à un risque spécifique (SIDA, consommation de drogues, etc.) ou celles qui se rapportent à un article de la Convention des droits de l'enfant (conflit avec la loi, exploitation économique, exploitation sexuelle, cadre familial, etc.). Les rapports nationaux sur la situation de l'enfance ou encore les rapports alternatifs rédigés par les ONG, dont les enjeux politiques sont évidents, adoptent cette perspective. Plus ancienne (et fortement critiquée), l'approche en termes de

---

[10] „*control group*". Seule la comparaison avec d'autres populations d'enfants issues des catégories défavorisées permet de prouver que certaines caractéristiques sont spécifiques aux enfants qui vivent dans les rues. En l'absence d'une telle démarche comparative, la situation des enfants qui vivent dans les rues est isolée du contexte et comparée implicitement à celle des enfants issus des classes moyennes ou encore à celle des enfants des pays du Nord.

délinquance se base sur les infractions sanctionnées en référence aux lois nationales. Elle renforce la criminalisation des enfants pour des délits mineurs ou pour vagabondage. En outre, un nombre important d'écrits se rapportent à l'intervention directe ou indirecte et à son efficacité.

La litérature distingue trois grandes approches du phénomène des enfants de la rue: la protection, la répression et la référence aux droits de l'homme ((Conseil de l'Europe (1994 [gén.]). Même à l'intérieur de chacune de ces catégories les discours sont très diversifiés et dépendants de l'approche choisie et des postulats du chercheur ou de l'expert. Parazzelli l'a montré à propos du contexte canadien d'intervention: le jeune de la rue et ses problèmes sont abordés différemment s'il est perçu comme bénéficiaire, enfant, acteur, délinquant, etc.[11]

Le contenu des textes est également influencé par un certain nombre d'enjeux. La validité des informations n'est pas seulement en relation avec les méthodes utilisées, mais aussi avec la visée des textes. La dénonciation d'une situation nationale, internationale ou locale défavorable aux enfants, la mise en place

---

[11] **Principaux types de représentations sociales de l'intervention auprès des jeunes de la rue:**
modes de relation aux jeunes, perceptions du problème et modes d'intervention – Michel Parazelli, 1997

Types de représentations sociales	*Familialiste*	*Thérapeutique*	*Doctrinale*	*Religieuse*	*Commerciale*	*Répressive*	*Émancipatoire*
Modes de relation symbolique au jeune	L'enfant	Le bénéficiaire	L'adhérent	Le croyant	Le client	Le délinquant	L'acteur
Perception générale du problème	Vulnérabilité sociale	Pathologie sociale	Absence de rapport de force	Absence de modèle	Insatisfaction de besoins	Nuisances publiques	Aliénation sociale
Modes d'intervention	Protéger	Guérir	Guider	Donner l'exemple	Distribuer un service	Arrêter, disperser et/ou évacuer	Accompagner

(Parazelli M., „*Les jeunes de la rue*" Manuel de cours: Cours de formation à distance – Certificat d'intervention auprès des jeunes. Montréal: Faculté de l'Education permanente (Secteur de la formation à distance), Université de Montréal, 1998, p. 2.8.

d'une méthodologie d'intervention, la planification des actions au niveau national ou local, la recherche de fonds, la recherche visant à obtenir un titre ou une reconnaissance académique, la formation des intervenants, la sensibilisation du monde politique et des classes moyennes ou encore celle qui s'adresse aux populations des pays du Nord sont autant d'enjeux présents dans les écrits. Les caractéristiques de l'enfant, les contraintes auxquelles il est soumis seront exposées de manière différente selon la finalité du document et le public visé par la communication. La médiatisation importante du thème de „l'enfant de la rue" est en lien avec des stratégies d'*advocacy* et de recherche de financement et a insisté sur des facettes de la vie dans la rue qui étaient en accord avec ces objectifs. La répétition continue de certaines informations leur a permis d'acquérir un statut de vérité malgré l'absence d'une vérification empirique. Cela a produit une image partielle et biaisée du phénomène. Cette manière d'approcher et définir l'enfant n'est pas opérationnelle dans l'intervention directe (Szanton Blanc, 1994 [gén.]; Invernizzi/Lucchini, dans Lucchini 1996 [gén.])

Une lecture des textes sur les enfants qui vivent dans les rues ne peut pas faire l'impasse d'une lecture herméneutique les replaçant dans leur contexte. S'il peut ainsi paraître tentant de faire une comparaison des situations à partir de la littérature, plusieurs problèmes l'interdisent: l'usage de multiples définitions de l'*„enfant de la rue"*, les diverses approches des chercheurs (Tessier, 1998 [gén.], la fiabilité des résultats de recherche présentés dans les ouvrages ou les articles (Ennew et Milne, 1996 [gén.]; Aptekar, 1994 [gén.]) et les enjeux présents dans ces communications (Invernizzi/Lucchini, 1996 [gén.]).

Les causes de la présence des enfants dans les rues sont recherchées à divers niveaux (macro- méso- ou micro-social) et en utilisant diverses perspectives. En faite, **seule une approche systémique semble pouvoir rendre compte de la complexité du phénomène.** Cela veut dire qu'il faudrait prendre en compte et relier entre eux des éléments tels que les contraintes structurelles qui pèsent sur les communautés les plus démunies, leurs conditions de vie dans les quartiers défavorisés, la pauvreté, les formes de discrimination, les liens sociaux et les significations culturelles des acteurs, leurs pratiques quotidiennes, les définitions des ONG, les droits de l'enfant, etc.

La plupart des travaux explorent l'un ou l'autre niveau et/ou testent des hypothèses dans une perspective précise. Il paraît dès lors utile de les situer dans une sorte de grille provisoire de lecture.

Dans une perspective déterministe, l'individu subit les contraintes que pose son environnement et les explications sont recherchées dans des facteurs externes et antérieures au départ. La question se pose différemment dans une approche qui voit l'individu comme un acteur et un sujet. Dans ce cas, le point de vue de l'enfant et plus particulièrement ses motifs contribuent à expliquer son départ vers la rue et sa permanence dans cet environnement. Cette démarche exige un déplacement vers l'étude de son expérience dans la rue et de la manière dont il la vit. Le plus souvent les deux perspectives n'expliquent pas le même phénomène. Les études qui se situent au niveau macroscopique se concentrent généralement sur l'émergence du phénomène des enfants de la rue et/ou sur l'augmentation de leur nombre. Celles qui se situent sur le plan microscopique s'intéressent au départ de l'enfant dans la rue et à sa permanence dans cet espace, à la sociabilité, aux activités qu'il y exerce, etc.

La vision même des causes est fortement influencée par ce choix de méthode. La prise en compte du point de vue de l'enfant comme sujet semble devoir se centrer sur des causalités ancrées dans le présent et dirigées vers l'avenir et non pas exclusivement focalisées sur le passé. Une approche participative dans la recherche et dans l'action semble alors devoir rendre compte des contraintes externes tout en incluant les motifs des acteurs, leurs représentations de leur situation et les réponses qu'ils donnent à cette dernière.

Dans un souci de clarification, la suite du document présente un survol des perspectives et des questionnements. Ils sont présentés sous la forme d'une liste et avec des catégories qui risquent d'être perçues comme arbitraires dans la mesure où les auteurs ne s'y identifient pas nécessairement. Il est toutefois évident que plusieurs travaux s'inscrivent dans plus d'une catégorie.

a) Les contraintes structurelles: l'ordre international

Un type d'explication fait intervenir les facteurs macroscopiques, concernant des phénomènes comme les échanges économiques internationaux, la dette externe et interne de l'Etat et la réduction des dépenses dans le domaine social, scolaire, de la santé et du logement, etc. Le dénominateur commun est plus souvent celui des contraintes liées à l'ordre économique mondial - à savoir les mesures d'ajustement structurel, la „transition" vers une économie de marché - (Connolly/Ennew, 1996) qui voit l'apparition ou l'augmentation du nombre d'enfants vivant dans les rues. Ces contraintes sont responsables de la crise que traversent les diverses instances de socialisation: famille, école, services publics etc.

La bibliographie inclut quelques études sur la situation de l'enfance dans les pays de l'ex- Union Soviétique, plus particulièrement les „enfants à risque", qui traitent très rapidement ou bien ne s'intéressent pas explicitement aux enfants *homeless*.

Ces études expliquent plus souvent l'augmentation du nombre d'enfants ou encore l'apparition du phénomène, mais sont insuffisantes pour expliquer le départ de l'enfant vers la rue. De manière générale, les problèmes méthodologiques et ceux liés à la définition de „*l'enfant de la rue*" rendent ces chiffres peu fiables. Comme l'observe Ennew, l'augmentation du nombre de *street children* est dénoncée depuis des années à partir d'un chiffre formulé par l'UNICEF (100 millions) qui, lui, reste pourtant le même. D'autre part, les informations statistiques sur les enfants de la rue peuvent cacher le glissement d'une catégorie à une autre (enfant institutionnalisé/enfant de la rue; enfant victime de violence/enfant de la rue) plus qu'une modification substantielle des conditions de vie de l'enfant.

Une analyse en termes de contraintes structurelles opérée exclusivement à partir de la situation de l'enfant qui vit dans la rue paraît alors peu pertinente et il est plus utile d'élargir le champ de réflexion à d'autres populations d'enfants ou à la situation de l'enfance en général.

b) **Le contexte local: pauvreté, urbanisation accélérée, déplacements de populations et migrations, inadéquation des politiques sociales et éducatives**

La plupart des documents situent les causes du phénomène „enfant de la rue" du côté de la **pauvreté** et de l'**urbanisation** accélérée. Ils ont comme corollaire la vie dans les *slums* dépourvus des services de base, où les habitants ont peu de perspectives d'avenir. Il faut signaler que beaucoup de travaux mentionnent ces causes sans qu'elles soient nécessairement l'objet d'une étude empirique. Le plus souvent, ce type de discours vise implicitement à dénoncer le manque de volonté politique dans la lutte contre la pauvreté alors qu'il existe des moyens économiques pour agir. Se rapportent à cette explication toutes les informations qui ont trait au travail des parents, à la rentabilité des activités des enfants, à l'accès à l'école et à la formation. C'est le cas dans la cause „pauvreté" qui figure dans l'introduction et la conclusion de la plupart des analyses de situation des „street children".

S'ils s'accordent sur la relation entre pauvreté et „enfants de la rue", les avis des chercheurs sont différents quant à sa nature (Black, 1993). La pauvreté peut s'expliquer de diverses manières: par le sous-développement ou le mal-développement, le manque de formation et d'éducation des parents, le travail de l'enfant qui le maintiendra dans la pauvreté même à l'âge adulte, les inégalités sociales et économiques, les discriminations sociales, etc. De plus, les notions de „pauvreté" et de **survie** doivent être problématisées car elles ne peuvent prendre sens que dans un contexte déterminé et à partir des significations des acteurs (voir plus loin, points c) d) et e)). La manière dont la pauvreté est problématisée a une incidence importante sur les classements, sur les options politiques et sur les stratégies d'intervention. Ennew (1996 [Afrique]) s'interroge par exemple sur les raisons pour lesquelles la pauvreté est classée parmi les causes de l'existence d'enfants vivant dans des conditions particulièrement difficiles („children in especially difficult circumstances"). Ne devrait-elle pas être considérée comme étant elle-même une condition de vie particulièrement difficile?

Le débat sur le **travail de l'enfant** est étroitement lié à ces diverses conceptions de la „pauvreté". La manière dont il est abordé induit une analyse particulière des causes et des conséquences de la vie dans la rue. Par ailleurs, les recherches sur le travail des enfants souffrent des mêmes difficultés que celles qui se rapportent aux enfants vivant dans la rue: problèmes conceptuels (pour définir les notions de travail, d'exploitation, de travail „tolérable" et „intolérable"), problèmes d'approches et de méthode, contradictions relevant de la visée des discours (*advocacy*, dénonciation, recherche de fonds, mise en place de projets). Les propos divers tenus par les experts doivent ainsi être contextualisés et faire l'objet d'une déconstruction. Certains documents sont axés sur l'exploitation de l'enfant. La perspective est celle de l'élimination du travail de l'enfant ou de la protection de l'enfant travailleur. L'„enfant de la rue" devient alors synonyme de travail intolérable (UNICEF, 1996, [gén.]). Une approche en termes d'élimination du travail de l'enfant ou de protection de l'enfant travailleur conçoit plus souvent le travail comme une entrave au développement de l'enfant. Le travail de l'enfant est vu à la fois comme une conséquence et comme une cause de la pauvreté (BIT, 1996). Lorsque le travail est considéré comme une forme d'exploitation, il est compris comme une cause de la vie dans la rue. Il est abordé comme une forme d' „auto-exploitation" des familles et il est parfois décrit comme une source de conflits familiaux (Black, 1993 [gén.]; Tessier, 1998 [gén.]) ou comme un éloignement de l'espace domestique pouvant favoriser le passage à une vie dans la rue. Il est plus souvent question de prostitution, de délinquance et des activités les plus marginales, dangereuses et/ou peu formatrices. D'autres travaux adoptent en revanche une perspective centrée sur l'enfant en tant qu'acteur. Le travail est vu comme pouvant être soumis à l'exploitation, mais aussi comme faisant partie intégrante de la socialisation. Le départ vers la rue en raison de la pauvreté et du travail est contredit par le simple fait que le nombre d'enfants vivant dans la rue n'a pas de rapport avec celui des enfants qui y travaillent. De plus, le travail peut à certaines conditions être source de valorisation et de cohésion sociale au sein de la famille et de la communauté. Le caractère illégal du travail de l'enfant peut alors être vu comme une forme de discrimination qui rend précaire sa vie dans la rue et criminalise ses activités de survie (Swart, 1996 [Afrique]). Il apparaît que la catégorie „travail de l'enfant" est trop large pour se prêter à un discours univoque. Toutefois, il serait faux de croire que ces diverses approches relèvent exclusivement de l'analyse d'activités différentes. Si l'on retient les définitions de l'exploitation utilisées dans la perspective de l'élimination ou de la protection de l'enfant travailleur, non seulement les activités des enfants vivant dans la rue, mais aussi celle accomplies par la plupart des enfants durant la journée tombent dans la catégorie de l'exploitation. L'approche adoptée à l'égard du travail de l'enfant a des implications évidentes pour les interventions auprès des enfants qui vivent dans la rue et conduit à envisager différemment la sortie du projet et de la rue (point 4). Dans la section générale de la bibliographie, sont inclus quelques travaux qui se rapportent au travail de l'enfant.

Diverses formes de **discriminations** sont mises en évidence par les études sur les enfants qui vivent dans les rues: certains secteurs de la population expérimentent un cumul de limitations liées à la pauvreté. Les discriminations raciales sont ainsi évoquées pour l'Afrique du Sud; en particulier, les lois limitant les déplacements des migrants et celles de ségrégation raciale sont responsables de la rupture des liens familiaux. Celles qui se rapportent à l'éducation des enfants noirs expliquent les discriminations face à l'école. (Swart, 1990; Peackok 1990; Chetty, 1997 [Afrique]). En Chine, les lois limitant la migration produisent une masse de „population flottante" en situation illégale. La planification des naissances précarise de la même manière les familles qui ne respectent pas ces lois (Stöcklin, 2000, [Asie]). Dans les pays de l'Europe de l'Est, la pauvreté et l'exclusion des populations roms sont en rapport avec leur présence statistiquement plus importante parmi les enfants de la rue. La discrimination de la femme et son appauvrissement sont également traités (Aptekar 1999 [Afrique]; Ochola, 1996 [Afrique], Lucchini 1993 et 1996 [gén.]) bien que la plupart des documents opèrent une analyse au niveau de la famille.

D'importants **déplacements de populations** consécutifs aux **guerres**,[12] aux **catastrophes naturelles ou provoqués par l'homme** sont mentionnés dans un certain nombre de pays d'Afrique, d'Asie et de l'ex-Union Soviétique. Ces déplacements sont l'affaire de populations entières, familles et enfants non accompagnés, parfois séparés de leur famille contre leur gré et parfois partis de leur propre volonté. Quelques études examinent aussi le cas de **l'enfant migrant**, bien qu'il soit encore pour la plupart des experts un enfant abandonné et victime. Pourtant, même face à des „catastrophes", l'enfant semble parfois pouvoir choisir de rester au foyer ou de saisir l'occasion pour le quitter (Ressler, 1988). L'épidémie du SIDA est au centre de plusieurs documents sur l'Afrique.

Certains déplacements de populations résultent également d'expulsions de la part des autorités. Ils découlent alors de projets de développement économique aux coûts humains très élevés ou encore de la réalisation de projets de développement rural ou urbain. Or, l'expulsion des populations est en rapport direct avec les séparations familiales et la présence de *homeless* adultes et enfants (Ochola 1996, [Afrique]; Black M. [Asie], 1991; Seelig, 1994 [Afrique]).

L'inadéquation des politiques sociales et du système éducatif mis en place par les gouvernements est mise en avant dans plusieurs travaux comme étant également responsable du phénomène des enfants des rues. **L'école** n'est pas seulement inaccessible en raison des coûts économiques directs (inscriptions) et indirects (uniformes, déplacements, etc.), mais aussi de son incapacité à répondre aux besoins des enfants. Son contenu est éloigné des modes de vie de ces populations (Reddy 1992 [Asie]; Dalglish/Conolly 1992 [gén.]).

---

[12] Dans les ouvrages sur les enfants de la rue, la violence politique et les guerres sont souvent mentionnées comme une cause de déplacements d'enfants vers les villes et de leur présence dans la rue. Nous avons consulté quelques ouvrages sur les enfants victimes de déplacement et de guerres, afin de voir si un lien direct avait été mentionné. Nous en avons trouvé peu de traces. (Ouvrages consultés: Gibb S./Boyden J. *„Children affected by organized violence: annotated bibliography on research methods"*, Radda Barnen, 1996; David Tolfree *„Restoring Playfulness: Differents approaches to assisting children who are psychologically affected by war or Displacement"* Rädda Barnen, Stockholm, 1996; Jan Williamson/ Audrey Moser, *„Unaccompanied children in Emergencies: A field Guide for their Care and Protection"*, International Social Service, 1988)

Un constat identique concerne **les services d'aide à l'enfance** en Afrique qui ne prennent pas en considération les modes traditionnels de prise en charge de l'enfant (Umbina, 1991). L'absence de formation professionnelle relève des mêmes inadéquations des actions gouvernementales. L'institutionnalisation massive des enfants sous les régimes communistes des pays de l'Europe de l'Est est également évoquée.

Un autre ensemble de questionnement concerne le **système juridique** inadéquat, pensé à partir de règles juridiques et en faisant abstraction du réel juridique (Kuyu et Le Roy dans Tessier, 1998, [gén.]). Il est incapable de rendre compte des rapports de force, des négociations et des spécificités culturelles.

La participation des ONG à ce fonctionnement inadéquat est également mentionnée par un certain nombre d'auteurs. Elles fonctionnent comme un marché dans lequel la relation à l'enfant est instrumentalisée; elle suit des logiques politiques, statutaires et économiques qui ne s'accordent pas nécessairement avec les besoins des enfants. Ce qui fait dire à Kuyu (dans Tessier, 1998, [gén.] que „*l'ensemble institutionnel entre bailleurs de fonds, ONG et décideurs politiques fonctionne comme une véritable 'machine à fabriquer des enfants des rues'*". D'autres documents soulèvent la question du rôle joué par les ONG dans la déresponsabilisation de l'Etat face aux problèmes sociaux les plus fondamentaux.

Si l'impact de ces déterminants sur la situation de l'enfance semble être attesté, il reste à savoir comment des éléments tels que la pauvreté (indépendamment de la manière dont elle est expliquée), la migration, les déplacements de populations, les discriminations et les inadéquations de l'Etat agissent en provoquant le départ de l'enfant vers la rue. Une explication axée sur la pauvreté est largement insuffisante puisque, dans des conditions identiques, certains enfants quittent le foyer pour la rue alors que d'autres resteront à la maison. Plusieurs éléments médiatisent la relation entre les facteurs macro- et mésoscopiques et le départ de l'enfant: il est alors question de médiations culturelles, familiales, spatiales et identitaires, etc.

c) **La perspective culturelle/interculturelle**

Les réflexions qui adoptent une perspective culturelle ou interculturelle concernent des questionnements divers.

Un premier questionnement se rapporte aux influences d'une définition dominante de l'enfance, issue des pays du Nord, sur les études sur l'"enfant de la rue". Un certain nombre d'experts ont analysé les concepts et les théories appliqués par les chercheurs et les praticiens. Leurs travaux permettent d'expliquer l'inadéquation des actions entreprises par les secteurs public et privé (voir plus haut) lorsqu'elles sont éloignées des pratiques des acteurs concernés ou les contredisent. Une autre question, en lien étroit avec la première, se rapporte aux représentations de l'enfance et à l'expérience que l'on estime adéquate dans le milieu de vie de l'enfant. Cela concerne également la représentation de la rue comme étant un espace légitime ou illégitime de socialisation et les conditions de son occupation (la rue occupée durant la journée, le type de rue, la migration vers la ville, l'autonomie, le travail, la sexualité, etc.), de même que la représentation de la famille et la structure familiale qui en découle, l'identité de l'enfant et ses compétences. (Adick, 1998 [gén.]; Aptekar/Abebe, 1997 [gén.]; Bar-On 1997 [gén.]; Lucchini, 1996 [gén.]).

Dans certains secteurs de la population, il sera par exemple légitime que l'enfant travaille dans les rues à certaines conditions ou bien qu'il migre vers la ville pour travailler et étudier. Ces normes varient d'une société à l'autre et d'un groupe social à un autre. La rationalité inscrite dans ces pratiques n'est pas compréhensible sans référence à ce qui constitue la „normalité" dans le milieu de vie de l'enfant et ceci même si l'enfant dévie de cette même normalité. Un exemple en est la trajectoire idéale de l'enfant migrant, qui est censé se rendre en ville chez un parent ou envisage de trouver rapidement un travail et un logement, mais échoue dans la rue pour des raisons diverses. Cela concerne de près le travail de l'enfant, considéré comme légitime dans plusieurs pays d'Asie, d'Afrique et d'Amérique Latine. Encore s'agit-il de pouvoir différencier les types d'activités accomplies par les enfants.

Peu d'études utilisent explicitement un groupe de contrôle permettant de comparer la qualité de vie de l'enfant de la rue à celle de ses pairs qui sont restés au foyer (Richter, 1996 [Afrique]; Backer et al., 1997 [Asie]. Le travail de Backer montre également que la trajectoire de migration peut également conduire à une amélioration de la situation globale de l'enfant qui vit dans la rue et que celle-ci est comparable, sur le plan de l'alimentation et de la santé, à celle des enfants qui vivent dans les quartiers pauvres urbains ou dans les villages ruraux. L'autonomie dont font preuve ces enfants n'est par ailleurs pas vue comme anormale par leurs familles.

Une deuxième catégorie de travaux se rapporte aux pratiques traditionnelles discriminantes à l'égard de certains enfants et qui produisent leur exclusion (Adrien 1995 et 1999; Poitu, 1996, [Afrique]) et aux pratiques traditionnelles qui ont été perverties par leur monétarisation. On ne sait toutefois pas grand chose du rapport qui existe entre ces formes d'exclusion et la vie dans les rues. Ces questionnements portent aussi sur les enfants qui mendient dans le cadre de l'enseignement coranique. Bien que certaines études mentionnent la présence des enfants dans la rue à propos de l'exploitation et des mauvais traitements qu'ils subissent de la main de leur enseignant et tuteur, cette question ne semble pas pouvoir être abordée sans un détour par les pratiques de socialisation et ce qui constitue la „normalité" dans ce contexte social et culturel (Hunt, 1993 [Afrique]; Wiegelmann dans Adick, 1998 [gén.]).

Un troisième questionnement concerne la permanence ou au contraire la perte des valeurs traditionnelles de solidarité et de coopération à l'intérieur de la famille et de la communauté. Il concerne les modèles et pratiques de socialisation, la vie urbaine marquée par l'individualisme et la monétarisation des relations, l'organisation et la structure familiale, etc. De l'avis de certains chercheurs, l'occidentalisation conduirait à l'effilochage du tissu social et à la rupture des liens familiaux et communautaires. D'autres travaux conçoivent en revanche ces modifications non seulement comme le résultat de la pauvreté et des changements culturels, mais aussi comme des réorganisations qu'il faut éviter de stigmatiser par un regard misérabiliste (Ennew, 1996 [Afrique]). Une autre facette du même problème concerne le rôle joué par l'Etat dans la valorisation ou la dévalorisation de ces pratiques et les politiques sociales et éducatives qu'il met en place (voir plus haut).

Un quatrième questionnement des chercheurs concerne la „sous-culture" de la rue avec ses formes de sociabilité et ses règles, ainsi que l'attrait que peut constituer le groupe pour l'enfant (voir point e).

d) La famille

Pauvreté et problèmes familiaux sont les deux explications les plus récurrentes concernant le départ de l'enfant vers la rue. Le plus grand nombre d'études observent que la pauvreté est à elle seule une explication insuffisante pour le départ de l'enfant. Le lien entre les contraintes socio-économiques et la famille est constaté par la majorité des chercheurs, mais il existe plusieurs lectures de ce phénomène.

Une première lecture concerne la désorganisation et la déstructuration de la famille provoquées par la pauvreté et/ou l'occidentalisation. C'est un discours qui apparaît à propos des pays d'Asie, d'Afrique ou de l'Europe de l'Est. La famille est vue alors comme étant problématique. Trop souvent, elle ne fait pas l'objet d'étude et ces problèmes ne sont pas documentés. L'image de la famille désorganisée ou déviante est tout d'abord un préjugé (Aptekar, 1994, 1997 [gén.]).

Pour bien des études, les décès, les séparations familiales, les recompositions du couple parental et la présence d'une belle-mère et d'un beau-père sont surreprésentés chez les enfants qui vivent dans la rue, comme le montrent les études comparant les enfants de la rue aux enfants travailleurs qui rentrent chez eux le soir (Baker et al. 1997 [Asie];; Bond, 1992 [Asie]; Szanton Blanc, 1994 [gén.]). D'autres ne trouvent pas une corrélation entre certaines structures familiales et la vie dans la rue. Si elles semblent être plus fréquentes chez les enfants qui vivent dans la rue, ces ruptures ne les concernent pas tous, ce qui empêche d'établir une lien de cause à effet entre ces deux phénomènes.

Une deuxième lecture associe les changements dans la structure et le fonctionnement familial à une tentative de réorganisation qu'il s'agit de promouvoir. Une autre piste abordée par les chercheurs concerne la fragilisation de la position de la femme et la féminisation de la pauvreté qui ont des conséquences importantes sur la vie familiale et les enfants (Toto, 1998 [Afrique]; Aptekar, 1999 [Afrique]). Pour Aptekar, l'autonomie du garçon qui part dans la rue serait étroitement liée à la famille dont la mère est chef de famille (1994 [gén.]). Le décès des parents malades de SIDA est également mentionné pour certains pays d'Afrique. (Lenoble-Bart, 1996; Malich et al., 1996)

L'étude des trajectoires de l'enfant est importante pour comprendre son départ dans la rue, mais elle n'est pas toujours explicitement abordée dans les travaux. La typologie de Marguerat (1994 et 1999 [Afrique]) évoque les multiples trajectoires et les diverses contraintes auxquelles est soumis l'enfant. On y trouve des enfants qui proviennent des zones rurales et sont en rupture avec leur famille, d'autres partis en raison de conflits armés ou de catastrophes et d'autres pour lesquels la migration s'inscrit dans des pratiques admises de socialisation. Ces derniers peuvent toutefois échouer dans les rues en raison des difficultés d'insertion dans la ville. D'autres enfants proviennent de familles urbaines aux liens fragilisés, en rupture par rapport à l'école, pour certains abandonnés et d'autres ne pouvant compter sur aucun membre de la famille. Les problèmes sous-jacents au départ de l'enfant peuvent ainsi être très divers (Veale et al., 1992 [Afrique]; Mdoe, 1997 [Afrique]).

Une autre trajectoire fréquemment mentionnée pour les pays de l'Est, mais qui concerne aussi les pays d'Asie et d'Afrique est celle qui voit l'enfant quitter une institution dans laquelle il a été placé. Si l'on dénonce les abus et les violences des institutions étatiques, il en reste que certains enfants fuguent également des foyers spécifiquement mis en place par les ONG pour les enfants vivant dans la rue, ce qui indique toute la complexité de la question (voir les paragraphes 3e) et 4.)

Une trajectoire fréquemment mentionnée en Afrique et en Asie est celle de la **migration** de l'enfant depuis des régions rurales. Elle ne concerne cependant pas tous les pays de la même manière. Les moyens de transport disponibles semblent avoir une influence directe sur les déplacements migratoires. Quelques études africaines signalent que, dans certains secteurs de la population, cette trajectoire de l'enfant est légitime et valorisée dans son milieu de vie avec lequel il est censé rester en contact. (Veale, 1992 [Afrique]; Sharp, 1996 [Afrique]). Chez les minorités gitanes de l'Europe de l'Est, le départ de l'enfant dans la rue peut constituer une forme légitime de socialisation et n'implique pas nécessairement une rupture avec la famille (Gabura dans Conseil de l'Europe, 1994 [Europe de l'Est]. Des études en Asie attestent de ces relations qui sont conservées au delà de la migration, mais dont l'intensité des rencontres est variable. Il est ainsi question dans certains travaux d'enfants qui rentrent à leur village de manière régulière alors que d'autres documents font état d'enfants qui ont oublié leur adresse de domicile, voire leur langue maternelle (Lugalla, 1999 [Afrique]). Cela ne signifie pas nécessairement que la trajectoire de migration implique le séjour dans la rue et les informations à ce sujet ne sont pas toujours précises. Toto (1996 [Afrique]) évoque la circulation de l'enfant travailleur et montre comment l'enfant qui migre est censé être accueilli par des membres de sa parenté. Cette circulation de l'enfant est vue comme un élément qui peut fragiliser les liens et expliquer le fait que certains enfants puissent échouer dans la rue, mais elle est aussi abordée comme une réponse aux difficultés économiques qui peut être efficace et qu'il s'agit alors de mettre en valeur.

e) **L'enfant acteur et l'identité: approches microsociologiques et psychosociales**

Le niveau **microscopique** concerne „une réalité dans laquelle l'enfant est directement impliqué en tant qu'acteur social. (…)". Il peut être compris comme comprenant des facteurs externes et internes. Les premiers sont des éléments „tels la structure de la famille et la parenté, ainsi que les réseaux d'entraide entre voisins, les bandes de quartier, les réseaux d'enfants de la rue, les programmes d'assistance et l'espace construit (l'habitation, le quartier, la rue)" (Lucchini, 1993:10 [gén.]). Nous les avons abordés dans les paragraphes précédents. Les deuxièmes se rapportent par contre à la manière dont l'enfant perçoit ces éléments et donc à son identité. Dans ces approches, les analyses sont opérées à partir des motifs, des stratégies et des pratiques des enfants. Elles cherchent à rendre compte non seulement des contraintes extérieures, mais aussi de la marge de manœuvre des enfants qui, en tant qu'acteurs, réagissent à celles-ci.

Le départ de l'enfant et sa vie dans la rue sont considérés comme **des réponses** à des situations diverses qui lui sont défavorables: la pauvreté urbaine ou rurale, l'absence de perspectives d'avenir, les ruptures, la violence et/ou les abus dans la famille, la promiscuité, le manque de stimulations, d'opportunités de travail et de formation dans les quartiers défavorisés, etc. Puisque le **départ dans la rue**, dans des situations semblables, ne concerne pas de la même manière tous les enfants, il s'agit de comprendre les représentations de la situation et les motivations, plutôt que de dresser un profil unique.

Plusieurs motifs sont mentionnés: la recherche de ressources économiques, l'aventure et le jeu, la vie avec les pairs, la volonté d'aider la famille, la formation, la fuite face à une situation déplaisante ou intolérable… L'importance de ces motivations peut être testée là où l'enfant aurait d'autres possibilités, mais choisit la rue. Plus souvent, plusieurs motifs sont présents simultanément. Le départ de l'enfant dans la rue ne relève pas toujours de l'expulsion ou de l'abandon. D'autre part, la rue n'est pas l'unique réponse de l'enfant. La violence et les problèmes familiaux sont souvent mentionnés, mais on constate qu'ils ne concernent pas tous les enfants vivant dans la rue. De plus, il n'existe pas deux catégories de départs (le départ volontaire ou l'expulsion), mais un continuum entre ces deux situations (Lucchini, 1993 [gén.]).

Par ailleurs, le départ dans la rue n'est pas un événement isolé qui serait à lui seul susceptible d'expliquer la vie dans les rues. L'enfant peut y rester plus ou moins longtemps, alterner entre la rue et d'autres espaces et ces comportements sont étroitement liés à la manière dont il vit dans la rue. Il est ainsi nécessaire **d'expliquer la permanence de l'enfant dans la rue** et son désir d'y rester. Un certain nombre d'enfants estiment que leur expérience est positive. C'est ici que l'approche centrée sur l'enfant semble être utile car elle permet de comprendre comment l'enfant évalue les diverses options qui lui sont présentées: la vie en famille, la vie dans la rue ou encore la vie dans un foyer d'hébergement, dans un logement avec des pairs, etc.. Cette piste est vraisemblablement utile pour comprendre les difficultés signalées par les ONG: certains enfants refusent la vie au foyer ou bien, s'ils y sont, ils désirent retourner dans la rue.

Plus que de concevoir une expérience objective dans la rue, cette perspective rend compte d'une relation entre l'enfant et la rue qui est en partie subjective. La rue répond à des besoins divers de l'enfant, matériels, affectifs, relationnels et symboliques qu'il s'agit de cerner dans chaque contexte spécifique.

Les recherches qui se situent dans cette perspective ont utilisé divers concepts pour aborder l'expérience de l'enfant.

- **La carrière de l'enfant** désigne l'évolution de l'expérience de la rue et de l'identité de l'enfant (Visano 1990 [gén.]; Veale 1992 [Afrique] Lucchini, 1993, 1996, 1999 [gén.]; Hanssen, 1996 [Asie]; Stöcklin, 2000 [Asie]). Elle va de pair avec l'acquisition de compétences et une modification de la perception de la vie dans la rue: les motivations de l'enfant évoluent dans le temps et ne peuvent être limitées au départ du foyer. Une autre acception de la notion de carrière, plus déterministe, concerne la réaction sociale et l'exclusion de l'enfant de la rue, celui-ci devenant alors un délinquant aux yeux de la population. L'insertion dans un milieu délinquant en est la conséquence (voir réaction sociale).

- **Les relations entre les pairs: coopération, solidarité et violence.** Il s'agit d'un autre thème essentiel à la compréhension de l'expérience des enfants. Le groupe de pairs peut être un support pour de multiples activités y compris le vol, les conduites violentes et la consommation de drogue. A côté de ces comportements à risque, les chercheurs soulignent le rôle important des pairs dans la protection et dans l'aide mutuelle. Le groupe peut remplir des fonctions de survie, de socialisation et répondre à des besoins matériels, identitaires et affectifs. (Ennew 1994b [gén.]; Taracena dans Tessier, 1998

[gén.]; Lucchini, 1996 [gén.]; Hanssen, 1994, 1996 [Asie]; Baker, 1997 [Asie]). Il peut motiver l'enfant à opter pour la rue plutôt que pour un autre environnement qui ne répond pas ou répond moins bien à ses besoins.
Bien que la plupart des travaux mentionnent l'existence de bandes ou de réseaux, il semble que leurs structures soient très diverses et qu'il soit utile de mieux les connaître (Lucchini, 1993 [gén.]; Tessier, 1998, [gén.]) car ils constituent une ressource pour l'intervention. Un autre thème traité dans les recherches est celui du couple et de la famille de substitution formée dans la rue.

- **La rue est un espace physique, social et symbolique** qui peut être très différent selon les contextes et il existe de multiples rues. Cet espace peut comporter des ressources utiles pour l'enfant: la possibilité d'y travailler, la sociabilité entre enfants ou entre ceux-ci et des adultes. En dépit des risques et des difficultés, la trajectoire qui mène à la rue peut constituer une stratégie efficace pour améliorer la situation de l'enfant.
Cela semble dépendre également des caractéristiques de cet espace. La sociabilité entre enfants et la possibilité qu'ils ont d'organiser leur survie en dépendent (Lucchini, 1996 [gén.]; Stöcklin, 2000 [Asie]). En tant qu'espace physique et social, il peut offrir des ressources et/ou des limitations et des dangers. Cela dépend de la manière dont il est organisé, des types de lien que l'enfant entretient avec les autres occupants de la rue (exploitation, abus, aide et soutien, etc.). En tant qu'espace symbolique, il peut être un lieu d'exclusion, de marginalité, un espace d'intégration ou encore de socialisation. Dans ce dernier cas, il ne s'oppose pas au foyer, mais devient complémentaire. Il peut également être investi symboliquement par les enfants dans des rites de passage qui remplacent les pratiques traditionnelles (Aptekar/Abebe, 1997 [Afrique]) ou encore dans des manifestations de protestation et de défi qui sont étroitement liées à la réaction sociale hostile.

- **Les activités accomplies** par l'enfant sont diverses et influencent également sa relation à la rue. Trop souvent associée à la délinquance et à la consommation de drogues, la vie d'un grand nombre d'enfants dans les rues est pourtant faite tout d'abord de travail. Les activités accomplies par l'enfant sont alors un critère important pour cerner l'expérience de l'enfant (voir plus haut), l'usage qu'il fait de la rue et la signification qu'il lui attribue (Lucchini, 1996 [gén.]). La prostitution est également un thème abondamment mentionné, mais qui semble devoir faire l'objet d'études plus approfondies quant à la manière dont elle est perçue par l'enfant et par les adultes appartenant à son milieu de vie.

- **L'identité psycho-sociale de l'enfant** évolue au fil de son expérience dans les rues. Elle se rapporte à l'image de soi, aux rôles, aux représentations et aux compétences de l'enfant. Elle peut être marquée par les privations, mais elle est également l'affaire de **compétences** spécifiques qui peuvent être très développées. Quelques recherches évoquent le décalage existant entre la perception que les ONG ont des enfants et les compétences réelles de ceux-ci. Les chercheurs s'interrogent également de diverses manières sur leur évaluation et leur utilité pour l'insertion sociale et la sortie de la rue (Lucchini, 1996 [gén.]; Tessier, 1998 [gén.]). La rue est un environnement difficile et il n'est pas donné à tous les enfants d'y survivre. Plusieurs experts signalent que l'enfant qui part dans la rue possède des caractéristiques particulières lui permettant de s'adapter à cet environnement. Pour quelques-uns, ces mêmes compétences qui permettent l'adaptation contribuent à maintenir l'enfant dans la rue car il s'agit du lieu où il est le plus performant (Donald et al., 1997 [Afrique], Tessier, 1998 [gén.]). Pour répondre à une telle question, il semble toutefois difficile de faire l'impasse sur le type de compétences et sur le contexte de vie de l'enfant.

- **L'identité collective** et la **socialisation** sont deux concepts qui se réfèrent également à la perspective de l'acteur. En intégrant une perspective structurelle et des questionnements interculturels, un certain nombre de travaux cherchent à promouvoir une identité collective des enfants qui, dans les pays en développement, vivent un processus de socialisation différent de celui qui est esquissé à partir des images de l'enfance des pays industrialisés. Ces travaux portent essentiellement sur les enfants travailleurs et incluent les enfants vivant dans les rues. Le travail est ainsi vu comme un mode spécifique de socialisation et à une analyse en termes de structure et d'exploitation on associe une perspective qui traite de la construction d'une identité positive de l'enfant comme acteur individuel et collectif. Une telle perspective dépasse alors une analyse micro-sociologique pour revenir et inclure des réflexions et des actions aux niveaux méso- et macroscopiques.

f) La réaction sociale

Plusieurs documents s'intéressent à la réaction sociale et au traitement réservé aux enfants qui vivent dans les rues. Ces informations s'insèrent à la fois dans un schéma de causalité et dans l'étude des conséquences de la vie dans la rue (point 4). Dans la plupart des textes, il est question de la stigmatisation et de la violence adressée aux enfants qui vivent dans la rue. Le traitement de la police et de la justice est au centre de ce débat: la criminalisation des enfants de la rue vient davantage de l'approche criminalisante que des délits réellement commis par les enfants, leurs infractions étant souvent en premier lieu le vagabondage (Dalglish, 1992 [gén.]). La criminalisation des enfants qui vivent dans les rues affecte ainsi directement leur expérience dans une sorte de prophétie qui se vérifie non pas en raison des caractéristiques propres à l'enfant, mais parce que la réaction sociale et le manque d'alternative les pousse vers la délinquance.

La réaction sociale explique la permanence de l'enfant dans la rue car d'autres possibilités de réinsertion sociale „conforme" lui sont refusées. Dans une étape ultérieure, la seule issue serait l'insertion dans des activités déviantes ou délinquantes (marginalité, prostitution, criminalité). (Chetty, 1997 [Afrique], Dalglish, 1992 [gén.]). Dans cette perspective l'enfant commet dans un premier temps des petits délits pour répondre à ses besoins de survie, puis le traitement criminalisant le pousse à poursuivre dans cette carrière et à s'identifier au rôle de délinquant.

En ce qui concerne la violence et les escadrons de la mort, les mêmes cas sont souvent rapportés de manière répétée dans une visée de dénonciation et il n'est pas toujours aisé de savoir si cette violence s'adresse aux jeunes des banlieues, aux enfants qui vivent dans les rues du centre ou encore à d'autres populations marginalisées. Il apparaît plus pertinent d'élargir le questionnement plutôt que de se limiter à ces cas isolés. Le contrôle formel de la rue par l'Etat fait partie des politiques de sécurité urbaine qui ont des retombées sur l'ensemble des populations marginalisées. C'est dans cette perspective que doit être comprise la réaction sociale à l'égard des enfants qui vivent dans la rue (Bar-On, 1997 [gén.]; Lucchini, 1993 [gén.]). Outre le traitement de la part de la justice et de la police, d'autres réactions négatives l'affectent directement. Aptekar et Abebe (1997 [Afrique]) distinguent à ce propos trois catégories d'"hostilité": l'hostilité pénale, l'hostilité publique (la réaction sociale des classes moyennes) et l'hostilité culturelle. Cette dernière s'explique par une incompréhension des modes de vie des familles les plus démunies. La conception de l'enfance est ainsi de nouveau au centre de la réflexion. Creuzinger formule une observation similaire à propos de la Russie: le traitement réservé aux enfants abandonnés (*„unwanted children"*) dépend des ressources économiques mises à disposition par l'Etat qui à leur tour sont liées à la représentation qu'on se fait de leur situation. Ce sont justement les traitements inadéquats de la part des institutions de l'Etat qui poussent les enfants vers la rue.

Au sujet des *homeless* appartenant aux sociétés industrialisées, Van der Ploeg constate également l'importance du rôle joué par les institutions d'aide. Le jeune *homeless* expérimenterait non seulement le rejet de la part de sa famille, mais également celui de l'institution (Van der Ploeg, 1997 [gén.]). Le rejet est une cause souvent signalée par les pays d'Europe (Conseil de l'Europe, 1994 [gén.]). Le rôle joué par les ONG dans le processus de stigmatisation est abordé dans un certain nombre d'études (Invernizzi/Lucchini, 1996 [gén.]; Chetty, 1997 [Afrique]).

g) La fille dans la rue et le genre

Un petit nombre d'études concerne les spécificités de la situation de la fille qui vit dans les rues.

Le nombre moins élevé de filles s'explique par la situation de la fille au sein de la famille et par la socialisation différenciée selon les genres. On attribue à la fille davantage de responsabilités et de tâches domestiques et/ou elle jouit d'une moindre autonomie que le garçon (Panicker, 1993 [Asie]; Lucchini, 1996 [gén.]; Aptekar et al. [Afrique], 1999). Lorsqu'une fille quitte le foyer, elle va plus souvent dans d'autres espaces que la rue (Lucchini, 1996, [gén.]) Une autre explication concerne la sortie rapide de la rue chez la fille qui devient prostituée.

On sait toutefois que le stéréotype de la fille dans la rue est étroitement associé aux comportements sexuels et à la prostitution. Bien que l'amalgame entre la fille vivant dans les rues et la prostituée a été dénoncé, la litérature fait souvent référence à la fille en relation avec ses comportements sexuels et à l'abus. En Amérique Latine, le jugement moral porté sur ces comportements va de pair avec une réaction sociale et institutionnelle qui préconise beaucoup plus souvent le retrait de la fille de la rue (Lucchini, 1996 [gén.]. Il faut cependant remarquer que la place reconnue comme adéquate pour la fille varie selon les contextes sociaux et l'on signale des différences importantes entre l'Amérique Latine, fortement influencée par l'idéologie machiste et le contexte africain (Ennew, 1996 [Afrique]).

Dans de nombreuses études, la fille est également considérée comme étant dans une situation plus précaire et vulnérable sur le plan psychique et émotionnel

(Aptekar, 1999 [Afrique]; Barker et al., 2000 [gén.]). Si la situation de la fille est évoquée dans la plupart des études, elle fait néanmoins rarement l'objet d'une réflexion approfondie sur les genres. De même que pour l'analyse de la femme chef de famille et de la féminisation de la pauvreté, la plupart des analyses se situent au niveau de la famille et/ou de l'identité et intègrent rarement une perspective structurelle.

h) Explications individuelles: approche psychologique et psycho-pathologiques

Ces types d'explication font référence à des caractéristiques propres à l'enfant. Quelques études décrivent les enfants de la rue comme étant particulièrement intelligents, dans la mesure où cette expérience n'est pas accessible à tous les enfants. D'autres études font état des problèmes de comportement et ou de symptômes pathologiques. Le présupposé qui veut que l'enfant développe des symptômes pathologiques dans la rue a été en réalité peu étudié sur le plan empirique. Il est contesté par un certain nombre de chercheurs. Premièrement, les comportements qui pourraient être vus de prime abord comme pathologiques constituent des stratégies efficaces d'adaptation dans des contextes déterminés (Richter, 1996 [Afrique]; Aptekar/Stöcklin, 1997 [gén.]; Van der Ploeg, 1997 [gén.]). Deuxièmement, l'approche psycho-pathologique elle-même doit être problématisée car son classement des symptômes peut être très normatif (Richter, 1996 [Afrique]). Troisièmement, les comportements des enfants ne peuvent pas se comprendre sans adopter une approche inter-culturelle (Aptekar/Stöcklin, 1997, [gén.]). Quatrièmement, ils peuvent être antérieurs au départ dans la rue (Richter, 1996, [Afrique]. Ce dernier auteur observe que la présence prolongée dans la rue augmente les chances de rencontrer des symptômes de pathologies psychiques chez les enfants de la rue sud-africains. Cependant, un tiers des enfants examinés présentent des caractéristiques de résilience.

L'approche psychiatrique ou psychanalytique est parfois employée pour étudier des comportements spécifiques, telle la consommation d'inhalants ou d'autres substances toxiques.

4. L'enfant après le projet et après la rue

La littérature n'offre que très peu d'informations sur ce que devient l'enfant après avoir fréquenté l'ONG ou encore après avoir vécu dans la rue. Il n'existe pas d'étude exhaustive sur ce thème. De manière générale, les études se déroulent sur un temps limité et l'évolution même d'un enfant dans la rue est difficile à documenter. La réponse à cette question exigerait une étude longitudinale sur plusieurs années et la mise en place de procédés spécifiques pour suivre et/ou retrouver des enfants qui sont en fait très mobiles.

Quelques documents rapportent des informations sur des cas isolés. Lorsqu'elle est mentionnée, la sortie de la rue est décrite de quatre manières. Une première manière d'aborder le sujet concerne l'efficacité du projet. Elle fait donc implicitement référence aux options d'intervention d'une ONG ou OG et désigne un critère de sortie: l'insertion par le travail, l'autonomie à l'égard du projet ou encore le retour en famille. Ce type de document ne fournit pas d'informations détaillées sur ce qu'est devenu l'enfant. Dans bien des cas, ces informations ne semblent pas être connues. Deuxièmement, la sortie est abordée dans la description des situations en tant que „risques". Cela signifie le plus souvent qu'il n'y a pas de référence à des cas concrets ou bien alors que des cas singuliers sont rapportés à titre d'illustration. Un troisième discours sur les sorties se rapporte aux „violations des droits de l'enfant". Comme le précédent, il décrit le lien entre la situation de rue et l'emprisonnement, les procédures judiciaires arbitraires, la violence, les décès, etc. Un quatrième discours, qui s'oppose à la vision mécanique des analyses en termes de risques, s'intéresse à la résilience de l'enfant. Il montre ainsi que la vulnérabilité de l'enfant n'implique pas que son développement soit systématiquement entravé, pathologique ou déviant. Un document de Childhope (1995 [Asie]) présente ainsi des cas „réussis" de sortie du projet et cherche à identifier les éléments qui favorisent cette résilience. Il ne s'agit cependant pas d'une étude sur l'ensemble des sorties du projet, mais d'une analyse d'un type de sortie dont on ne connaît pas la fréquence.

Que cela soit dans la catégorie „risques", „violation des droits de l'enfant" ou „évaluation de l'impact du projet", les informations sur la sortie doivent être examinées avec précaution en raison des divers enjeux inscrits (recherche de financements, *advocay*, dénonciation, etc.). Si ces sorties constituent des trajectoires possibles, on ne sait pas grand chose sur leur occurrence réelle.

Les trajectoires à „risque":
- L'emprisonnement
- l'institutionnalisation dans des centres étatiques
- la maladie et le décès
- le retour dans la rue après le projet
- l'entrée dans une filière de prostitution
- l'entrée dans une filière de la criminalité adulte et/ou organisée

Les informations concernant les sorties du projet:
- le mariage et la formation d'une famille
- l'insertion professionnelle
- l'insertion dans l'ONG en tant que professionnel (éducateur)
- le retour en famille
- le départ de la ville et le retour dans des régions éloignées du pays ou encore dans un autre pays
- la vie dans un logement avec d'autres enfants/jeunes
- la migration vers d'autres régions ou d'autres pays

Autres trajectoires:
- La vie dans la rue en tant qu'adulte et la formation d'une famille
- L'enrôlement dans l'armée

La délimitation de la „sortie de la rue" n'est pas claire du point de vue empirique parce que certains départs sont provisoires et les enfants sont très mobiles. La circulation des enfants entre la rue, les programmes et le foyer est documentée par plusieurs études. (Lucchini, 1993 et 1996 [gén.]; Baker et al., 1997, [Asie]; Aptekar 1996 [Afrique]). En Chine, Stoecklin (2000 [Asie]) a rencontré des enfants qui sont passés cinq fois par une maison de redressement/renvoi de Shanghai.

Si l'on ne trouve que très peu d'informations dans les recherches, les informations sont très fragmentaires dans les documents des ONG. Leurs évaluations se concentrent plus souvent sur l'efficacité du projet pendant la permanence de l'enfant dans la rue et très souvent dans une perspective quantitative. Le retrait de la rue n'est par ailleurs pas l'objectif de l'intervention de tous les programmes et plusieurs options de travail n'envisagent pas directement la sortie de la rue ni un séjour dans un foyer.

En ce qui concerne l'intervention, les textes mentionnent les difficultés de placement après une formation professionnelle et un apprentissage dans un projet. Le chômage et la pauvreté constituent une limitation importante (UNESCO, 1995 [gén.]). Egalement importantes les limitations au sujet de la réunification familiale qui n'est pas toujours une solution adaptée aux besoins de l'enfant et/ou à son contexte de vie (Burke, 1990, [Afrique]). Les facteurs qui, sur le plan social et économique, contribuent à expliquer le départ dans la rue sont également présents à la sortie. Cela est vrai pour des stratégies d'insertion professionnelle ou familiale, autant que pour des activités plus ponctuelles telles que des activités théâtrales (Tessier, 1998 [gén.]) ou la prévention en matière de SIDA. Les discriminations dont souffrent ces enfants réduisent les possibilités de succès d'activités qui ne sont pas pensées en prenant en compte de telles contraintes (Swart, 1996 et 1997 [Afrique]). On mentionne plus rarement le refus de l'enfant à se rendre dans le projet ou bien à y rester (UNESCO, 1995 [gén.]; Dube et al. 1996 [Afrique]).

Le thème de la „sortie de carrière" se rapporte implicitement à **la question de savoir combien et comment le programme résidentiel prépare l'enfant à son insertion sociale** (Tolfree, 1995 [gén.]; Lusk, 1989 [gén.], Dallape, 1996 [gén.]). Il s'agit d'une part d'identifier les **compétences nécessaires à cette insertion et aussi de savoir quelle valeur leur est attribuée dans une société donnée** et par l'ONG elle-même (Lucchini, 1996, 1998 [gén.]). D'autre part, la question est de valoriser les ressources relationnelles dont l'enfant dispose, comme par exemple le groupe de pairs (Ennew, 1994b [gén.]) ou les liens avec des adultes. Quelques études abordent directement cette question sur le plan théorique. Elles montrent combien le discours sur l'"enfant de la rue" peut être très normatif. Outre la question sensible de l'efficacité du projet se pose celle tout aussi sensible de la conformité et de la déviance.

La notion de „résilience" comporte toute cette ambiguïté. Elle se définie comme „la capacité à réussir, de manière acceptable pour la société, en dépit d'un stress ou d'une adversité qui comportent normalement le risque grave d'une issue négative" (Vanistendael, 1995 [gén.]). Si elle apporte une réflexion indispensable pour casser un déterminisme causal et impose de distinguer les „risques" des „trajectoires réelles" des enfants, elle se réfère toutefois à une acceptation de la part de la société qui est normative (Lucchini dans Tessier, 1998 [gén.]). Définie de cette manière, elle fait l'impasse sur les discriminations, la violence structurelle et les inégalités sociales à l'œuvre. Les délimitations des comportements acceptables, déviants ou pathologiques, de la résilience et de la normalité ainsi que des compétences à valoriser soulèvent des problèmes théoriques qui doivent être analysés.

Le thème du travail de l'enfant est également traversé par ces questions normatives. Si la norme se définit en termes de formation et de scolarisation et se propose d'éliminer le travail de l'enfant, le travail sera considéré comme une modalité de sortie à risque [Tessier, 1998 [gén.]) et ne sera pas encouragé. Pour d'autres experts, le travail est une activité qui fait partie de la socialisation de l'enfant et constitue au contraire une modalité d'intégration sociale. La sortie à travers certaines activités économiques est alors favorisée. Certains écrits considèrent les législations limitant l'accès au travail comme un handicap dans l'intervention auprès de ces enfants (Swart, 1996 [Afrique], Tall, 1996 [Afrique]). D'autres observent comment la formation professionnelle risque de devenir un 'réservoir' pour „enfants de la rue" sans fournir de sorties viables. D'autres encore montrent comment le foyer résidentiel crée des expectatives de réussite sociale qui ont de fortes chances de devenir sources de frustration à la sortie du projet (Dallape, 1996 [gén.]). Le constat commun à ces discours est que le modèle de socialisation calqué sur l'expérience des classes moyennes et des pays du Nord ne prépare pas l'enfant à l'insertion dans son milieu de vie.

Une dernière question qui semble devoir être mentionnée est celle de **savoir dans quelle mesure les ONG jouent un rôle essentiel dans la sortie de la rue**. Très peu de documents font référence aux sorties spontanées qui sembleraient pourtant être nombreuses, voire constituer la majorité dans le cas sud-américain (Lucchini, communication personnelle). L'offre du projet d'assistance n'est pas, à elle seule, une condition suffisante pour garantir la sortie de la rue. Lucchini (1999 [gén.]) identifie plusieurs types de sortie de la rue: la sortie forcée (dont l'emprisonnement et l'institutionnalisation), la sortie par épuisement des ressources et la sortie active. Plusieurs éléments permettent à l'enfant de construire progressivement une motivation pour sortir de la rue. Il s'agit d'éléments tels que l'attitude favorable des camarades, la rue devenue une source de risques (d'enfermement), la perte d'attributs de la rue sur le plan ludique (le jeu) et instrumental (économique), une rencontre qui propose une alternative crédible à la rue. Il est ainsi montré comment la sortie de la rue est souvent progressive, parfois marquée par des allers et retours et étroitement liée à la carrière et à l'identité de l'enfant.

5. Mots-clefs

- Abus/exploitation
- Carrière
- Catastrophes/conflits armés
- Définitions
- Délinquance
- Drogue
- Ecole/formation
- Famille
- Genre/fille
- Identité
- Intervention/politiques sociales
- Migration
- Pauvreté
- Perspective culturelle/interculturelle
- Perspective de l'acteur
- Perspective légale/Droits de l'Homme/CDE
- Perspective psychologique/Psychopathologie
- Perspective structurelle
- Prostitution/exploitation sexuelle
- Quartier/habitat
- Réaction sociale
- Recherche
- Résilience
- SIDA
- Sociabilité
- Socialisation /enfance
- Travail

A. Bibliographie Générale

Adick, C. (Ed.) (1998). „Straßenkinder und Kinderarbeit. Sozialisationstheoretische, historische und kulturvergleichende Studien." Frankfurt, IKO Verlag, 303 pp. (allemand) [3-88939-236-9] [PR en attente]

[Inde, Allemagne, Russie, Philippines, Sénégal, Ethiopie, Europe centrale et de l'Est, Afrique, Asie, Amérique Latine, perspective historique, perspective culturelle/interculturelle, perspective de l'acteur, travail, définitions, socialisation/enfance, intervention/politiques sociales, réaction sociale]

Ouvrage collectif. La première partie offre plusieurs éclairages du phénomène "*strassenkinder*" en le mettant en rapport avec le travail des enfants et la socialisation. L'élargissement théorique va de pair avec l'intégration de diverses perspectives: structurelle, interculturelle, historique et de l'acteur. La deuxième partie inclut des analyses de situations locales. La plupart d'entre elles se rapportent au travail de l'enfant qui est compris comme une composante indissociable de l'expérience de l'enfance dans les pays du Sud.

Adick, C. „Straßenkinder in Entwicklungs- und Industrieländern: Definitionen, Erklärungskonzepte und pädagogische Maßnahmen im Vergleich". Cette contribution aborde les problèmes de définition et les usages du terme dans les discours dramatisants et fournit les éléments nécessaires pour sa déconstruction. Le document présente les diverses perspectives explicatives et les concepts-clefs employés dans le contexte des pays industrialisés. Plusieurs différences avec le contexte des pays en voie de développement sont signalées en rapport avec la signification de l'expérience de l'enfant, sa place dans la sphère du travail et dans les rues.

Herzig, A. „Die ersten Kinderarbeitsschutzgesetze in Preußen: Ursachen und Folgen"

Mayer, C. „Kinderarbeit und pädagogische Reform an der Wende vom 18. zum 19. Jahrhundert". Ces deux documents proposent un éclairage historique sur le travail des enfants au 19ème siècle, ainsi que sur l'évolution de la place de l'enfant dans la société .

Weitz, S.C. „'Besprisornye' - Straßenkinder in der frühen Sowjetunion". Analyse.

historique qui se rapporte à l'Union Soviétique au début du 20ème siècle. Elle traite également du phénomène des enfants de la rue et des approches de resocialisation.

Zinnercker, J „Straßensozalisation: Ein Kapitel der Geschichte von Kinderheit und Pädagogik". L'auteur opère une déconstruction de la notion de rue en la mettant en rapport avec les diverses théories de la socialisation et les représentations de l'enfance.

Grosse-Oetringhaus, H.-M. „Kinderarbeit in Indien zwischen Weltmarkt-bedingungen und sozialpolitischen Interventionsmaßnahmen". Le document se rapporte au travail des enfants en Inde.

Herrmanny, C. „Straßenkinder brauchen Spenden - Wie international operierende Hilfswerke in Deustschland über 'Straßenkinder' informieren". Analyse des discours sur l'enfant de la rue tenus par les organisations allemandes qui déconstruit les représentations et situe les enjeux spécifiques.

Holm, K. „Straßenkinder und arbeitende Kinder in Lateinamerika: Ursachen und sozialpädagogische Konzepte". Analyse des causes du phénomène dans le contexte sud-américain. Plusieurs niveaux de causalité sont exposés en évoquant également les problèmes de définition. L'auteur présente les approches d'action en différenciant deux types: l'une adopte une orientation objective (approche caritative et assistentialiste) et l'autre envisage une orientation subjective (participative et d'émancipation). Des projets d'intervention illustrent les approches.

Jogschies, P. „Die Lebenswelt von Straßenkindern in Deuschland – Über-legungen und Erkenntnisse im Verlauf eines Forschungsprojektes".

Krusch, C. / Friesen, J. „Straßenkinder in Russland: Menetekel postsowjetischer Realität". Les auteurs exposent dans un premier temps le contexte démographique (pauvreté, santé, formation, criminalité, migration et réfugiés). La situation de l'enfant dans la rue est exposée rapidement. La compréhension du phénomène est située tout d'abord dans le contexte historique et social. Plusieurs informations sur l'intervention et sur l'institutionnalisation des enfants.

Kunz, S. „Die Müllkinder von Smokey Mountain in Manila: Traditionnelle Sozialisation im Wertewandel". L'auteur distingue les causes exogènes et endogènes du phénomène du travail des enfants. Outre les facteurs économiques et sociaux, les pratiques traditionnelles de socialisation contribuent à la compréhension du phénomène. Un chapitre est consacré à la conception et à la structure de la famille (loyauté, réciprocité, devoirs de l'enfant) et à son évolution dans le contexte urbain. Un autre chapitre concerne la socialisation et l'apprentissage de l'enfant dans le cadre du travail.

Liebel, M. „Kinderrechte und soziale Bewegungen arbeitender Kinder in Lateinamerika". L'auteur traite des mouvements des enfants travailleurs dans le contexte sud-américain en montrant les fonctions positives remplies par le travail.

Wiegelmann, U. / Naumann, C. et. al. „Zwischen Ausbildung und Ausbeutung: Die talibés mendiants im Senegal". Analyse du phénomène des talibés dans une perspective historique, culturelle et socio-économique. Les actions de projets (UNICEF et ENDA) sont également examinées.

Agnelli, S. (Ed.) (1986). „Les enfants de la rue - L'autre visage de la ville", Rapport à la Commission Indépendante sur les questions humaintaires internationales, Genève, Berger-Levrault, 139 pp. (français ou anglais) [2-7013-0695-7] [FR-1002]

[famille, école, pauvreté, migration]

Ouvrage de sensibilisation sur le problème des enfants de la rue qui est devenu classique à une époque où le phénomène est encore peu connu. Il s'agit du rapport préparé pour la commission indépendante sur les questions humanitaires internationales.

Il mentionne différentes explications complémentaires en partant du niveau micro-sociologique vers le niveau macro-sociologique: les facteurs psychologiques qui expliquent l'attrait pour la rue et l'absence de psychopathies, la crise familiale ou sa désintégration, la condition de la femme, l'enseignement inadapté et les fausses illusions qu'il provoque, et en toile de fonds, la perte des terres par les paysans, les crises économiques, la migration, les guerres et les catastrophes naturelles....

Aptekar, L. (1994). „Street Children in Developing World: A Review of their condition." Cross-Cultural Research 28(3), pp. 195-224. [FR]

[définitions, famille, genre/fille, résilience, drogues, perspective culturelle/interculturelle, pauvreté, prostitution]

Cet article présente une analyse de la litérature (essentiellement sur l'Amérique Latine et l'Afrique). Après avoir décrit les problèmes de définition, l'impact de certains préjugés et les problèmes de méthodologie, l'auteur examine des critères pour une comparaison interculturelle (les critères géographiques, les régimes politiques et leur stabilité, les héritages culturels). Il montre qu'aucun de ces critères n'est en mesure d'expliquer entièrement et dans tous les pays la présence des enfants de la rue. Trois principales hypothèses sur les origines sont approfondies: la pauvreté urbaine, les familles „aberrantes" (abandon, abus, négligence) et la modernisation. La structure familiale est mise en relation avec le départ de l'enfant et l'auteur émet l'hypothèse d'un affaiblissement des liens et d'une augmentation des familles centrées sur la mère. Il indique ainsi que les enfants de la rue sont tout d'abord des garçons à qui la mère a appris très tôt à devenir indépendants. Un certain nombre d'études qui ont montré le caractère résilient de l'enfant vivant dans la rue et qui contredisent les préjugés à propos de la déviance, de la consommation de drogue et des problèmes de santé mentale. L'hostilité à l'égard des enfants de la rue est vue comme un problème que tendent à susciter les images stéréotypées sur l'enfant. Cette hostilité varie selon les cultures, de même que les éléments qui expliquent la présence des enfants dans les rues (type de famille, degré de pauvreté, style psychologique des enfants, etc.)

Voir également les recherches de l'auteur en Amérique Latine: „*Street children of Cali*", Duke University Press, Durham, 1988. [FR 2318]

Aptekar, L./Abebe B. (1997). „Conflict in the Neighbourhood: street and working Children in the Public Space." <u>Childhood</u> 4 (4, Nov.), pp. 477-490. (anglais) [FR]

[Afrique, Asie, Amérique Latine, réaction sociale, socialisation/enfance, perspective culturelle/interculturelle, famille, travail, drogue, identité, délinquance, intervention/politiques sociales, perspective légale/Droits de l'Homme/CDE]

Ce texte ne retient pas la distinction entre enfants de la rue et enfants dans la rue et l'analyse exposée se rapporte à ces deux populations. Les références concernent des pays d'Afrique, d'Asie et d'Amérique Latine. Les auteurs examinent les réactions sociales hostiles envers les enfants et la violence exercée à leur égard. Elle est expliquée par la définition des enfants des rues véhiculées par les ONG et OG dans une visée politique et de financement. D'une part, le nombre d'enfants de la rue est enflé, d'autre part, leur définition se fonde sur une image ethnocentrique de l'enfance. Ces discours provoquent un sentiment d'insécurité dans le public qui est amplifié également par la dramatisation des médias.

Les auteurs montrent que ces discours oublient les compétences des enfants, les liens qu'ils conservent avec la famille et mettent davantage l'accent sur les conduites déviantes qui seraient propres aux enfants de la rue. La distinction entre enfants de la rue et enfants dans la rue ne peut pas s'appliquer à plusieurs situations de vie et les auteurs observent que "*working children are defined by their behavioural activity while street children are defined by a descriptive, yet vague, pejorative way of life*" (p. 480). Plus qu'une sous-culture commune des enfants de la rue, il s'agirait plutôt d'une réaction sociale qu'ils subissent. La crainte du public est expliquée de trois manières complémentaires. La première concerne "l'hostilité pénale" ("*Penal-instructive hostility*") Elle a trait à la perception publique qui veut que les enfants pauvres dans les rues commettent des crimes violents. La consommation de drogues y est associée car dans l'image publique elle provoquerait la perte de contrôle. En réalité, la consommation d'inhalants est souvent contrôlée et son caractère ostentatoire serait en lien avec des références culturelles et notamment avec des rituels de passage vers l'âge adulte.

La deuxième explication se rapporte à une frustration collective qui provoque l'hostilité du public. Au lieu de produire une intervention pénale, elle débouche sur des attitudes de rejet, voire de violence. La précarité des classes moyennes explique ces réactions.

La troisième forme d'hostilité est appelée "*cultural hostility*". Elle concerne l'incompréhension de modèles culturels, notamment au sujet de la division du travail au sein de la famille et la représentation du foyer. Le modèle „sédentaire" des classes moyennes est confronté à des représentations diverses (les auteurs illustrent cela avec des études réalisées en Colombie et au Pakistan).

L'article conclut sur un examen de la convention des droits de l'enfant et la possibilité d'en faire un instrument universel en tenant compte de la diversité culturelle et des modes de vie des enfants pauvres qui ne se réfèrent pas au modèle occidental.

Aptekar, L./Stöcklin D. (1997). „Children in particularly difficult circumstances". Handbook of Cross-Cultural Psychology. Basic processes and human development. J. W. Berry, P. R. Dasen and T. S. Saraswathi. Boston, London, Toronto, Sydney, Tokyo, Singapour, Allyn and Bacon. Vol. 2, pp. 377-412. [FR-2435]

[résilience, perspective psychologique/psychopathologie, perspective de l'acteur, pauvreté, famille, réaction sociale, identité, violence/abus]

Ce texte souligne l'importance du point de vue interculturel pour aborder la question de l'abus sur l'enfant et comprendre les réponses que les enfants trouvent dans des situations particulièrement difficiles. La culture médiatise le rapport entre l'enfant et son environnement et définit ce qui est perçu comme étant de l'abus dans un contexte déterminé. Les réactions et les comportements symptomatiques (*Post-Traumatic Stress Disorders* - PTSD) sont examinés à partir de la litérature en montrant les types de comportements qui découlent d'expériences traumatisantes (guerres et violences). Un ensemble d'études montre l'absence de PTSD dans des situations tout aussi violentes. Des tableaux résument ces données. Pour les auteurs, les réponses de l'enfant, tout comme son éventuelle résilience, se comprennent à partir de cette diversité culturelle.

Le cas de l'enfant de la rue est discuté. Trois hypothèses sont retenues dans la littérature pour expliquer l'accroissement du nombre des enfants de la rue:

a) la pauvreté urbaine qui provoque les ruptures familiales et la perte des valeurs morales

b) les aberrations familiales (abandon, abus, négligence des enfants)

c) les effets négatifs de la modernisation qui provoquent les ruptures dans les valeurs et les pratiques familiales.

Les auteurs signalent l'importance de définir les *street children* en incluant non seulement la perspective subjective de l'enfant, mais aussi la réaction sociale. Les préjugés habituels qui voudraient que les enfants soient en rupture familiale ou abandonnés, qu'ils aient une mauvaise santé mentale, souffrent de malnutrition, etc. sont examinés de manière critique. L'approche psycho-pathologique qui suppose des problèmes de santé mentale est considérée comme inadéquate dans la mesure ou les enfants de la rue développent plusieurs stratégies de survie et font preuve d'autonomie. Un tableau résume les données des recherches qui contredisent ces stéréotypes (p. 393).

La violence à l'égard des enfants de la rue est associée à une culture stigmatisante. Plusieurs explications sont avancées. La première se rapporte aux familles d'origine des enfants: la stigmatisation porte sur les familles pauvres et les familles monoparentales. La deuxième se rapporte aux différences culturelles et de classe.

Plusieurs études dans divers continents constatent que la plus grande crainte des enfants ne concerne pas les besoins de nourriture ou de sécurité, mais la brutalité policière (tableau p. 395). Dans certains pays, il y aurait moins de violence policière à l'égard des enfants. Cela dépend de leur perception sociale (Lalor, 1992). Au-delà d'une constante hostilité apparente de la part de la police et des classes bourgeoises, les auteurs considèrent qu'il serait utile de voir comment les enfants de la rue sont perçus dans les différents pays. Ils constatent qu'ils sont décrits comme délinquants, mauvais ou bien comme victimes, mais jamais comme porteurs de PTDS et ceci en dépit de la violence qu'ils subissent.

Baizerman, M. (1996). „Youth work on the street: Community's moral compact with its young people." Childhood - Special Issue on working and street children 3(2, May), pp. 157-165. (anglais) [FR]

[intervention/politiques sociales, recherche]

Cet article s'intéresse aux pratiques d'interventions et constate qu'il n'est pas possible de concevoir un modèle unique d'intervention. Il considère l'importance des implications éthiques sous-jacentes aux diverses philosophies d' intervention.

Bar-On, A. (1997). „Criminalising Survival: Images and Reality of Street Children." Journal of Social policy 26 (1), pp. 63-78. (anglais) [PR]

[Namibie, Zambie, Ghana, Afrique, perspective culturelle/interculturelle, perspective structurelle, perspective de l'acteur, intervention/politiques sociales, réaction sociale, définitions, travail, sociabilité, délinquance, famille, identité, enfance et socialisation, abus/exploitation]

L'auteur mentionne la distinction entre *children in/of the street*, mais ses considérations portent sur les deux catégories en montrant les aspects communs à leur situation.

Ce texte formule des critiques sur le concept de maturation/développement psychologique de l'enfant qui se base essentiellement sur des valeurs issues des modes de vie des classes moyennes des pays du Nord (le manque de protection, le travail et la rue considérés comme néfastes). Le modèle de l'enfance protégée émerge dans les pays du Nord dans la mesure où leur contexte démographique et économique le permet. L'auteur montre comment ce modèle est marqué par le misérabilisme et tient peu compte des observations faites dans les pays du Sud. Les représentations courantes du "*child streetism*" se réfèrent peu aux résultats des recherches. Dans son argumentation, l'auteur se réfère en premier lieu aux travaux concernant la Namibie, la Zambie (P. Tacon) et le Ghana (Van Ham), mais complète son argumentation avec d'autres résultats.

Le "*child streetism*" est compris par l'auteur dans sa composante économique essentielle qui caractérise les pays du Sud. Au niveau macro-économique, il constate l'incapacité des familles à maintenir un standard de vie minimal et l'incapacité des gouvernements (ou leur réticence) à assister ces familles. Un autre facteur cité est la faiblesse du système scolaire qui n'est pas un moyen de mobilité sociale car il est coûteux pour les familles. Sur le plan micro-économique, la pauvreté réduit les capacités des adultes à répondre aux exigences quotidiennes, alors qu'elle augmente la valeur attribuée à l'obéissance et à la vie au foyer. Certains enfants quittent ce dernier car ils trouvent ce mode de vie difficile.

L'auteur examine le décalage entre les discours habituels et les résultats des recherches empiriques à propos de plusieurs thèmes: l'estime de soi de l'enfant, les compétences et l'autonomie, les risques et l'exploitation, l'individualisme et la solidarité, la délinquance, la vulnérabilité, les privations affectives, les liens avec les adultes.

En conclusion, l'auteur rappelle comment le commerce informel dans la rue n'est pas sans lien avec le colonialisme, la propriété privée et les modes de pensée propres aux classes moyennes. Dans ce contexte, la présence de l'enfant dans la rue est souvent automatiquement criminalisée, la répression punitive de la part de l'état en étant la conséquence. La représentation d'une vie dans la rue comme étant illégitime doit alors être remise en question et les politiques sociales devraient en premier lieu dé-criminaliser la rue.

Barker, G./Knaul F. (1991). „Exploited Entrepreneurs: Street and Working Children in Developing Countries", CHILDHOPE, 17 pp. (anglais) [PR, FR-2340]

[travail, pauvreté, famille, migration, perspective structurelle, drogue, prostitution, Sida, intervention/politiques sociales]

Ce texte se rapporte à la situation des enfants de/dans la rue d'Amérique Latine et d'Asie, leur regroupement étant une réponse aux difficultés de distinguer ces deux catégories. *"The factors that have led to such a large homeless and working street child population are numerous. Urbanisation, the debt crisis, drought, war and civil unrest, environmental degradation, the AIDS pandemic, economic stagnation, and rapid population growth in the developing world comprise only a partial list. The causal factors are complex, but fundamentally rooted in poverty and subsequently in family disintegration."* (p. 5). Sont également mentionnées la migration rapide, la population jeune, les coupures dans les budgets sociaux, la crise économique.

Les stratégies de survie (à court terme) des enfants de la rue, la consommation de drogues, la prostitution et le travail sont rapidement décrits. Les projets de *Undugu Society* (Kenya) et de *SKI* (Soudan) sont présentés pour exposer les stratégies novatrices visant à renforcer les activités informelles des enfants. Tout en mentionnant les „succès" des enfants dans les rues le texte conclut sur les risques liés à cette expérience, ainsi que sur l'importance des contraintes économiques et des inégalités qui pèsent sur leur condition.

Barker, G./Knaul F. et al. (2000?). „<u>Urban Girls in Especially Difficult Circumstances</u>" – Draft Consortium for Street Children UK, London. (anglais) [PR (incomplet)]

[fille/genre, intervention/politiques sociales, Afrique, Asie, Amérique Latine]

Ce texte va être publié par *Intermediate Technology* durant l'année 2000. Il s'agit d'une présentation de projets concernant des filles en situation de précarité en milieu urbain (*Especially difficult circumstances*) dans divers pays, dont certains travaillent directement avec des filles qui vivent dans la rue (Street Kids International - Zambie; Casa de Passagem et Betania - Brésil; Kabalikat - Philippines, ...). Il s'agit d'une mise à jour d'un travail plus ancien réalisé par l'UNICEF (1991-1992). Les présentations sont regroupées autour des options d'intervention: *Employment/Income Generation, Education, Mental Health Services, Physical Health, Culture, Involving*

Males, Rights. Un dernier chapitre s'intéresse à la perspective du genre en intégrant les rapports hommes-femmes, la violence et le travail avec les garçons et les hommes.

Les raisons de la présence des filles dans les rues sont exposées dans le premier chapitre: le facteur principal d'expulsion est le conflit et/ou le harcèlement sexuel de la part des hommes de la famille et notamment du beau-père. Outre la violence, une deuxième raison importante est la recherche d'argent (p. 13). Des études récentes semblent indiquer que chez la fille, et à la différence des garçons, la rupture avec la famille est plus souvent définitive. Elle aurait aussi des conséquences plus lourdes, les filles étant moins souvent résilientes. Probablement, en raison de l'abus sexuel et de la rupture avec la famille, elles souffrent plus souvent de traumatismes psychologiques (p. 14). Du côté du travail, le texte évoque la double charge des filles (travaux à l'extérieur du foyer et travaux domestiques), la moindre rémunération, de longues heures de travail et un début de travail à un âge plus jeune que chez le garçon.

Des sorties de la rue sont parfois évoquées dans la description des options de travail et dans leur évaluation.

Bartlett, S., Hart R. et al. (1999). „Cities for Children: Children's Rights, Poverty and Urban Management". London, EARTHSCAN/UNICEF, 305 pp. (anglais) [1 85383 471 8] [PR]

[intervention/politiques sociales, travail, famille, sortie]

Ouvrage consacré aux droits des enfants qui vivent en milieu urbain et aux stratégies de développement. Les chapitres 10. *Working Children*; 11. *Street-Based Children* et 12. *Juvenile Justice* se rapportent aux enfants vivant dans les rues.

Au sujet du travail, les auteurs constatent que l'augmentation du travail des enfants est une manifestation du système inégalitaire produit par le marché économique global, mais que les réponses pratiques doivent être pensées localement. Un certain nombre d'enseignements pour l'action auprès des travailleurs de rue figurent aux pp. 206-208.

Au sujet de la vie dans la rue (ch. 11), il est question de la désintégration familiale qui propulse les enfants dans les rues et qui doit faire l'objet de prévention (accès à l'emploi pour les adultes, aide en temps de crise, scolarisation, programmes de soins aux enfants et travail aux racines de la violence domestique). Pour les enfants qui se trouvent dans les rues, l'action doit être envisagée à partir de la Convention des droits de l'enfant. Les auteurs signalent que la situation des enfants de la rue peut être meilleure que celle d'autres enfants défavorisés.

Le choix de se rendre dans la rue se fait souvent pour échapper à des situations faites de violence, de pauvreté et d'abus. La réponse communément donnée à ces enfants est répressive. La réhabilitation est aussi considérée comme une réponse pas toujours adéquate. On signale la nécessité de collaborer avec les autorités, de conscientiser l'opinion publique et de travailler avec les enfants. Plusieurs options d'intervention sont présentées (formation des enfants travailleurs, drop-in et foyers, services de santé, travail avec la police et la justice, scolarisation, éducation aux droits de l'enfant, formation professionnelle/formation de compétences, interventions spécifiques pour les filles, soutien aux enfants victimes d'abus/exploitation sexuelle, interventions à long terme, réunification familiale) Quelques informations concernant la sortie y figurent: la réunification familiale échoue lorsque les raisons de départ subsistent ou encore en l'absence de circonstance favorable dans la communauté d'origine.

Le chapitre consacré à la justice juvénile signale le nombre important d'enfants arrêtés parce que sans abris et/ou dans la rue. Le texte fournit plusieurs références bibliographiques concernant les violations des droits des enfants, l'emprisonnement avec des adultes, les conditions dans les centres de détentions pour mineurs, etc.

Beers, H. V. (1996). „A Plea for a Child-Centred Approach in Research with Street Children." <u>Childhood - Special Issue on working and street children</u> 3(2), May, pp. 195-201. (anglais) [FR]

[recherche, intervention/politiques sociales, perspective de l'acteur]

L'auteur préconise une approche de recherche à la fois centrée sur l'enfant et participative. Elle est plus adéquate pour améliorer les conditions de vie des enfants de la rue. Plusieurs exemples sont décrits.

Bemak, F. (1996). „Street Researchers: A new paradigm redefining future research with street children." <u>Childhood - Special Issue on working and street children</u> 3 (2, May), pp. 147-155. (anglais) [FR]

[recherche, intervention/politiques sociales]

Ce texte présente un ensemble de considérations sur les nouvelles approches de recherche avec les enfants de la rue, en mettant l'accent sur le rôle du chercheur et l'importance de son engagement dans l'action.

Black, M. (1993). „Street and Working Children" - Summary Report. Florence, UNICEF/Innocenti Studies, N. 56. (anglais) [88-85401-13-9] [FR-2291]

[travail, famille, pauvreté, intervention/politiques sociales, perspective structurelle]

Ce texte est le rapport d'un séminaire sur les enfants de/dans la rue et les enfants travailleurs (Florence 1993). L'éclairage principal est celui du travail de l'enfant (travail/labour/exploitation, convention 138 du BIT). L'impact des programmes d'ajustement structurel est mentionné (notamment au sujet de l'Amérique Latine) en signalant comment ceux-ci aggravent les conditions de vie des familles et les forcent à s'insérer dans les activités informelles. *"Lack of control over their lives encourages the tacit, and even active, participation of disadvantaged families in their own exploitation. This can add to levels of family stress and foment breakdown in personal relations"* (p. 10). On souligne le lien entre pauvreté et travail des enfants d'une part et vie dans la rue d'autre part, bien qu'il n'y ait pas un accord sur la nature de ce lien.

Le résultat final de la vie dans la rue est décrit comme „*poverty, joblessness, loss of parental self-esteem, unwanted pregnancies, alcoholism, family rupture, violence abuse and despair*" (p. 11). Il est mentionné que l'enfant qui vit dans la rue est plus souvent engagé dans des activités marginales (prostitution, trafic de drogue, criminalité, pornographie, etc.).

Le document présente un ensemble de programmes dans divers pays (Alternativas-Honduras, Undugu Society- Kenya, Metro-Manila- Philippines, Kamla Project - Thaïlande), ainsi qu'une grille de planification de programme (UNICEF). La conclusion mentionne les besoins spécifiques des enfants abandonnés qui vivent dans la rue. Ils se rapportent à l'abus de drogues, au SIDA, à la violence, ainsi qu'aux désordres psychosociaux et ils demandent des réponses non-institutionnalisées.

Black, M. (1995). „In the twilight zone: Child workers in the hotel, tourism and catering industry". Genève, ILO, 92 pp. (anglais) [PR]

[travail, prostitution, Kenya, Mexico, Philippines, Sri Lanka, Amérique Latine, Asie, Afrique]

Cette étude concerne le travail (labour) des enfants dans le tourisme et les hôtels; les enfants de et dans la rue sont inclus dans la mesure où ils sont souvent en contact avec les populations de passage (touristes étrangers et locaux). Elle apporte plusieurs informations sur la prostitution. La perspective est celle du travail, compris non seulement comme le produit de la pauvreté, mais aussi comme un attrait pour les enfants. Cette insertion précoce peut être vue positivement par les adultes. Les conséquences du travail sur les enfants sont examinées.

Blanc, C. S./Porio E. et al. (1996). „Life paths of urban children and youth in comparative perspective." Childhood 3(3), pp. 375-401. (anglais) [FR-3001]

[Inde, Brésil, Kenya, Philippines, pauvreté, famille]

Cette contribution présente des aspects déjà traités dans l'ouvrage édité par Szanton Blanc (1994) (ici C.S. Blanc). Il s'intéresse aux enfants vivant dans des conditions particulièrement difficiles (CEDC) dans cinq pays (Inde, Brésil, Italie, Kenya, Philippines). Basée sur des histoires de vie et sur l'observation participante, la recherche a montré comment les vies des enfants sont affectées par la pauvreté économique croissante et le non-accès aux ressources. A son tour, cette situation diminue la capacité des adultes à prendre soin des générations nouvelles. *"Stress, tensions and personal problems exacerbate the level of interpersonal violence that surrounds the children. Shortage of resources augments the level of structural violence they are exposed to. And at the institutional level, the bureaucratic search for appropriate development models is increasingly focusing on efficiency rather than people (whose responses are inherently complicated and less predictable)."* (p. 376)

Le constat des auteurs suit cette ligne de dénonciation des conditions économiques des populations les plus démunies. Ils signalent ainsi que, malgré les différences au niveau des causalités intermédiaires, les résultats pour les enfants sont similaires dans les différents pays.

L'étude des histoires de vie des enfants leur permet de montrer à la fois la résilience, l'urgence des situations des CEDC et de désigner un certain nombre d'interventions au niveau local (quartier/village d'origine). Les histoires des enfants (NB: enfants dans la rue) témoignent de multiples crises familiales: maladies chroniques des parents, chômage périodique, séparations, décès, assassinat ou emprisonnement. Le cumul des limitations économiques et sociales ainsi que le stress des foyers (alcoolisme, violence, négligence) laisse croire qu'il n'est pas approprié d'envisager des interventions individuelles pour ces familles.

Bond, L. S. (1992). „Street Children and AIDS: Is postponent of sexual involvement a realistic alternative to the prevention for sexually transmitted diseases?" Environment and Urbanization 4(1), pp 150-157. (anglais) [PR]

[SIDA, Intervention/politiques sociales, général]

Texte général sur les risques liés au SIDA et les mesures de prévention à prendre. La litérature utilisée se réfère principalement aux Etats-Unis et à l'Amérique Latine.

Boyden, J./Holden P. (1991). „Children of the cities", London, Zed Books, 152 pp. (anglais) [0-86232-956-6] [FR 1141]

Ouvrage plus général sur l'enfant en milieu urbain. Un paragraphe concerne l'enfant homeless. Les références utilisées sont aujourd'hui relativement anciennes.

Bruce, F. (1991, 1992). „L'exploitation sexuelle des enfants", Fayard/ BICE, 282 pp.

(français) [9-782213-028583] [FR-1147]

[prostitution, travail, fille/genre, intervention/politiques sociales]

Cette recherche du BICE réalisée par Bruce est centrée sur les programmes qui s'adressent aux enfants sexuellement exploités, en majorité des programmes pour les „enfants de la rue". Chaque présentation des institutions comporte une description du problème et les modes d'intervention. En conclusion, un tableau de synthèse présente les activités et les composantes des projets. L'introduction (pp. 13-19) est écrite par F. Dallape, qui constate que de nouvelles réponses, comme autre possibilité que l'institutionnalisation, doivent passer par une analyse des causes. Trois catégories de causes sont prises en considération: causes culturelles, économiques et politiques. Les causes culturelles ont trait au genre et en particulier à l'exclusion, à la double morale sexuelle et aux mariages précoces. L'éducation des femmes et des hommes est la réponse à ce type de causalité. Les causes économiques concernent la misère qui contraint au travail et à la prostitution. Les causes politiques sont liées à l'attitude des autorités politiques qui renoncent à faire respecter les législations en vigueur car la prostitution, comme le travail et la drogue, rapporte des capitaux aux pays en développement.

Byrne, I. (1998). „The human Rights of street and working children". London, Consortium for Street Children UK, Intermediate Technology, 278 pp. (anglais) [PR]

[perspective légale/droits de l'Homme/CDE]

Manuel pratique sur les droits des enfants travailleurs et enfants de la rue (perspective légale).

Cahiers de MARJUVIA. (français) [FR]

Les Cahiers de MARJUVIA paraissent deux fois par an. Le thème commun à toutes les contributions est celui de l'enfance et de la marginalité. Plusieurs articles sont mentionnés dans la bibliographie par régions géographiques. Les cahiers contiennent également des travaux sur la socialisation des enfants, la violence et la situation de l'enfance et de la jeunesse dans les pays du sud. Divers numéros incluent des recensions, des reproductions d'articles de presse.

(Association MARJUVIA, Centre d'Etudes Africaines EHESS-CNRS, 54, Bd. Raspail, 75006 Paris/France)

Connolly, M./Ennew J. (1996). „Children out of place - Introduction." <u>Childhood – Children out of place: Special Issue on working and street children</u> 3(2, May), pp. 131-145. (anglais) [FR]

[recherche, définitions, intervention/politiques sociales, perspective structurelle, perspective culturelle/interculturelle, perspective de l'acteur, fille/genre, sociabilité, travail, identité, drogue, délinquance]

Ce texte introduit le numéro spécial de la revue consacré aux *street children* et en particulier à la recherche.

Les auteurs constatent plusieurs problèmes dans la recherche auprès des enfants de la rue:

- Depuis 1979, on s'est beaucoup concentré sur les enfants de la rue et la catégorie "*Children in Especially Difficult Circumstances*" (CEDC) a souvent été réduite à ceux-ci. D'autres populations, moins visibles et parfois plus nécessiteuses, ont été „oubliées" en drainant les ressources vers les *street children*.
- L'image publique des enfants de la rue constitue une barrière pour les programmes d'intervention et pour la recherche.
- L'intérêt doit se déplacer des définitions de la population vers l'analyse de la relation que les enfants entretiennent avec leur environnement.
- Plutôt que de parler des enfants de la rue, il est utile de parler d'enfants "*out of place*", *thus referring to these children's apparent dislocation from the places that are commonly regarded as normal for western, modern, middle-class children - family homes, schools and clubs organized by adults. To be a child outside adult supervision, visible on city centre streets, is to be out of place* (p. 133).

- L'intérêt des enfants pour les centres-villes (espaces de commerce pour les adultes, mais aussi de prostitution) est double. Il est étroitement lié à leur statut d'âge. D'une part, ces espaces leur permettent de réaliser des stratégies économiques, l'insertion dans les activités informelles leur étant interdite en raison de leur âge. D'autre part, les espaces centraux des villes offrent à ces jeunes des possibilités de consommation et de loisirs dans un contexte de faible surveillance: fast food, restaurants, marchés, cinémas...

- Cela signifie que la caractéristique centrale des enfants qui vivent dans la rue est le fait qu' „*ils peuvent exercer et exercent davantage de choix qu'il ne leur est possible dans d'autres environnements*" (135). Si les adultes ont l'impression qu'ils ne font rien dans la rue, en réalité ils accomplissent un ensemble d'activités sans noms. Si elle peuvent paraître sans organisation, elles sont en réalité très organisées.

- Les enfants de la rue qui sont souvent présentés par comme affamés, psychologiquement affaiblis et nécessitant une réhabilitation, engagés dans la consommation de drogues et dans des activités criminelles. Ces caractéristiques correspondent souvent à la tentative de brosser un portrait unique des enfants de la rue, mais relèvent aussi de croyances qui continuent à diriger les interventions. Les travaux plus récents ont montré la complexité du phénomène, les compétences des enfants, ainsi que le fait que leur situation peut être à certains égards moins dramatique que celle des enfants vivant dans les quartier pauvres ou dans les régions rurales. D'autre part, des différenciations doivent être opérées à partir de critères tels que l'âge, les ethnies, les classes sociales et le genre.

- La situation de la fille est souvent réduite à la question de la prostitution. Il s'agit d'une forme de discrimination qui lui est spécifique.

- Les chiffres sont le plus souvent exagérés, du fait qu'on additionne les enfants travailleurs aux enfants de la rue, souvent dans une visée de recherche de fonds, mais aussi en raison de problèmes méthodologiques dans le comptage.

- La problématisation de l'enfant „de la rue" ne peut pas omettre les facteurs structurels. (p. 139)

- Les auteurs présentent également un ensemble de réflexions sur la recherche auprès des enfants de la rue et sur les méthodes novatrices qui se sont développées. Plusieurs approches participatives centrées sur l'action sont présentées (voir les articles contenus dans ce numéro de la revue).

Conolly, M. (1994). „The Health and development of street children and youth", Paper presented at the World Health Organization, Programme on Substance Abuse Meeting "Street Children and Psychoactive Substances: Innovation and Cooperation"." [BM/JE]

[santé, drogue, intervention/politiques sociales, identité, travail, identité]

Il s'agit d'une conférence présentée à l'OMS. L'auteur identifie un certain nombre de tendances à partir de la litérature: il y a plus d'enfants dans les villes, plus de consommation de drogues; plus d'enfants qui vendent dans la rue; plus de pauvreté et un phénomène organisé d'abus sexuel et de commerce de drogues.

En ce qui concerne la santé, le document signale que, du point de vue psychologique, la vie dans la rue ne conduit pas toujours à une mauvaise estime de soi. La consommation de drogues s'expliquerait par la facilité d'accès; cependant, il faut relever qu'il y a une grande diversité parmi les populations d'enfants qui vivent dans la rue.

Les problèmes de santé et l'environnement malsain sont liés à la pauvreté et concernent tous les enfants y compris ceux qui sont „de" ou „dans" la rue. L'intervention dans le domaine de la santé souffre de manque de financement et de l'absence d'une approche participative dans l'éducation à la santé.

Conseil de l'Europe, Comité directeur sur la politique sociale (CDPS), Groupe d'étude sur les enfants de la rue (1994). „Les enfants de la rue/Street children". Strasbourg, Conseil de l'Europe, 91 pp. (Français ou anglais) [92-871-2524-4 (anglais) 92-871-2523-6 (français)] [PR]*

[Europe, Belgique, Finlande, Grèce, Italie, Royaume-Uni, République Fédérative Tchèque et Slovaque, Allemagne, Danemark, Espagne, France, Hongrie, Irlande, Norvège, Pays-Bas, Pologne, Portugal, Turquie, Autriche, Chypre, Islande, Liechtenstein, Saint-Marin, Suède, Suisse.]

Ce texte présente les travaux du groupe d'étude sur les enfants de la rue, dirigé par Eugène Verhellen (Université de Gent/ Centre d'études sur les droits de l'enfant).

Ils se rapporte à divers pays d'Europe de l'Ouest et de l'Est. Les informations ont été recueillies par questionnaire (rempli par les autorités gouvernementales et/ou des ONG et souvent complété par un rapport) et lors de visites dans les divers pays.

Le document présente d'abord quelques observations sur le phénomène des enfants de la rue en montrant trois perspectives possibles: la protection, la répression et la référence aux droits de l'homme.

Un chapitre est consacré aux schémas de causalité (pp. 35-44) et signale que les informations recueillies abordent souvent la question des causes du phénomène des enfants de la rue, sans que l'on puisse considérer ces informations comme fiables. Elles sont souvent hypothétiques, parce que des connaissances approfondies font défaut et que les relations causales sont souvent déduites de l'analyse d'un nombre réduit de cas. D'autre part, la complexité est liée à la pluralité des causes, avec parfois un effet cumulatif de certains facteurs. Il est indiqué que la recherche n'apporte que très peu d'informations sur la façon dont l'enfant devient un enfant de la rue. L'usage de délimitations et définitions diverses est aussi souligné. Le rapport distingue entre les causes sociales, culturelles, économiques et spécifiques, ces dernières étant renforcées par les premières. Parmi les causes sociales, on mentionne le faible développement économique (Espagne, Italie, Portugal) et l'exode rural (Turquie). Les raisons de l'absence du phénomène des enfants de la rue à Chypre sont recherchées du côté de la solidité des liens familiaux, de la population restreinte, d'un contrôle social vigoureux, d'un faible taux de chômage, d'un niveau élevé d'alphabétisation et d'éducation, des politiques de bien-être social et de la participation du citoyen aux programmes de développement communautaire. Pour les pays de l'Est, on mentionne le contexte de "transition", se caractérisant par l'effondrement de l'économie planifiée, la disparition des anciennes normes culturelles et éthiques, le chômage et une imitation aveugle des modèles étrangers d'aide sociale.

De manière plus générale, le texte inclut plusieurs phénomènes dans les „causes sociales" les dynamiques de marginalisation, touchant notamment les personnes qui cessent de bénéficier du système de protection sociale, les phénomènes d'immigration, l'immigration illégale, le rejet et l'exclusion des populations étrangères, les bouleversements politiques. Le changement des valeurs est également important: le déclin de la solidarité est considéré comme l'une des causes principales des problèmes sociaux. Sur le plan de la socialisation, les enfants auraient de la peine à accepter l'école comme institution de socialisation, lui préférant la rue. La pauvreté, l'absence de suivi de l'enfant dans les familles où les deux parents travaillent, la garde inappropriée ou inexistante, le chômage des jeunes sont encore cités.

Dans la description des causes spécifiques, les informations ne sont pas reliées aux contextes nationaux. Le rapport mentionne le rejet comme étant la cause la plus fréquemment citée. Le rejet peut être celui de la famille, des amis, de l'école ou d'autres professionnels de l'aide à l'enfant. Les problèmes liés à la famille sont décrits comme relevant de nombreuses situations: irresponsabilité des parents, éclatement de la famille dû à un divorce, incarcération, exigences excessives ou inappropriées des parents, manque de communication entre parents et enfants, relation difficiles avec une belle-mère, un beau-père, des demi-frères ou des demi-soeurs, toxicomanie des parents, alcoolisme, aspiration des jeunes à l'indépendance.

A propos de l'avenir de l'enfant de la rue, il est question de l'accroissement du phénomène, associé à des éléments tels que:

- la récente migration provenant des pays d'Europe orientale
- les réfugiés clandestins,
- l'incapacité des parents de prendre soin de leurs enfants
- les événements politiques, sociaux et économiques, l'accroissement de la pauvreté et le chômage des jeunes dans certains pays.

P.S: Voir également le texte qui reproduit les rapports nationaux, certains d'entre eux ne sont pas présentés dans ce document car ils sont parvenus après sa rédaction. Les rapports nationaux concernent également les actions des OG et ONG. Ils figurent dans la bibliographie concernant l'Europe de l'Est.

Consortium for street children, UK (1999). „Background information: Children who live and work on the street". London, document non publié, 4 pp. [PR]

[pauvreté, perspective légale/droits de l'enfant, perspective structurelle]

Document général de quatre pages qui englobe les enfants vivant dans les rues, ceux qui y travaillent, ceux qui vivent en institution et dans les quartiers défavorisés. Il fournit des chiffres situant le contexte de pauvreté et envisageant les actions dans une perspective de développement et de travail avec les communautés. Un deuxième volet de l'action concerne la violence à l'égard des enfants de la rue et les violations des droits de l'enfant. Le troisième point traite de la violence économique inscrite dans les mesures d'ajustement structurel.

Copping, P. (1998). „Working with Street Youth Where They Are.", http://www.streetkids.org/youth.htm; 12 pp. (anglais) [PR]

[intervention/politiques sociales, perspective de l'acteur, définitions, travail, famille, pauvreté]

Dans ce document, le directeur de Street Kids International présente l'approche de cette organisation. Dans un premier temps, il montre que les catégorisations d' „enfant de la rue"/„enfant dans la rue" sont peu adéquates dans la mesure où il existe un continuum entre l'enfant qui est constamment dans la rue et celui qui est constamment au foyer. La caractéristique commune à tous ces enfants est la responsabilité économique dans la survie souvent assumée dans le cadre de la famille. La catégorie retenue est donc celle plus large d'enfants qui travaillent dans les rues („street working children"). L'image émouvante de l'enfant sans abri et abandonné - utilisée pour la recherche de financements - empêche de s'intéresser aux causes plus profondes des difficultés des enfants. Cette stratégie rend invisible la masse d'enfants exploités et abusés.

Dans un deuxième temps, le document expose les causes de la marginalisation des enfants: la pauvreté (qui provoque les ruptures familiales et explique le nombre élevé de familles monoparentales) et l'abus (dans la famille pauvre et non pauvre, dans les relations avec les employeurs, institutions, policiers, autres enfants, clients, etc.).

Dans une troisième partie, le document expose neuf options de travail avec les enfants (réhabilitation, rééducation, assistance caritative, assistance pour les besoins fondamentaux, animation/recréation, formation professionnelle, formation de compétences et création de revenus, renforcement des liens communautaires et/ou familiaux (avec ou sans réinsertion), *empowerment*).

Pour la présentation des projets dirigés aux "Street Kids" voir également le dossier de présentation „*Street Kids International*", 1996 (Zambie, Tanzanie, Mexico, Canada, Inde, République Dominicaine, Afrique du sud…)

Cosgrove, J. G. (1990). „Towards a working definition of street children."

International Social Work Volume 33, pp. 185-192. (anglais) [FR 2397]

[définitions, Amérique du Nord, Amérique Latine]

Cet article est relativement dépassé quant à aux travaux cités en référence et qui concernent l'Amérique Latine (UNICEF; TACON) et l'Amérique du Nord. L'auteur construit une définition des *street children* à partir de deux dimensions: leur relation avec la famille et leur relation aux normes (conformité/déviance). Il présente une typologie des enfants.

Dalglish, P. (1992). „The Myth of Fagin: The Instrumental Use of Street Children in Criminal Activities". Vienna, Street Kids International, May 1992, 25 pp. (anglais) [PR]

[délinquance, définitions, réaction sociale, pauvreté, abus/exploitation]

Ce rapport se réfère à diverses études réalisées en Afrique, Asie et Amérique Latine.
L'auteur montre comment le lien entre les activités criminelles et la vie dans la rue est un présupposé souvent contredit par les faits. Dans les faits, l'engagement des enfants pauvres dans la criminalité est très limité. Le discours sur la criminalité des *street children* est alors davantage l'affaire d'une approche criminalisante qu'une constatation des infractions commises.
L'auteur explique l'insertion de l'enfant dans les activités criminelles par la pauvreté et la „pauvreté institutionnalisée", c'est-à-dire celle qui est provoquée par des mesures minimales de politique sociale et leur inadéquation. Les enfants „de la rue", les enfants travailleurs et les enfants réfugiés souffrent du manque d'accès à l'école et à la formation. Est également abordée la désintégration des familles. Le rôle joué par la violence policière est examiné sur la base d'études réalisées dans six pays. Les infractions commises par les forces de l'ordre sont documentées: homicides, torture, extorsion, protection d'activités criminelles. Les policiers sont souvent ceux qui introduisent les enfants dans le monde de la criminalité et de la prostitution et/ou protègent les réseaux criminels. Cet état de fait montre que les agents de l'ordre sont

ceux qui, en premier lieu, montrent à l'enfant que „le crime paye".

Dalglish, P. / Lowry C. (1994). „Comforts of the Homeless: Sex and Drugs on the Street". Toronto, Street Kids International, Presentation to the Plenary of The Fifth International Conference on the Reduction of Drugs-Related Harm, March 1994, 8 pp. (anglais) [PR]

[sexualité, drogue, pauvreté, catastrophes/conflits armés, SIDA, réaction sociale]

Ce texte témoigne de la diversité et de l'hétérogénéité de la population des *street children*, ainsi que des divers contextes: la désertification du Sahel qui provoque les déplacements de population, les guerres (Soudan, Angola, Mozambique), les défaillances des Etats, les orphelins du SIDA, la pauvreté.

Le texte évoque implicitement la nécessité de contextualiser les questions de la sexualité et de la drogue chez les *street children*: la consommation de drogues illégales par les enfants est mise en parallèle avec la consommation légale d'alcool de la part de leurs parents. La drogue est vue comme une réaction à la souffrance, à la pauvreté et à l'abus des adultes. Une condamnation de ces comportements sans modifier le contexte de vie des enfants est inefficace. Est également cité le rôle joué par la police dans l'insertion des enfants de la rue dans les activités criminelles et la violence exercée sur les enfants.

Dallape, F. (1987). „You are a thief! An experience with street children", Undugu Society of Kenya, 125pp. (anglais ou français) [PR, FR-1001]

[intervention/politiques sociales, recherche, école, définitions, perspective de l'acteur, perspective structurelle, perspective culturelle/interculturelle]

Ouvrage devenu classique qui décrit une expérience tout en constituant un outil de base pour l'intervention visant à organiser les enfants de la rue dans une approche participative.

L'approche est celle de l'enfant acteur qui a pour but de renforcer sa participation. Les causes du problème des enfants de la rue sont recherchées du côté de la structure socio-économique et politique. La présence des enfants de la rue en est le symptôme. Comme le signale l'auteur en conclusion: „*if the root problem is unemployment or population growth, it is only by facing it at the community level that we may be able to help the people to analyze it and propose some solutions. While the community is helped to reflect and to take the required steps both on the economic and political level, children will not receive the required attention, but, if correctly involved, they may grow together with their people and pass through the suffering and challenges of any change."* (p. 134)

Les idéaux sur l'enfance (un enfant doit être au foyer, un enfant ne doit pas consommer des drogues, une fille ne doit pas se prostituer...) sont appliqués sous la forme de criminalisation et répression. D'où l'importance de remettre en question les valeurs dominantes... et de s'intéresser de près à celles des enfants. L'auteur observe la tendance générale des enfants à s'organiser et envisage son utilisation comme une ressource pour l'intervention.

L'auteur passe en revue les différents problèmes des enfants et les solutions qu'il est possible d'y apporter dans une démarche de recherche-action constante. Plusieurs stratégies sont décrites.

Dallape, F. (1996). „Urban Children: A challenge and an opportunity." <u>Childhood – Children out of place: Special Issue on working and street children</u> 3 (2, May), pp. 131-145. (anglais) [FR-3001]

[recherche, intervention/politiques sociales, perspective structurelle, perspective de l'acteur, définitions, travail, migration, quartier/habitat, sortie] *

L'auteur examine en introduction le terme d'enfant de la rue (*street children*) en montrant qu'il est offensif, inadéquat et donne une image biaisée du problème. Il conduit à se focaliser sur un aspect plus visible des difficultés des enfants, qui n'est pas nécessairement celui qui mérite le plus d'attention. Le terme est offensif parce qu'il stigmatise l'expérience de l'enfant autour de la délinquance, la drogue et la prostitution. Il laisse également entendre que les enfants doivent être réhabilités et fait l'impasse sur une analyse critique de la société qui produit ce phénomène.

L'auteur distingue plusieurs catégories d'enfants (enfants abandonnés, enfants qui vivent dans la rue mais ont une famille, enfants travailleurs non-scolarisés, enfants travailleurs dans des conditions de grande précarité). Il montre comment la majorité des enfants en circonstances difficiles ne sont pas rendus visibles par les catégorisations de UNICEF (CEDC). Il se consacre ensuite à une analyse globale des causes des difficultés des enfants, des quatre catégories en montrant les points convergents de l'analyse des diverses situations.

En premier lieu, l'article signale que l'urbanisation rapide est la cause plus évidente des situations difficiles des enfants. A son tour, cette urbanisation est provoquée par les phénomènes démographiques (croissance de la population) et par l'exode rural. Les facilités que la ville offre (ou bien est censée offrir aux yeux des migrants) en ce qui concerne l'emploi, la scolarisation et la progression sociale est un facteur qui pousse à la migration. La ville n'offre toutefois pas les ressources nécessaires aux familles pauvres. Les *slums* n'offrant de réponses aux besoins des enfants, les rues deviennent une expérience à la fois de liberté et de survie.

Les éducateurs de rue signalent un certain nombre de causes spécifiques de difficultés pour les enfants des villes, dont la plupart se rapportent à l'environnement familial: affaiblissement et ruptures des liens familiaux, abandon du père, nombre élevé de femmes chefs de famille accompagné d'un chômage élevé des femmes, nécessité des revenus produits par l'enfant, familles nombreuses, abus d'alcool et de drogues, habitat inadéquat qui provoque stress, violence et abus (p. 286). L'auteur ajoute des causes spécifiques qui agissent dans certains pays, tel le nomadisme dans le nord du Kenya ou bien l'apartheid ethnique en Namibie.

Cependant, la cause fondamentale du phénomène est recherchée dans la structure de l'économie globale: *"More fundamental than any of theses causes is the structure of the global economy. The specific causes mentioned above are simply variables, dependent on the development model that governs the world economy, which is governed by the free market principle. The consequent belief that poverty will be solved by creating wealth through encouraging consumerism is not borne out by the results: a widening gap between rich and poor, depreciation of local currencies, high inflation, low purchasing power of already low salaries, rising costs of basic commodities, cuts in government expenditure on social services that force the poorest in society to expend all their energies and resources in order to survive. The main human resource of poor families is often their children. Thus economic structure that dominate the present models of development become a kind of factory engaged in the production of children in difficult circumstances. In the present economic climate we can expect this factory's rate of production to increase at an alarming rate"* (p. 287).

Un autre aspect de l'analyse de la structure sociale porte sur l'école, inadéquate pour répondre aux besoins éducatifs des enfants.

Dans une deuxième partie de l'article, l'auteur s'intéresse à l'intervention et montre comment celle-ci offre trop souvent une assistance pour alléger la souffrance immédiate, créant une relation de dépendance avec les enfants. Elle se base justement sur une conception des enfants de la rue comme vagabonds et délinquants, ce qui conduit à une intervention de réhabilitation. La critique formulé à l'égard de ces projets concerne les compétences et l'habilité qu'ils acquièrent et leur capacité de survivre lorsqu'ils retourneront dans leur milieu de vie. A la différence de leurs pairs restés dans les quartiers défavorisés, ces enfants reçoivent des soins très élevés (trois repas quotidiens). L'institution crée des expectatives liées aux études, à la formation et à emploi. Elle laisse implicitement croire qu'ils pourront par la suite maintenir un standard de vie similaire à celui de l'institution. L'auteur se demande si ces attentes et aspirations trouveront une réponse. D'après son expérience, très peu d'enfants qui ont passé par ces institutions sont capables de trouver un emploi leur permettant de louer un logement de plus d'une pièce et très peu d'entre eux réussissent à s'alimenter correctement trois fois par jour.

L'auteur préconise par contre une intervention basée sur l'organisation des enfants qui peut conduire les autorités à porter leur attention sur les problèmes des enfants structurellement négligés et sur les causes de leurs problèmes. Elle ne provoque pas la dépendance, mais permet à l'enfant de transformer son environnement. L'accent est mis sur l'*„empowerment"* des catégories les plus pauvres et sur la formation professionnelle. Plusieurs exemples de Kampala sont cités. L'auteur conclut sur un ensemble de questions utiles pour l'intervention et sur la nécessité de recherches participatives. (Le thème de la recherche participative et de l'action est au centre de ce numéro de la revue *Childhood*).

De La Barra, X. (1998). „Poverty: The Main Cause of Ill Health in Urban Children." Health Education and Behavior 25 (1), pp. 49-59. (anglais) [sociological abstract]

[Quartier/habitat, santé, pauvreté, intervention/politiques sociales]

Sociological abstract: "*Discusses the global status of street children & the impact of increasing poverty on urban slums & squatter settlements. Health hazards are known to increase as poverty rises; factors that negatively affect the health of poor children are discussed. Although reliable statistics on street children are scant, estimates range from 30 million-160 million, with most in Latin America & Asia. Some specifics about the lives & risks of street children are discussed. Preventive, not curative, measures must be taken to decrease their numbers. Some successful programs are described. It is concluded that the underlying problems must be confronted & action directed by a moral framework of social justice & human rights."*

Earls, F./Carlson M. (1999). „Children at the Margins of Society: Research and Practice." New Directions for Child and Adolescent Development "Homeless and Working Youth Around the World: Exploring Developmental Issues" M. Raffaelli/R.W. Larson (Ed.) (85), pp. 59-70. (anglais) [PR]

[recherche, intervention/politiques sociales]

Propose une réflexion sur le lien entre la recherche et la pratique (Quelles connaissances pour l'action? Quelles sont les implications des connaissances sur l'action?) Sur la base des diverses contributions présentées dans ce numéro de la revue (S. Verma - Inde/ Asie; M. Diversi et al. - Brésil non commenté; L. Aptekar et al. - Kenya/Afrique; J. Smollar - Etats-Unis non commenté; C. S. Hutz et al. - Méthodes de recherche, général) les auteurs proposent un certain nombre de pistes pour l'action et pour la recherche. La complexité du phénomène et l'importance de facteurs sociaux et économiques invite à réfléchir à l'action dans un contexte large plutôt que de se limiter à l'intervention pour un enfant. L'article formule aussi des considérations éthiques et traite de la question de la dignité des enfants.

ENDA (ouvrage collectif) (1995). „Enfants en recherche et en action. Une alternative africaine d'animation urbaine". Dakar, ENDA, 252 pp. (français) [PR]

[intervention, perspective de l'acteur, définitions]

Manuel pratique de recherche - action. La perspective de ENDA est décrite dans le premier chapitre par F. Terenzio. Dans une optique de développement, l'enfant en rupture (celui qui vie dans la rue) est placé dans la catégorie plus large des enfants travailleurs. Plus souvent issus de la ville, ces enfants sont au centre de l'intérêt de projets et de services d'Etat dans la mesure où ils sont plus visibles. Le mythe de l'enfant de la rue est dénoncé comme étant source de stigmatisation et répondant à des exigences médiatiques... Dans une courte contribution, Fabio Dallape suit cette même perspective en signalant comment la perspective de réhabilitation suppose un changement chez l'enfant qui le rende acceptable à la société. L'auteur préconise plutôt un travail avec les enfants destiné à modifier l'environnement, les causes de leurs difficultés étant sociales.

On trouve une recension de cet ouvrage (Y. Marguerat) dans les cahiers de MARJUVIA N. 2 (1996).

Ennew, J. (1994a). „Street and working children, a guide to planning". London, Save the Children, 256 pp. [anglais: 1 870322 82 7/espagnol: 1 870322 82 7] [PR]

[intervention/politiques sociales, recherche, définitions, carrière, famille pauvreté, délinquance]

Manuel de base qui donne un ensemble de principes essentiels à l'action et la planification en prenant comme point de départ la diversité des populations d'enfants. L'auteur décrit les étapes de conduite d'une analyse des situations locales, les principales options d'intervention et quelques problèmes spécifiques liés à l'action.

Certains passages traitent des causes et des conséquence. L'auteur signale le peu d'études satisfaisantes sur la famille et sur ce que deviennent les enfants après la rue. Une recherche réalisée à Mogadishu suggère que la rue n'est qu'une étape de vie pour un certain nombre d'enfants. Elle se termine lorsqu'ils sont suffisamment grands pour rejoindre les adultes dans le monde du travail (pas de références bibliographiques).

Le texte déconstruit plusieurs préjugés concernant l'abandon, la famille monoparentale, la pauvreté et l'abus qui seraient censés conduire l'enfant à la rue. Sont également critiqués les préjugés concernant l'enfant qui, dans la rue, manque de nourriture ou l'enfant délinquant. Une étude locale permettant la planification et l'évaluation de l'action est recommandée.

Ennew, J. (1994b). Parentless Friends: A cross-cultural examination of networks among street children and street youth. Social Networks and Social Support in Childhood and Adolescence. Nestman F./ Hurrelman K. (Eds.), De Gruyter, pp. 410-425. (anglais) [FR 2333]

[sociabilité, perspective de l'acteur, perspective culturelle/interculturelle]

Dans cet article, l'auteur explique comment les images de vulnérabilité et le supposé besoin de supervision adulte conduit à la méconnaissance de la vie des enfants. Le rôle joué par les pairs dans la socialisation et dans le développement est sous-estimé. A partir de témoignages et de l'analyse de la litérature, il montre qu'ils jouent un rôle de support social aux contenus pragmatiques, économiques, émotionnels, de protection, récréatifs, etc. L'auteur suggère que l'intervention tend à rompre ces réseaux de support (institutionnalisation) ou bien n'en tient pas compte. Des approches récentes voient néanmoins le rôle de l'intervention comme un soutien dans le processus de construction de l'identité de l'enfant. Les pairs sont justement une source d'estime de soi et d'identité. L'idée de l'enfant seul dans les rues doit alors être revue de manière à tenir compte des ressources relationnelles dont ils disposent.

Ennew, J. (1995). Outside childhood: street children's rights. „The handbook of children's rights. Comparative Policy and Practice". B. Franklin. London, Routledge, pp. 201-214. (anglais)
[FR]

[perspective légale/droits de l'enfant, recherche, réaction sociale, sexualité,]

L'auteur passe en revue la convention des droits de l'enfant en signalant les articles qui concernent directement les *street children*. Dans une dernière partie, sont exposés des réflexions sur les droits non-écrits des enfants en situation de rue: Le droit de ne pas être étiqueté, d'être correctement étudié, de travailler et de le faire pour des rémunérations correctes, de voir respecter son propre système d'appui (qui peut être autre que celui de la famille), le droit à des interventions appropriées, le droit d'exercer un contrôle sur sa propre sexualité, d'être protégé de l'exploitation secondaire de la part des ONG, des activistes et des chercheurs de fonds. L'auteur rappelle en conclusion que la Convention des droits de l'enfant a été élaborée à partir d'une image particulière de l'enfance et qu'elle traite par conséquent comme marginaux les enfants qui ne correspondent pas à un tel modèle. Pour cette raison, certains articles de la convention sont ambigus à l'égard de la vie quotidienne des enfants en situation de rue et leur application peut contribuer à ce processus de marginalisation. Il s'agit notamment des articles qui concernent la prostitution et le travail. La lutte contre l'exploitation sexuelle et économique ne peut pas justifier des mesures qui pourraient aller à l'encontre des intérêts des enfants.

Ennew, J./Milne B. (1996a). „Methods of Research with Street Children. An annotated Bibliography on Research Methods" , Radda Barnen, Swedish Save the Children, 260 pp.
Disponible sur internet: http://www.rb.se/childwork

[bibliographie, recherche]

Il s'agit d'une bibliographie commentée sur les méthodes de recherche sur les enfants de la rue et les enfants travailleurs. Une partie des ouvrages concerne donc des populations d'enfants qui ne se trouvent pas dans la rue. L'introduction présente des réflexions importantes concernant les approches, les méthodes et les catégories. Parmi ces constats:

- Les difficultés à obtenir les publications, même celles des organisations internationales.

- La recherche sur les enfants de la rue a évolué depuis 1979. La première période (1979 - moitié 80) voit prédominer les études économiques sur le travail des enfants. La deuxième période (1984/1985-début 90) "*was dominated by repetitive, and generally disappointing, research on street children based on programmes*" (p. 8). Au début des années 90, une nouvelle génération de chercheurs a remis en question les présupposés sur les méthodes de recherche et adopté des approches participatives.

- Des difficultés importantes sont observées sur le plan de la méthodologie. Le plus souvent, des méthodes et techniques sont appliquées sans fondements théoriques adéquats. En conséquence du manque de réflexion théorique, les conceptualisations sur les catégories d'enfants sont pauvres. Il n'existe pas de consensus sur les définitions. Ainsi, le lien entre *child work* et *child labour* est traité différemment par chaque chercheur. La distinction entre enfants de la rue et dans la rue est mentionnée sans approche critique. Elle est appliquée de différentes manières selon les contextes locaux et prend des significations différentes. Il manque par contre des conceptualisations sur la prostitution.

- Les classements des enfants dans l'une ou l'autre catégorie se font souvent sur la base d'une situation isolée, c'est-à-dire de ce que l'enfant fait au moment de la recherche. Or les enfants exercent souvent plusieurs activités à la fois. Le travail, la prostitution et/ou vol ne s'excluent pas mutuellement. De plus, les enfants ont souvent des familles et vont à l'école sans que ces éléments soient pris en considération.

- Les catégories choisies, c'est-à-dire les étiquettes appliquées aux enfants subissent des variations importantes selon les régions. Les enfants qui, en Amérique Latine, sont abordés comme „*street children*", seront étudiés le plus souvent en Inde dans la catégorie „*child labour*". Au Sri Lanka, en Thaïlande et aux Philippines leur expérience sera fréquemment abordée comme prostitution infantile. Dans les pays industrialisés, il seront plutôt considérés comme des „*homeless*" ou „*runaway*"; en Afrique, comme des victimes ou des vagabonds.

- L'inscription des travaux de recherche dans la „*child welfare*" implique une absence de réflexion sur les causes de ces phénomènes. L'analyse se fait souvent en termes de pauvreté sans approfondissement sur le lien entre pauvreté, économie et marché du travail. Il y a également peu de considérations sur les différents groupes d'enfants et sur des variables telles que la race, la classe, le genre.

Ennew, J./Gopal K./Heeran J./Montgomery H. (1996). „Children and Prostitution. How can We Measure and Monitor the Commercial Sexual Exploitation of Children? Literature Review and Annotated Bibliography." Stockholm, UNICEF New York/Centre for Family Research, Cambridge/Childwatch International, 26-31 august 1996. [http:/childhouse.uio.no/childwatch/cwi/projects/prostitution/index.html]

[prostitution, bibliographie]

Il s'agit d'une bibliographie commentée sur le thème de la prostitution infantile.

L'introduction présente un ensemble de considérations sur les approches et les stéréotypes au sujet de la prostitution des enfants. Certains aspects du phénomène ont été très médiatisés et d'autres largement négligés et/ou ignorés. Des spécificités régionales quant à l'approche du phénomène sont mises en évidence. En Amérique Latine, le thème des enfants de la rue a été largement développé et il existe une confusion entre la vie dans la rue et l'abus sexuel. Dans d'autres contextes, l'accent est souvent mis sur le tourisme sexuel et sur la clientèle étrangère sans approfondir les autres contextes du commerce sexuel. La prostitution masculine est également négligée. Outre la bibliographie commentée, ce texte produit un ensemble d'outils conceptuels et d'indicateurs pour aborder le phénomène et évaluer les situations. Un certain nombre de documents sur les street children sont inclus dans la bibliographie.

Ennew, J. (1996d). „The Child Business: Comments on the Management of International Policies for Children." <u>Journal of International Development</u> 8(6), pp. 849-458. (anglais) [FR]

[intervention/politiques sociales, perspective légale]

Ce document s'intéresse à l'intervention des organisations internationales et des ONG. Plusieurs contradictions et tensions résultent de l'adoption de formes de management propres au secteur commercial. Le document identifie quelques effets pervers de ces nouvelles stratégies du „child business ". Parmi ces tensions, celle qui se rapporte aux objectifs de financement (usage de l'image de l'enfant victime) et celle qui voit les droits de l'enfant se transformer en objectifs généraux sans tenir compte des contextes sociaux et culturels.

Ennew, J. (1998). „<u>Working with street children: From conventional responses to responses from the Convention on the rights of the Child</u>". Lausanne, Background paper for Inter-NHo Symposium, Children in a street situation: Considerations on Complexity and intervention, 31 pp. (anglais) [FR]

[perspective légale, intervention/politiques sociales, définitions, recherche]

Ce texte a été présenté à la rencontre inter-ONG Suisse sur les enfants en situation de rue (Avril 1998, Terre des Hommes). L'auteur signale le biaisage, l'incompréhension et les usages médiatiques du thème des enfants de la rue et reconduit le débat autour des droits de l'enfant. Le document traite des interventions dans divers domaines (santé, abus de drogues, prostitution, vie dans la rue, alimentation, etc.)

Epstein, I. (1996). „Educating Street Children: some cross-cultural perspectives." <u>Comparative Education</u> 32(3), pp. 289-302. (anglais) [PR]

[perspective structurelle, école]

A partir de l'étude du cas des Etats-Unis et du Brésil (étude de la litérature), le texte montre comme les réponses données par les Etats aux enfants vivant dans les rues ou dans les programmes sont inadéquates dans les pays développés, tout comme dans les pays en développement. En dépit du fait que les conditions expliquant la présence des enfants dans la rue sont censées perdurer, le problème est abordé de manière à ignorer ou nier le fait qu'elles sont le produit des contradictions du système néo-libéral. Aux Etats-Unis, l'insertion du „homeless" dans les institutions éducatives formelles ne tient pas compte de la spécificité de la culture de la rue et de ses besoins. La prise en charge de ces populations occulte également l'absence de choix et de logements accessibles. Dans les pays en développement (comme dans le cas brésilien), il existe davantage de réponses éducatives alternatives qui tiennent compte des besoins spécifiques des enfants. La violence exercée par l'Etat et les difficultés à mettre en place des actions pour et par les catégories plus démunies montrent néanmoins la résistance de l'Etat à un changement qui mettrait en question ses institutions.

Fortier, J. / Roy S. (1996). „Les jeunes de la rue et l'intervention: quelques repères théoriques." <u>Cahiers de recherche sociologique</u> (27): pp. 127-152. (français) [FR]

[intervention/politiques sociales, Amérique du Nord]

Cet article présente une analyse de la litérature nord-américaine et québécoise sur les jeunes de la rue et sur l'intervention. Il présente les objectifs et les critiques adressées aux services existants, ainsi que les différents modèles d'action.

Glauser, B. (1990). Street Children: Deconstructing a Construct. Constructing and Reconstructing Childhood. James A./Prout A. London, Falmer Press, pp. 138-155. (anglais)

[1-85000-750-0] [FR]

[Amérique latine, définitions]

L'auteur examine les catégorisations „street children", „children of the street", „children on the street" et montre qu'il existe un pluralité de situations diverses dont cette catégorisation ne permet pas l'analyse. Il y a une confusion sur le plan de la recherche et une difficulté d'application pour les programmes. Ces définitions tendent à occulter certains enfants et à donner un éclairage particulier à la présence des enfants dans les rues, sans permettre de voir ni de concevoir le caractère mouvant de ces populations et le lien avec d'autres populations „oubliées" par les classements et par les interventions. L'auteur propose un modèle de compréhension du passage vers la vie dans les rues.

Holm, K./Dewes J. (Ed.) (1996). „Neue Methoden der Arbeit mit Armen: Am Beispiel Strassenkinder und arbeitende Kinder". Frankfurt, IKO, 191 pp. (allemand) [3-88939-082-X] [PR]

[Amérique Latine, Europe, Allemagne, Nicaragua, Pérou, Chili, Roumanie, Russie, intervention/politique sociale, pauvreté, perspective structurelle, perspective de l'acteur, perspective culturelle/interculturelle, travail, pauvreté, socialisation/enfance, famille, drogue, délinquance, école]

Ouvrage collectif qui reproduit diverses contributions sur les actions auprès des enfants „de" / „dans" les rues. Un certain nombre de concepts et systématisations utiles pour l'intervention sont présentées, issues pour la plupart du contexte sud-américain. La question des causes est systématisée par K. Holm en tenant compte des divers paliers (macro-, meso- et micro-social) et en distinguant les orientations objectives des orientations subjectives. Sont également proposés des concepts et théories sur la perspective culturelle (Uwe von Dücker), les mouvements d'enfants (Manfred Liebel), les modèles pédagogiques (Francisco Gomezjara), la formation des travailleurs sociaux (Malvian Ponce de León Nuñez). Le document de Sybille Hütteman présente rapidement la situation des enfants en Roumanie et la description du projet „*Societatea de Caritate Iulia*". Olga Uchatük présente une courte description de la situation à St. Petersbourg et du projet „Psalm 23 e.V.". La situation des enfants de la rue en Allemagne, ainsi que du projet „B.O.J.E." sont exposés U. Bläser/C.Nobis).

Human Rights Watch and Children Rights Projects (1996). Report 1998, [1-56432-205-x] (anglais)

[perspective légale/droits de l'homme/CDE, réaction sociale] *

Une partie du rapport 1998 traite de réactions sociales à l'égard des street children. Il reprend les informations d'autres rapports de Human Rights Watch (Kenya, Guatemala, Brésil, Bulgarie, Soudan, Colombie) et traite de la violence policière, de la torture, des détentions et des procédures judiciaires arbitraires. (Le rapport peut être consulté sur Internet: www:hrw.org)

Hutson, S./Liddiard M. (1994). „Youth Homelessness - The construction of a social issue". London, Macmillan, 215 pp. (anglais) [0-333-55056-0] [FR 1248]

Cet ouvrage s'intéresse à la construction sociale du phénomène „homeless" chez les jeunes en introduisant diverses perspectives. Un paragraphe concerne les définitions et un autre donne diverses explications. Un troisième traite des différences entre les pays du Nord et les pays du Tiers Monde.

Hutz, C. S./Koller S. H. (1999). „Methodological and Ethical Issues in Research with Street Children." New Directions for Child and Adolescent Development „Homeless and Working Youth Around the World: Exploring Developmental Issues" M. Raffaelli/Larson R. W. (Ed.) (85), pp. 59-70. (anglais) [PR]

[recherche, définitions]

Le texte identifie un certain nombre de changements méthodologiques et éthiques survenus dans les études sur les enfants de la rue, dus notamment à l'utilisation des méthodes ethnographiques et à une plus grande proximité avec les enfants, leur langage et leur mode de vie. Le problème des définitions et les implications pour l'échantillonnage est également discuté.

JEUDA (1990). „Enfants en situation difficile: quelques axes de réflexion". Dakar, ENDA/JEUDA, N. 77, 20 pp. (français/portugais) [en suspens]

[Afrique, définitions, ...]

en suspens

Johnson, V./Ivan-Smith E. et al. (1998). „Stepping Forward: Children and young people's participation in the development process". London, Intermediate Technology Publ., 332 pp. (anglais) [1 85339 448 3] [PR]

[recherche, intervention/politiques sociales]

Cet ouvrage est centré sur la participation de l'enfant à la recherche et à l'action. Il présente un ensemble d'exemples divers de participation au développement, dont quelques-uns uns concernent les enfants vivant ou travaillant dans les rues (Népal, Philippines Jordanie, Bangladesh). Un chapitre de l'ouvrage montre toute l'importance de la participation des enfants pour explorer les dimensions culturelles (il peut s'agir d'une sous-culture d'un groupe ou d'une communauté) qui définissent ce que sont une enfance „normale", les besoins de l'enfant, le travail, etc. (p. 119). D'autre part, la définition mêmes des causes des phénomènes (en l'occurrence la vie dans la rue) diverge selon que la recherche adopte le point de vue des adultes ou celui des enfants. Les premiers se centrent davantage sur les causes passées, alors que les enfants sont plutôt axés sur le présent et sur l'avenir (A. West, p. 274).

Kefyalew, F. (1996). „The Reality of Child Participation in Research." <u>Childhood - Special Issue on working and street children</u> 3(2, May), pp. 203-213. (anglais) [FR-3001]

[recherche, Ethiopie]

L'article aborde les problèmes de recherche à partir du cas de l'Ethiopie en montrant l'importance des méthodes participatives. Les limitations de cette démarche se trouvent du côté des financements, du temps de recherche et de la manière dont elle-même répond aux attentes.

Lowry, C. (1997). „<u>Street Children in the Developing World</u>", Political and Social Policies Division (YHR) Canadian International development Agency (CIDA). November 1997, 12 pp. plus annexes. (anglais) [PR]

[perspective structurelle et perspective de l'acteur, intervention/politiques sociales]

Ce document présente les lignes directrices des programmes et les projets soutenus par la *Canadian International Development Agency*. Une première partie du document produit une analyse à partir de la litérature existante. Cette conceptualisation n'opère pas une distinction nette entre les enfants qui vivent dans les rues et ceux qui y travaillent et s'oppose à une définition exclusivement centrée sur la rue. Les activités économiques sont considérées comme constitutives de l'expérience des enfants. Les causes du phénomène sont recherchées du côté de la pauvreté, de la marginalisation des classes urbaines et des réponses que les enfants donnent à cette situation. Elle les conduit à devoir s'assumer tous seuls et avec leurs pairs, avec un suivi minimal des adultes. La pauvreté rend les familles incapables de subvenir aux besoins des enfants. Les causes sont envisagées comme une combinaison de facteurs. Certains enfants se rendent dans la rue pour travailler, d'autres pour rejoindre leurs amis ou pour jouer. Les conflits avec les parents et les abus sont mentionnés en même temps que les problèmes des orphelins du SIDA en Afrique. Le travail dans la rue apparaît comme la stratégie la plus commune des enfants, souvent dans un contexte dangereux et marqué par l'exploitation. L'auteur préconise une approche centrée sur l'enfant et la prévention. Elle doit appuyer les enfants dans la lutte contre l'exploitation et l'abus et leur offrir des opportunités adéquates d'apprentissage tout en respectant leurs choix. Les lignes directrices des programmes de l'agence canadienne et la liste des projets sont présentées.

Le Roux, J. (1996). „The worldwide Phenomenon of street Children: Conceptual Analysis." <u>Adolescence</u> 31 (124), pp. 965-971. (anglais) [PR]

[Afrique du Sud, Afrique, Asie, perspective culturelle/interculturelle, définitions, réaction sociale, famille, abus/exploitation, démarche comparative]

Sur la base d'une analyse de données secondaires, l'auteur signale plusieurs caractéristiques du phénomène de *street children*.

- Ils remplissent plusieurs fonctions dans la société et pour cette raison il n'est pas possible d'étudier le phénomène en faisant abstraction du fonctionnement de celle-ci. D'une part, leur présence permet de réaffirmer les préjugés existant au sujet des problèmes familiaux, des abus de drogues, de la criminalité dans la rue et du contrôle des naissances. Elle confirme aussi le caractère incorrigible des enfants (ou au contraire leur résilience). Ils font également partie d'une sous-culture de la rue (faite de petits crimes, vente de drogue et prostitution) et d'un marché du travail en tant que main-d'œuvre non qualifiée à faible coût.
- A l'aide de diverses études réalisées en Asie, l'auteur montre comment les *street children* sont décrits et catégorisés de différentes manières selon les pays et en

fonction des priorités données à l'un où l'autre groupe d'enfants. Il souligne également le large éventail de définitions pour les études concernant l'Afrique du Sud.
- Au-delà des diverses définitions, l'auteur souligne les points communs des études:
   a) Ces enfants cherchent à fuir une culture anti-enfants („*anti-children culture*") ou encore des conditions intolérables dans leur foyer."*They feel they can no longer trust themselves to be in the hands of society. For this reason, they have undertaken to manage their lives.*" (p. 969).
   b) Ils sont vulnérables à l'exploitation.
   c) La plupart d'entre eux a fui de foyers aux relations familiales chaotiques, caractérisées par la violence, l'abus, l'alcoolisme et l'aliénation.
- L'auteur estime qu'il est important de distinguer entre les enfants *runaway* et *thrownaway*, c'est-à-dire ceux qui partent volontairement et ceux qui ont été expulsé.
- Il conclut sur une différence fondamentale entre les enfants de la rue dans les pays développés et ceux des pays en voie de développement. Dans ces derniers, il n'y a pas une attirance vers la rue déterminée par une contre-culture. La rue n'est ni romantique ni moyen de protestation sociale.

Lucchini R. (1993a). „Enfant de la Rue - Identité, sociabilité, drogue". Paris/Genève, Droz, 248 pp. (espagnol, français, anglais (extraits)) [FR]

[perspective de l'acteur, définitions, identité, carrière, famille, pauvreté, travail, sociabilité, délinquance, drogue, quartier/habitat, pauvreté, Brésil, Amérique Latine, recherche comparative]

Il s'agit d'une première étude qui fait partie d'une recherche comparative sur les enfants de la rue en Amérique Latine (Brésil, Uruguay, Mexico). Les résultats provisoires prennent la forme d'un outil d'analyse (le „système enfant-rue") qui cherche à rendre compte des spécificités locales et psycho-sociales tout en se prêtant à des comparaisons avec d'autres contextes. Dans l'introduction, l'auteur décrit les trois niveaux d'analyse du phénomène des enfants de la rue: macro-, méso- et micro-social. La recherche se situe à ce dernier niveau d'analyse et concerne „la réalité" dans laquelle l'enfant est directement impliqué en tant qu' „acteur social" (p. 10). Les facteurs microscopiques peuvent à leur tour être partagés en deux catégories. D'une part, il y a les éléments externes, tels la structure de la famille et de la parenté, les réseaux d'entraide, les bandes, les ONG, l'espace construit. D'autre part, il y a les éléments internes qui „ont trait aux références et aux représentations de l'enfant" (p. 10) et notamment à l'expérience familiale et à la connaissance de la rue. Celles-ci sont en rapport étroit avec la motivation de l'enfant (pour s'y rendre, y séjourner et la quitter). L'étude s'intéresse également à la carrière de l'enfant de la rue. Elle contribue à expliquer le fait que les enfants aient une relation différenciée avec la rue et des motivations diverses pour y séjourner. En effet, si le nombre d'enfants pauvres est très élevé, ils ne vont néanmoins pas tous dans la rue. Il en va de même pour les enfants qui subissent la violence.

L'auteur montre la complexité du phénomène et la nécessité d'adopter une approche systémique. La distinction entre enfants „de" la rue et enfants „dans" la rue (qui se base uniquement sur la présence dans la rue et sur l'absence d'adultes responsables) est incapable de rendre compte de la complexité du phénomène et de l'hétérogénéité de la population. Cette distinction omet l'existence d'un certain nombre de situations intermédiaires et la part active de l'enfant dans son expérience de la rue. (Pour la traduction en anglais de cette partie de l'ouvrage: Lucchini, R. (1993b). Street children: a complex reality. Working Paper N. 224, Fribourg, FSES, Université de Fribourg, (anglais) [FR]).

Le premier chapitre traite des méthodes et du contexte de la recherche. Le deuxième chapitre examine le départ de l'enfant. Il prend souvent la forme d'un éloignement progressif et peut être compris en reconstituant un „bilan" que l'enfant fait à propos des avantages respectifs du foyer et de la rue. Pas tous les enfants sont expulsés de manière brutale de leur foyer. Le départ est souvent facilité par la connaissance d'enfants qui se trouvent déjà dans la rue. Un certain nombre de facteurs accélèrent le départ de l'enfant (l'insertion dans un groupe, un tuteur, l'insertion dans un programme d'assistance, la distance entre la rue et le lieu de domicile, l'identification progressive, la consommation d'inhalants, le degré de satisfaction qu'éprouve l'enfant de son apprentissage de la vie dans la rue). Il est montré que l'enfant développe dans la rue un certain nombre de compétences et adopte des stratégies qui peuvent être très élaborées.

Le troisième chapitre traite des formes de sociabilité dans la rue. Il montre qu'il ne s'agit pas d'une bande organisée et que les liens entre enfants se basent sur un certain nombre de règles. Il étudie également les violences à l'égard des enfants récemment arrivés (l'enfant victime du groupe).

Le quatrième chapitre s'intéresse à l'identité de l'enfant. Dans un premier temps, l'auteur présente une analyse de la situation familiale. Ensuite il montre la complexité du monde de la rue à partir du point de vue de l'enfant. Il expose les étapes de sa carrière.

Le cinquième chapitre traite de la consommation de drogues et montre qu'elle remplit plusieurs fonctions collectives (le groupe) et d'autres individuelles. (pour la traduction anglaise: Lucchini, R. (1993c). Street child and drug consumption in Brazil. Thoughts about Addiction. Fribourg, Working Paper N. 231, FSES, Université de Fribourg, (anglais) [FR])

Le dernier chapitre est constitué par une étude de cas. Il traite de l'identité de l'enfant et de sa biographie, de la drogue, des ruptures familiales et du fonctionnement de l'espace-rue comme espace de travail.

La conclusion de l'ouvrage présente une synthèse. L'auteur montre que la relation entretenue par l'enfant avec la rue se comprend à travers de multiples dimensions qui forment un système. Ces éléments, et en particulier la manière dont la rue répond aux besoins de l'enfant, expliquent sont départ et sa permanence dans la rue. Le système enfant-rue a été repris et développé par l'auteur dans des travaux plus récents (voir 1996c).

(Traduction en espagnol de l'ouvrage: (1999) Niños de la calle: Identidad, sociabilidad, droga, Los Libros de la Frontera, Barcelone, (2ème édition). [84-8255-022-5]

Lucchini R. (1994b). „Déviance et enfants de la rue en Amérique Latine: les limites d'une approche fonctionnaliste". De la non-intégration: essai de définition théorique d'un problème social contemporain. M.-H. Soulet. Fribourg, Editions Universitaires, pp. 137-149. (français) [FR]

[identité, réaction sociale, sociabilité, intervention, travail, définitions, recherche comparative, Amérique Latine, Mexico, Uruguay, Brésil]

Cet article explique qu'une perspective théorique qui définit la déviance en faisant abstraction de la médiation du sujet (l'identité) est insuffisante pour comprendre et expliquer les comportements des enfants qui vivent dans les rues. A partir des trois études (Mexico City, Montevideo, Rio de Janeiro), l'auteur montre comment cette médiation et la négociation identitaire sont opérées. Elles sont différentes dans chacun des contextes. Cela dépend d'éléments tels que les activités des enfants (par exemple le travail), l'existence d'un territoire et d'un groupe structuré, les caractéristiques de la rue. La caractérisation des trois situations mentionnées montre clairement qu'il existe différentes relations à la rue, ainsi que des usages différents de la part des enfants. Pour cette raison, une approche fonctionnaliste de la déviance qui l'aborde comme un phénomène objectif est réductrice.

Lucchini R. (1996a). „Femme et déviance ou le débat sur la spécificité de la délinquance féminine", Working Paper N. 264, Séminaire de Sociologie, FSES, Université de Fribourg, 40 pp. (français) [FR]

[fille/genre, identité, carrière, travail, famille, réaction sociale, prostitution, Amérique Latine]

Ce document approfondit la question du genre et de la spécificité de la déviance féminine. Il montre que celle-ci est d'emblée perçue d'une manière distincte de la déviance masculine. Les mesures prises à l'égard des filles et des femmes sont alors différentes. Un chapitre du document (pp. 27-30) analyse la situation des filles de la rue et montre que, comme dans d'autres cas de déviance féminine, celle-ci est invisibilisée par un ensemble de considérations culturelles. La présence statistiquement plus faible des filles de la rue est expliquée par un départ moins fréquent, mais aussi par un traitement différentiel (la fille serait plus vite perçue comme étant en danger moral et retirée de la rue).

L'auteur présente dix éléments qui expliquent pourquoi la fille se rend moins souvent dans la rue que le garçon:

1. Les responsabilités familiales de la fille qui se charge de plusieurs tâches domestiques et des soins aux petits enfants. Le caractère traditionnel de ces responsabilités la retient à la maison, alors que chez le garçon leur accomplissement peut devenir une source de surcharge identitaire qui le pousse à quitter le foyer.
2. La surveillance plus étroite exercée par la famille et la condamnation morale de sa fugue.
3. Le manque de valorisation/la recherche de valorisation. La recherche de valorisation qui fait défaut dans la famille passe plus souvent par la rue chez le

garçon. Pour la fille, la rue est souvent dévalorisante. Elle subira la violence domestique plus longtemps que le garçon avant de quitter le foyer.

4. Même lorsqu'elle travaille en dehors du foyer (travail informel), la fille est plus souvent accompagnée.
5. La fille ne fait pas un apprentissage de la rue qui pourrait la préparer au départ. De même, la participation à des bandes de quartier est plutôt une affaire de garçons.
6. Dans les représentations féminines de la rue, celle-ci est un espace masculin et dangereux, il a donc un moindre attrait pour la fille.
7. L'ennui au foyer est moindre chez la fille parce qu'elle y assume plusieurs responsabilités.
8/9/10. Il existe des trajectoires spécifiques des filles. L'une consiste dans le placement précoce comme domestique. Une deuxième voit la fille quitter un foyer pour échapper à la violence et/ou au contrôle familial et former un couple. Une troisième la conduit vers le milieu de la prostitution.

Les filles de la rue sont souvent moins visibles dans la rue, et donc plus difficilement comptabilisées. Cela s'explique également par les stratégies de mimétisme qu'elles adoptent pour se protéger et par une plus grande alternance entre la rue et d'autres espaces (cohabitation avec un homme, prostitution, internement dans des institutions).

Lucchini, R. (1996b). „Theory, methods and Triangulation in the Study of Street Children." <u>Childhood - Special Issue on working and street children</u> 3 (2, May), pp. 167-170. (anglais) [FR]

[recherche]

Cet article présente des éléments de méthode pour une étude comparative des enfants de la rue, centrée sur la connaissance du point de vue des enfants, sur leurs stratégies et sur leurs compétences.

Lucchini, R. (1996c). „The Street Children and Its Image." <u>Childhood - Special Issue</u>

on working and street children 3(2, May), pp. 235-246. (anglais) [FR]

[perspective de l'acteur, définitions, identité, famille, intervention, travail, démarche comparative, recherche]

Dans la comparaison entre les enfants de la rue de Rio de Janeiro, Montevideo et Mexico, deux dimensions paraissent prendre une importance pour comprendre la construction de l'identité de l'enfant et l'usage qu'il fait de la rue. D'une part, la relation avec la famille et l'institution déterminent la circulation de l'enfant ou bien son alternance. Le caractère complémentaire de ces liens ou inversement l'absence de complémentarité (à l'égard des besoins de l'enfant) influencent son usage de la rue. D'autre part, la réalisation d'une activité lucrative régulière dans la rue (indépendamment du fait de séjourner dans celle-ci ou de rentrer le soir) permet de construire un lien différent avec la rue.

(Ces thèmes sont également présentés dans Lucchini, PUF, 1996d (français))

Lucchini, R. (1996d). „Sociologie de la survie: l'enfant dans la rue". Paris, PUF, 323 pp. (français) [2 13 047 435 7] [FR]

[perspective de l'acteur, perspective culturelle/interculturelle, démarche comparative, définitions, identité, carrière, travail, fille/genre, prostitution, intervention/politiques sociales, famille, pauvreté, drogue, sociabilité, réaction sociale, Amérique latine, Uruguay, Brésil, Argentine]

Cet ouvrage est consacré à l'étude des enfants qui vivent et/ou travaillent dans les rues de Montevideo et d'un groupe de filles de Buenos Aires. L'approche est interactionniste et centrée sur le point de vue de l'enfant.

Un premier chapitre s'intéresse à la situation familiale (caractérisée par la mobilité et la dispersion) et au départ de l'enfant. La dynamique des départs et des retours, ainsi que les raisons de ceux-ci sont expliquées à l'aide de témoignages des enfants et de leurs mères. L'auteur montre que la violence physique à elle seule est incapable d'expliquer le comportement de l'enfant et qu'il est nécessaire de comprendre les aspects symboliques de la relation parent-enfant et de la relation à la rue.

Le deuxième chapitre analyse la relation que l'enfant entretient avec la rue selon l'utilisation qu'il en fait et la signification qu'il lui attribue. La situation de l'enfant qui exerce une activité lucrative est comparée avec celle de l'enfant qui ne travaille pas. Le travail est une activité qui structure leur vie quotidienne. Une comparaison avec le cas des enfants de la rue de Rio de Janeiro (cf. 1993) permet à l'auteur d'identifier des caractéristiques spécifiques aux deux cas: elles sont liées à la rue et à son usage et à l'identité des enfants. La schématisation prend la forme de ce que l'auteur a appelé „système enfant-rue". Il comporte une série de dimensions et un certain nombre d'indicateurs pour cerner la relation de l'enfant à la rue. (traduction anglaise: Lucchini R. (1995) The child and the Street, Working Paper N. 251, Fribourg, F.S.E.S, Université de Fribourg. Lucchini, R. (1994c). The street children of Montevideo and Rio de Janeiro: Elements for a differentiation. Fribourg, Working Paper N. 237, F.S.E.S., Université de Fribourg, [FR])

Le troisième chapitre analyse la situation d'un groupe de filles qui ont vécu dans les rues de Buenos Aires et se trouvent dans un foyer au moment de l'enquête. On y montre comment la prostitution regroupe des phénomènes très divers. La fille est moins visible dans la rue car elle est qualifiée de prostituée. Ce chapitre traite également des familles monoparentales dont sont issues les filles. L'auteur explique que les filles adoptent des attitudes différentes dans la rue. Un paragraphe s'intéresse à la consommation de drogues et identifie plusieurs fonctions remplies par les produits. On voit ainsi que les rapports à la drogue de la fille de Buenos Aires, de l'enfant de la rue brésilien et du *junkie* (des pays industrialisés) diffèrent fortement. (Traduction anglaise Lucchini, R. (1994a). The street girl. Prostitution, Family and Drugs. Fribourg, W.P. N. 243, Faculté des sciences économiques et sociales, Université de Fribourg (CH), 41 pp. (anglais) [FR]; traduction italienne: Lucchini, R. (1996d). La bambina della strada: prostituzione, sociabilità, identità. La criminalità femminile tra stereotipi culturali e malintese realtà. C. Neuburger. Padova, CEDAM, pp. 271-297. (italien) [FR-1382])

Le quatrième chapitre (Invernizzi/Lucchini) présente une analyse des discours et des représentations véhiculées par les ONG. Elle révèle un certain nombre de décalages et contradictions: ils s'expliquent à la fois par les perspectives théoriques utilisées pour comprendre l'enfant et par les enjeux propres aux institutions qui assistent les enfants. Parmi ces contradiction, le fait que les causes du phénomène se situent du côté de la famille, mais que la réunification familiale soit considérée comme la solution principale à leurs problèmes. Un autre contradiction concerne la perception de l'enfant de la rue comme une victime abandonnée dans la rue en dépit des liens qu'il y tisse (adultes, enfants). Les images de l'enfant de la rue véhiculées par les institutions sont réductrices et peuvent être stigmatisantes. Les intervenants qui connaissent la rue sont cependant ceux qui sont le plus à même d'inclure le point de vue de l'enfant dans les discours qui le concernent. Dans une perspective comparative, une analyse qui utilise la même grille de lecture est présentée par A. Aussems pour le cas brésilien.

(Traduction de l'ouvrage en espagnol: „Sociologia de la supervivencia: el niño y la calle", Universidad Nacional Autonoma de México (UNAM), 1999 (espagnol) [FR])

Lucchini, R. (1997). „Between running away and eviction: the child leaving for the street/Entre fugue et expulsion: le départ de l'enfant dans la rue". Fribourg, Université de Fribourg, Département de sociologie et des Médias, Working Paper N. 287, 25 pp.

[perspective de l'acteur, fille/genre, famille, habitat/quartier, identité, sociabilité, Amérique Latine]

Ce document existe en français et en anglais. A partir de l'étude de cas, l'auteur identifie un certain nombre de facteurs favorisant le départ de l'enfant dans la rue. Il s'agit essentiellement d'éléments qui se trouvent dans l'environnement immédiat de l'enfant (niveau micro-social) ou bien qui se rapportent à son identité (niveau psycho-social). Elles permettent de comprendre son départ au-delà de la violence, l'alcoolisme des parents, les mauvais traitements, la pauvreté, la promiscuité, le manque d'affection, l'abandon ou la mort d'un parent. En effet, à conditions égales de violence et de pauvreté, seulement certains enfants quittent le foyer. A travers l'analyse de témoignages, le vécu de l'enfant et les ressources dont il dispose sont montrées comme influençant son départ. D'autres éléments explicatifs ont encore trait au genre (les filles se rendent moins souvent directement dans la rue), aux caractéristiques de la rue et aux autres choix possibles. Le texte comprend aussi l'analyse de témoignage de mères au sujet du départ de leur enfant.

Les types de départ peuvent être classés sur un continuum. A un pôle extrême on trouve l'expulsion de l'enfant, à l'autre on trouve en revanche un choix de l'enfant. L'enfant fait par ailleurs souvent plusieurs allers et retours entre le foyer et la rue. En conclusion, l'article résume les paramètres qui interviennent pour expliquer le départ de l'enfant, signalant qu'ils sont également étroitement liés entre eux:

1. Conditions matérielles: ressources familiales et communautaires (dont les conditions de logement et les conditions du quartier)
2. Conditions identitaires: image de soi, possibilités de négociation identitaire, etc.

3. Conditions affectives, qualité des relations sociales
4. Ressources personnelles de l'enfant (symboliques, sociales, cognitives, physiques)
5. Organisation et structure familiale
6. Médiation de la violence familiale et solution des conflits
7. Présence ou absence de champs extra-familiaux accessibles (système de parenté, institutions, économie informelle, couple, rue, etc.). Accessibilité relative aux différents champs
8. Le genre: accessibilité différentielle à la rue pour la fille
9. La structure urbaine: emplacement des quartiers périphériques, disposition des rues du centre-ville, transports., etc.
10. Politique d'assistance
11. Répression policière et système judiciaire.

Au sujet des conditions identitaires, l'auteur remarque que la surcharge de l'enfant et notamment la surcharge de type identitaire, joue un rôle important. Sont également importants des éléments tels que l'intérêt que l'enfant porte à la rue, les motivations ludiques et l'exploration, les compétences qu'il possède, les récits qu'il a entendus à propos de la rue et qui lui laissent penser que celle-ci peut devenir une solution à ses problèmes familiaux.

Lucchini, R. (1998). „L'enfant de la rue: réalité complexe et discours réducteurs." Déviance et société 22 (4), pp. 347-366 (français) [FR]

[perspective de l'acteur, résilience, identité, intervention/politiques sociales, réaction sociale]

Cet article traite de la définition de l'enfant de la rue et des discours réducteurs (enfant victime et enfant fugueur) qui ne rendent pas compte de plusieurs dimensions de son expérience ni de ses compétences. Cela constitue une limitation pour l'intervention. Une dernière partie de l'article examine la notion de résilience en montrant son caractère normatif lorsqu'elle se définit exclusivement à partir des modes d'intégration sociale reconnus comme légitimes. Elle fait l'impasse sur les discriminations, sur l'exclusion de l'enfant et sur les compétences que l'enfant possède, mais qui ne sont pas reconnues comme légitimes. (Voir également l'article paru dans Tessier S. (ed.), 1998 [gén.].

Lucchini, R. (1999). „L'enfant de la rue: carrière, identité et sortie de la rue". Working Paper N. 325. Fribourg, Université de Fribourg, Département de sociologie et des Médias, 26 pp. (français) [FR]

[perspective de l'acteur, identité, carrière, sortie, sociabilité, travail]

Ce travail concerne des enfants qui vivent dans les rues de plusieurs pays d'Amérique Latine (Brésil, Honduras, Uruguay, Mexico, Costa Rica). L'auteur expose les éléments qui favorisent l'entrée et la sortie de la rue il s'intéresse tout particulièrement aux éléments symboliques et à la manière dont la rue répond aux divers besoins de l'enfant. Son identité est tout aussi importante que les facteurs externes pour expliquer son départ dans la rue que sa sortie.

Il est montré que plusieurs éléments permettent à l'enfant de construire progressivement une motivation pour sortir de la rue: l'attitude favorable des camarades, la rue qui devient source de risques (enfermement), la perte d'attributs de la rue sur le plan ludique (jeu) et instrumental (économique), une rencontre qui propose une alternative crédible à la rue, etc.

La sortie de la rue n'est pas un événement qui fait *"tabula rasa"* de cette expérience; elle doit au contraire permettre sa réorganisation et l'intégrer à une nouvelle carrière. C'est le cas pour ce que l'auteur appelle "sortie active". Il constate d'autres modalités de sortie: la sortie forcée (emprisonnement/insti-tutionalisation) et la sortie par épuisement des ressources.

Il est ainsi montré qu'il n'existe pas une trajectoire linéaire. Les enfants connaissent plusieurs départs vers la rue et plusieurs retours au foyer et expérimentent également plusieurs tentatives de sortie. Leur circulation ou alternance entre plusieurs espaces rend difficile une délimitation de la sortie de la rue.

Dans les cas étudiés, les sorties mènent l'enfant vers le travail informel, le retour dans le quartier, le projet d'assistance, l'armée, etc.

Luna, G.C./Rotherams-Borus, M.J. (1992). „Street Youth and the Aids Pandemic." AIDS Education and Prevention 1(13), pp. 1-13. (anglais) [PR]

[SIDA]

Bien que le titre laisse croire à une portée générale des conclusions, la grande majorité des références des auteurs concernent les USA. Au sujet des enfants de la rue, les auteurs mentionnent des études classiques relativement anciennes. Aucune étude sur le SIDA et les *street children* (ou *street youth*) ne concerne l'Europe ou l'Afrique. Quelques références se rapportent à l'Amérique Latine. A propos de l'Afrique, on mentionne le nombre d'orphelins dont les parents sont décédés du SIDA. L'article signale l'absence d'études sur la vie dans la rue dans les pays en voie de développement.

Lusk, M. W. (1989). „Street Children Programs in Latin America." Journal of sociology and social welfare N° 16 (March) pp. 55-77. (anglais) [FR 2358]

[intervention/politique sociale, sortie, Amérique latine] *

Cet article présente une systématisation des approches existantes en Amérique Latine. Il s'intéresse à la définition du problème des enfants „de" la rue, aux choix idéologiques et à leur influence sur les options d'intervention. En suivant une typologie de Longres (1981), il présente une hiérarchisation des niveaux conceptuels pour l'analyse du problème qui vont du macro-social au micro-social. Ils correspondent à un continuum dans l'action. A un extrême on trouve une intervention qui envisage le changement social et à l'autre extrême celle qui se centre sur le contrôle social. L'article analyse les diverses catégories d'intervention (réhabilitation, travail de rue, prévention) et examine leurs potentiels et leurs limites.

Mermet, J. (1995). „Bibliography on street children". Geneva, Henry Dunant Institute,

139 pp. [2-88044-036-x] [PR]

[Bibliographie]

Bibliographie établie en 1995.

Nyberg, J. (1997). „Rädda Barnen's Work with Children on the Streeet/Homeless Children". Stockholm, Rädda Barnen, 15pp. (anglais) [PR]

[intervention/ politiques sociales, perspective de l'acteur, perspective structurelle, migration, pauvreté, famille, identité]

Ce document expose les options de Rädda Barnen dans le travail avec les enfants vivant dans les rues et les enfants travailleurs de rue. Il adopte une perspective élargie qui se centre sur les contraintes et difficultés communes à ces deux populations d'enfants. Un paragraphe introductif signale les contradictions inscrites dans le développement au niveau macroscopiques (endettement, mesures d'ajustement structurel, croissance des inégalités, précarité, migrations). L'absence de droits caractérise l'expérience des enfants en situation de rue et explique la violence qu'il subissent. Les raisons sous-jacentes à cette vulnérabilité sont recherchées dans une combinaisons d'éléments tels que la persistance de certaines valeurs et attitudes à l'égard des enfants de la rue, les inégalités sur le plan politique et dans les structures économiques, ainsi qu'une volonté politique insuffisante. L'expulsion de l'enfant est rarement la cause du départ de l'enfant dans la rue; celui-ci est plus souvent provoqué par l'incapacité des adultes à assumer les responsabilités économiques, sociales et émotionnelles à l'égard des enfants. La violence au foyer est liée à une violence sociale généralisée. La perspective d'action est celle de l'enfant acteur et s'inscrit dans les mouvements de libération et dans un processus de changement des conditions de vie à long terme. Les droits à l'éducation, à la santé, à la sécurité et à la protection, ainsi que les droits participatifs sont au centre de l'action. Des fiches présentent les projets dans divers pays (El Salvador, Ethiopie, Pérou, Erythrée, Afrique du Sud, Yémen, Guinée-Bissau, Bangladesh et Pakistan).

OMS, Programme on Substance Abuse. Divers documents.

[drogue, intervention/politiques sociales]

L'OMS (Programme on Substance abuse) a préparé plusieurs documents concernant les programmes dirigés aux enfants de la rue (méthodologie, planification):

"A one-way street? Report on phase I of the street children project", WHO/PSA/93.7, Geneva, 1993.

"Training for Street Educators Package. Evaluation Questionnaire", WHO/PSA/95.12.1, Geneva, 1995 (88pp.)

"Street children, Substance Use and Health: Monitoring and Evaluation of street children projects, Draft for field testing", WHO/PSA/95/13, Genève, 1995 (140 pp.)

"A two-way street? Report on Phase II of the PSA Street Children Project", WHO/MSA/PSA/96.14, Geneva 1996, (102pp).

"Who Planning Meeting for the Implementation of Phase III of Who Street Children Project", 27-31 January 1997, Geneva, 1997 (32 pp.)

"Substance use among street children and other children and youth in especially difficult circumstances", Fact Sheet N. 151, March 1997, Geneva, 1997 (5pp.).

Pangaea (1999) „Street Children's - Community Children's Public Resource Library", [site: www.pangaea.org]

[bibliographie]

Il s'agit d'une bibliographie générale sur les enfants qui vivent et/ou travaillent dans les rues, mise à jour en 1999. On trouve également des articles de presse et des communications d'organisations diverses. Elles sont classées par régions géographiques.

Parazelli, M. (1996). „Les Pratiques de socialisation marginalisée des jeunes de la rue dans l'espace urbain montréalais." <u>Cahiers de recherche sociologique</u>, N. 27, pp. 47-62. [FR]

[perspective de l'acteur, identité, enfance/socialisation, Canada]

Cet article présente un cadre théorique pour comprendre l'expérience des jeunes de la rue comme processus de socialisation marginalisée. L'espace-rue est compris comme un espace transitionnel qui répond à une tentative de réorganiser leur identité. La fugue est considérée comme une trajectoire initiatique de socialisation autonome

<u>Autres documents de l'auteur</u>:

- (1995) „L'espace dans la formation d'un potentiel de socialisation chez les jeunes de la rue: assises théoriques", <u>Cahiers de Géographie du Québec</u>, Vol. 39, N. 107, 1995, pp. 287-308.
- (1997). <u>Pratiques de „socialisation marginalisée" et espace urbain: le cas des jeunes de la rue de Montréal</u>. Thèse non-publiée. Université du Québec, Montréal, 2 vol. (français) [FR 2463]
- „<u>Les jeunes de la rue</u>", Manuel de cours (JES 2018d), Cours de formation à distance - Certificat d'intervention auprès des jeunes, Faculté d'Education Permanente, - Université de Montréal, Montreal, 1998, 231 pp.
- „L'appropriation de l'espace et les jeunes de la rue: un enjeu identitaire", CRI,"<u>Etudes sur l'errance urbaine</u>", Editions Multi-Mondes, Sainte-Foy, 2000 (à paraître)

Paul, D. (1995). „<u>Child Labour in context</u>". Melbourne, Research and Policy Unit, World Vision Australia, 39 pp. (anglais) [1875140239] [BIT]

[travail]

Ce document se rapporte au travail de l'enfant; un chapitre traite du travail des enfants "de" et „dans" la rue (Ch. 4 On the street: self-employed children). Il rassemble les résultats d'autres études. L'auteur préconise une valorisation du travail dans les rues plutôt que son interdiction, ainsi qu'une approche en termes de droits de l'enfant.

Rädda Barnen Sweden (1998?). „Children-at- Risk - Prevention of Exclusion". Focusing on socially and economically vulnerable children in hazardous work and/or living and being on the street, 15 pp. (anglais) [PR]

[intervention]

Il s'agit d'un document de synthèse sur la méthodologie d'intervention et les divers niveaux d'action.

Raffaelli, M./Larson, R. W. (1999). „Editors' Note." New Directions for Child and Adolescent Development "Homeless and Working Youth Around the World: Exploring Developmental Issues" M. Raffaelli R.W. Larson (Ed.) (85), pp. 1-4. (Anglais) [PR]

[recherche, travail, résilience, identité, famille, Sida, conflits armés, perspective culturelle/interculturelle, perspective psychologique, Asie, Amérique Latine, Afrique, Amérique du Nord, Brésil, Etats-Unis, Kenya, Inde]

Il s'agit de l'introduction à un numéro de cette revue entièrement consacrée aux jeunes qui vivent/travaillent dans les rues et dont la visée est comparative. On constate peu d'intérêt des chercheurs pour la trajectoire de développement des jeunes, qui permettrait de mieux connaître l'impact à long-terme de leur vie dans la rue (risques, résilience). Derrière le caractère universel du phénomène, les auteurs signalent l'existence de facteurs différents présents dans les diverses zones géographiques. En Inde et dans la plupart des pays d'Amérique latine, la pauvreté est la contrainte qui amène les enfants dans les rues, alors qu'aux Etats-Unis, la majorité des jeunes trouvés dans les rues ont fui de familles dysfonctionnelles. En Afrique, la pauvreté et les conflits armés sont l'un des facteurs qui conduisent les enfants à la rue, associés à l'épidémie du SIDA qui devient un facteur-clé dans l'explication du phénomène de la rue. D'autres facteurs contribuant à expliquer la présence dans la rue sont liés aux spécificités sociales, culturelles et historiques des diverses régions. En Inde, les enfants travaillant dans la rue sont en priorité des hindous et leur activité est acceptée depuis des siècles. Au Brésil, les législations sur le travail des enfants et la culture catholique créerait en revanche une relation d'opposition entre la jeunesse de la rue et le reste de la société.

Pour les autres articles de la revue: S. Verma – Inde [Asie]; M. Diversi et al. – Brésil, pas commenté; L. Aptekar et al. – Kenya [Afrique]; J. Smollar - Etats-Unis, pas commenté; C. S. Hutz et al. - Méthodes de recherche, [gén.], Earls et al. [gén.])

Richter, L.M. (1990). South African "Street Children": Comparisons with Anglo-American Runaways. <u>Contemporary Issues in Cross-Cultural Psychology</u>. N. Bleichrodt/P. J. D. Drenth. Amsterdam/Lisse, Sweet & Zeitlinger, pp. 96-109. (anglais) [FR - 1249]

[perspective structurelle, démarche comparative, recherche, pauvreté, famille, migration, Afrique du Sud, Etats-Unis]

L'auteur examine les présupposés et les préjugés à propos des enfants vivant dans les rues, dans les pays en voie de développement (*street children*) et les pays industrialisés (*homeless*). Elle utilise des études réalisées en Afrique du Sud et aux Etats-Unis. Les activités délinquantes, le caractère nocif du travail et leur caractère „nuisant" pour la société font partie de ces préjugés. Elle montre comment les regards différents des experts et des chercheurs font intervenir des causalités différentes. Dans les pays en voie de développement, la présence des enfants dans les rues est plus souvent associée à la migration, au chômage et aux ruptures familiales. Dans les pays industrialisés, il est davantage question d'aliénation et d'exclusion systématique. Pour l'auteur, les deux situations relèvent à la fois d'une désorganisation sociale et les enfants sont tous victimes d'exclusion et d'aliénation. Ce qui différencie les deux situations se situe davantage dans le contexte et dans la richesse ou la pauvreté des sociétés et des communautés dans lesquelles ils vivent.

Rizzini, I. (1996). „Street Children: An Excluded Generation in Latin America." Childhood 3 (2), pp. 215-233. (anglais) [FR 3001]

[Amérique du Sud]

„*A bibliography of research projects on children living in the streets in Latin America. Analyses of gender, age, ethnicity, & schooling variables reveal that these children & adolescents live in similar conditions in different countries, particularly in urban areas. The problem has led Brazilian society to the extremes of legislative changes & advocacy for the children to extermination of the children. The perpetuation of social inequalities that has marginalized children has never been attacked with viable proposals for improving income distribution, education, & health. The street children phenomenon can no longer be viewed as an isolated phenomenon, but must be addressed in the context of global political, economic, & social transformations.*"

Schrader, A./Veale, A. (Eds.) (1999). „Resource Pack: Prevention of street Migration". London, Consortium for Street Children/University College of Cork, 78 pp. (anglais) [PR]

[Intervention/politiques sociales, migration, pauvreté, famille, Ethiopie, Angola, Pérou, Mexico, Equateur.]

Ce document est centré sur la prévention de la migration de l'enfant vers la rue. Dans l'introduction, deux causes sont rapidement exposées: la pauvreté chronique, ainsi que la violence et les tensions familiales. Divers auteurs exposent des projets qui s'adressent directement à l'une ou l'autre de ces causes: l'amélioration des conditions socio-économiques des familles ou le renforcement des compétences familiales/la prévention de la violence.

A. Lane/META, Identifying and responding to the high risk population: JUCONI's prevention programme Mexico et Equateur.

D. Ordoñez, Family Structure Problems, Child Mistreatment, Street Children and

Drug Use: A Community-Based Approach. Ce document présente les résultats d'une recherche de l'auteur et le projet de CEDRO au Pérou. En annexe, un manuel de prévention de la violence parentale.

C. Moberly, The 'Voluntary Separation' of children in Angola: Reccomandation for preventive strategies MNRS/SFC UK/Angola . Ce texte présente les résultats d'une recherche réalisée par l'auteur pour le *Ministry of Social Welfare* et *Save the Children UK*. Il est signalé que la "séparation volontaire" des enfants dans le contexte angolais est un phénomène récent et étroitement lié à la pauvreté et à la guerre. Le document traite des effets de la situation économique sur les ménages, des événements associés à la crise familiale et des effets sur les enfants. L'étude signale également l'hétérogénéité de la population des enfants qui vivent dans les rues. Le texte se conclut sur un examen critique des projets actuels et des propositions pour la prévention.

F. Kefyalew, Community-Based Approaches to the prevention of Street Migration in Ethiopia". Sur la base des recherches antérieures et de l'avis des responsables de projet, le document identifie un certain nombre de facteurs spécifiques du départ de l'enfant et des causes plus générales. L'auteur aborde ensuite les axes de préventions et les difficultés qui y sont liées.

C. Hanbury, Child-to-Child and children who live or work on the streets: Preventative strategies. Ce document expose les stratégies de Child-to-Child pour prévenir l'abandon du foyer et/ou de l'école. Le document décrit également d'autres domaines de prévention (SIDA; consommation de drogues,...)

[N.B. Le consortium for Street Children UK a édité d'autres documents au sujet de la prévention et de l'intervention. Au sujet de l'Amérique latine voir également:

META/Consortium for street children (2000). Making Operation Frienship Work: the Emotional Development of Street living Children. Selected materials for Educators of Street Children. London, document non publié, (anglais) [DS]

S. Thomas de Benítez, (Ed.) (1999) „*Creando soluciones para niñas en situacion de calle.* " META 2000, Mexico. (espagnol) [FR]]

Specht, E. W. (Ed.) (1991). „Strassen-fiesser", Stuttgart, Beiträge sozialer Arbeit der Diakonie, band 4, Diakonisches Werk der EKD.[3-9231110-74-x] [PR]

[Afrique, Asie, Amérique Latine, Europe, Amérique du Nord, Europe, Allemagne, Brésil, Chine, Suisse, Kenya, Russie, Hollande, Tanzanie, Pérou, perspective structurelle, perspective de l'acteur, travail, famille, prostitution, sociabilité, identité, socialisation/enfance, intervention/politiques sociales]

Ouvrage collectif qui reproduit des contributions de divers pays. La situation de la jeunesse est reliée aux changements structurels, au travail et à la socialisation (formation, scolarisation, socialisation dans la famille, etc.) La perspective de l'acteur est également présente.

Deux contributions introductives donnent un cadre théorique et des éléments pour déconstruire le phénomène. Plusieurs abordent les interventions, certaines dans une perspective de la déviance (bandes, désorganisation) et d'autres dans la perspective du travail et de la formation.

W. Specht, Einleitung und Jugend auf der Strasse und Mobile Jugendarbeit [général]

H. Thiersch, Position und Bedeutung von Jugend in der Gesellschaft [général]

I.Rizzini/T. G. Sanders, Kinder der Strasse in Brasilien [Brésil]

O. Rivero, Jugendliche von Surquillo [Pérou]

V. Bamurange Kainamula, Berufliche Qualifikationen und verantwortliche Elternschaft [Tanzanie]

W. Kairi, Hilfe zur Selbständigkeit [Kenya]

Yu wiming zhu Chuanyi, Gemeinwesenarbeit mit gefährdeten Jugendlichen in China [Chine]

E. Nikoljewna Jermoschina, Kinder der Perestrojka. Schulpädagogische Orientierungshilfen für verhaltensauffällige Schüler in Gorrkij [Russie]

M.W. Klein, Bekämpfung von Jugendbanden in den USA [Etats-Unis]

I.A. Spergel, Jugendbanden: Eine Funktion sozialer Desintegration und Armut

J. Blackmore, Nachsorgeprogramm für strafentlassene Jugendliche

T. Able-Peterson, Street Work in New York [Etats-Unis]

Thomas Möbius, Street Work in der Hamburger Szene männlicher Prostitution [Allemagne]

Klaus Hinze, Jugendarbeit einer Kirchengemeinde in der ehemaligen DDR [Allemagne]

Ruedi Rüegsegger, Jugendbanden und Mobile Jugendarbeit in Luzern [Suisse]

H. Becker, M. May, Selbstorganisation deklassierter Jugendlicher [Allemagne]

J. L. Hazekamp, Ausländische Jugendliche in den Niederlanden [Hollande]
H- Wagenleiter, Mobile Sozialarbeit in Alaska [Etats-Unis]
Friedhelm Buckert, Gemeindenahe Jugendhilfe [Allemagne]

Stöcklin, D. (1998-2000). „Recherche-action auprès des enfants de la rue", Terre des Hommes, documents non-publiés, (Français)

[Brésil, Bangladesh, Maroc, Ethiopie, Viet-Nam, Asie, Afrique, Amérique Latine, identité, perspective de l'acteur, carrière, intervention/politiques sociales]

Il s'agit de divers textes non publiés de l'auteur qui se rapportent à une recherche-action dans les cinq pays mentionnés. En collaboration avec les intervenants des projets, la recherche vise à cerner les caractéristiques des enfants bénéficiaires de l'aide. Les outils développés par R. Lucchini (1993, 1996, 1999) sont utilisés pour systématiser les informations sur ce que les enfants expérimentent dans les rues. L'objectif de la recherche en cours est la formation des intervenants et la mise en perspective des diverses options d'intervention avec les caractéristiques des enfants.

Szanton Blanc, C. (Ed.) (1994). „Urban Children in Distress - Global Predicaments and Innovative Strategies". Florence, UNICEF - Gordon and Breach, 481 pp. (anglais) [2-88124-623-0] [FR- 1230, PR]

[travail, famille, pauvreté, intervention/politiques sociales, recherche, Brésil, Philippines, Inde, Kenya, Italie, Asie, Afrique, Europe, Amérique Latine]

Cet ouvrage présente les résultats d'une étude comparative sur les enfants en situation particulièrement difficile (CEDC) dans cinq pays: Brésil, Philippines, Inde, Kenya, Italie. Elle compare la situation des enfants travailleurs avec ceux qui vivent dans les rues, essentiellement par des données quantitatives. Les chapitres relatifs aux pays concernés par la bibliographie figurent dans les sections correspondantes, sous le nom des auteurs des études respectives. (Etudes qui ne sont pas mentionnées dans cette bibliographie: I.Rizzini/I.Rizzini/M. Munoz-Vargas/L. Galeano "Brazil: A New Concept of Childhood" pp. 55-100; L. Solito "Italy: Where Are Children on the City Agenda", pp. 259- 310.)

C. Szanton Blanc, coordinatrice de cette recherche, a écrit l'introduction, ainsi que deux chapitres de synthèse. Au chapitre 7 ("Some Comparative Urban Trends: Street Work, Homelessness, Schooling, and Family Survival Strategies" pp. 311-374), l'auteur examine de manière détaillée les tendances qui émergent des comparaisons internationales. Elle décrit dans un premier temps les contraintes méthodologiques et conceptuelles de la recherche et souligne plusieurs difficultés. Parmi celles-ci, le fait que les catégories et les définitions normatives du problème des *street children* sont utiles pour la dénonciation et *l' advocacy,* mais ne sont pas opérationnelles pour les objectifs des programmes. Ceux-ci doivent prendre comme point de départ les enfants. La question de la définition de standards interculturels au sujet du développement de l'enfant est également soulevée.

Un paragraphe analyse la situation des enfants en relation avec leur famille en distinguant diverses situations vécues par eux (enfants qui vivent dans la rue, enfants travailleurs basés dans la rue, enfants travailleurs basés dans la rue qui risquent de devenir des enfants de la rue, enfants institutionnalisés, enfants travailleurs qui dorment dans leur lieu de travail). Au sujet des enfants qui dorment dans la rue, il est signalé qu'ils sont aussi des travailleurs dans la plupart des cas et que leurs activités génèrent souvent des revenus supérieurs à ceux des autres enfants travailleurs. Ils constituent une petite partie des enfants défavorisés en milieu urbain. Leur départ est souvent associé à des problèmes dans la famille (sous-emploi, ruptures, perte de soutien parental,...). La comparaison des recherches fournit un ensemble d'indications qui sont résumées dans des tableaux. Une comparaison se rapporte aux similarités et différences entre les enfants vivant dans la rue, les enfants travaillant dans la rue qui risquent de devenir des enfants de la rue et les enfants qui travaillent dans la rue, mais vivent dans la famille (p. 331). Une deuxième comparaison concerne les causes. Le document signale qu'il n'est pas possible d'isoler au niveau global des causes qui seraient spécifiques du phénomène des enfants vivant dans la rue, celles-ci étant les mêmes pour les autres populations d'enfants marginalisés. Un tableau résume les „antécédents" situés à divers niveaux d'analyse: national/international, Société/ville, communauté et voisinage, famille/ménage, enfant. (p. 365).

Un autre tableau résume un ensemble d'indicateurs censés permettre d'identifier des familles dans lesquelles les enfants sont prédisposés:

i)   au travail

ii) à la vie dans les rues
iii) à l'adoption de comportements „*à haut risque*".

La schématisation comprend les dimensions suivantes: 1) migration, 2) taille et âge du foyer, 3) emploi des parents (père/mère), 4) composition du foyer, 5) éducation et mariage, 6) environnement, 7) niveau de pauvreté *("Main Household Predictors of Children's Work, Street Life and High-Risk Behaviours"*, p. 367).

Le tableau présente des éléments qui s'inscrivent implicitement dans un enchaînement déterministe. L'enfant qui se rend dans la rue proviendrait d'une famille qui cumule un ensemble de difficultés et qui, en plus de la pauvreté, expérimenterait une migration récente et les faibles supports sociaux que cela implique, la diminution du sentiment d'appartenance à la famille, un manque de soins de la part des adultes en raison du travail maternel, l'abus. L'enfant qui montre des comportements à haut risque aurait encore une plus grande marginalisation, une faible estime de soi, une résistance faible à l'influence des pairs et des comportements antisociaux.

(N.B. Ces indicateurs ont été testés dans d'autres pays d'Asie, plusieurs modifications ont été suggérées: voir Childhope 1995 (Asie)).

Le huitième chapitre est consacré aux programmes et aux politiques novatrices.

Tessier, S. (Ed) (1994). „L'enfant et son intégration dans la cité". Paris, Syros, 183 pp. (français) [FR, PR]

[France, Irlande, Italie, Philippines, Brésil, Algérie, Amérique Latine, Afrique, Asie, Europe, intervention/politiques sociales, socialisation, identité, perspective légale/droits de l'Homme/CDE, perspective culturelle/interculturelle, perspective de l'acteur, sociabilité, résilience, prostitution /exploitation sexuelle, habitat/quartier, carrière, socialisation/enfance, travail, recherche]

Il s'agit d'un ensemble de documents issus d'un séminaire tenu à Paris en 1993 („L'enfant et la rue: initiatives communautaires et appareil institutionnel"). Plusieurs contributions traitent d'enfants qui utilisent la rue de diverses manières, mais ne vivent pas dans les rues. La plupart des contributions concernent la France. Dans l'introduction, S. Tessier expose une approche en termes de changements dans les modes de socialisation de l'enfant et de sources diverses de marginalisation. La première partie aborde le thème de la rue comme espace public et lieu de socialisation

(J.-M. Delarue), ainsi que comme enjeu de recherche et d'intervention (A. Vulbeau). Une brève présentation de T.Mekideche décrit la conception de l'espace-rue à Alger („*Zanka*") comme un espace de jeu et de socialisation.

La deuxième partie décrit des expériences d'intervention dans divers pays. (France, Brésil, Naples, Belfast). Chi Franchet décrit l'expérience de mise en relation des ONG qui s'intéressent aux enfants de/dans la rue à Manille. Le texte présente la situation des enfants et les axes d'intervention (5 pp.). Alphonse Tay présente l'action de l'UNESCO (4 pp.).

La dernière partie („instruments et méthodes") recueille des contributions sur la politique sociale, la politique urbaine, la prévention de la délinquance, la protection judiciaire, etc. (N.B. ces documents concernent la France).

Tessier, S. (Ed). (1998). „A la recherche des enfants des rues". Paris, Karthala; 477 pp. (français) [PR, FR-1500] *

[Chine, Mexico, Colombie, Brésil, Congo, France, Afrique, Asie, Europe, recherche, intervention/politiques sociales, perspective de l'acteur, perspective structurelle, perspective culturelle/interculturelle, perspective légale/droits de l'Homme, résilience, perspective psychologique, santé, définitions, sociabilité, travail, sortie, identité, compétences]

Il s'agit d'un ouvrage collectif qui réunit des documents de divers experts et des comptes rendus de séminaire (Séminaire Nathalie Masse). Il soulève la nécessité d'une rupture épistémologique par rapport au thème des enfants des rues, en adoptant une approche centrée sur l'enfant, sur ses représentations et sur ses compétences. Plusieurs contributions concernent l'Amérique Latine.

Ch.1: De la recherche à l'action
S. Tessier (<u>Distances, ponts, liens et chausse-trappes</u>, pp. 13-38) présente les différentes approches dans la recherche, en opposant une approche socio-économique à une perspective anthropologique. L'article examine également les éléments qui conditionnent la recherche (financement, mandats, accès aux enfants, etc.) et par conséquent l'action. Le lien entre action et recherche est abordé du point de vue des

rapports de pouvoir (politiques et décisionnels). Le texte présente des éléments pour déconstruire les discours et les approches (approches statistiques, misérabilisme, etc.) Le décalage entre les discours et les expériences des enfants est illustré par le thème de la sexualité. Dans ce texte et dans les diverses contributions de l'ouvrage, l'auteur s'interroge sur les différences et les similarités des expériences des enfants de la rue: relèvent-elles de réalités diverses ou bien sont-elles en rapport avec les méthodes des chercheurs?

F. Bailleau (Logiques et contraintes institutionnelles, pp. 39-52). En référence au cas français, il traite des contraintes qui pèsent sur le processus de recherche.

Ch.2: Quelques résultats des recherches: les compétences des enfants

S. Tessier, Deux axes de recherche: la notion de groupe et le travail de l'enfant (pp. 55-65).

L'auteur s'intéresse aux différents types de groupes d'enfants et traite des fonctions diverses remplies par le groupe (identitaires, utilitaires, territoires, etc.). Le groupe est mal cerné car l'observation s'attache souvent exclusivement à ce qui est visible et oublie les dimensions symboliques (appartenances, re-définition des références ethniques). La deuxième partie du texte traite du travail. En raison de l'abus et de la domination inscrits dans le travail de l'enfant, l'auteur critique une vision du travail comme une „sortie" de la carrière dans la rue. Le travail de l'enfant est en effet vu comme „destructeur du tissu social et source de désorganisation familiale". La promotion du travail de l'enfant est alors une forme d'occultation des processus d'exclusion et de marginalisation.

L. Zamudio, Usage de l'espace urbain: pour une typologie des compétences; Compte rendu du groupe de travail (pp. 67-69). On distingue ici entre compétences cognitives et instrumentales; une liste des compétences est dressée. Les intervenants ont tendance à ignorer ces compétences et à vouloir transmettre aux enfants celles qui sont moins utiles et intéressantes. Cela explique la désaffection de certains enfants face aux programmes. Il est cependant signalé que les compétences des enfants „les enferment [...] dans une logique circulaire qui interprète les événements comme arbitraire et sans lien, comme s'ils se répétaient sans continuité".

E. Taracena et E. Tavara, La fonction du groupe chez les enfants de la rue à Mexico (pp. 70-87). Cette contribution présente les résultats d'une recherche qui adopte une perspective psychanalytique. Les auteurs examinent les fonctions du groupe autour de la protection, la dépendance, la consommation d'inhalants et les relations sexuelles.

M.-P. Jouan, Droits, transmission et transformation (pp. 161-171) L'auteur examine la représentation de l'enfant véhiculée par la convention des droits de l'enfant en lien avec une réalité dans laquelle elle est inapplicable. Il existe un désaccord profond sur le statut et l'identité de l'enfant à partir de normes sociales, culturelles et ethniques diverses. Ceci est rapidement illustré à partir d'un désir de protection et d'une idée de protection qui se confrontent au travail de l'enfant. Des expériences en (?) égyptiennes, centrafricaines et françaises sont exposées en montrant la nécessité de concilier les normes locales et internationales autour des droits de l'enfant.

(Autres contributions: R. Gelb, Représenter: le langage silencieux des gangs de rue à Chicago; L. Zamudio Cardenas, La représentation de l'argent et les enfants des rues; N. Rubiano Blanco, Vie quotidienne et représentation de la mort chez les mineurs délinquants en Colombie; E. Lecomte/S. Tessier, Santé: compte -rendu du groupe de travail)

Ch.3: Dans quel contexte?

Le Roy, Crise, mondialisation, complexité sociale: spécificités des situations et généralités des pratiques (pp. 178-194) Ce texte présente un cadre théorique général pour penser la complexité

à partir de concepts de mondialisation, globalisation, uniformisation et localisation.

D. Stöcklin, Enfants des rues en Chine: les 'vagues aveugles' (pp.195-213). L'auteur expose les premiers résultats provisoires d'une recherche réalisée à Shanghai. Il traite des processus de marginalisation à l'œuvre en Chine: politiques des naissances, politiques de migration et libéralisation économique. L'auteur présente deux types d'enfant des rues de Shanghai: les enfants mendiants (soumis à une exploitation forte) et les adolescents vagabonds (davantage soumis à la répression policière). Il montre l'influence directe de la corruption et de l'image négative de l'opinion publique sur la vie des enfants. A la différence du contexte sud-américain, l'expérience dans la rue se caractérise ici par l'absence de revendications identitaires que l'auteur attribue à la culture chinoise et aux caractéristiques de la rue. (voir les travaux plus récents de l'auteur: Stöcklin, 2000 [Asie]).

L. Zamudio/S. Tessier/E. Lecomte, Amérique latine: compte- rendu du groupe de travail (pp. 214-217). Les auteurs réfléchissent sur les représentations de l'enfant dans le contexte sud-américain et signalent deux oppositions structurantes: celle de l'enfant-charge/enfant-bénéfice et celle de l'enfant-victime/enfant-coupable. Les discours positifs et la réflexion riche existante en Amérique latine au sujet de l'enfant contrastent avec des pratiques négatives et avec une situation similaire à celle des autres continents.

C. Kuyu, Spécificités africaines et procédures de prise en charge de l'enfant marginalisé: compte- rendu du groupe de travail (pp. 218-222). La spécificité africaine se rapporte, comme dans le texte précédent, aux discours et aux approches. Le questionnement sur la place de l'enfant dans les sociétés traditionnelles et sa socialisation domine le travaux sur les enfants de la rue. La place de l'enfant est abordée en termes de droits et de devoirs définis par la tradition. L'évolution des situations des enfants est associée à des phénomènes tels que l'urbanisation rapide, l'explosion démographique, la crise économique et celle de la famille urbaine. Le phénomène des enfants des rues y est associé. Le groupe de travail signale que la prise en charge des enfants doit se faire en tenant compte les spécificités africaines (adoption, famille élargie,…) et de la créativité de l'enfant et non pas en cherchant à adapter les approches propres aux pays du Nord.

E. Lecomte/S. Tessier, France: compte-rendu du groupe de travail (pp. 223-226). La population d'enfants en difficultés dans l'espace public français est tout d'abord celle des banlieues et ne vit pas dans les rues. Les difficultés des enfants sont lues à travers les conflits entre trois systèmes identitaires: celui de l'école (valeurs républicaines), celui de la famille (fragile) et celui de „l'extérieur" (le système de consommation véhiculant des valeurs de réussite à tout prix et le monde du travail en déclin). Les aspects positifs et négatifs des interventions publiques sont examinés.

F. Chobeau, Les jeunes galériens en France (pp. 227-233) expose les caractéristiques de la „galère française" une expérience de jeunes dans les rues, faite de rage, de désorganisation et d'exclusion.

Ch.4: L'action: les structures et leurs logiques

Ce chapitre est consacré aux fondements théoriques des structures qui agissent en faveur des enfants des rues. Dans le texte introductif, S. Tessier, Les structures et institutions de prise en charge pp. 237-241), s'interroge sur la possibilité de dépasser une approche qui voit"des adultes intervenant pour le compte et aux bénéfices des enfants et des jeunes". Celle-ci pose des limites pour aborder la sous-culture de ces populations (souvent définie en opposition aux normes des adultes) et pour promouvoir leur citoyenneté (qui est implicitement niée).

E. Le Roy, Logique institutionnelle et logique fonctionnelle, de l'opposition à la complémentarité (pp. 243-258). Ce texte traite de l'existence de diverses conceptions du droit. Il apporte des questionnements sur la globalisation de la pensée sur l'enfance et sur l'éducation.

R. Lucchini, Image de l'enfant en situation de rue et intervention, pp. 259-275), propose une lecture critique de la notion de „résilience". Il est trop souvent question de l'adaptation de l'enfant à la société et non pas de l'adaptation de la société à l'enfant. Cette deuxième concerne par exemple l'acceptation et la valorisation des compétences et habilités de l'enfant. Un résumé d'une étude antérieure sur les représentations de l'enfant de la rue à Montevideo (Lucchini, 1996) présente quelques réflexions sur l'intervention.

C. Kuyu, <u>Otages dans la rue</u> (pp. 276- 286). Une première partie du texte examine la perspective légale et les outils juridiques en montrant comment - au même titre que la réflexion à partir de la famille et la communauté traditionnelle - cette perspective est en décalage avec la réalité. Une deuxième partie du texte décrit des effets pervers des ONG. L'auteur montre que ces inadéquations des moyens (juridiques ou des ONG) s'explique à son tour par des logiques statutaires, politiques et économiques. Les logiques statutaires sont responsables du manque de réflexions juridiques engagées dans la pratique, ainsi que de l'engouement de certains acteurs sociaux pour les œuvres de bienfaisance. Ce fonctionnement finit alors par contribuer à la production des enfants des rues.

G. Massiah, <u>L'évolution des rapports entre les ONG et les institutions publiques</u> (pp. 287-296). L'auteur souligne la nécessité de repenser la situation des enfants des rues en tant qu'analyseurs des sociétés en question, plutôt que de se limiter à l'intervention d'urgence. Le travail des milieux associatifs est en effet confronté aux conséquences de la mondialisation (exclusion et précarisation). Il est également confronté à son propre processus d'institutionnalisation qui risque de décharger les Etats et la communauté internationale de leurs responsabilités.

V. Paiva, <u>Evaluation des ONG en Amérique Latine</u> (pp. 297-312), décrit une étude concernant l'évaluation des ONG. Les résultats montrent que les évaluations restent étroitement liées à des objectifs de légitimation et de recherche de fond, les auto-évaluations permettant d'examiner de manière critique les pratiques restant rares.

Ch.5: Comment Agir? Quelques expériences

S. Tessier, <u>Des enfants créatifs et des idées</u> (pp. 316-320), introduit ce chapitre en signalant deux grands types d'intervention: les activités collectives et les actions individuelles. A l'intérieur de ce large champ, il constate de vifs débats et des problèmes dans la mesure des effets des interventions. L'auteur suggère que l'adoption de principes pédagogiques communs tels que la négociation des relations, l'autonomie et la liberté individuelle, permet de réduire les divergences à des points techniques. Le chapitre introduit un ensemble de pratiques novatrices qui cherchent à créer des espaces d'expression pour l'enfant (théâtre, dessin, etc.) et rompre avec ses expériences antérieures de non-communication et de non-reconnaissance.

La suite du chapitre présente plusieurs expériences. Deux contributions montrent comment l'intervention se heurte aux processus d'exclusion et de discrimination. La création d'espaces d'expression pour des enfants exclus et marginalisés remet en question l'ordre (la hiérarchie institutionnelle, les rapports adultes-enfants, les rapports entre ethnies et classes sociales) et peut dès lors échouer (N. Thomasi, S. Tessier, Congo, et Tessier, Egypte). Les contributions de la dernière partie sont des présentations d'actions et de techniques novatrices. Le sixième chapitre réunit des réflexions sur *le hip-hop* en France.

Tolfree, D. (1995). „Roofs and Roots: the care of separated children in the developing world". Hants, Save the Children/Arena, 251 pp. (anglais) [1 85742 277 5] [PR] *

[intervention/politiques sociales, sortie]

Ce livre concerne de près la question des sorties du projet et de ce que devient l'enfant après son placement dans un foyer résidentiel. Il se rapporte à des centres résidentiels dans divers pays du Sud, dont ceux qui accueillent les enfants vivant dans les rues, les enfants abandonnés, orphelins, les enfants séparés de leur famille dans un contexte de guerre, etc. L'ouvrage expose les présupposés de l'option résidentielle et s'interroge quant à ses limites. L'enfant n'est souvent pas le premier bénéficiaire de ces institutions qui ne répondent pas nécessairement à ses besoins. Pour les enfants en conflit avec la loi, c'est souvent le contrôle de cette population et la protection de la propriété privée qui sont visés à travers l'institutionnalisation. Un autre questionnement concerne les contacts entre la famille et l'enfant, ainsi que les modes traditionnels de prise en charge des enfants dans les communautés et dans la famille élargie.

Un chapitre est consacré à l'impact des soins institutionnels portés à l'enfant (soins physiques et psychologiques, relation avec l'adulte, relation entre les pairs) et à la préparation de la sortie du foyer résidentiel. L'auteur cite une étude qui compare les compétences des jeunes sortis d'institution et de ceux qui n'y ont jamais vécu en produisant un ensemble d'indicateurs pour aborder cette question (Wongchai Y. et al. (1992)). Plusieurs dimensions sont décrites: l'apprentissage de modèles de comportement et de rôles, le détachement de la famille, la création d'une relation de dépendance et le manque de motivation, l'isolement par rapport à la communauté, les compétences utiles à la survie à l'extérieur du foyer et le suivi après la sortie de l'enfant. Le thème de l'abus commis sur l'enfant en institution est également traité.

Une partie de l'ouvrage s'intéresse aux améliorations pratiques pouvant être apportées dans les foyers résidentiels et aux diverses formes de prévention (prévention par rapport aux besoins d'institutionnalisation et prévention par rapport à l'institutionnalisation à long terme). Une troisième partie traite des familles de substitution.

Tyler, F.B./Tyler S.L. et al. (1992). „Huckleberry Finn and Street Youth Everywhere: An approach to Primary Prevention" <u>Improving Children's Lives: Global Perspectives on Prevention</u>. G. W. Albee/Bond L.A. et al., London, Sage, pp. 200-212. (anglais) [FR]

[perspective de l'acteur, identité, résilience, intervention/politiques sociales, Amérique Latine, USA]

Cet article concerne la jeunesse de la rue dans plusieurs contextes. Les auteurs critiquent les définitions classiques et montrent les biaisages dans la connaissance du phénomène. L'orientation théorique est celle des compétences psychosociales des jeunes. Le document présente des indicateurs pour mesurer ces compétences et des résultats concernant des études réalisées à Bogota et Washington. Les implications pour la prévention primaire sont discutées.

UNESCO (1995). „<u>Working with street children</u>": <u>selected case-studies from Africa, Asia and Latin America</u> (édition française: <u>Dans la rue, avec les enfants - Programmes pour la réinsertion des enfants de la rue</u>). Paris, UNESCO /ICCB, 303 pp. (français ou anglais) [9231030965 (anglais) 9232030969 (Français)] [PR]

[Asie, Afrique, Amérique latine, Caméroun, Côte d'Ivoire, Kenya, Sénégal, Bolivie, Pérou, Philippines, Sierra Leone, Togo, Ouganda, Colombie, Inde, Argentine, Mexico,

Sri Lanka, intervention/politiques sociales, sortie] *

Ce livre présente plusieurs projets qui s'adressent aux *street children* et aux *working children*. Ils sont partagés en plusieurs chapitres: 1) réinsertion à travers l'éducation, 2) réinsertion à travers le travail, 3) utilisation de la rue, 4) administration. L'introduction mentionne les causes liées à la pauvreté et aux problèmes familiaux, le fait que le phénomène prend de l'ampleur sans toutefois pouvoir être chiffré. Elle présente aussi les définitions habituelles („de" et „dans" la rue).

Un certain nombre d'exposés font référence à la sortie du projet. Certains abordent la question en termes d'efficacité du projet, d'autres exposés font référence aux problèmes rencontrés ou encore s'interrogent sur la définition même de l'échec et du succès dans l'intervention. Parmi les constats qui figurent dans les divers exposés:

- l'impossibilité de raisonner en termes d'échec ou de succès en termes objectifs
- l'importance du suivi des apprentis, les difficultés de placement des adolescents et celles que rencontrent ceux qui veulent devenir entrepreneurs indépendants;
- les sorties mentionnées: réunification familiales, mariage et formation d'une famille, création de commerces, placement comme apprentis

La conclusion évoque les difficultés de certains projets à recruter les enfants et à les maintenir dans le foyer. Certains enfants restent néanmoins seulement une courte période dans les projets avant de rejoindre leurs familles, des écoles ou bien d'autres centres professionnels.

UNICEF (1989). „Directives pour l'application du guide méthodologique pour l'analyse de situation des enfants vivants dans des conditions particulièrement difficiles" // Guidelines for the application of the methodological guide on situation analysis of children in especially difficult circumstances, UNICEF, Bogotà (anglais/ français/ espagnol) [FR- 1193]

[recherche, définitions]

Ce texte de 1989 présente un modèle d'analyse de situation de l'UNICEF devenu désormais classique. Un tableau résume les dimensions de l'étude et les modes d'investigation pour chaque catégorie d'enfants (de/dans les rues). L'analyse comporte un ensemble de données situationnelles et, dans la catégorie indicateurs, un ensemble de comportements à risque.

UNICEF (1998). „Implementation handbook for the convention on the rights of the child". New York, Geneva, UNICEF; 681 pp. (anglais) [FR 1495]

[perspective légale/droits de l'enfant, pauvreté, famille, définitions]

Dans cet ouvrage qui s'intéresse à l'application de la Convention des droits de l'enfant, deux passages concernent directement les *street children* (inclus dans la catégorie plus large „*children who live and/or work in the street*") pp. 31-32: Il y est question de l'importance de distinguer les différentes catégories d'enfants présents dans la rue et de l'usage du terme, lui-même discriminant. Il traite aussi de l'augmentation du nombre d'enfants due à la pauvreté, à l'abandon et à la violence de la famille. Il importe de distinguer les diverses catégories d'enfants parce que certains ne tombent pas sous le coup de l'article 20, n'étant pas privés de leur famille. "*Nevertheless, a significant proportion of children on city streets are there because they are orphaned (for example from conflict or famine or AIDS) or because they have been abandoned by their parents or because they have run away from physical, sexual or emotional abuse*" (p. 263). Le texte souligne qu'il est important d'aborder leurs problèmes de manière à maintenir les liens avec la famille et la communauté, ainsi qu'à respecter le sens d'affirmation et d'indépendance de l'enfant.

Van der Ploeg, J./Scholte, E. (1997). „Homeless Youth". London /Thousand Oaks/New Delhi, Sage, 157 pp. (anglais) [0-8039-7806-5] [FR 1505]

[perspective psychologique/psychopathologie, perspective structurelle, intervention/politiques sociales, sortie, définitions, pauvreté, famille, genre/fille, identité école, sociabilité, Europe, Etats-Unis, Amérique du Nord] *

Cet ouvrage s'intéresse à la catégorie des jeunes "*homeless*". Il inclut des études sur l'Amérique Latine et l'Afrique dans les références et dans l'approche statistique du phénomène. Les explications du phénomène (ch. 5) se rapportent cependant presque exclusivement à des études réalisées dans les pays du Nord.

L'ouvrage comporte deux parties. La première porte sur les recherches (résumé ci-dessous) et la deuxième sur l'intervention.

Le <u>premier chapitre</u> traite de la fugue, du retour au foyer et des processus cycliques entre rue et foyer qui caractérisent les *homeless*. Plusieurs typologies et définitions sont examinées. Le <u>deuxième chapitre</u> concerne l'impact du phénomène au niveau mondial. Parmi ces constats figurent la diminution de l'âge des enfants qui deviennent *homeless* et la tendance à l'augmentation du nombre des filles. Dans les pays occidentaux, un grand pourcentage de jeunes *homeless* appartiennent à des minorités culturelles. Le <u>troisième chapitre</u> traite du lien entre les problèmes de comportement et la situation des *homeless*. Il montre qu'il n'est pas aisé de savoir si ces comportements sont la cause ou la conséquence de l'état de *homeless*. Ceux-ci sont souvent présents avant la fugue de l'enfant, mais constituent également des formes d'adaptations pour survivre dans la rue (p. 24). Le chapitre traite également de la victimisation, de la violence et des problèmes scolaires. Le <u>quatrième chapitre</u> s'intéresse aux explications liées à la biographie des enfants et aux facteurs psychologiques. Les filles sont plus souvent maltraitées et abusées dans la famille (cf. abus sexuel) alors que les garçons sont négligés, voire expulsés. Bien qu'il soit difficile de déterminer combien le rôle des parents est décisif dans les situations de fugue, *"there are strong signs that often the parents show the children the door"* (p. 35). Les troubles psychologiques (dépression et faible estime de soi) seraient plus importants chez les filles. Il y aurait néanmoins plus souvent des solutions pour celles-ci lorsqu'elles fuguent du foyer. Elles sont ainsi moins nombreuses à rester dans la rue et à devenir *homeless*. Les minorités et les classes sociales inférieures sont sur-représentées parmi les *youngsters homeless*. Est également examinée la question de la santé mentale et des problèmes psychiques.

Le <u>cinquième chapitre</u> examine de manière approfondie les théories qui expliquent le phénomène des jeunes *homeless* (études aux USA et en Europe). Il expose les facteurs explicatifs au niveau social, au niveau des interventions et au niveau individuel. On y trouve une synthèse de plusieurs travaux de recherche et des principaux modèles explicatifs.

Au niveau structurel, il est question de pauvreté, d'absence de logement, de chômage, de désinstitutionalisation (pour les adultes avec des problèmes psychiatriques), de défaillances dans les systèmes d'aide professionnelle aux jeunes. Ce dernier point interroge directement les instances d'intervention. Deux critiques sont formulées. D'une part, le système d'aide tend à placer l'enfant dans un réseau de dépendance qui ne lui permet pas de survivre et de développer ses compétences dans un système complexe. D'autre part, il y aurait une tendance à déplacer l'enfant/le jeune dans une autre agence lorsqu'il y a des difficultés. Les jeunes qui ne s'adaptent pas sont ainsi replacés à plusieurs reprises (voir plus loin: rejet). Sur le plan individuel, l'auteur mentionne les traits de personnalité et les difficultés de comportement, ainsi que les problèmes familiaux (abus et négligence de l'enfant). Un lien direct de causalité ne peut cependant pas être établi dans la mesure où certains enfants qui présentent ces caractéristiques ne deviennent pas *homeless*.

Les travaux de Brandon (1980) prennent en considération quatre types principaux d'explication (sociale, pathologique, fondée sur l'immaturité et individuelle) (p. 66). Greenblatt (1992) propose une explication faisant intervenir divers facteurs qui interagissent entre: culturels (minorités, préjudices culturels), institutionnels (pauvreté, logement, absence d'assistance sociale, services de santé mentale inadéquats), communautaires (politiques locales et nationales), organisationnels (choix et accès aux services...), individuels (genre, émotionnel, difficultés de comportement et d'adaptation, faible estime de soi). Kurtz (1991) établit un portrait d'enfant „à risque" (enfants qui vivent dans des familles de *homeless*, enfants abusés ou négligés (en particulier abusés sexuellement), enfants expulsés par les familles et placés dans des centres ou des hôpitaux, enfants et jeunes désinstitutionnalisés, enfants réfugiés ou demandeurs d'asile).

Divers modèles théoriques ont été développés. Pour Van der Ploeg (1991) la théorie de l'expulsion prend la forme d'une escalade. „ *Homelessness is a continuous and escalating process of being pushed out. This process starts in the family. (...) this escalating process ends in running away from home or in a "thrown away" by the parents. During this troubled period at home, school, for most of these children, is equally full of problems. (...) The consequences are often that the pupil drops out of school or is sent away. (...) The same process takes place at work (...) Finally the social network of these youngsters crumbles off; the problematic behaviour of the young person reinforces a mechanism of being pushed out of all social environments. Relatives and friends keep their distance from these 'impossible' juveniles. Even professional organizations for child and youth care consider them as untreatable*" (pp. 68-69)." Un autre type d'analyse (Stefandis et al. 1992; Tavecchio 1993) s'intéresse aux problèmes au niveau de l'attachement et aux blocages émotionnels. Les *homeless* qui restent longtemps dans la rue présentent des blocages émotionnels plus importants, d'où leur résistance au placement. Un dernier type d'explication (Grigsby et al 1990) concerne les processus de désaffiliation et réaffiliation. Trois catégories de *homeless* sont décrites. Le premier groupe englobe les enfants qui ont récemment fugués, ont un réseau social faible et des troubles psychologiques modérés. Le deuxième groupe est celui les enfants et des jeunes qui ont perdu progressivement leurs supports sociaux et manifestent des troubles psychologiques importants. Le troisième groupe réunit ceux qui ont été dans les rues pour de longues périodes. Ils ont remplacé leurs réseaux de soutien par des réseaux non-traditionnels dans la rue et, pour cette raison, leurs réseaux sont larges. Chez eux, les troubles psychologiques sont faibles.

Vanistendael S. (1992). „Les enfants de la rue: Problèmes ou personnes?" Genève, Les cahiers du BICE, 23 pp. (français ou anglais) [FR]

[famille, pauvreté, résilience, travail]

Le document identifie comme cause immédiate du phénomène des „enfants de la rue" la dissolution de la cellule familiale sous l'effet de la pauvreté. Elle provoque l'abandon de l'enfant. Il est fait référence à un système de causalité plus complexe formé d'influences diverses et qui inclut le travail des enfants ou le commerce du sexe. L'auteur dénonce „l'illusion académique" qui voudrait qu'il faille connaître les causes pour agir sur les problèmes sociaux et préconise de recentrer les discours et les actions sur l'enfant lui-même. La perspective causale est ensuite reportée sur la question de savoir pourquoi certaines familles et certains enfants résistent en dépit de l'adversité, introduisant ainsi l'idée de résilience. Cette notion est par ailleurs développée dans un autre texte de l'auteur (1995).

Vanistendael, S. (1995). „La résilience ou le réalisme de l'espérance", Genève, Les cahiers du BICE, 23 pp. (français ou anglais) [FR]

[identité, résilience]

La notion de „résilience" est définie comme étant „la capacité à réussir, de manière acceptable pour la société, en dépit d'un stress ou d'une adversité qui comportent normalement le risque grave d'une issue négative" (p. 9). L'explication est ainsi formulée par rapport à la réussite et non à l'échec. Plusieurs références bibliographiques sur le sujet.

Veale, A. (1992). „Towards a Conceptualisation of Street-children: the case from Sudan and Ireland." <u>Trocaire Development Review</u>, Dublin, pp. 107-121. (anglais) [BM/JE]

[perspective culturelle/interculturelle, perspective de l'acteur, perspective psychologique /psychopathologie démarche comparative, identité, intervention/politiques sociales. Soudan, Afrique, Irlande, Europe]

Cet auteur se propose de développer un modèle conceptuel des *street children*. Certains comportements des enfants qui sembleraient pathologiques peuvent avoir, en fait, des propriétés adaptatives et rationnelles. De ce fait, l'approche de l'intervention est celle de l' "*empowerment*" et non de la réhabi-litation.

Veale, A./Taylor, M. (In Press 2000). „Street Kids as abandoned or "abandoning"?" <u>Anthropological and Historical Perspectives on Child Abandonment</u>. A. Veale and M. Taylor (Ed.) Cambridge: Cambridge University Press. (anglais) [internet]

[famille]

Analyse la perspective de l'abandon en relation avec la situation des enfants de la rue. Ce livre est vraisemblablement en publication. Pas consulté.

Visano, L. (1990). „The socialization of Street Children: the development and transformation of identities." <u>Sociological Studies of Child Development,</u> Vol. 3, pp. 139-161. (anglais) [FR]

[perspective de l'acteur, identité, carrière enfance/socialisation, Amérique du Nord]

Cet article concerne l'enfant de la rue en Amérique du Nord. Il offre une conceptualisation de la notion de carrière dans la perspective de l'enfant acteur.

Williams, C. (1993). „Who are "Street Children"?" A Hierarchy of Street Use and Appropriate Responses." Child Abuse and Neglect, Vol. 17, pp. 831-841. (anglais) [FR]

[définitions, intervention/politiques sociales]

L'auteur s'intéresse aux différentes populations qui se trouvent dans la rue et utilise diverses études pour en montrer l'hétérogénéité. Il propose une conceptualisation de l'usage de la rue en quatre catégories: a) l'utilisation bénéfique, b) le statut „d'adulte qui s'assume", c) l'exclusion scolaire, c) l'état d' „aliénation dégénérative". Le degré de dépendance de la rue varie dans ces diverses situations. Le document conclut sur une différenciation des options d'intervention selon l'usage que l'enfant fait de la rue.

Woodhead, M. (1998). „Children's Perspectives on Their working Lives". Stockholm, Rädda Barnen, 153 pp. (anglais) [91-88726-19-3]

[travail, prostitution, perspective de l'acteur, sociabilité, famille, pauvreté, identité, Bangladesh, Ethiopie, Philippines, Guatemala, El Salvador, Nicaragua]

Cet ouvrage concerne le travail des enfants dans la perspective de l'enfant acteur. Il s'intéresse à leur perception et à l'évaluation qu'il portent sur le travail qu'ils accomplissent, sur l'école, les parents. etc. Plusieurs terrains concernent par contre des enfants qui travaillent dans les rues. L'un concerne spécifiquement des enfants qui vivent dans les rues et plus précisément les filles qui se prostituent (Ethiopie). Il est signalé que les familles ne jouent aucun rôle dans la décision de la fille de se prostituer. La pauvreté familiale et les conflits au foyer ont poussé ces filles à chercher une vie indépendante. Les pairs ont une influence sur le début de l'activité.

Wright, J./Wittig, M. et al. (1993). „Street Children in North and Latin America: Preliminary data from Proyectos Alternativos in Tegucigalpa and some comparisons with the U.S. case." <u>Studies in Comparative International Development</u> Vol. 28, N° 2 (summer), pp. 81-92. (anglais) [FR-2381]

[Honduras, Etats-Unis, Amérique Latine, Amérique du Nord, démarche comparative]

Etude comparative sur les enfants homeless qui se rapporte aux Honduras et aux Etats-Unis.

Voir également la section Afrique:

Ennew, J. (1996b). „Difficult circumstances: some reflections on 'street children' in Africa." <u>Africa Insight</u> 26 (3), pp. 203-210.

Quelques ouvrages généraux sur le travail de l'enfant:

BIT (1996). „<u>Le travail des enfants, l'intolérable en point de mire</u>". Genève, 129 pp. (anglais, français, allemand, arabe, chinois, espagnol, russe) [92-2-210328-9]

Boyden, J./Ling, B. /Myers, W. (1998). „<u>What Works for Working Children</u>". Stockholm, 364 pp. (anglais) [91-88726-13-4]

(voir également: Meyers, W./Boyden, J. (1998) "<u>Child labour: promoting the best interest of working children</u>", London, Save The Children, London.

Liebel, M./ Overwien, B./ Recknagel, A. (Ed.) (1998). „Arbeitende Kinder stärken". Frankfurt, IKO, 386 pp. (allemand) [3-88939-455-8]

Myers, W.E. (Ed.) (1992). „Protéger les enfants au travail". Genève, UNICEF. (français et anglais) [92-806-1017-1] [FR]
(voir également les articles dans la bibliographie par régions géographiques)

Rodgers, G./Standing, G. (Eds.) (1981). „Child Work, Poverty and Underdevelopment". Geneva, ILO, 310 pp. (anglais) [FR].
(voir également: Rodgers, G./Standing, G. „Les rôles économiques des enfants dans les pays à faible revenus" in Revue internationale du Travail, Vol. 120, Janvier-février, 1981, pp. 35-54.

Schibotto, G. (1990). „Niños trabajadores, construyendo una identidad", MANTHOC. Lima. (traduction anglaise: (1994) Working Children - Building an Identity, MANTHOC, Lima; traduction allemande: Schibotto, G. (1993). Unsichtbare Kindheit. Frankfurt, IKO, 209 pp. (allemand) [3-88939-107-9]

Schlemmer, B. (Ed.) (1996). „L'enfant exploité. Oppression, mise au travail, prolétarisation". Paris, Karthala/ORSTOM, 520 pp. (français) [2-86537-686-9] [FR] (Quelques articles abordent directement le travail de l'enfant de la rue et sont mentionnés dans les chapitres concernés (J.P. Toto (Congo); M.Verlet (Ghana))

UNICEF (1997). „La situation des enfants dans le monde 1997". Genève, 115 pp. (français/ anglais/espagnol)

B. Afrique

Adrien, M.-F. (1999). „Enfants de la rue, Exclusion et SIDA à Bangui." <u>Cahiers de Marjuvia</u> (9), pp. 7-13. (français) [FR]

[République Centrafricaine, Afrique, perspective culturelle/interculturelle/ interculturelle, famille, SIDA]

Ce bref article présente les fonctionnements familiaux susceptibles de provoquer la marginalisation de l'enfant et sa présence dans la rue. Il est également indiqué que la rue est un espace très particulier et difficile à délimiter par rapport aux espaces familiaux et communautaires. Le départ dans la rue est compris à partir de la dynamique familiale. Les explications suivantes sont données: i) les conflits d'autorité entre le jeune et le chef de famille, ii) les désordres interlignagers où le statut de l'enfant est mal-fixé, iii) les accusations de mort imputées à l'enfant, iv) les enfants présentant un danger pour l'entourage (possédés, épileptiques, voleurs, etc.). Ces jeunes ont rarement affaire à la police et ils peuvent souvent compter sur les liens de protection avec d'autres adultes. Le document s'intéresse également aux orphelins du SIDA.

Adrien-Rongier, M.-F. (1995). „L'enfance difficile à Bangui (République Centrafricaine)". <u>Cahiers de Marjuvia</u> N. 3, pp. 9-13. (français) [FR 2439]

[République Centrafricaine, Afrique, perspective de l'acteur, pauvreté, famille, perspective culturelle/interculturelle, Sida]

Il s'agit d'une présentation de l'auteur (anthropologue à l'Université de Paris VIII) à un séminaire de MARJUVIA. L'auteur examine les contraintes économiques en montrant les différences entre les jeunes "intégrés" et ceux qui vivent dans les rues, ces derniers étant davantage précarisés et exclus. Dans un deuxième temps, le document expose quelques mécanismes d'exclusion au sein de la famille. Plusieurs catégories d'enfants ont un statut précaire dans la famille pour des raisons culturelles/religieuses (enfants possédés, enfants qui ont eu une histoire particulière, etc). Une autre cause plus récente du statut précaire de l'enfant est le SIDA (enfant sidéen ou orphelin).

AEF International, Dar es Salaam office (1996). „Final Report for Street Girl Survey", January-June 1996. [BM/JE]

[Tanzanie, Afrique, fille/genre, prostitution]

Ce document se rapporte spécifiquement à la situation des filles qui se prostituent dans la ville de Dar es Salaam. Les informations ont été recueillies dans les rues, lors des visites aux foyers des filles, dans des bureaux et lors de discussions de groupe. Quelques trajectoires des filles sont signalés: l'abus lors d'un emploi comme domestique, l'abandon de la part de l'homme, le chômage. Plusieurs de ces filles ont des enfants à charge, les informations sur leur âge sont limitées.

Africa Insight 26 (3), 303 pp. (anglais) [issn 0256 2804] [FR 1418]

Ce numéro de la revue est entièrement consacré aux *street children*. Les divers articles figurent sous le noms des auteurs.

American Alumni Association of Tanzania (1994). „Final Report of the Conference on the Plight of Street Children of Tanzania". Dar es Salaam, 15th September 1994, 66 pp. (anglais) [BM/JE]

[Tanzanie, Afrique, intervention]

Rapport d'une conférence. La plupart des exposés sont des présentations des expériences des ONG. Une synthèse est présentée en conclusion.

A'nkuba, M. et al. (1986). „La vie de sept filles dans les rues de Kinshasa". Dakar, ENDA/JEUDA N. 60, 12 pp. (français/anglais) [en suspens]

[Zaïre, Afrique, fille/genre]

Commandé. Quelques extraits figurent dans l'ouvrage édité par Y. Marguerat et D. Poitou.

Anyuru, M. (1996). „Uganda's Street Children." Africa Insight 26 (3), pp. 268-275. (anglais) [FR 1418]

[Ouganda, Afrique, intervention/politiques sociales définitions, pauvreté, SIDA, famille, migration, guerre, réaction sociale, perspective structurelle, perspective de l'acteur]

L'auteur appartient à l'association "*Friend of Children Association*" de Kampala. Le texte examine dans un premier temps le terme de *street children* en signalant son caractère stigmatisant, le programme préférant celui de *working children*. Il est alors fait référence aux enfants qui travaillent et/ou vivent dans les rues. Le contexte social économique et historique est exposé en montrant les facteurs macro-sociaux qui conduisent à l'appauvrissement de la population (chute des prix des biens d'exportation et crise économique, inflation, guerre civile, allocation de parties importantes du budget national aux dépenses militaires, mesures d'ajustement, endettement, etc.). Ces éléments permettent de comprendre pourquoi durant la deuxième moitié des années '80 le nombre d'enfants de/dans la rue a triplé à Kampala: les familles ne sont plus en mesure de prendre soin de leurs enfants. Parmi les enfants qui se trouvent dans les rues de Kampala, 37,5% y vivent. Il y a parmi eux un certain nombre d'orphelins (parents décédés du SIDA) et d'enfants déplacés par la guerre. La famille élargie aurait également perdu sa capacité d'assurer la protection des enfants.

Le travail dans la rue est considéré comme une première étape vers une vie dans la rue. On rencontre des enfants migrants provenant des régions rurales et des enfants nés en ville. Toutes catégories confondues, il y aurait 25% de filles qui sont décrites comme étant spécialement à risque (abus sexuel, prostitution). L'auteur estime qu'environ un tiers de ces enfants sont „vulnérables" car ils ne sont pas suffisamment résilients pour survivre dans la rue. Ces enfants acceptent de quitter la rue pour vivre dans un lieu plus sécuritaire. Certains ont été séparés de leur famille durant la guerre ou abandonnés. Deux tiers sont décrits en revanche comme étant moins vulnérables car ils ont trouvé un travail et/ou un logement. Le document décrit les structures des groupes d'enfants qui répondent principalement à leurs besoins de protection.

La suite du document s'intéresse aux interventions policières et de la justice (harcèlement arrestation et institutionnalisation), ainsi qu'à la réaction sociale (crainte, menace, manque de reconnaissance, exploitation et abus). Une brève discussion présente quelques options d'intervention et signale qu'il est important de prendre comme point de départ l'enfant, sa recherche de solutions et ses aspirations.

Aptekar, L. (1996). „Street children in Nairobi." Africa Insight 26 (3), pp. 250-250. (anglais) [FR 1418]

[Kenya, Afrique, fille/genre, perspective de l'acteur, perspective culturelle/interculturelle, définitions, résilience, famille, pauvreté, prostitution, délinquance, sociabilité, drogue]

Cet article présente les résultats d'une recherche effectuée entre 1992 et 1994. L'auteur signale les problèmes liés aux définitions. D'une part, le passage entre le foyer et la rue (enfant"dans" la rue et"de" la rue) se fait rapidement. Il dépend de l'intérêt de l'enfant pour l'un ou pour l'autre espace, de la saison, du climat, des amis, des harcèlements de la police, etc.. D'autre part, cette distinction sous-entend le caractère fondamentalement bon du foyer. La vie dans la rue peut en réalité constituer une réponse moins inadéquate pour les besoins de l'enfant. Est également critiqué le préjugé qui veut que les familles d'où sont issus les enfants de la rue soient des familles déviantes.

Les résultats de la recherche concernent une estimation du nombre d'enfants de la rue, leur situation du point de vue de la santé mentale, le genre, les dynamiques familiales, l'hostilité à l'égard des enfants et les services qui leur sont offerts.

La question de la santé mentale des enfants ne peut pas être abordée sans faire référence aux genres. Les garçons se rendent dans la rue plus tôt que les filles et l'évaluation sociale qu'ils subissent porte sur la délinquance. En revanche, les filles se rendent dans la rue plus tard et leur évaluation sociale se fait en termes de sexualité. Leurs stratégies de survie respectives sont différentes. En reprenant une étude de Muraya et al. (1994), l'auteur signale comment la fille joue dans la rue le rôle d'épouse d'un garçon et exerce de manière sporadique la prostitution. Ces deux rôles ne sont pas vus d'ailleurs comme conflictuels par le partenaire de la fille. Dans la rue, la fille assume ainsi un rôle subordonné similaire à celui du foyer. Les filles conservent moins de contact avec leur famille et, à la différence des garçons, ne font pas partie de réseaux structurés.

La consommation d'inhalants serait chez les garçons étroitement associée à des rites de passage et à l'affirmation d'une identité d'adulte dans la rue. Elle serait aussi en rapport avec la sociabilité des garçons. Pour cette raison, la consommation d'inhalant est plus importante dans la tranche d'âge des 10-14 ans. L'adolescent plus âgé préfère d'autres produits (l'alcool) qui ne l'identifient plus à l'enfant de la rue, mais à l'adulte. Sur la base d'autres études, l'impact des inhalants sur la santé de l'enfant est examiné. La survie dans la rue exige de l'enfant des compétences et un esprit éveillé qui ne s'accorde pas avec une surdose de drogues. L'auteur décrit plusieurs stratégies et montre les compétences des enfants.

A propos des dynamiques familiales, il constate qu'il est inadéquat de considérer la négligence et les dysfonctionnements familiaux comme cause de départ de l'enfant. La pauvreté est le facteur principal qui explique ce phénomène. La plupart des enfants de la rue proviennent de familles où la mère est chef de famille. Elles adoptent des fonctionnements différents et fonctionnels dans ce contexte de précarité. Il est alors inadéquat de rendre ces mères responsables de leur pauvreté. Le texte décrit la circulation et la présence instable de l'homme, le choix de la femme de renoncer à la présence d'un homme qui la précarise davantage. Alors que les autorités considèrent ces familles comme déviantes (en ruptures), ces populations et les enfants eux-mêmes les perçoivent comme étant la normalité.

Le fonctionnement de ces familles produit de nouvelles formes de rivalités et de conflits qui expliquent le départ dans la rue (l'absence de père, l'abus du beau-père ou les conflits entre demi-frères ou demi-sœurs). Cependant, ce départ est vu comme une réponse qui n'est pas nécessairement la plus défavorable pour l'enfant. Le cas de la mère célibataire sans ressources économiques qui incite le garçon à devenir indépendant très tôt est pris comme exemple. L'enfant qui reste au foyer est souvent dans une situation plus inadéquate et il est moins résilient.

Aptekar, L./Ciano-Federoff, L.M. (1999). „Street Children in Nairobi: Gender Differences in Mental Health." New Directions for Child and Adolescent Development, "Homeless and Working Youth Around the World: Exploring Developmental Issues" M. Raffaelli R.W. Larson (Eds.) (85), pp. 35-46. (anglais) [PR]

[Kenya, Afrique, fille/genre, famille]

Les deux hypothèses qui dominent les discours sur les origines des enfants de la rue sont critiquées dans cet article. Il s'agit d'une part de l'hypothèse qui veut que la modernisation conduise à la rupture des liens familiaux et d'autre part de celle qui indique que les enfants de la rue proviennent de familles aberrantes caractérisées par l'abandon, l'abus ou la négligence à l'égard des enfants. Développées en Amérique latine, ces explications sont également acceptées au Kenya.

Pour les enfants de la rue au Kenya, les auteurs formulent des hypothèses différenciées selon les genres. Les garçons sont issus de foyers monoparentaux pauvres dans lesquels on leur demande très tôt de devenir indépendants. La situation est autre pour la fille, que l'on cherche généralement à maintenir au foyer. Lorsqu'elle se trouve dans la rue, c'est plus souvent en raison des ruptures familiales. Pour elle, les conséquences sur le plan du développement et psychologique sont plus graves.

Bada, A. et. al. (1990). „Les douze droits du mouvement Africain des enfants et jeunes travailleurs (MAEJT)". Dakar, ENDA/JEUDA, N. 104, 28 pp. (français) [en suspens]

[Afrique]

en suspens

Barker, G./Mbogori, E. (1992). „Aids Awareness and Prevention with Kenyan Street Youth". Nairobi, Chidhope USA, Working Paper N. 4, (in coll. with Undugu Society), 25 pp. (anglais) [BM/JE]

[Kenya, Afrique, Sida, fille/genre, famille]

Ce travail concerne la perception que les enfants vivant dans les rues ont du SIDA (des études similaires ont été réalisées en Colombie, Philippines et Thaïlande). L' introduction du document fait référence aux études antérieures et décrit la formation de familles dans les rues ("*surrogate families*") comme une stratégie de survie fréquente chez les "*parking boys*". On signale également que la présence des filles dans les rues est sous-estimée. Elles sont pourtant nombreuses, ce qui s'explique par la promiscuité au foyer, condition facilitant l'activité sexuelle précoce et l'abus sexuel. Le document signale un certain nombre de mesures pour la prévention du SIDA.

Bawa, B. (1999). „Choisir de sortir de la rue: une marche avec les jeunes du 'Programme apprentis' du CAJED-Togo". Cahiers de Marjuvia (9), pp. 137-140. (français) [FR]

[Togo, Afrique, travail, école, sortie, intervention/politiques sociales]

L'auteur traite la sortie de la rue en décrivant un projet de formation professionnelle et d'apprentissage. Il expose la méthodologie et les difficultés rencontrées. Quelques résultats sont signalés, bien que le projet soit en cours et la plupart des enfants encore en formation. Sur un total de 107 jeunes qui ont été pris en charge depuis 1994, 74 sont en apprentissage. 10 des plus anciens gagnent leur vie, un est retourné en famille, deux sont passés dans un autre programme, 20 ont échoué et sont retournés dans la rue, etc. Parmi ces derniers, trois enfants ont su se réinsérer tous seuls par la suite.

Berstein, A./Gray, M. (1991). „Khaya Lethu-An Abortive Attempt at Dealing with Street Children." Maatskaplike-Werk/Social-Work 27 (1), pp. 50-58. (anglais) [sociological abstract]

[intervention/politiques sociales Afrique du Sud, Afrique]

Sociological abstract: *In South Africa, the problem of street children has been related to the changing nature of society. With rapid urbanization, the society has become increasingly characterized by the social conditions experienced in other Third World countries; for many children in South Africa, these social problems are exacerbated by political inequalities. It is suggested that while street children may be running away from persons & abusive situations, they are also reaching out to people who will empathize with them, & looking for situations in which they will regain their sense of self-worth. Here, three possible strategies for working with street children - containment, cure, & prevention - are considered in the South African context. Focus is on an open door residential unit, Khayalethu (our home), established in Durban by a voluntary organization modelling its activities on the cure approach, which involves weaning children away from street life & gradually introducing them to educational & more regular work patterns. The activities of this organization are documented, noting its relationship with statutory & municipal authorities & the constraints of existing legislation. The eventual closure of the residence is described, & the need for a coordinated response that involves simultaneous interventions at micro, mezzo, & macro levels is recommended.*

Bibars, I. (1998). „Street Children in Egypt: From the Home to the street to Inappropriate Corrective Institutions." <u>Environment and Urbanization</u> 10 (1, Apr.), pp. 201-216. (anglais) [PR]

[Egypte, Afrique, famille, intervention/politiques sociales, réaction sociale, délinquance, abus/exploitation]

Cette étude s'intéresse aux enfants „de" et „dans" la rue. L'auteur constate une réaction sociale qui, comme dans d'autres pays, assimile ces enfants à des délinquants et à des vagabonds. A l'aide de plusieurs témoignages, l'auteur décrit un passage progressif du foyer vers la délinquance, la situation d'enfant de la rue (travailleur ou mendiant) étant une étape intermédiaire. L'opposition implicite au raisonnement de l'auteur est celle de l'enfant-victime et de l'enfant-délinquant: "*Poverty, inappropriate laws and, finally, society itself force innocent street children towards crime. Most of the children interviewed have been caught in a vicious circle: he/she starts by being born into a poor or abusive family, dropout out of school, goes onto the streets and finally ends up in a corrective institution. Instead of rehabilitation, the child, due to neglect that is underpinned by society's and policy makers' negative attitude towards him/her, is pushed towards one sort of delinquency or another."* (p. 202). (N.B. Les témoignages décrivent des familles d'une violence extrême: enfants mutilés pour mieux servir à la mendicité, violence très importante de la parenté. A cette violence s'ajoute celle de la police qui leur réserve le même traitement qu'aux criminels, la loi n'offrant aucune protection à ces enfants. Finalement intervient la violence des institutions. Parfois arrêtés pour un vol, pour vagabondage ou encore placés par les parents, les enfants sont soumis régulièrement à de mauvais traitements.)

Bilgho, F. F. (1997). „Etre un enfant de la rue à Ouagadougou." <u>Cahiers de MARJUVIA</u> N 4., pp. 86-88. (français) [FR]

[Burkina Faso, Afrique, migration, travail, pauvreté, famille, intervention/politiques sociales sortie]

Dans un court document de trois pages, l'auteur (thèse de doctorat en cours) présente le mode de vie des enfants de la rue et les structures d'insertion des jeunes. La rue et le travail peuvent y avoir une place positive. Dans l'ethnie Mossi, la migration de l'enfant vers la ville et le travail sont considérés comme légitimes. Cette représentation de la socialisation de l'enfant s'oppose à l'approche répressive mise en place par les autorités depuis les années 60. Elle a néanmoins été inefficace pour réguler l'exode rural qui s'est aggravé de par les déstructurations familiales et l'extrême pauvreté. L'auteur émet l'hypothèse d'un lien entre le départ de l'enfant vers la ville et le partage des terres (insuffisantes) dans son village d'origine.

(Remarques sur l'intervention: L'approche qui vise à sortir l'enfant de la rue semble limitative si elle ne se fonde pas sur une connaissance des modes d'insertion des jeunes et des enfants (circulation des enfants, travail dans son acception anthropologique). La réinsertion familiale aboutit souvent à des échecs. La promotion de petits métiers ou la formation professionnelle ne garantit pas une sortie. La formation peut au contraire devenir une sorte de réservoir pour les jeunes de la rue sans garantir une insertion sociale.)

Blanchet, E. (1998). „Les enfants en circonstances difficiles au Togo: Les garçons et les filles des rues de Lomé." Cahiers de Marjuvia (7), pp. 79-95. (français) [FR]

[Togo, Afrique, travail, école/formation, genre/fille, migration]

L'article expose les résultats d'une étude coordonnée par l'auteur et menée à Lomé par Terre des Hommes en collaboration avec AD-Togo et APER. Elle utilise des techniques quantitatives et qualitatives et s'intéresse aux enfants „de" et „dans" la rue. La perspective de la formation et du travail est au centre de la réflexion. Il est signalé que les enfants qui vivent dans les rues ont en moyenne plus de 14 ans et s'y rendent à l'âge de 13 ans environ. La plupart proviennent de la ville, de la région Maritime et de la Volta Region au Ghana. Contrairement, à ce qui était présumé, les migrations du Nord du Togo n'alimentent pas le phénomène. L'étude explore le niveau de scolarisation, les types d'activité, les problèmes et les côtés positifs de la vie des enfants en signalant des caractéristiques spécifiques aux filles et aux garçons.

Bourdillon, M. F. C. (1992?). „Street Children in Harare." Document non-publié. (anglais) [BM/JE]

[Zimbabwe, Afrique, Sida, famille, délinquance, prostitution, intervention]

L'introduction du document présente rapidement le contexte économique national. On signale un taux de 30% au moins d'adultes infectés par le virus du SIDA et un nombre élevé de sans abris. Plusieurs aspects sont traités rapidement dans le document: la famille et la pauvreté; la présence d'orphelins du SIDA nés en milieu urbain qui ne souhaitent pas ou ne peuvent se rendre chez la famille élargie qui habite en milieu rural; les activités des enfants, les risques. Pour les sorties: prostitution, insertion dans un milieu plus proche de la délinquance. Les sorties sont aussi mentionnées comme conduisant à une „vie plus stable", même si des retours sporadiques sont possibles (p. 10). L'auteur poursuit son argumentation en signalant les différentes approches du problème (par les politiciens, les *Welfare Service*s, le public, les enfants de la rue, les chercheurs universitaires, etc.). Recommandations.

Burke, R. et al. (1990). "Summing Up of our experiences in work with street children". Redd Barna Africa, 37pp. (anglais) [PR]

[Soudan, Ethiopie, Afrique du Sud, Zambie, Zimbabwe, Kenya, Afrique, intervention/politiques sociales définitions, famille, travail, pauvreté, catastrophes, guerre, migration, perspective de l'acteur]*

Cette brochure présente les résultats d'un forum d'intervenants (1990). L'accent est mis sur la diversité des *street children*, qui exige la différenciation des approches d'intervention et l'observation de la population bénéficiaire. Parmi ces différences: le départ volontaire ou non, le départ pour aider économiquement les parents ou celui qui est la conséquence de l'abus, l'exercice d'activités délinquantes ou d'activités licites, l'abandon, la permanence dans la rue ou le retour quotidien au foyer, l'état psychologique de l'enfant, la provenance rurale ou urbaine, la circulation entre plusieurs villes, etc.

La philosophie commune est la recherche de solutions progressives et l'idée que le problème ne peut pas être résolu „en bloc". L'approche est centrée sur l'enfant. Certaines solutions appliquées à un certain contexte peuvent aggraver la situation de l'enfant dans une autre situation. Les auteurs décrivent les programmes des divers pays en signalant les avantages et les inconvénients.

Le document comporte une évaluation des programmes qui prévoient la réunification familiale en signalant qu'elle est inappropriée dans certaines situations. Ceci est en relation avec le type de départ (fugue ou expulsion, attentes parentales, etc.), avec l'attitude de l'enfant et avec l'existence et la possibilité de retrouver la famille. Diverses situations sont décrites.

Le renforcement des compétences des enfants pour générer des revenus est prévu dans divers programmes. Le type d'activité lucrative doit être évalué dans chaque contexte. Le travail est vu comme une partie de l'éducation de l'enfant et de sa socialisation. Il semblerait que l'enfant qui travaille acquière également un statut qui facilite sa réinsertion dans la communauté et dans la famille. Le travail est aussi envisagé comme une activité qui favorise une continuité chez les migrants d'origine rurale (l'absence d'activité pourrait être démotivante pour l'enfant). Les lois interdisant le travail de l'enfant peuvent réduire les possibilités de mettre en place ces interventions.

Certaines présentations de projets décrivent les causes du phénomène et les axes d'intervention (*Projet Amal Society, Soudan, Redd Barna Street Children Project, Ethiopie; Undugu Society-Kenya; Street Wise-Durban/Johannesburg; Street Ahed-Zimbawe; Street Kids International- Zambia*). Certains d'entre eux travaillent avec des populations mixtes d'enfants travailleurs et d'enfants qui vivent dans les rues.

Campbell, E./Ntsabane, T. (1999). „Les stratégies juvéniles face aux déséquilibres socio-économiques et écologiques dans le Séno. Les enfants des rues à Gaborone (Botswana)". Cahiers de Marjuvia N. 9, pp. 99-109. (français) [FR]

[Botswana, Afrique, sorties de la rue, famille, identité, travail]

Il s'agit d'un extrait d'un document en anglais, traduit et adapté par N. Ahianlé et Y. Marguerat (le titre original n'est pas mentionnée, CODESRIA, Union for African population studies, N. 13, Dakar, 1996, 115 pp.) L'introduction signale le nombre très réduit d'enfants qui vivent dans la rue à Gabarone (moins de vingt). L'étude concerne à la fois les enfants qui y vivent et ceux qui y travaillent (au total 250 enfants). Plusieurs données statistiques ne différencient pas les uns des autres, mais le document fournit des informations utiles sur les stratégies et les trajectoires des enfants. Le temps de vie dans la rue est court et il s'agit d'une solution temporaire jusqu'au moment où l'enfant trouve un logement. Si le nombre de familles complètes (avec les deux parents) est important, il y a aussi des enfants vivant avec un tuteur ou un frère et une sœur. Les raisons pour travailler dans la rue sont en lien avec la recherche de nourriture/d'argent et les conflits familiaux. La structuration de la famille ne semble pas avoir une influence sur la décision des enfants de vivre dans la rue, celle-ci étant plutôt liée à son identité et à l'environnement familial. Les raisons des parents et les sources de conflits sont également explorées. Il y a plusieurs retours et départs vers la rue. La sortie de la rue s'entend comme un éloignement de six mois au moins. Plusieurs enfants ont été retirés par un parent ou bien sont partis à la recherche d'un travail régulier.

Casas, J. (1991). „L'enfant des milles collines". Paris, Ed. du Cerf, 150 pp. (français) [2-204-04316-8] [RERO]

[Rwanda, Afrique, intervention]

Il s'agit d'un ouvrage-témoignage qui retrace l'histoire d'un enfant et décrit en même temps l'action de la JOC (Jeunesse ouvrière chrétienne) à Kigali.

Chetty, V. R. (1997). „Street Children in Durban: an exploratory investigation". Pretoria, HSRC (Human Science Research Council), 201 pp. (anglais) [0-7969-1789-2] [PR]

[Afrique du Sud, Afrique, perspective structurelle, perspective de l'acteur, perspective psychologique/psychopathologie, perspective légale, école, travail, famille, délinquance, sociabilité, drogue, réaction sociale, intervention/politiques sociales, quartier/habitat, migration, sociabilité, abus/violence/exploitation] *

Cette recherche s'intéresse aux enfants de la rue de Durban; elle est limitée à ceux qui vivent dans la rue, selon trois perspectives: les causes, la victimisation et la déviance. Cette dernière est analysée comme étant partiellement produite par le *labelling* (c'est-à-dire „l'étiquetage" de l'enfant qui produit la déviance secondaire).

Le chapitre 2 présente une analyse approfondie de la litérature existante. L'auteur souligne la pluralité des causes et l'impossibilité d'isoler un facteur déterminant qui expliquerait la présence des enfants dans les rues. De plus, les causes sont liées entre elles et produisent le phénomène des *children of* et *on the street*. Dans l'étude de la litérature, on distingue entre les facteurs politiques et sociaux, familiaux et individuels.

Les facteurs politiques sont producteurs d'inégalités et concernent en premier lieu les lois de ségrégation raciale (The Group Areas Act (1950); *Pass Law*), le contrôle étatique de la migration et l'accès inégal à l'éducation. Ces mesures ont provoqué les séparations et les dispersions de familles, la criminalisation de personnes qui n'ont pas respecté ces lois, le chômage et la pauvreté chez les populations noires. Dans cette catégorie figurent également les conditions de vie très pauvres et la violence dans les quartiers pauvres des villes *(township conditions)*.

Les facteurs sociaux incluent l'urbanisation, l'occidentalisation (affaiblissement des liens communautaires traditionnels et ruptures familiales); la pauvreté (elle est responsable de la violence dans la famille et rend nécessaire le travail de l'enfant); le chômage; les conditions d'habitat (source de tensions, violences et désir de quitter le foyer); les difficultés de logement (qui discriminent les femmes seules et les enfants).

Parmi les facteurs familiaux mentionnés par la litérature, on trouve la désintégration familiale (d'après la litérature elle concernerait un tiers ou la moitié des familles noires), la violence et les conflits, le rôle de la femme, les naissances illégitimes, l'alcoolisme.

Dans les facteurs individuels, la perspective est psychologique (stress, rébellion, aventure et camaraderie, satisfaction de besoins, influence des pairs).

L'analyse de la littérature s'intéresse également à diverses formes de déviance (délinquance, drogue, vol, prostitution, mendicité, désordres comportementaux). Les enfants sont le plus souvent arrêtés pour les comportements suivants: *"begging, petty theft, loitering, housebreaking and being a nuisance"* (p. 55). L'arrestation des enfants et le *labelling* (stigmatisation) produisent la déviance secondaire. En effet, bien des enfants qui ont grandi dans la rue mèneront par la suite une vie respectable (Swart, 1988). L'enfermement de l'enfant (notamment dans des prisons avec des adultes) favorise par contre la carrière criminelle.

<u>Les chapitres 3 et 4</u> présentent l'étude réalisée par l'auteur.

La moitié des enfants proviennent de foyers complets (avec les deux parents), bien que cela n'exclue pas certains problèmes sur le plan des relations familiales. 43,5% proviennent de foyers incomplets (dont la moitié avec la mère et la moitié avec le père). Un nombre significatifs des parents ont un emploi et une certaine stabilité économique. La grande majorité des enfants ont choisi de partir; seulement 2 (sur 193) ont été expulsés. La raison plus fréquemment donnée pour expliquer le départ dans la rue est le fait de „ne pas aimer l'école", suivi de la pauvreté et de la promiscuité (*overcrowding*). Ces deux raisons sont toutefois insuffisantes, puisque seulement une partie des enfants qui souffrent de ces conditions de vie deviennent enfants de la rue.

Pour l'auteur, les facteurs psycho-sociaux sont aussi importants que les facteurs politiques, sociaux et familiaux dans l'explication du départ des enfants *de* la rue. *"Street children in this study have a high degree of self-confidence and self-esteem and these qualities may have been motivating factors in the children's decision to run away."(p. 136)*

La victimisation commence à la maison et continue dans la rue, par la police, le public, et les gangs. *"The victimisation that characterised the lives of street children in their families and communities is re-enacted on the streets, providing the impetus for deviance and crime"* (p. 17). Le résultat est une déviance secondaire qui fait des enfants de la rue à la fois des „*offended*" et „*offender*".

Le chapitre 5 analyse les approches des programmes d'intervention de Durban et montre qu'il existe un décalage important entre l'expérience des enfants et les représentations des intervenants. Bien qu'ayant souvent une attitude de sympathie vis-à-vis de l'enfant, ces derniers ont une vision pessimiste de son avenir et de sa réintégration sociale. Cette attitude contribue involontairement à la stigmatisation de l'enfant et à sa déviance secondaire. Ce chapitre examine également les législations concernant les enfants *(Child Care Act et Criminal Procedure Act)* et montre leur inadéquation. Les options „lourdes" d'enfermement sont vues comme peu efficaces en comparaison aux programmes plus flexibles, notamment ceux qui renforcent les compétences des enfants.

La conclusion fournit des recommandations (notamment sur la prévention) et résume en quelques points les résultats de l'étude. Parmi ces éléments:

- La politique gouvernementale qui a conduit aux défaillances dans les deux instances principales de socialisation: l'école et la famille. La pauvreté est responsable de l'affaiblissement de la famille noire. (p. 183).

- L'arrestation des enfants et leurs contacts avec le système judiciaire renforce leur déviance par le processus de stigmatisation *(labelling)* et par leur insertion dans le monde criminel lors des incarcérations. L'insertion de l'enfant dans des gangs dans la rue contribue également à sa déviance secondaire.

Combier, A. (1994). „Les enfants de la rue en Mauritanie. L'initiative de Nouakchott". Paris, L'Harmattan, 208 pp. (français) [2-7384-2386-8] [FR-1204]

[Mauritanie, Afrique, intervention/politiques sociales famille, migration, famille, école, travail, délinquance, prostitution, réaction sociale, abus/exploitation, définitions, sortie] *

Cet ouvrage décrit le phénomène des enfants de la rue et le projet dans lequel est engagé l'auteur (l'initiative de Nouakchott). A propos de la Mauritanie, le texte signale la coexistence de diverses populations et ethnies, dont les Maures et les Halpulaars. La migration vers les villes est associée aux sécheresses des années 70. L'urbanisation récente précarise les liens de solidarité et entraîne la perte des repères traditionnels.

Famille: L'abus du divorce (coutumier dans la société Maure) d'une part et de la polygamie (Halpulaars) de l'autre conduisent à de problèmes familiaux dont souffrent les enfants. La tradition voudrait que seulement les hommes riches aient plusieurs épouses, mais la pratique est beaucoup plus généralisée. D'un autre côté, le divorce serait une pratique féminine à visée économique. Il est signalé que 35% des chefs de famille sont des femmes et que 20% des enfants de la rue sont fils de fonctionnaires en tenue, qui se marient à chaque mutation dans une nouvelle ville, laissant derrière eux les enfants et la femme précédents.

Education: La filière moderne, calquée sur le système français, dysfonctionnelle et inadaptée, provoque la désertion scolaire. L'école coranique (pour les Halpulaars) est examinée. L'auteur signale quelques mécanismes qui expliquent l'abus et l'exploitation de la part des marabouts. Il est également question de la difficulté des familles à comprendre et à accepter le retour de l'enfant qui a fugué de l'école coranique.

L'auteur constate une sortie facile, une „rupture nette" avec la vie dans la rue lorsqu'une autre issue est proposée à l'enfant. Ce qui prouve „qu'il ne faut pas identifier ces enfants aux problèmes que leur pose cette vie dans la rue". (p. 60)

Plusieurs chapitres concernent le projet et les divers volets d'intervention. L'apprentissage professionnel et le travail sont considérés comme un support essentiel pour l'action auprès des enfants de la rue. Plusieurs sorties sont rapportées (p. 131) en relation avec la formation professionnelle. Parmi 51 apprentis, 30 sont encore en contact avec le programme et 21 sont pris en charge par le projet (17 bénéficient d'une bourse d'apprentissage). Leur situation: 8 vivent dans des chambres; 23 sont dans leur famille; 11 sont autonomes; 4 sont en prison; 2 sont retournés dans la rue; 3 sont décédés. 20 enfants n'ont plus de contact avec le programme. Parmi ceux-ci, certains sont partis au Sénégal où ils ont retrouvé leur famille (la frontière entre ces deux pays avait été fermée en 1989) et d'autres sont „devenus autonomes".

Autres thèmes abordés: vol, délinquance, prostitution, sortie à risque (emprisonnement, décès), violence policière. On signale deux trajectoires différentes: celle de l'enfant migrant et celle de l'enfant migrant de deuxième génération. Ce deuxième ne vivrait pas dans les rues, mais serait proche du milieu de la délinquance. D'autres chapitres traitent des enfants en prison et l'auteur présente en annexe une grille pour construire une typologie des enfants de/dans la rue.

Davies, R. (1987). „Xaafadda, suuqa iyo jidka": a study of disadvantaged areas and groups in Muquisho, Somalia. London, CIIR, extraits d'un rapport. (anglais) [BM/JE]

*

[Somalie, Afrique, famille, travail, drogue, délinquance, sortie]

Il s'agit d'une vaste étude dont deux chapitres portent sur les *disadvantaged children* (ch. 16 et 17). L'auteur distingue les *working children* des *street children* de par la permanence de ces deuxièmes dans les rues durant la nuit. Bien qu'ils travaillent également, leur style de vie se caractérise par une sous-culture propre, la consommation de drogues et les petits vols. Au niveau familial, l'auteur constate des différences par rapport aux enfants qui travaillent dans la rue. Dans bien des cas, les parents ne vivent plus ensemble ou bien l'enfant avait été placé ailleurs avant d'aller dans la rue. (Néanmoins, il faut remarquer que l'échantillon de cette étude est très petit: 17 enfants). La moitié des enfants expliquent leur départ dans la rue par la violence, un quart par le manque de soutien, certains par la recherche d'un emploi.

p. 270. L'auteur aborde la question de ce que deviennent les enfants qui grandissent. Un certain nombre de jeunes dorment dans la rue, tout comme des mendiants adultes. Les sorties mentionnées:

- par un travail
- par l'armée
- par une activité intermédiaire entre la mendicité la plus „pure" et la „recherche" (*gaabaasho*: *searching*) qui semblerait être mieux tolérée que la vrai mendicité?

(La description d'un cas illustre la sortie de la rue à travers le travail)

Derquer, J.-F. (1989 Juillet). Nyere! Né de la ville - Pour une méthodologie de "l'accompagnement" d'un processus de développement destiné à faciliter l'insertion des jeunes en difficulté en milieu urbain africain, Mémoire de licence (?), 160 pp. [FR 2301]

[Côte d'Ivoire, Afrique, perspective de l'acteur, perspective culturelle/interculturelle, travail, intervention/politiques sociales, sortie]

Ce mémoire (de licence?) analyse une population d'enfants de/dans la rue (essentiellement celle du projet „La maison d'enfance – Bouaké"). L'exploration de l'expérience des jeunes se base sur des entretiens, des dessins et des observations. La recherche établit un continuum entre la „marge" et la „norme" dans les activités des enfants et montre que ce qui constitue la norme concerne une grande partie des jeunes fréquentant la rue. Elle établit quatre seuils de rupture vers la marge: „l'échec de formation", „l'abandon de la formation", „la séparation du milieu d'origine" et le „mode de vie minoritaire" (p. 27). Une typologie des jeunes est également présentée. Les significations attribuées aux activités dans la rue sont explorées. La conclusion attire l'attention sur la créativité des jeunes migrants et sur le risque de pathologiser les populations marginalisées par un discours psychologique. La conclusion présente trois hypothèses au sujet de l'évolution du parcours des jeunes: a) le jeune réintègre la société urbaine en passant par un travail salarié qui lui offre un statut, b) il intègre sa propre marginalité (multiplication des actes „asociaux", c) Les expériences dans la rue avec ses contradictions et le contact avec d'autres exclus conduit à l'élaboration d'un nouveau système de valeurs et à un esprit de groupe. Le mémoire traite de plusieurs aspects du travail social.

Diaw, B. (1996). „Participatory research is the first step towards political action: the case of young female domestic servants in Dakar, Senegal." <u>Childhood - Special Issue on working and street children</u> 3 (2, May), pp. 271-277. (anglais) [FR]

[Sénégal, Afrique, migration, recherche, intervention/politiques sociales, genre/fille, travail]

Cet article s'intéresse aux filles domestiques. En introduction, il mentionne toutefois la trajectoire plus générale des enfants migrants. Alors que les filles partent vers la ville et trouvent un emploi comme „petites bonnes", les garçons trouvent un travail dans la rue, comme vendeurs itinérants, mendiants ou chargeurs dans les marchés. La moindre présence des filles, comme dans d'autres pays, s'explique par ces opportunités d'emploi différenciées.

Diouf, I. (1994). „<u>Violence et violations sur les enfants de la rue</u>". Ouagadougou,

OMCT/SOS-Torture, pp. 69-73. (français) [PR]

[Afrique, perspective légale/droits de l'enfant, réaction sociale, abus/exploitation, intervention/politiques sociales, sortie]

Il s'agit d'une présentation du représentant de Défense des enfants International (Sénégal) à un colloque sur la promotion des droits de l'homme. Il dresse une série de constats sur les violations et les violences qui concernent les enfants des rues. Il donne également une liste de violations concernant les droits de l'enfant (le droit à grandir dans un cadre familial, la discrimination de la part des adultes qui les soupçonnent de vols, l'exploitation, l'engagement dans des activités criminelles et/ou la prostitution, la détention illégale, les agressions, les abus sexuels, la participation, l'accès à la santé, à l'éducation et à la formation professionnelle, la violence, l'absence de reconnaissance de leur rôle économique). Le placement institutionnel est considéré comme un risque supplémentaire de répression et de mauvais traitements. Une série de mesures sont proposées au niveau national et pour l'action des ONG.

Divers auteurs (1989). „Seminar on Street Children in Tanzania - Dar es Salaam". (anglais) [BM/JE]

[Tanzanie, Afrique, famille, pauvreté]

Recueil de divers documents présentés à ce séminaire.
- M. C. Mukyogo, "*Legal rights of children, the case of children on the streets in Tanzania*", 21 pp.
- I.B. Mutembei, "*The need for NGOs support to street children in Tanzania*", 20 pp.
- A. Rwegarulira, "*Causation and magnitude of street children in Tanzania*", 8 pp.

Ce document a été rédigé par un représentant du ministère des services gouvernementaux pour l'enfance (*Family and child welfare services*). Il signale le manque de connaissances sur le sujet et utilise comme donnés le nombre d'admissions dans les institutions pour enfants. Dans l'examen des causes du phénomène, on mentionne l'absence de soins parentaux, les ruptures familiales, la pauvreté, les

conditions économiques etc. .
- L.P. Shaidi, "*The rights of street and abandoned children*", 15 pp.
- B.S. Mongula, "*Towards the building of infrastructure to solve the problem of street children*", 22 pp. Se concentre essentiellement sur les problèmes de pauvreté et de chômage, ainsi que sur le contexte économique.

Dodge, C. P. (1992). „Chez les gamins de la rue de Khartoum ou l'art de survivre". Protéger les enfants au travail. W. E. Myers. Genève, UNICEF, pp. 133-144. (français et anglais) [FR 1221]

[Soudan, Afrique, travail, migration, intervention/politiques sociales, sortie] *

La perspective adoptée dans ce document est celle de la protection des enfants travailleurs. L'article concerne des enfants qui dorment dans la rue tout comme des enfants „dans" la rue. Ce phénomène était presque inconnu avant 1984. Le contexte soudanais est caractérisé par une migration massive vers la ville provoquée par la sécheresse (1984), la guerre civile (éclatée en 1983) et le sous-développement chronique. Les politiques erronées de développement y contribuent par les expulsions de populations nomades. La migration vers la ville devient massive à cette période. Les enfants des rues provenant du Nord peuvent théoriquement rentrer chez eux au contraire de ceux qui viennent du Sud en guerre.

Quatre projets sont présentés: *SKI (Street kids international); Family Reunification; Sabah: Halfway House* ainsi qu'un centre de formation professionnelle. La formation professionnelle est dispensée par un centre national de formation (alphabétisation et apprentissage professionnel). Au sujet de la réunification professionnelle, on souligne les difficultés économiques des régions de provenance des enfants. Les causes du phénomène sont aussi celles qui limitent les solutions. La formation professionnelle est également évaluée. On signale un taux de réussite avoisinant le 100% (les enfants trouvent un placement professionnel après leur formation). Cependant, on ne connaît pas le taux d'abandon après le placement, le chômage limitant passablement les perspectives d'emploi. La combinaison formation professionnelle/réunification familiale est considérée comme adéquate pour réinsérer les enfants dans les régions rurales. Il est signalé que la formation reste utile même si l'enfant devait revenir en ville. Le projet SKI (formant des messagers à bicyclette) a contribué à la sensibilisation et à la création d'une meilleure image des enfants de la rue en réduisant ainsi la méfiance de la population.

L'auteur conclut sur les caractéristiques personnelles des enfants migrant des zones rurales: ceux qui quittent le foyer sont souvent les plus brillants et les plus intelligents, capables de suivre la trajectoire de leurs pères, également migrants.

Donald, D./Wallis, J., et al. (1997). „An exploration of Meanings: Tendencies toward developmental Risk and Resilience in a Group of South African Ex-street Children." School Psychology International, Vol. 18, pp. 137-194. (anglais) [PR]

[Afrique du Sud, Afrique, perspective de l'acteur, identité, sociabilité, résilience, réaction sociale, abus/exploitation, sortie]

Il s'agit d'une étude qualitative qui porte sur les significations que les ex-enfants de la rue attribuent à leur expérience. L'article aborde les thèmes de la solidarité dans le groupe, de l'autonomie et du contrôle, de la violence, de l'identification sociale, des ressources cognitives et de la relation ambivalente à l'égard des adultes. Chacun de ces thèmes est examiné dans une perspective de risque et de résilience. Cela permet de rendre compte des comportements d'adaptation à l'environnement immédiat de l'enfant et des risques inhérents à une marginalisation à long-terme. En effet, les enfants qui ont développé des stratégies d'adaptation efficaces dans la rue risquent de choisir des environnements qui leur permettent de continuer à les utiliser et de renforcer ainsi leur exclusion.

Doray, B. (1994). „Toxicomanie et lien social en Afrique". Paris, L'Harmattan, 245 pp. (français) [2-7384-2194-6]

[Bénin, Afrique, perspective psychologique/psychopathologie, perspective culturelle/interculturelle, identité, drogue, école, famille, travail, migration]

Il s'agit d'une étude qui porte sur la consommation de drogues chez les „enfants de la rue" à Cotonu (Bénin). L'auteur prend comme point de départ le constat de Olivenstein: la toxicomanie est une rencontre entre une personnalité, un produit et un contexte. Il explore donc les liens que les enfants tissent avec leur environnement (relations et significations). Un détour important par l'ethnologie et par l'étude du monde rural le conduit au constat de la désorganisation des formes de solidarité traditionnelles et des modes de vie.

A partir d'une analyse clinique de cas et de la litérature, cette étude soulève plusieurs pistes d'analyse. Il est ainsi question de la perte de valeur de l'être humain et de la terre lors du passage à un système économique capitaliste. Elle est responsable de la carence d'idéaux sociaux chez les jeunes. D'autre part, la conception de la scolarisation-investissement leur laisse entrevoir un avenir meilleur tout en étant difficilement accessible (84). D'autres parties de l'ouvrage traitent de la fragilisation des liens familiaux. On signale les difficultés du passage à la famille „moderne", où l'enfant n'est plus le fils du groupe, mais en vient à avoir un père partagé (structure polygamique urbaine). (pp. 144-145). L'auteur traite également de l'émergence d'un marché organisé du commerce de la drogue et de toxicomanies „européennes" (années '70) (118-125).

Dube, L./Kamvura, L. et al. (1996). „Working with street boys in Harare." <u>Africa Insight</u> 26 (3), pp. 260-267. (anglais) [FR 1418]

[Afrique, Zimbabwe, intervention/politiques sociales, perspective de l'acteur, identité, famille, sociabilité, travail, migration, prostitution, filles/genre, sociabilité, abus/exploitation]

Les auteurs exposent le processus et les résultats d'une recherche réalisée pour *Street Ahead* et utilisant principalement l'observation participante.

Il y a très peu de filles dans les rues de Harare. Celles qui vivent dans les rues sont rapidement insérées dans le réseau de la prostitution.

Les enfants qui vivent et travaillent dans la rue parlent d'eux-mêmes en utilisant l'expression *mutibumba* („ceux qui dorment sous les arbres"). Les auteurs déconstruisent l'image d'un enfant qui vit dans la rue car il est abandonné et qui nécessite impérativement une aide extérieure en montrant comment celui-ci choisit l'aide qu'il veut recevoir et a une conception propre de sa situation et de ses problèmes.

L'enfant n'a pas perdu tout contact avec sa famille. Loin d'être abandonné, il est inséré dans une structure sociale et cherche à avoir une emprise sur sa vie. Les informations contradictoires et/ou fausses qu'il donne sur lui-même correspondent à des stratégies face à la police et face aux intervenants qui se proposent de l'institutionnaliser. Le texte décrit la structure et le fonctionnement des groupes de *parking boys* du centre ville et montre comment ils sont organisés autour de leur protection et d'activités lucratives rentables, leur permettant d'assumer les frais d'alimentation et d'habillement. Ce mode de fonctionnement questionne fortement l'intervention à divers niveaux (les services proposant alimentation et habillement ne sont pas pertinents; les interventions basées sur l'institutionnalisation sont refusées par ces enfants,...). La décision de vivre dans la rue et les pratiques des enfants ne sont pas dépourvues de rationalité; au contraire, elles montrent comment les enfants cherchent à avoir une autonomie et qu'ils ont trouvé dans la rue des réponses à certains de leurs besoins.

Une deuxième description concerne des enfants qui travaillent dans les rues de Mbare (un autre quartier de Harare). Une grande partie d'entre eux sont d'origine mozambicaine et proviennent directement du Mozambique ou bien des camps de réfugiés au Zimbabwe. Ces vendeurs de rue travaillent le plus souvent pour des adultes qui leur fournissent en échange un logement. Le texte suggère une stratification dans les activités économiques de la rue. Dans ce quartier, les enfants qui surveillent des voitures sont en effet des enfants nationaux et les populations ne se mélangent pas. Certains de ces surveillants de voitures vont parfois au centre ville de manière sporadique; ils peuvent alors devenir progressivement des *mutibumba*.

L'article conclut sur la nécessité de se diriger vers des populations moins visibles d'enfants, celles qui sont décrites dans le texte étant finalement celles qui ont trouvé des stratégies de survie et ne sont pas toujours les plus nécessiteuses. On souligne l'importance d'un engagement au niveau communautaire dans les quartiers pauvres, d'une intervention auprès des filles engagées dans la prostitution, ainsi qu'auprès des enfants exploités par les adultes.

Dube, L. (1997). „Aids-risk Patterns and Knowledge of the Disease Among Street Children in Harare, Zimbawe." <u>Journal of Social Development in Africa</u> 12 (2), pp. 61-73. (anglais) [PR]

[Zimbabwe, Afrique, SIDA, identité, fille/genre, prostitution, famille, sortie]

Le texte se rapporte aux risques de contamination par le SIDA chez les enfants de la rue de Harare, qui sont jugés élevés bien que des données précises fassent encore défaut. Il conclut sur la nécessité d'intégrer la prévention basée sur l'information et la modification des comportements à risque avec l'amélioration des conditions de vie des enfants et de leur image de soi.

Le cas des filles de la rue est décrit comme étant rare. La majorité des filles qui travaillent dans la rue rentrent le soir. On mentionne toutefois l'existence d'une population de travailleuses informelles (filles et femmes) qui combinent la vente durant la journée avec la prostitution durant la nuit en utilisant le commerce comme couverture. La prostitution serait également une activité parallèle d'un certain nombre d'employées domestiques, ce travail leur offrant une certaine sécurité et un logement.

D'autre part, les filles qui se trouvent dans la rue en sortent rapidement. Deux trajectoires sont mentionnées. Une sortie voit la fille rapidement récupérée par des „tantes" ou „oncles" qui l'introduiront dans la prostitution. Elle ne séjournera plus dans la rue. Une deuxième trajectoire concerne la fille qui vit dans la rue avec sa famille. Elle serait encouragée par la mère à trouver un partenaire, souvent également *homeless*. Elle sera également engagée dans la prostitution.

During, W. (inconnue). „Street and Working Children in Sierra Leone", Executive Secretary, National Council for Children, 9 pp. (anglais) [BM/JE]

[Sierra Leone, Afrique, pauvreté, famille, sociabilité]

Indiqué dans la bibliographie de Ennew/Milne (1996), ce document de 9 pages est un papier rédigé pour une conférence. Il ne présente aucune référence bibliographique. Les informations ont vraisemblablement été recueillies à travers des entretiens avec des responsables de projets ou fonctionnaires administratifs (liste des questions et des réponses en annexe). Il mentionne l'existence de deux catégories d'enfants: „de" et „dans" la rue. La notion de *street children* est considérée comme inadéquate car faisant référence au vagabondage et à la prostitution, alors qu'il est question d'enfants travaillant dans les rues. Le texte fait état des conditions de grande précarité des familles. Les enfants quitteraient le foyer pour vivre dans la rue pour deux raisons: l'insatisfaction de besoins fondamentaux (alimentation, habillement, médicaments, éducation), ainsi que la polygamie et la promiscuité dans le foyer, produisant des rivalités entre les membres de la famille. L'auteur mentionne comme facteurs complémentaires: les punitions corporelles excessives, le manque de loisirs, la pression du groupe de pairs et le manque d'opportunités ou d'autres possibilités que la rue.

Ebigo, P. (1996). „Street children: the core of child abuse and neglect in Nigeria." <u>Africa Insight</u> 26 (3), pp. 244-249. (anglais) [FR 1418]

[Nigeria, Afrique, perspective structurelle, pauvreté, migration, abus/exploitation, travail, fille/genre, réaction sociale]

Sous le titre de „facteurs socio-économiques" le texte décrit le contexte national en termes de ressources naturelles et humaines qui ne s'accompagnent pas d'un développement technologique industriel et politique permettant de répondre aux besoins fondamentaux de sa population. La désintégration de la culture et des pratiques traditionnelles, le consumérisme et l'occidentalisation, ainsi que la migration voient émerger la pauvreté urbaine.

Basée sur une étude préalable de l'auteur (?), l'analyse des situations d'abus et de négligence de l'enfant au Nigeria décrit rapidement la situation des filles servantes, des enfants mendiants, des pupilles des maîtres coraniques, des mariages précoces, de l'abus sexuel perpétré sur les filles qui travaillent dans les rues (dont la moitié seraient abusées et/ou initiées à la sexualité). Une étude citée par l'auteur montre la présence importante des filles dans le travail de rue. A propos des *street children*, le texte s'intéresse principalement à ceux qui travaillent seuls durant la journée en excluant ceux qui y vivent et ceux qui sont accompagnés par des adultes. Le travail dans la rue est décrit comme une activité comportant des risques d'abus très importants. Les pratiques culturelles traditionnelles sont considérées comme pouvant contribuer à l'abus et/ou à l'absence de réponses adéquates pour protéger l'enfant. L'auteur expose aussi le cas de l'abandon des enfants porteurs de handicap présents dans les rues. Une étude sur les attitudes des adultes et des professionnels illustre l'importance des facteurs culturels et le manque de réponses institutionnelles à l'abus. *"Ignorance and poverty appear to play a major role in putting children out onto the streets either as child worker or as permanent street resident"* (p. 248). Le texte conclut en exposant le rôle et les objectifs du réseau ANPPCAN (The African Network on Prevention and

Protection against Child Abuse and Neglect).

El Husseini, H. (1992). „Les enfants du Caire". Paris, FIRST. (français)
[Egypte, Afrique]

   pas consulté

ENDA (1999). „Voix des enfants d'Afrique". Dakar, ENDA, (français) [en suspens]

[Afrique]

   en suspens

(Une recension de cet ouvrage (Y. Marguerat) se trouve dans le Cahier de Marjuvia N. 9, 1999, pp. 143-149.)

ENDA-Zimbabwe (1990). „The Urban Child in Especially Difficult Circumstances". Seminar on Urban Disadvantaged Children, Nairobi, Nairobi 3-7 December 1990; 31 pp. (anglais)

[Zimbabwe, Afrique]

   Ce document propose une contextualisation du problème des enfants vivant dans des conditions difficiles en signalant plusieurs niveaux de causalité:
- le statut familial
- le statut socio-économique des communautés
- la migration

- l'urbanisation
- les conditions de logement
- le chômage (et par conséquent les problèmes d'alimentation, d'habillement et de scolarisation des enfants)
- la marginalisation
- le système politique (absence de politiques claires du gouvernement)
- les guerres (enfants orphelins, fugueurs)

Les résultats d'une enquête par questionnaire sont présentés en annexe.

Ener, M. (1996). „Managing the poor in Nineteenth and early Twentieth-Century Egypt". Pretoria, University of Michigan. (anglais) [UMI Abstract (wwwlib.umi.com)]

[Egypte, Afrique, histoire, réaction sociale]

UMI Abstract (wwwlib.umi.com): *"While scholars have conducted research on the history of poverty and poor relief in the contexts of Europe and the United States, study of these issues in the Middle East is still at the most nascent stage. Engaging recent scholarship on issues of state formation, colonialism, gender, humanitarianism and social control, this dissertation explores state and private initiatives of poor relief in nineteenth and early twentieth-century Egypt. Arguing that transformations in the economy and the state-building projects initiated during the reign of Muhammad Ali resulted in new attitudes towards and new uses of the Egyptian populace, this dissertation documents the establishment of shelters and numerous policies implemented to care for and, in some cases, control the urban and rural poor during the first half of the nineteenth century. It then proceeds to examine developments in these institutions and attitudes towards the poor through to the early twentieth century. Looking most specifically at the experiences of Cairo's homeless, vagrants, beggars, and street children, this research entails analysis of changing conceptions about the poor and emerging technologies of poor relief. It examines the motivations behind and uses of private and public practices of benevolence and charity and explores emerging discourses about poverty, criminality, and the 'deserving' poor in order to document the shift from state initiated projects of poor relief to the emergence of the new role of Egypt's upper classes in charitable endeavors during this era."*

Ennew, J. (1996b). „Difficult circumstances: some reflections on "street children" in Africa." <u>Africa Insight</u> 26 (3), pp. 203-210. (anglais) [FR 1418]

[Afrique, perspective culturelle/interculturelle, perspective structurelle, perspective de l'acteur, définitions, pauvreté, migration, famille, genre/fille, catastrophes/conflits armés, travail, abus/exploitation, approche comparative]

Cet article fait partie d'un numéro de la revue *Africa Insight* entièrement consacré aux enfants de/dans la rue. Le texte présente des réflexions critiques sur la manière dont les recherches abordent le sujet des „enfants de la rue". Elles sont trop souvent influencées par les postulats et les théories apparentées aux sociétés du Nord, adulto-centriques et/ou issus des recherches sud-américaines. La notion d'enfance et sa nécessaire déconstruction, ainsi que l'inadéquation des définitions exigent une étude attentive des diverses réalités africaines. Ces réflexions sont directement liées aux causes des phénomènes. La catégorie *"children in especially difficult circumstances"* illustre ces difficultés. Elle est parfois abusivement identifiée aux *street children*, alors qu'elle comprend d'autres catégories. Elle inclut également les enfants qui ne vivent pas avec leur famille ou travaillent dans des conditions d'exploitation. Dans la litérature, la pauvreté est présentée comme une cause des „circonstances difficiles" alors qu'elle pourrait être considérée comme une circonstance difficile en soi. L'exclusion de la pauvreté des „circonstances difficiles" contribue à occulter les déterminants structurels et l'analyse en termes de classes sociales. Face à ces difficultés, une approche plus constructive consiste à penser en termes de relation entre l'enfant et la rue, celle-ci étant une relation et un contexte parmi d'autres. La rue revêt de multiples significations et porte des caractéristiques diverses, et ceci dans une même ville.

En considérant les multiples significations de la rue, les différences entre les contextes sud-américain et africain deviennent plus claires.

Premièrement, le phénomène d'urbanisation est différent et plus récent en Afrique (cf. tableau p. 207). Les recherches mentionnent souvent une hypothèse de rupture et/ou anomie produite par la migration. Elle provoquerait les conflits entre générations, les familles monoparentales et les conflits de valeurs. Cette explication de la présence des enfants dans les rues n'est généralement pas testée en étudiant un groupe de contrôle ou de comparaison. De plus, elle fait souvent référence à un modèle familial issu des pays du Nord. Deuxièmement, les deux continents diffèrent quant à la structure de l'espace urbain, au niveau d'industrialisation et à l'interpénétration du rural et de l'urbain, ce qui affecte le marché du travail des jeunes. Troisièmement, les différences entre les contextes sud-américain et africain concernent les significations de la rue: la signification politique de la rue et les différentes connotations selon le genre et l'âge ne sont pas les mêmes. Le postulat sud-américain qui veut que la présence des filles dans les rues soit très réduite (env. 10%) ne peut pas être généralisé. Une étude de Shildkrout *("Roles of children in urban Kano"*, 1978) est citée pour montrer une autre conception de la rue et des genres. Cette question est rarement explorée dans les recherches.

Bien que la notion d' „enfant africain" soit perçue comme une limitation pour la compréhension des multiples expériences de l'enfance en Afrique, le texte expose un certain nombre de traits communs. En premier lieu, les caractéristiques démographiques qui voient une population composée majoritairement de jeunes et d'enfants. Est étroitement lié à celles-ci, le déficit dans le système scolaire et les offres de soin pour les mères qui travaillent en milieu urbain. Ces deux éléments sont susceptibles de contribuer au phénomène de *streetism* et leur impact n'est pas censé diminuer dans le contexte actuel marqué par les mesures d'ajustement structurel. Un troisième élément qui différencie les contextes africain et sud-américain concerne les déplacements de population à large échelle, en rapport avec les catastrophes naturelles/provoquées par les hommes ou bien avec les conflits armés (tableau p. 208). A la différence du cas sud-américain, la proportion d'enfants et de jeunes parmi les réfugiés est très élevée en Afrique. Les déplacements sont une réalité historique qui va de pair avec des mécanismes traditionnels de solidarité et ne peuvent pas être systématiquement assimilés à des facteurs de crise. La famille élargie est par exemple mobilisée en même temps que la communauté pour assurer la protection des enfants lorsque ceux-ci sont séparés de leurs parents. L'apprentissage, la circulation et le placement (*fostering*) de l'enfant sont les mécanismes principaux connus dans différentes parties d'Afrique. Ces systèmes traditionnels de prise en charge des enfants sont néanmoins mis à rude épreuve par les déplacements, la dégradation de l'environnement, le manque de ressources et les mesures d'ajustement structurel. Le seuil entre „assistance à l'enfant" et „exploitation" devient alors très difficile à déterminer, par exemple dans le cas des employés domestiques non–rémunérés ou des apprentis. Ces formes d'exploitation sont néanmoins différentes des mécanismes capitalistes et devraient faire l'objet d'études approfondies. Une autre spécificité africaine concerne les écoles coraniques, souvent associées par les chercheurs au phénomène des „enfants de la rue" (*streetism*). Elles sont dans certains cas liées au phénomène des migrations.

Finalement, l'un des facteurs les plus significatifs en Afrique est le lien entre les conditions de vie difficiles et les confits armés. Ceux-ci produisent des enfants réfugiés et blessés. Ils sont aussi à considérer comme l'une des causes majeures du phénomène de *streetism*.

La litérature sur l'enfant de la rue en Afrique a été traditionnellement centrée non pas sur l'enfance, mais sur la transition, les rites d'initiation et les processus de socialisation. Le thème des enfants de la rue est plus souvent examiné en lien avec la survie et le développement, ainsi qu'avec les guerres et les conflits. Cette tradition de recherche est considérée comme un support possible pour développer une approche du phénomène moins réductrice que celle se fondant sur les catégories des enfants „de/dans" la rue qui isole l'enfant de son contexte. Les définitions d'abus utilisées par la litérature africaine illustrent une manière de concevoir ceux-ci comme étant une facette d'un phénomène ou d'une situation plus large. L'exemple du travail de l'enfant (*labour*) comme forme d'abus illustre comment ce dernier est lié aux mécanismes structurels. De telles approches de l'abus exigent des méthodologies appropriées aux contextes locaux plutôt que l'application d'instruments importés d'autres continents.

Hamed, M. M. (1990). „Working children Urban Project". Cairo, UNICEF, 28-31 august 1990, présentation for the International Child Labour Seminar, Amsterdam, 14 pp. (anglais) [BM/JE]

[Egypte, Afrique, travail, pauvreté, école]

L'auteur présente rapidement un projet de recherche dans lequel il analyse des données secondaires. Il s'intéresse moins aux enfants vivant dans la rue qu'au travail de l'enfant. Celui-ci est expliqué par les conditions socio-économique et l'inadéquation du système éducatif qui ne répond pas à la majorité des besoins des enfants vivant dans la pauvreté. L'école est trop onéreuse pour les famille pauvres et l'expérience des enfants est négative.

Handra, T. O. (1992). „The role of NGOs in blocking child Vagrancy", University of Khartoum/Paper presented to the Conference of Children at Risk, Norwegian Centre for Child Research, 13-17 may 1992, 30 pp. [BM/JE]

[Soudan, Afrique, perspective structurelle, travail]

L'auteur examine les causes du phénomène de "*children vagrancy*" au Soudan, indiquant qu'il s'agit d'une combinaison d'éléments politiques, économiques et de difficultés naturelles. Les problèmes économiques et le modèle de développement adopté par le pays l'ont rendu vulnérable. Les catastrophes économiques ont également contribué à créer des états permanents de crise. Le résultat est l'instabilité politique, les guerres et la présence de réfugiés. Parmi les facteurs sociaux, l'auteur mentionne le caractère traditionnel du travail chez l'enfant.

Ensuite le texte passe aux réponses des ONG.

Hérault, G./Adesanmi, T. (1997). „Jeunes, Culture de la rue et violence urbaine en Afrique". Ibadan, IFRA, 419 pp.

[Afrique, Nigeria, Kenya, Sénégal, Afrique du Sud, Côte d'Ivoire, Congo - Zaïre]

Pas consulté. Il s'agit des actes du Symposium international d'Abidjan, 5-7 mai 1997. [(1997). Youth, Street Culture and Urban Violence in Africa Proceedings of the International Symposium - Abidjan.]

N.B. On trouve une synthèse écrite par Y. Marguerat dans „*Les cahiers de Marjuvia*" (N. 7, 1998, pp. 43-66) qui porte sur les „causes" et les spécificités de chaque pays. (Cet ouvrage devrait également paraître prochainement aux Editions Karthala (Paris)).

Holloway, R. (1970). „Street boys in Addis Ababa." Community Development Journal N. 5, pp. 139-144. [BM/JE]

[Ethiopie, Afrique, travail, migration, perspective culturelle/interculturelle]

Dans ce texte de 1970, il est question de l'hétérogénéité de la population des enfants. L'auteur décrit les enfants de la rue comme „*des jeunes gens libres de tout attachement qui désertent la campagne pour Addis Ababa et les autres villes d'Ethiopie, {qui} ne s'adaptent pas facilement et gravitent rapidement autour des gamins des rues délinquants et pré-délinquants. Ce sont des enfants qui ambitionnent surtout de s'instruire, mais qui rencontrent d'importantes difficultés*".

Les comportements des enfants sont expliqués différemment selon les provenances. Ainsi, les *shoe shine boys* sont parmi ceux qui nécessitent le moins d'aide dans ce contexte. Il s'agit essentiellement de garçons des ethnies *Gurage* avec une structure tribale bien intégrée et des familles élargies bien définies. Le intention est de retourner à leur foyer après avoir gagné de l'argent dans la capitale. "*Few of them face the same misery as street boys from other tribes, and with few facilities available there are certainly more needy cases*". (140) Dans ce contexte, les enfants trouvent la ville intéressante car elle offre des opportunités d'éducation ou l'apprentissage d'un métier, auxquels ils aspirent.

D'autres enfants viennent de familles décomposées, les causes de ruptures étant les décès, le divorce, les séparations en les conflits avec un beau-père ou une belle-mère. (140). Ce type d'enfant s'insère ensuite dans le milieu marginal.

House of Light (1987). „Enquête sur les filles sans abri de Freetown". Dakar, ENDA/JEUDA N. 56, 16 pp. (français/anglais) [en suspens]

[Sierra Leone, Afrique, fille/genre]

en suspens

Human Rights Watch (1997). „Juvenile injustice: Police abuse and detention of street children in Kenya". New York, 155 pp. (anglais) [1-56432-214-9] [PR]

[Kenya, Afrique, perspective légale, réaction sociale, abus/exploitation, migration, pauvreté, famille, sortie]

A partir de la littérature, l'introduction décrit le contexte d'émergence du phénomène des enfants des rues: la migration, la croissance urbaine, l'appauvrissement rural et urbain qui touche particulièrement les familles dirigées par la mère, les coûts élevés de l'éducation, les expulsions des habitants des bidonvilles, les déplacements de populations en raison de conflits ethniques.

Le rapport s'intéresse au traitement arbitraire réservé aux enfants de la rue par la police, la justice et dans les institutions dans lesquelles ils sont enfermés. Il documente les abus de la police dans les rues et les détentions arbitraires caractérisées par la violence. Il en résulte la criminalisation des enfants des rues en raison de leur „vagabondage" et pour des petits délits. D'autre part, les institutions qui les accueillent leur réservent un traitement fait de violence et de négligence. La perspective légale est au centre de ce travail.

Human Rights Watch Africa (1995). „Children of Sudan: Slaves, Street Children and Child Soldiers". New York, Human Rights Watch Africa, 111 pp. (anglais) [DEI]

[Soudan, Afrique, perspective légale, intervention/politiques sociales, droits de l'enfant, abus/exploitation, sortie]

Le chapitre sur les enfants de la rue (pp. 11/30) traite des politiques gouvernementales qui consistent dans l'enfermement des enfants de la rue (pour vagabondage) et des procédures judiciaires arbitraires. (On signale que la plupart du temps, aucun effort n'est fait pour identifier la famille de l'enfant, lui notifier la décision d'enfermement, etc...)

Hunt, P. (1993). „Children's Rights in West Africa: the case of the Gambia's Almudos." Human Rights Quarterly, 15, pp. 499-532. (anglais) [PR]

[Gambie, Afrique, perspective culturelle/interculturelle, perspective légale/droits de l'Homme/CDE, école, travail, exploitation/abus] *

Ce texte ne concerne pas directement les enfants qui vivent dans la rue, mais l'institution des *Almudos* (appelés *talibés* dans d'autres régions). Dans certaines recherches, l'exploitation de ces enfants est tenue pour responsable du départ de l'enfant vers la rue. L'auteur analyse leur situation en montrant les spécificités du cas gambien, les pratiques et les rationalités culturelles sous-jacentes. Il expose ensuite les actions du gouvernement face au problème, les diverses lois internationales qui sont concernés par ce phénomène et suggère un certain nombre de mesures.

Inter-NGO Programme on Street Children and Street Youth/ENDA/UNICEF (1985). „Forum on Street Children and Street Youth: Final Report". Abidjan, 24 February - 2 March 1985, 18 pp. + annexes. (anglais) [PR]

[Afrique, définitions, intervention/politiques sociales]

Ce rapport est le résultat du forum de 1985, devenu désormais une référence classique. Il résume la discussion en mettant l'accent sur les sphères et les stratégies d'action. L'introduction donne le cadre de la problématique: "*street children and street youth are the result of a social change of varying intensity, a change which destabilizes the family and the community. This phenomenon emerges in a system which is unable to provide a minimum of social services (education, health, work,...) and which consequently cannot guarantee the all-round development of street children and street youth*" (p. 2). Ce problème ne peut pas être isolé du contexte social des familles et des communautés défavorisées. Le forum marque un tournant par rapport à la conception de l'enfant de la rue comme un délinquant (explications individuelles de la déviance). Diverses sphères d'action et de nouvelles stratégies sont exposées.

JEUDA (1990). „Les petits métiers exercés par les enfants et les jeunes de Nouakchott". Dakar, ENDA/JEUDA, N. 74, (français) [en suspens]

[Mauritanie, Afrique]

en suspens

Khamala, R. (1985). „Street Wandering Children". Proceedings of the regional pro-workshop on Children in Especially Disadvantaged Circumstances, Nairobi, UNICEF, pp. 17-21. (anglais) [BM/JE]

[Kenya, Afrique]

Ce document de quatre pages, rédigé par le "*Provincial Children's Officer*" de Nairobi en 1985, vise à dresser une liste d'informations de base au sujet des *street children*. Il donne une définition, expose les dangers (pour la société et pour les enfants) et énumère des „causes": la pauvreté, l'attitude de certains migrants qui croient que la vie urbaine est plus facile que la vie rurale, les coûts élevés de l'école, les conditions de vie inhumaines dans les quartiers défavorisés, les conflits familiaux, les ruptures, l'abus de l'enfant, la perte des valeurs traditionnelles de prise en charge des enfants, les mauvaises influences des médias, etc.

Kilbride, P./Suda, C./Njeru, E. (2000). „Street Children in Kenya: Voices of Children in Search of a Childhood". Westport/London, Bergin & Garvey, 162 pp. (anglais) [ISBN: 0-89789-529-0] [PR]

[Kenya, Afrique, perspective culturelle/interculturelle, perspective de l'acteur, définitions, fille/genre, intervention/politiques sociales, identité, travail, famille, migration, Sida, catastrophes/conflits armés, sociabilité, drogue, abus/exploitation, pauvreté, sortie]

Il s'agit d'une recherche qui utilise les méthodes ethnographiques et les questionnaires auprès des enfants, des responsables d'ONG et des parents. Elle se propose de replacer la situation des enfants dans leur contexte social et culturel. L'introduction signale le caractère stigmatisant d'une approche qui sépare les enfants „de" la rue des autres enfants issus des catégories défavorisées. Ils ne vivent pas une expérience fondamentalement différente et le travail prend une place importante. L'introduction signale les causes au niveau macro-social qui sont responsables de l'augmentation du nombre d'enfants de la rue en Afrique (famines, guerres, Sida, apartheid, etc.). La recherche se propose en revanche d'explorer ce phénomène dans une perspective culturelle pour cerner les standards de „normalité" dans ce contexte. Le chapitre 3 décrit le contexte culturel en examinant les valeurs indigènes en rapport avec la famille et l'enfance (famille élargie, placement de l'enfant, polygamie,...). Le quatrième chapitre décrit le contexte urbain et la survie des familles (dont beaucoup de familles migrantes) dans le cadre des activités informelles et de la précarité économique. Le cinquième chapitre explore la manière dont les enfants et les adultes définissent le *street child*, les raisons de sa présence dans la rue, ainsi que les mesures qui devraient être prises pour les diverses catégories d'enfants (petits, grands, filles, garçons). On signale en premier lieu la pauvreté de la famille. Sont également examinés les ruptures familiales et les problèmes relationnels. Le sixième et le septième chapitres étudient de manière approfondie les stratégies de survie, l'occupation de l'espace, l'organisation de la vie sociale des enfants. Plusieurs profils d'enfants sont décrits à partir d'histoires personnelles (ch. 8). La souffrance dans la rue est associée à la maladie, la consommation d'inhalants, l'abus et l'exploitation sexuelle, ainsi que la violence publique. Le dernier chapitre offre une analyse des interventions dans une perspective de liens sociaux et culturels (liens familiaux et communautaires, genre, expressions culturelles).

Le Roux, J. (1994). „Street-Wise: Towards a Relevant Education System for Street Children in South Africa." Education and Society 12 (2), pp. 63-68. (anglais) [sociological abstract]

[Afrique du Sud, Afrique, intervention/politiques sociales]

Sociological abstract: *Street-Wise, a nonpolitical, interdenominational, & nonracial life-skill project in South Africa, was founded in 1986 to meet the educational & job skills training needs of street children. Discussed here are its aims, activities, development, & different aspects. The successes & failures of Street-Wise are evaluated in the context of the contemporary South African socioeducational situation.*

Le Roux, J. (1994). „The Street Child Phenomenon: A South African Perspective". New Education 16 (1), pp. 65-71. (anglais) [sociological abstract]

[Afrique du Sud, Afrique]

Sociological abstract: *Discusses the street child phenomenon, focusing on the South African situation, where street children are predominantly black. Negative social, economic, & political influences that undermine the quality of both the family life & the family education of the contemporary black South African family are discussed.*

Le Roux, J. (1996). „Street Children in South Africa: Findings from Interviews on the Background of Street Children in Pretoria, South Africa." Adolescence 31 (122), pp. 423-431. (anglais) [PR]

[Afrique du Sud, Afrique, perspective structurelle, perspective de l'acteur, fille/genre, famille, pauvreté, identité, sortie]

L'article présente les résultats d'une recherche (qualitative et quantitative) sur les enfants de la rue à Johannesburg (1993). Ces résultats sont comparés à ceux d'autres études réalisées en Afrique du Sud et dans les pays industrialisés. La moyenne d'âge des enfants est de 13-14 ans. Alors qu'ils sont souvent entre 11 et 16 ans dans les pays du Sud, ils ont souvent plus de 16 ans dans les pays riches. Tous les enfants de l'étude sont des garçons de race noire. Les inégalités d'accès aux ressources et la ségrégation de la population noire sont examinées. L'auteur signale qu'il est impossible d'isoler les facteurs liés au système politique des autres dimensions économiques, sociales, culturelles et éducatives. La présence faible de filles dans les rues est expliquée par les responsabilités au foyer. Les filles qui quittent le foyer auraient plus de probabilité de devenir des prostituées et pour trouver un logement.

L'étude de Richter (1991) montre qu'environ un tiers des enfants retourne au foyer après une courte période de temps. Un tiers reste dans la rue pour une période de 6 à 18 mois, alors qu'un tiers y reste pour plus de deux ans. Il s'agit d'une différence significative par rapport aux pays riches où la plupart des enfants restent dans la rue pendant environ un mois avant de retourner au foyer. L'étude de Richter montre une moyenne d'un an de séjour dans la rue pour les enfants d'Afrique du Sud. Il est suggéré que l'enfant qui reste plus longtemps dans la rue courrera plus de risques de s'éloigner des ressources de réhabilitation et d'être absorbé par la culture de la rue.

Si certains enfants recherchent la rue pour obtenir l'indépendance économique, pour l'aventure ou pour des raisons personnelles, la plupart le font en raison de facteurs externes. Parmi ceux-ci: l'abus d'alcool ou de drogue des parents, les problèmes économiques, la violence et les ruptures, des relations familiales faibles, les problèmes dus au chômage des parents (stress), l'abus physique et/ou sexuel sur les enfants, l'absence des parents du foyer. Ces difficultés sont le résultat de problèmes personnels ou économiques, de la déstructuration de la famille (et notamment de la famille élargie) et de l'émergence d'une famille nucléaire vulnérable dans le milieu urbain. Les lois sur la migration contribuent à cette déstructuration.

Le départ dans la rue est défini comme une stratégie adaptative qui répond au désir de l'enfant d'avoir le contrôle de sa propre vie.

Autres éléments mentionnés: l'industrialisation rapide et l'urbanisation (ruptures des liens avec la famille élargie), le système politique (les lois sur les migrations, la ségrégation raciale, les désordres et la violence dans les zones résidentielles noires).

Lefort, F./Bader, C. (1990). „Mauritanie: la vie reconciliée". Paris, Fayard, 238 pp. (français) [2-213-02576-2] [RERO]

[Mauritanie, Afrique]

Pas consulté. Cet ouvrage décrit la vie des enfants et le projet fondé par François Lefort. (pour le même projet voir aussi Combier (1994))

Voir également: Lefort (1988). „Enquête sur les enfants de la rue". Nouakchott, Mauritanie, Caritas/Ministère de la santé et des affaires sociales - République

Islamique de Mauritanie, mai 1988, 23 pp. (français) [BM/JE]. Les résultats de cette recherche figurent également dans l'ouvrage collectif édité par Marguerat Y./ Poitou D. (1994).

Lenoble-Bart, A. (1996). „Les enfants de la rue à Kigali." Politique Africaine: Du côté de la rue (63), pp. 72-78.

[Rwanda, Afrique, intervention/politiques sociales, fille/genre, travail, sociabilité, réaction sociale, Sida, famille, pauvreté, sortie]

Cet article fait partie d'un numéro de la revue entièrement consacré à la rue en Afrique et montre ses multiples facettes: la mendicité (des adultes), la créativité, la violence, la répression et les diverses significations de la rue.

L'auteur signale le lien entre l'amplification du phénomène des enfants de la rue et l'aggravation de la situation démographique et économique. A cela s'ajoute la déstructuration familiale et la pandémie du SIDA. (Avant la guerre, 36% de séropositifs à Kigali). L'auteur mentionne également l'individualisme croissant qui casse les solidarités et les liens familiaux. La représentation de l'enfance à évolué: vue traditionnellement comme une richesse dans les politiques natalistes, elle devient par contre un poids dans la politique de limitation des naissances.

Il s'agit majoritairement des garçons car la filière des filles les amène plutôt vers les travaux domestiques ou la prostitution. La mendicité est décrite comme l'activité principale, mais des attitudes agressives de la part des enfants sont aussi mentionnées. En raison des difficultés de trouver des petits boulots, le nombre de vols augmente.

Sortie de la rue/sortie du projet: il n'existe pas de *gang* à Kigali. Cependant, la répression policière se base sur un article qui permet d'arrêter les indigents, les vagabonds, et les sans abri. Ils sont renvoyés dans leurs lieux d'origine ou bien placés dans des centres de rééducation. Il est possible que les enfants restent emprisonnés un ou deux ans, sans instruction ni enquête et sans que la famille soit prévenue. L'auteur décrit le projet du "Bureau social urbain" (travail en milieu ouvert, scolarisation, réinsertion familiale et sociale).

Loforte, A. M. (1994). „Street Children In Mozambique." The International Journal of Children Rights 2, pp. 149-168. (anglais) [PR]

[Mozambique, Afrique, conflits armés, pauvreté, travail, migration, famille, sociabilité, drogue, réaction sociale]

Le texte original date de 1991 et rapporte une recherche effectuée dans la capitale, ainsi que plusieurs villes du Mozambique auprès d'enfants *de* et *dans* la rue. Elle se base sur des entretiens avec les enfants et les parents et des questionnaires remplis par eux. La question des causes est ouvertement posée. En introduction, l'auteur signale que si le phénomène des enfants de la rue (leur présence et l'augmentation de leur nombre) est généralement lié à l'urbanisation rapide et aux profondes crises économiques, la guerre est par contre la cause dominante de la présence des enfants de la rue au Mozambique. Les conflits armés ont détruit la majorité les infrastructures sociales et économiques et forcé de nombreuses familles (souvent séparées) à abandonner leur village. Certains enfants sont envoyés dans la rue par leurs parents pour chercher des revenus.

Le texte décrit les situations familiales autour de la pauvreté, de l'exode vers les villes, ainsi que des difficultés dans la scolarisation des enfants. Il est également question de difficultés spécifiques des foyers où la mère est chef de famille et du travail informel dans les rues. Un passage mentionne la violence dans les familles qui provoque le départ de certains enfants.

Le texte signale le nombre important d'enfants qui vivent dans la rue parce qu'orphelins ou abandonnés, mais l'auteur n'opère pas de distinction quant aux causes et n'effectue pas d'analyse détaillée de leurs situations spécifiques. Il décrit par contre les diverses activités des enfants (transport de marchandises, nettoyage ou garde de voitures, mendicité, transport de courrier) et indique que le vol est plus rare. L'argent est important pour les enfants car ils peuvent payer les policiers et éviter d'être arrêtés. Il est également question d'altercations violentes entre bandes d'enfants (en raison de la concurrence) et de consommation de drogues. La répression policière envers les enfants de la rue est très brutale. Le texte conclut sur un ensemble de recommandations.

Lugalla, J. L. P./Mbwambo, J. K. (1999). „Street Children and Street Life in Urban

Tanzania: The Culture of Surviving and its Implications for Children's Health." International Journal of Urban and regional research 23 (2), pp. 239-344. (anglais) [PR]

[Tanzanie, Afrique, perspective structurelle, perspective de l'acteur, migration, pauvreté, catastrophes, travail, famille, fille/genre, sociabilité, identité, santé]

L'article présente les résultats d'une étude réalisée entre 1994 et 1995 à Dar-Es-Salaam auprès de 200 enfants vivant dans les rues. La distinction opérée par l'UNICEF („on" et „of" the street) est retenue par les auteurs. 94% des enfants sont migrants. Les auteurs montrent que la plupart d'entre eux (80%) ont migré vers la ville à l'âge de 8-10 ans et ont perdu tout contact avec leur famille. Ils sont décrits comme déracinés culturellement: seuls 18% d'entre eux savent s'exprimer dans leur langue d'origine. Un grand nombre n'a pas été scolarisé.

Les migrations sont associées à la sécheresse, aux conditions difficiles en milieu rural et à l'absence de politiques de développement rural. La plupart des enfants proviennent de familles nombreuses et très pauvres. La pauvreté est retenue comme la cause principale du départ de l'enfant, la deuxième cause étant liée aux problèmes dans la famille (séparations, violence).

Dans 66% des cas, les mères sont les principales pourvoyeuses de ressources économiques. Les auteurs suggèrent un lien entre cette situation, la frustration et le stress de l'homme qui ne remplit pas le rôle prescrit par le patriarcat et l'instabilité familiale.

La présence moins fréquente des filles est expliquée par: a) le plus grand contrôle que l'on exerce sur celles-ci, b) le fait que leur fugue du foyer les mène plutôt vers un emploi de domestique, c) leur présence dans la rue les voit rapidement sortir par intervention de la police ou bien s'insérer dans le milieu de la prostitution, d) les agressions sexuelles et la violence étant fréquentes, la rue est moins attractive pour les fillesles attire moins.

Les problèmes de santé sont aussi décrits. L'étude de la vie quotidienne des enfants souligne l'existence d'une organisation de survie importante et efficace. Le travail est au centre de leurs activités. Il y a une socialisation et un processus d'initiation dans le groupe, par ailleurs fort hiérarchisé. Celui-ci est un support pour le travail, mais aussi une source de protection, d'amour et d'affection. Pour cette analyse, il est fait référence à l'étude de Rajani et Kudrati (1996). Les auteurs concluent sur la nécessité non seulement d'une approche participative dans l'intervention directe auprès des enfants, mais aussi d'actions dirigées explicitement sur les causes de leur départ dans la rue.

Malich, R./Von der Ohe, E./Siege, N. (1996). „Street children of East Africa": Analyses, Approches and Projects, Deutsche Gesellschaft für Technische Zusammenarbeit GmbH, 43 pp. (anglais) [BM/JE]

[Tanzanie, Kenya, Ouganda, Afrique, pauvreté, catastrophes/confits armés, Sida, famille, travail, perspective de l'acteur, intervention/politiques sociales] *

Ce document s'intéresse aux *street children* entendus au sens large de cette expression (incluant les „*part-timer*" et „*full-timer*"). Il se propose une mise en commun d'expériences dans trois pays africain tout en décrivant les traits caractéristiques des situations respectives et les programmes existants. La présentation commune aux trois pays signale les causes de la présence des enfants dans les rues en relation avec la pauvreté et le chômage, ainsi que l'affaiblissement des liens familiaux et communautaires traditionnels. Les comportements tels que l'alcoolisme, l'abus de drogues, la violence sur la femme et sur les enfants, l'abus en général et l'abus sexuel sont considérés comme des réactions à la vie urbaine en l'absence d'un appui de la famille élargie et de la communauté. Ils provoquent la fugue de certains enfants. De manière générale, le texte évoque l'hétérogénéité de la population vivant et/ou travaillant dans les rues: fugueurs ou abandonnés, orphelins du SIDA ou victimes de guerre, victimes d'abus de la part de la famille ou de sa négligence.

La vie dans la rue est abordée comme source de liberté et d'opportunités de travail, mais est aussi décrite comme un lieu fait de violence, de prostitution, de pauvreté, d'activités criminelles, de discrimination et d'abus sexuel. Des données statistiques sont reproduites pour les trois pays concernés afin d'illustrer la situation globale de l'enfance.

Les présentations de chaque pays (Ouganda, Tanzanie et Kenya) concernent tout d'abord les projets et fournissent des informations comparatives intéressantes (orphelins du SIDA, pauvreté, âge des enfants, présence des programmes, etc.).

Maphapala, T. (1996). „Street Children in Swaziland." Africa Insight 26 (3), pp. 282-287. (anglais) [FR 1418]

[Swaziland, Afrique, famille, perspective psychologique/psychopathologique, pauvreté, famille, identité]

Cet article fait partie des contributions publiés dans le N. spécial de *Africa Insight*, entièrement consacré aux *street children*. L'auteur présente une étude de 1995 auprès des enfants de la rue (villes de Mbabane et Manzini). La perspective est psychologique. La collecte d'informations a été faite sur la base d'entretiens, de tests psychologiques, de visites aux familles et concerne 39 enfants bénéficiaires d'un programme. Certains dormaient dans la rue, d'autres dans une ONG et d'autres encore dans un foyer de la famille (certains chez les parents et d'autres chez des membres de la famille élargie). Le travail explore les thèmes suivants: les raisons pour être dans la rue, la situation familiale, la santé mentale, la perception que l'enfant a de son propre avenir, son attitude à l'égard des parents et des autres personnes, sa maturité intellectuelle, ses besoins et ses désirs. Les résultats montrent que la plupart des enfants sont issus des villes et le phénomène est faiblement lié à la migration depuis des régions éloignées. Les raisons économiques sont les plus fréquemment mentionnées pour expliquer le départ du foyer, l'abus physique étant la deuxième raison donnée par les enfants. Les garçons semblent être plus souvent responsabilisés que les filles pour la subsistance économique de la famille.

Marguerat, Y./Poitou, D. (Ed.) (1994). „A l'écoute des enfants de la rue en Afrique noire - Marginalisation des jeunes dans les villes africaines", Paris, Fayard, 623 pp. (français) [PR/FR]

[Côte d'Ivoire, Sénégal, Kenya, Bénin, Ghana, Guinée, Cameroun, Gabon, Zaïre, Togo, Mali, Mauritanie, Burkina Faso, Nigeria, Madagascar, Zambie, Congo, République Centrafricaine, Afrique du Sud, Niger, Afrique, perspective structurelle, perspective culturelle/interculturelle, perspective de l'acteur, intervention/politiques, drogues, travail, fille/genre, école, délinquance, famille, migration, identité, réaction sociale, définitions, sortie]

Il s'agit d'un recueil de documents d'origines très diverses qui présente de multiples éclairages sur les enfants de/dans la rue en Afrique Noire. Il inclut des témoignages d'enfants, des pièces de théâtre, des résultats de recherche, des extraits de documents et des contributions d'intervenants au Forum de Grand-Bassam, des rapports d'éducateurs (dont plusieurs de ENDA), des extraits d'entretiens non-analysés, etc.

Ch.1: Instantanés

Présentation de témoignages et d'histoires de vie.

Ch.2: Stéréotypes et opinions:

Ce chapitre s'intéresse à la perception et à la réaction sociale (discours des adultes dans la rue, discours de la presse, perception des travailleurs sociaux,...) (Gabon, Côte d'Ivoire, Caméroun, Guinée)

Ch.3: Le Forum de Grand-Bassam

a) Yves Marguerat „*Enfants et jeunes de la rue dans la ville africaine*".

Le phénomène des enfants des rues est le résultat de la vie urbaine qui bouleverse les structures de la société. Les raisons sont: a) des raisons économiques ('insuffisance des ressources par rapport aux besoins des habitants), b) des raisons sociales (anonymat, „rétrécissement" et instabilité des familles).

L'auteur signale l'inadéquation d'une approche en termes de délinquance, en raison de la multiplicité des références culturelles, illustrée par le cas des *talibés*. Il construit une typologie des enfants qui correspond aux multiples trajectoires l'amènant à la rue: 1) le pupille négligé, 2) le migrant inadapté, 3) le rural fugueur, 4) le jeune citadin désœuvré, 5) l'enfant abandonné, 6) le fils de personne. Des exemples illustrent la typologie.

(D'autres contributions de ce chapitre présentent les approches d'intervention et la communication finale du Forum de Grand-Bassam. Celle-ci marque un tournant dans l'approche du phénomène en refusant une perspective en termes de délinquance et en adoptant une perspective en termes d'enfants de/ dans la rue)

Ch.4: La parole est aux enfants de la rue

Il s'agit de plusieurs témoignages et de la reproduction d'une pièce de théâtre créée par les enfants. Y. Yves Marguerat présente l'histoire de jeunes qui ont vécu dans un foyer de Lomé (Togo) et mentionne leurs sorties. (Plusieurs allers et retour entre la rue, la drogue et le retour à la „normalité". La sortie est décrite à partir des petits métiers (électricien, petit commerce, vannier) ou comme éducateur professionnel dans le projet en question).

Ch.5: De ville en ville

a) Moussa Abdoulye Sissoko, „*Les jeunes de la rue dans le district de Bamako (Mali)*"

Ce texte dresse une liste de causes illustrées par de courts témoignages: l'urbanisation, l'exode rural, l'exclusion de l'école, la démission parentale, la carence éducative/affective (des familles), les pères autoritaires ou alcooliques, l'école coranique, la drogue, l'absence d'une politique d'animation sociale, le mal-développement qui crée des modes de vie inadéquats. (Extraits du Document ENDA/JEUDA N. 53).

b) Ba Sity Haidara, „*A Nouakchott (Mauritanie). Des bidonvilles à la rue*", UNICEF.

Causes mentionnées: la pauvreté, la désunion des parents, les échecs scolaires, la dégradation du rôle des aînés, le poids des médias, un défaut d'encadrement (animation, éducation), le rôle de l'école coranique. Le manque d'affection est considéré comme une cause fondamentale. (extraits du document ENDA/JEUDA N. 57?)

c) UNICEF, „*Une enquête en cours sur les jeunes des rues à Ouagadougou (Burkina Faso)*"

Enquête réalisée en 1990 auprès d'enfants et de jeunes (5-21 ans) „de/dans" la rue. On signale que les jeunes conservent des relations et ont des contacts fréquents avec leurs familles. La violence et l'abus ne sont pas fréquents et sont rarement la raison de la fugue vers la ville. Le texte signale également que „les jeunes de la rue ne sont pas des enfants particulièrement déstructurés psychologiquement lorsqu'ils arrivent en ville. Il sont plutôt fragilisés par la perte de leur contexte social". Une opinion courante voudrait qu'ils proviennent des provinces du Nord frappées par la sécheresse, alors que la recherche montre que la majorité d'entre eux sont originaires des provinces limitrophes de la capitale (60%) ou bien de provinces placées sur l'axe routier vers Tenkodogo et Puytenga (17%). L'auteur formule une hypothèse au sujet de la culture *Mossi*, aux modèles culturels très rigides: la fugue serait l'unique possibilité de contourner les règles rigides. De manière générale, les liens familiaux sont décrits comme forts. Le texte nuance la cause de l'échec scolaire pour expliquer la présence dans la rue, dans la mesure ou seulement une partie des enfants sont allés à l'école primaire. Pour 45% d'entre eux, le passage se fait directement de la socialisation familiale à la rue.

La catégorisation enfants de la rue/enfants dans la rue est considérée comme insuffisante. Les auteurs montrent que les enfants de la rue sont plus fortement discriminés et leur insertion dans le secteur informel plus difficile s'ils ne trouvent pas un domicile. Il s'agit plus souvent d'enfants qui travaillent de manière indépendante, synonyme non pas d'autonomie et indépendance, mais d'une plus grande précarité.

d) Yves Marguerat „*Les smallvi ne sont pas des gbévouvi: histoire de la marginalité juvénile à Lomé (Togo)*".

L'auteur signale l'existence dans toutes les grandes villes africaines d'enfant migrants qui exercent des petits métiers ou bien d'autres qui n'arrivent pas à s'intégrer et échouent dans la marges. Dans son exposé, il s'intéresse cependant à une autre catégorie d'enfants de Lomé issus des couches citadines les plus anciennement urbanisées. Un paragraphe rapporte l'histoire des enfants de la rue à Lomé depuis les années 30 et les mesures qui ont été prises (en termes de délinquance juvénile).

Ensuite, l'auteur décrit les divers mondes des enfants, sur la base de ses observations entre 1965 et 1975. Il décrit une population d'enfants issus de „bonnes familles" des classes moyennes, une minorité seulement est le produit de l'exode rural. L'éclatement du couple parental est un point commun à leurs biographies. „*... si la cause majeure du départ vers la rue est l'irresponsabilité des soi-disant adultes, l'incident déclencheur n'est pas toujours facile à discerner... un conflit majeur, une atmosphère de crise latente, la relation avec leur beau-père, une accusation de vol, des fugues scolaires, l'indifférence totale...*" (pp. 267-268). L'auteur conclut ainsi que „*la marginalité juvénile à Lomé n'est [...] pas, d'abord, un problème de misère, mais de fragilisation de la structure familiale [...] C'est l'effet de la conjugaison des insuffisances personnelles et des échecs sociaux, dans un monde urbanisé, „monétarisé" depuis longtemps..*". (269). La comparaison avec la situation à la fin des années 80 montre l'accroissement du phénomène et l'impact de la crise et des politiques d'ajustement structurel (1982-1983). La crise de la cellule familiale reste pour l'auteur la cause principale et il en expose le fonctionnement.

Ch.6: Survivre dans la rue par tous les moyens

a) UNESCO/UNICEF, „*Mendier à Dakar (Sénégal)*".

Ce texte présente une analyse des diverses formes de mendicité (les *talibés*, les handicapés et les conducteurs d'aveugles, les pauvres), la plus grande majorité des mendiants étant des *talibés*. A travers des témoignages, on décrit les difficultés des enfants (la violence, les abus et le fait qu'une grande partie du temps soit consacrée à mendier, l'absence de support familial, l'isolement de l'enfant).

b) ENDA, „*Le problème des talibés: la réponse des marabouts de Dakar*"

Le texte fournit des extraits d'entretien avec des *marabouts*.

c) Adolphe Nanoh et al. (ENDA), „*Gardiens de voitures et cireurs à Bouaké (Côte d'Ivoire)"*

Cette étude porte sur deux populations d'enfants. Les gardiens de voitures dorment dans la rue, alors que les cireurs de chaussures ont une famille et rentrent au foyer le soir. Les enfants cireurs sont en majorité des migrants, certains provenant du Burkina Faso ou du Mali, venus dans l'espoir de gagner de l'argent et d'améliorer leurs conditions de vie. Les auteurs signalent des différences importantes entre ces deux populations, les gardiens de voitures manquant d'appuis (des adultes) et de projets de vie.

d) Danièle Poitou, *„D'hier à aujourd'hui, les ogbologo de Lagos (Nigeria)"*

L'auteur décrit plusieurs populations d'enfants par rapport à leurs activités plus ou moins licites. Elle relie les diverses situations au contexte économique „d'une société livrée à l'affairisme, à la corruption, au népotisme et dans laquelle les espoirs suscités par la scolarisation de masse ont été battus en brèche par les conséquences d'une crise économique qui s'aggrave de jour en jour" (pp. 303-304). Le document traite de l'insécurité comme donnée permanente de la vie à Lagos, des effets de la modernité et des pratiques traditionnelles dans le traitement des délinquants.

e) S.D. Gbogbohoundada, *„Voyage chez les voyous de Cotonu (Bénin)"*

Ch.7: La vie au quotidien et ses dangers: malnutrition et maladies

Le chapitre s'intéresse aux risques courus par les enfants dans les divers pays: maladies, malnutrition, retard de croissance, SIDA,... A côté de cela, on mentionne leur solidité (même physique) dans leur lutte pour la survie.

Ch.8: La drogue

(François Lefort, *„Un médecin face à la drogue dans les rues de Nouakchott (Mauritanie)"*; Roisin Burke, *„La défonce des pauvres à Lusaka (Zambie)"*; Serge Nédélec, *„Les enfants du gainz (Sénégal)"*; Yves Marguerat, *„La drogue et les jeunes à Lomé)"*.

Ch.9: De l'exclusion symbolique à la violence physique

Plusieurs textes présentent les situations de violence auxquels sont soumis les enfants (Francis Gatterre, *„Etre un kimona meso au beach de Brazzaville (Congo)"*; M.-F-Adrien-Rongier

„Godobé et gbati: les jeunes exclus de Bangui (République centrafricaine)"; K. Muwalawala, *„Les formes d'oppression subies par les enfants de la rue à Kinshasa (Zaïre)"*; M.-A. de Montclos, *„Une 'génération perdue' à Johannesburg (Afrique du Sud)"*.

Ch.10: Fillettes et jeunes filles

Ce chapitre présente quatre textes assez courts sur la situation de la fille. Deux d'entre eux concernent les petites bonnes et deux autres des filles qui vivent dans la rue et se prostituent. Mukanz-Diyambi Kabw (*„La vie de sept jeunes filles de la rue à Kinsahsa (Zaïre)"*) identifie trois catégorie de causes de la présence des filles dans les rues: l'influence des amies, la sorcellerie et les conflits familiaux. P. A. Tall (*„Les 'copines de la rue' à Dakar (Sénégal)"*) présente un entretien avec des filles de la rue.

Ch.11: Quelques points de vue des sciences humaines

Le premier document de ce chapitre est une reproduction d'un article de Danièle Poitou de 1979 (*„Approche sociologique de la jeunesse délinquante au Niger"*). Cette étude a été réalisée à la fin des années 70 au Niger et s'intéresse à la délinquance juvénile. Cette notion est déconstruite et examinée de manière critique. Le deuxième document est la reproduction d'un article de Yves Marguerat (*„Les jeunes délinquants d'Abidjan: une approche quantitative"*) publié en 1985. Le troisième article présente les résultats d'une enquête quantitative dirigée par François Lefort à Nouakchott (Mauritanie) en 1988 (nombre d'enfants et lieux fréquentés, parents et lieu de domicile, structure familiale, région d'origine, nationalité, raisons du départ, scolarité, temps passé dans la rue, travail, vol, toxicomanie, arrestations)

Ch.12: Jeunesse en difficulté, jeunesse créative

La perspective adoptée dans ce chapitre concerne les innovations qu'apportent les jeunes et les enfants dans un contexte de marginalité: naissance de sous-cultures, travail, rapport entre délinquance et créativité, entre marginalité et exploitation dans le travail des enfants. (A. Poloni/C. Denot/M-Nka Ngub'Usim/D. Poitou).

Ch.13: De l'analyse à l'action

Le document présente des expériences menées dans diverse villes.

Ch.14: Vers de nouveaux chemins

Documents conclusifs. Y.Marguerat apporte une réflexion sur la prévention de la délinquance juvénile et la situe à divers paliers. J.-F. Derquer propose une analyse de l'action orientée vers les enfants, ainsi que vers le contexte urbain. F. Terenzio expose une conceptualisation de la situation des enfants „en rupture" qui les replace dans le contexte social plus large. Il met l'accent sur la nécessité d'élargir le domaine d'action au développement.

Marguerat, Y. (1997). „Les enfants et jeunes de la rue: le processus d'exclusion." Cahiers de MARJUVIA N 4, pp. 75-77. (français) [FR]

[Afrique, famille]

Ce document examine trois situations de marginalisation dans le cadre familial: avec la famille (enfant dans la rue), la marginalisation sans famille (talibé, petites bonnes, réfugiés, victimes de catastrophes, soldats, etc.), la marginalisation par la famille (éclatement des familles, réminiscence de pratiques traditionnelles, fuite, violence...).

Marguerat, Y. (1998). „L'Europe frontière de l'Afrique: Les chemins du 'Pays-des-Blancs. Itinéraire de jeunes Togolais vers l'Occident." Cahiers de Marjuvia N.7, pp. 79-95. (français) [FR]

[Togo, Afrique, migration, sortie]

L'auteur a depuis des années tissé des liens avec de jeunes togolais en difficultés et a pu suivre la trajectoire de certains d'entre eux au cours des dernières années. Dans cet article, il décrit celle de vingt-huit garçons - dont dix ont été de „vrais enfants de la rue" - qui ont migré en Occident. Bien que l'expérience lors de la migration soit au centre du document, l'article fait état d'un type de sortie des enfants qui ont vécu dans la rue.

Marguerat, Y. (1999). „Les chemins qui mènent à la rue: Un essai de synthèse sur les processus de production d'enfants de la rue en Afrique Noire." Cahiers de Marjuvia (9), pp. 45-57. (français) [FR]

[Afrique, perspective structurelle, perspective culturelle/interculturelle, trajectoires, migration, famille, pauvreté, sociabilité]

L'auteur reprend et approfondit le thème des trajectoires des enfants vers la rue qui a été développé dans un écrit antérieur (in Marguerat/Poitou (Ed.), „*A l'écoute des enfants de la rue en Afrique Noire*"). Il distingue ici plusieurs trajectoires tout en signalant que si la pauvreté affaiblit les liens familiaux, elle n'en est pas une condition suffisante pour expliquer le phénomène: malgré la pauvreté, seul un nombre réduit d'enfants est en rupture avec la famille. Le document examine la trajectoire des jeunes d'origine rurale. Il s'intéresse aux sources de conflits familiaux, aux catastrophes et aux guerres, qui peuvent expliquer le départ vers la ville. A propos de la marginalité d'origine urbaine, l'auteur constate que les pratiques d'exclusion des jeunes peuvent avoir des racines culturelles et que ces traditions peuvent être perverties dans des rapports d'exploitation (par exemple, les *talibés*). Le document traite également de la pauvreté urbaine, de la scolarisation impossible, de la fragilisation des couples, etc. L'auteur signale que 90% des enfants des rues sont issus de couples désunis.

Un troisième paragraphe s'intéresse au phénomène urbain des „contre-sociétés citadines": la structuration en bandes, la violence, la précarisation, etc. Pour l'auteur, l'ancienneté des phénomènes de marginalité juvénile est un élément décisif pour comprendre le phénomène actuel.

Le document présente également des réflexions sur les termes d'"enfant de la rue", de marginalité et de délinquance.

Marguerat, Y. (1999). „Les actions en faveur des enfants de la rue au Caméroun." <u>Cahiers de Marjuvia</u> (9), pp. 128-136. (français) [FR]

[Caméroun, Afrique, sorties de la rue, intervention/politiques sociales travail]

L'auteur aborde la sortie de la rue comme entrée dans un projet et décrit plusieurs de ces projets.

Masiala, M. S. (1990). „<u>Les enfants de personne. Etude clinique et de phénoménologie sociale sur l'enfance et la jeunesse défavorisée</u>". Kinshasa, Editions Enfance et Paix, 115 pp. (français) [RERO]

[Zaïre, Afrique]

L'auteur, directeur du centre zaïrois de l'Enfant et de la Famille, adopte une perspective en termes d'enfance défavorisée dans laquelle il inclut les enfants qui se trouvent dans la rue. La présence de l'enfant dans les rues est considérée comme source de violence et de négligence et tout d'abord comprise comme un indicateur des difficultés de la société à assumer la socialisation des enfants („les enfants de personne"). La situation de l'enfance défavorisée est abordée comme étant le produit des lacunes dans l'encadrement des enfants de la part de l'état, de l'église, de l'école et de la famille.

May, A. (1996). „Handshops and hope: Young Street Vendors in Dar es Salaam, Tanzania." <u>Anthropology of Work Review</u> 17 (1-2 summer fall), pp. 25-34. (anglais) [sociological abstract]

[Tanzanie, Afrique, travail]

Sociological abstract: "*An ethnographic study of young street vendors in Dar es Salaam, Tanzania, based on interviews conducted 1992/93 with 50 workers, ages 10-20. The number of young vendors, known as "handshops", is grossly underestimated because their mobility excludes them from national labor statistics. They are also more vulnerable to various kinds of exploitation, violence, drugs, & health hazards. Consequently, most of them have become street-smart to survive, & to avoid being reduced to begging, considered the bottom rung of the social ladder. It is argued that the racism of colonial Tanzania has been transformed to classism that is accepted because an underclass is essential for capitalistic development. The minimal amount young workers earn prevents civil unrest; however, intense competition for income & living space, coupled with migration patterns, has increased alienation & prevented communal solidarity. The personal stories of a number of young vendors are included.*"

Mbanjabahizi, J. D./Munyakazi M. et al. (1990). „<u>Etude de l'identification des besoins</u>

et aspirations des enfants de la rue et de leurs conditions de vie dans les centres urbains de Kigali, Butare, Gisenyi et Ruhengeri". Kigali, Boy Scout Association of Rwanda, 20 pp. (français) [BM/JE]

[Rwanda, Afrique, travail, famille, pauvreté, école]

Il s'agit d'une étude commanditée par l'Association des Scouts du Rwanda, visant à identifier l'itinéraire de l'enfant vers la rue, ses activités économiques et ses besoins (enfants dormant et/ou travaillant dans la rue). Les informations se basent sur des entretiens avec des enfants, des adultes, et des responsables de projets. Le but de l'étude est programmatique. Une introduction présente brièvement le contexte national sur le plan socio-économique et socio-éducatif. L'enquête porte essentiellement sur des garçons. Les auteurs émettent l'hypothèse que les jeunes enfants explorent d'abord la rue avant de s'y rendre, la plupart vers l'âge de 13-16 ans. Les résultats statistiques décrivent l'origine de l'enfant (souvent rurale) et le lieu où il dort, la taille de la famille, la situation des parents, les activités des enfants, les revenus.

Lieu de vie des enfants:

- dans un logement avec d'autres enfants: 23/155
- dans la rue: 36/155,
- dans une famille autre que la sienne: 29/155
- en famille: 68/155.

Mburugu, E. K. (1992). „The Kenya Urban Case Study of Children in Especially difficult Circumstances: Demographic and Migration Aspects". Nairobi, Report for UNICEF, February 1992. (anglais) [BM/JE]

[Kenya, Afrique, migration]

Cette étude s'intéresse à l'ensemble des enfants issus des catégories défavorisées et examine l'impact des migrations internes et des facteurs démographiques.

Mdoe, M. (1997). „Poor Urban Children At Risk In Dar Es Salaam. A Participatory Research Report". Dar es Saalam, Save The Children Fund (UK), 31 pp. (anglais) [BM/JE]

[Tanzanie, Afrique, perspective structurelle, perspective de l'acteur, famille, migration, santé, travail, pauvreté, sociabilité] *

Rapport sur les résultats d'une étude qualitative auprès de 400 enfants vivant et/ou travaillant dans les rues (Le texte emploie la notion de *Poor Urban Children at Risk* (PUCR), mais aussi celui de *street children*). L'auteur a utilisé plusieurs techniques participatives (les méthodes et la démarche sont exposées).

L'étude s'intéresse à un ensemble d'indicateurs de vulnérabilité (âge, santé, éducation, protection, grossesse, travail et revenus familiaux) et explore les raisons pour quitter le foyer. Parmi celles-ci, les problèmes avec la famille sont souvent signalés; ils prennent cependant des formes très différentes sans qu'une situation typique puisse être définie. Plusieurs trajectoires vers la rue sont décrites: a) zones rurales - rues de la ville, b) zones rurales - parenté en ville - rue de la ville, c) zones résidentielles de Dar es Salaam - rues en ville, d) migration avec la famille, e) nouvelles formes de migrations vers d'autres pays (Afrique du Sud). Il est suggéré que les communautés rurale proches de la ville sont celles qui produisent le plus grand nombre de *street children*.

Plusieurs thèmes sont abordés dans la recherche: famille, éducation, travail, santé et protection. La situation familiale est abordée dans une perspective large. La recherche explore la situation des enfants-parents (cette partie de l'étude concerne 7% des enfants qui ont participé à la recherche et ont en moyenne 14 ans). Elle aborde aussi les systèmes de clans dans la rue, les groupes et les associations, c'est-à-dire les structures de soutien propres aux enfants. Un paragraphe de la recherche évoque la violence et les difficultés des enfants à assurer entièrement leur protection.

Meunier, O. (1997). „La situation des élèves coraniques à Maradi (Niger)." Cahier de MARJUVIA N. 4, pp. 61-70. (français) [FR 2440]

[Niger, Afrique, école, perspective culturelle/interculturelle]

Cet article traite des règles et du fonctionnement de l'école coranique.

Mezda-Me-Nguema et al. (1991). „Projet 'Jeunesse en difficulté'. Libreville". Dakar, ENDA/JEUDA N. 73, 16 pp. (français) [en suspens]

[Gabon, Afrique]

en suspens

Muchini, B./Nyandiya-Bundy S. (1991). „Struggling to survive: A Study of Street Children in Zimbabwe", University of Zimbabwe Department of Psychology, UNICEF-Zimbabwe, 61 pp. (anglais) [BM/JE]

[Zimbabwe, Afrique, travail, famille, migration, pauvreté, drogue]

Cette étude se rapporte aux enfants qui travaillent dans les rues la journée et à ceux qui y dorment également. Elle concerne différentes villes du Zimbabwe. Les informations sont recueillies par questionnaire. Elles se rapportent à des thèmes tels que la famille, l'âge et le sexe, la catégorisation enfant „de"/„dans" la rue, la composition familiale et la place de l'enfant dans la fratrie, l'éducation, la structure familiale et l'occupation des parents, les activités des enfants, leurs revenus et leurs dépenses, la consommation d'inhalants et d'alcool. Les raisons données par l'enfant pour vivre ou travailler dans la rue ne distinguent pas ces deux situations. Le reste des informations se rapporte également aux deux populations. Cinq études de cas sont présentées.

La présence des filles est limitée parmi les enfants vivant/travaillant dans la rue (5%). Une population d'enfants réfugiés provenant du Mozambique est mentionnée, mais il s'agirait essentiellement d'enfant qui ne vivent pas dans les rues. La plupart des enfants ont les deux parents. En général, les familles et les enfants souffrent d'un cumul de difficultés: familles nombreuses, faible niveau d'éducation, ruptures familiales, décès des parents, divorces, logements inadéquats.

Mulders, T. (1995). „Children en route: a situation analysis of street children and street children's projects in Dar-es-Salaam", Rapport, 65 pp. (anglais) [BM/JE]

[Tanzanie, Afrique, pauvreté, famille, migration, travail, sociabilité, drogues, intervention/politiques sociales]

Dans cette recherche de 1995, les informations ont été recueillies à travers des entretiens avec les enfants (standardisés) et avec les coordinateurs de projets. On signale l'augmentation rapide du nombre de *street children* (une recherche du *Department of social welfare* estimait qu'il y avait environ 250-350 enfants en 1991, alors qu'il y en aurait 2000 en 1995). L'étude distingue quatre catégorie d'enfants: a) ceux qui sont dans la rue pendant moins de 6 heures par jour (*children living at home*), b) ceux qui sont dans la rue entre 6 et 14 heures par jour (*part time street children*), c) ceux qui ont vécu dans la rue 24h sur 24, mais sont actuellement dans des projets (*children in projects*), d) les enfants qui vivent 24 heures sur 24 dans les rues (*children of the street*).

Les diverses populations d'enfants sont comparées quant à leur situation familiale, aux activités économiques des parents, au niveau de scolarisation, etc.. On constate des différences de composition familiale (il y aurait moins de familles complètes parmi les enfants qui vivent ou qui ont vécu à plein temps dans les rues. Ils proviendraient également plus souvent des zones rurales (80% dans catégorie d) et 70% dans catégorie c); le cas de figure de l'enfant dans la rue qui vit ailleurs que chez ses propres parents est absent des résultats, 100% des enfants dans la rue ont leur famille en ville. Les parents des enfants vivant dans la rue sont plus souvent des agriculteurs, ce qui est rarement le cas des enfants qui sont dans la rue pendant la journée.

L'étude des raisons pour lesquelles l'enfant quitte le foyer est très limitée par l'usage de techniques quantitatives. 40% des enfants répond au questionnaire en indiquant la pauvreté comme cause principale, 31% comme décision personnelle, 15% en raison de l'abus, 5% en raison du décès d'un parent et 5% est envoyé par les adultes pour obtenir de l'argent.

La plupart d'entre eux ont quitté le foyer seuls et avaient planifié de se rendre en ville. Les trajectoires de migration sont explorées en incluant les mouvements des campagnes vers la rue, des projets vers la rue et de la rue vers les projets.

33% des enfants conservent des contacts avec la famille et 41% aimeraient rentrer au foyer (34% pour les enfants qui sont dans les projets!).

La recherche explore également la vie en groupe et certains aspects de la vie dans la rue (consommation d'alcool, de drogues et de tabac, perception de la police et de la société, type d'activité et problèmes rencontrés). Les enfants qui sont dans les rues travaillent souvent dans plusieurs activités.

La dernière partie du document décrit les divers projets pour les enfants de/dans la rue, les stratégies adoptées et les attentes des enfants à leur égard.

Munene, J./Nambi, J. (1996). „Understanding and helping street children in Uganda." <u>Community Development Journal</u> 31 (4), pp. 343-350. (anglais) [PR]

[Ouganda, Afrique, perspective structurelle, pauvreté, famille, abus/exploitation, intervention/politiques sociales]

L'article présente les résultats d'une étude réalisée dans diverses villes du pays. L'introduction signale que les causes profondes du phénomène des enfants de la rue se situent dans les échanges internationaux inégaux. Les enfants vivant dans les rues et les communautés auxquelles ils appartiennent sont d'abord les victimes d'un environnement changeant qui produit les ruptures familiales, les situations de stress et la destruction des réseaux sociaux.

Les résultats spécifiques de la recherche mentionnent des raisons sans faire de distinction entre les „part-timers" et les „full-timers": pauvreté extrême au foyer, ruptures familiales, hostilité du beau-père ou de la belle-mère, foyer monoparental. Les différents facteurs sont souvent combinés.

Les auteurs distinguent les expériences des enfants selon leur âge (adolescents/pré-adolescents) et leur sexe. Le document fait principalement état de la violence et des comportements sexuels des enfants.

Trois stratégies d'intervention efficaces sont exposées: *institutionalised approach, community-based approach, integrated approach*. La conclusion signale que s'il est impossible de résoudre le problème des enfants de la rue, il est par contre susceptible d'être contrôlé.

(Le rapport final de cette étude "*Operational Research on Street Children, Final Draft*", Department of Psychology, Makerere University, Uganda, November 1993, 78 pp. (anglais) [JE/BM])

Mungala, A. S. (1995). „La situation des jeunes à Kinshasa." Cahier de Marjuvia (N. 2), pp. 9-15. (français) [FR- 2438]

[Zaïre, Afrique, perspective structurelle, réaction sociale]

Ce court document expose la situation de la jeunesse au Zaïre en montrant l'impact de la crise et la détérioration des conditions de vie. Le pillage des militaires entraîne des flambés de vols et la criminalité générale explose. La croissance du nombre d'enfants de la rue est associée à ce contexte désorganisé. Au sujet de la réaction sociale, l'auteur expose les termes péjoratifs utilisés pour les cataloguer.

Munyakho, D. (1992). „Kenya: child newcomers in the urban jungle". Florence, ICDC, 46 pp. (anglais)

[Kenya, Afrique]

Document pas consulté.

Mupedziswa, R., Matimba, V. et al. (1996). „Reaching out to the Unreached: Peer Education as strategy for the Promotion of HIV/AIDS Awareness Among Street Children." Journal of Social Development in Africa 11 (2), pp. 73-88. (anglais) [PR]

[Zimbabwe, Afrique, SIDA]

Ce texte aborde les stratégies de prévention alternative pour les enfants de la rue, dans la mesure où les préventions traditionnelles ne peuvent pas les atteindre,. On y trouve quelques informations générale sur la situation des enfants de la rue. Les raisons de leur présence sont mises en relation avec la pauvreté et les problèmes familiaux. Leurs activités économiques sont décrites (nettoyage des voitures, surveillance des parkings, vente de cigarettes, fruits et légumes, prostitution, vente de drogue, prostitution et actes délinquants). Le nombre d'enfants „de" la rue est en augmentation en raison de l'aggravation des conditions économiques.

Mutuku, M./Mutiso, R. (1994). „Kenya: The Urban Threat to Woman and Children". <u>Urban Children in Distress - Global Predicaments and Innovative Strategies</u>. C. S. Blanc. Florence, UNICEF - Gordon and Breach, pp. 216-258. (anglais) [FR 1230] [2-88124-623-0/2-88124-622-2]

[Kenya, Afrique, famille, travail, intervention/politiques sociales, perspective de l'acteur]

Il s'agit d'une étude sur les enfants en situation particulièrement difficile (CEDC) qui s'inscrit dans une recherche comparative portant sur plusieurs pays (Cf. Sztanton Blanc, 1994, bibliographie générale). Une première partie est consacrée au contexte socio-économique et aux tendances démographiques. La deuxième partie présente une analyse de la litérature sur les enfants et les familles qui vivent dans des conditions difficiles et sur leurs stratégies de survie. Les informations ne distinguent pas les enfants qui vivent dans les rues de ceux qui y travaillent. Le document présente également le processus de recherche-action participative (étude de cas) qui a été mis en place à Mombasa et Kisumu. La troisième partie du document traite des programmes d'intervention.

Mwakyanjala, T. E. (1993). „<u>Problems and Dilemma of Street Children in Tanzania: a</u>

Case Study of Dar es Salaam Region", Institute of Development Studies, University of Dar es Salaam. Dar es Salaam, 152 pp. (anglais) [BM/JE]

[Tanzanie, Afrique, pauvreté, famille]

Mémoire de maîtrise. Un chapitre est consacré à l'historique du problème des enfants de la rue en examinant la litérature de divers pays. Le chapitre 3 traite du cas spécifique de Dar es Salaam, ainsi que d'une enquête auprès des enfants (entretiens standardisés) et des responsables d'institutions. Pour l'auteur, la pauvreté est la cause principale qui mène les enfants dans la rue. Les origines rurales sont aussi mentionnées comme étant un facteur important. Les données statistiques concernent également la violence dans la famille qui est considérée comme un facteur contribuant au départ vers la rue. La consommation d'alcool, la structure et la taille de la famille, le niveau éducatif sont également étudiés. Des cas d'enfants sont rapidement décrits.

Mwanang'uku, G./Pirri, J.C. et al. (1990). „Survival and Education: Zambia Situation Analysis on Street Children". Seminar on Urban Disadvantaged Children. The Case of Street and Working Children in Sub-Sahara Africa, Nairobi; 6 pp. (anglais) [BM/JE]

[Afrique, Zambie]

Le document présente un aperçu rapide de la situation en Zambie, sous la forme de questions et réponses. Il fait état du peu de connaissance du phénomène. Les enfants (travailleurs et/ou vivant dans les rues) proviennent de familles qui ont des situations économiques difficiles. Les raisons pour lesquelles les enfants quittent le foyer sont: a) des raisons économiques, b) le taux élevé d'urbanisation, c) l'absence de loisirs (*amenities*). Autres facteurs mentionnés: l'absence de place dans les écoles et la nécessité de gagner de l'argent.

Mwangosi? (coordinator) (1991). „Report on Research on Street Children". Dar es Salaam, Social Welfare Department/UNICEF, February 1991, 30 pp. (anglais) [JE/BM]

[Tanzanie, Afrique, famille, migration, travail]

Cette recherche a été réalisée par le Social Welfare Department et promue par l'UNICEF. Elle concerne la ville de Dar es Salaam, où l'on estime que sont présents 250 à 350 *street children*. Les données ont été recueillies par les enquêteurs sur la base d'un questionnaire (167 enfants interrogés). Le phénomène de migration apparaît étant comme important. Sont également examinées les questions de la scolarisation de l'enfant, de la composition familiale, du temps de vie dans les rues, des activités économiques, des lieux où ils dorment et les problèmes qu'ils rencontrent.

Pour les auteurs, le facteur déterminant qui conduit à la rue est la pauvreté. On expose les problèmes de chômage et les bas salaires; le document signale également certaines attitudes des parents comme cause du phénomène.

Mwansa, L. K./Mufune, P. et al. (1994). „Youth policy and programmes in the SADC countries of Botswana, Swaziland and Zambia: a comparative assessment." International Social Work N. 37, pp. 239-263. (anglais) [FR, PR]

[Botswana, Swaziland, Zambie, Afrique, travail, intervention/politiques sociales, école, pauvreté, migration]

Cet article présente les résultats d'une étude comparative dans les trois pays mentionnés. Les programmes d'emploi pour la jeunesse sont au centre de cette comparaison. Le travail des enfants est compris à la fois au sens économique, comme espace de socialisation et de développement et comme dimension de la vie sociale. L'article ne concerne donc que partiellement les enfants de la rue. L'expression *street children* ne distingue pas ceux qui y vivent de ceux qui rentrent chez eux le soir.

Botswana. Le sous-emploi et l'échec scolaire des enfants et des adolescents est expliqué par le contexte socio-économique du pays, où la croissance économique a négligé l'agriculture et les possibilités d'emploi sont faibles. La pauvreté, la migration et le sous-emploi „créent le phénomène des enfants de la rue". L'ampleur du phénomène serait limitée, mais préoccupante car encore susceptible d'augmenter.

Swaziland. Le phénomène des enfants de la rue n'est pas directement abordé.

Zambie. Le phénomène des enfants dans/de la rue serait en augmentation. Les auteurs mentionnent un nombre important d'activités informelles, qui sont expliquées par la pauvreté: „*Children are driven to the streets because of poverty (in particular lack of food, employment and spare time activities), parent/guardian demands and lack of opportunity*" (p. 259).

La conclusion constate que la préoccupation à l'égard des *street children* est très réduite dans ces trois pays, bien que le phénomène prenne de l'ampleur.

Nwachuku, D. N. (1987). „Children in street Hawking: a new phenomenon of child abuse in Nigeria". Paper presented at the National Multi-Disciplinary Workshop on Human Rights, Nigeria; 23 pp. (anglais) [BM/JE]

[Nigeria, Afrique, travail]

Ce document s'intéresse au travail dans les rues considéré comme une forme d'abus. Il traite de la scolarisation des enfants et de la pauvreté du point de vue des droits des enfants. Il mentionne les risques sur le plan physique, émotionnel et liés à l'abus sexuel. Le texte signale que plus du 40% de ces enfants travailleurs ne vivent pas avec leurs parents, les autres étant des migrants d'origine rurale. Pour l'auteur, la situation d'exploitation et de privation de liens familiaux les pousserait vers la vie dans la rue, bien que ce fait ne soit pas directement documenté par cette recherche.

Ochola, L. (1996a). "Eviction and Homelessness: the impact on african children." Development in Practice 6 (4), pp. 340-347. (anglais) [PR, FR]

[Kenya, Afrique, perspective structurelle, expulsions, migrations, famille, habitat/quartier, intervention/politiques sociales]

Ce texte traite du lien entre le phénomène des expulsions massives de populations et celui des enfants de la rue. L'auteur montre dans un premier temps que les expulsions de populations (urbaines et rurales) ont été utilisées de manière massive en Afrique et ceci pour des raisons diverses (ethniques ou raciales, économiques, politiques, guerres, développement rural ou urbain...). Un tableau indiquant le nombre de personnes expulsé en illustre l'ampleur. Dans bien des cas, ces expulsions ont été un moyen pour éradiquer les populations pauvres des villes. Dans certains cas, elles provoquent directement le phénomène des enfants de la rue. Indirectement, elles aggravent la situation des familles (par la pauvreté et les séparations familiales). Elles induisent aussi une perte de motivation des communautés pour améliorer leurs logements et leur vie dans les *slums*. Souvent, les quartiers manquent des infrastructures de base. L'auteur constate que leurs habitants sont en quelque sorte punis de leur pauvreté par la démolition de leur logement. Les femmes (chefs de familles dans 80% des foyers pauvres) sont particulièrement vulnérables aux expulsions et à la pauvreté, elles n'ont pas accès à la terre, aux emprunts et n'ont pas de formation. Dans ce contexte, les enfants peuvent percevoir la rue comme étant plus attrayante. L'auteur conclut ainsi: „*if children suffer or die from environmental problems, it is rarely the environment itself that is to blame, but rather the political decisions which did not allocate resources to deal with environmental problems*" (344).

Les résultats d'une étude sur les enfants de la rue sont également présentés (voir l'autre texte de l'auteur (1996b) dans cette bibliographie).

Le texte conclut sur un ensemble de recommandations qui ont trait au développement communautaire dans les quartiers et au travail auprès des femmes chefs de familles et des enfants des quartiers pauvres. La protection légale et le soutien aux populations qui sont menacées d'expulsion dans différents pays d'Afrique sont considérés comme l'un des moyens de casser le cercle de la pauvreté, des expulsions, des ruptures familiales et de l'abandon des enfants.

Ochola, L. (1996b). „The Undugu Society Approach in Dealing with Children at Risk to Abuse and Neglect". <u>Monitoring Children's Rights</u>. E. Verhellen. The Hague, Martinus Nijhoff Publishers, pp. 853-866. (anglais) [PR, FR]

[Kenya, Afrique, intervention/politiques sociales, réaction sociale, **habitat/quartier**, **famille**, pauvreté, travail, sociabilité, identité, fille/genre, école, sortie]

Ce texte présente les activités de ce programme (travail communautaire et prévention dans les quartiers d'origine des enfants, scolarisation et formation dans les activités informelles, campagnes de sensibilisation,...). Il expose plusieurs activités très diversifiées et les stratégies de réhabilitation de l'enfant.

Les résultats d'une recherche auprès des enfants de la rue sont également présentés. L'auteur constate l'absence de protection juridique des enfants de/dans la rue. Dans la plupart des villes, ils sont souvent emprisonnés et/ou jugés sans avoir de représentant légal (p. 853). Les activités principales dans la rue sont la mendicité, la vente ambulante, le petit commerce de drogues et la prostitution. Un certain nombre de filles de la rue vivent comme épouses des garçons de la rue (*parking boys*). On signale la présence d'une troisième génération d'enfants de la rue, fils ou filles d'enfants de la rue. Il existe une sous-culture forte avec des structures de groupe et des comportements de protection mutuelle.

Les enfants proviennent de quartiers pauvres de Nairobi. Il est question d'un cerce vicieux fait de pauvreté, de ruptures familiales et d'enfants abandonnés. La croissance des populations qui vivent dans ces *slums* laisse penser que le phénomène est en augmentation (855). En relation à la vie dans les quartier pauvres, *„there is a definite lack of control on children due to lack of viable alternatives to occupy their free time. This makes necessary for children to engage in illegal and unconventional means of income generation"* (856).

Une recherche auprès des filles de la rue a mis en évidence un certain nombre d'aspects (858):

- La provenance de familles caractérisées par la violence dans le couple et/ou à l'égard des enfants (90%).
- La provenance de familles ou la mère est chef de famille (la moitié des filles).
- 75% des filles ont une place intermédiaire dans la fratrie. L'auteur signale que la fille aînée est souvent retenue au foyer par sa responsabilité vis-à-vis des cadets.
- Une grande partie de ces familles vivent dans une seule pièce.
- La désertion scolaire est fréquente; elle serait reliée au coût élevé de l'école et à l'influence des pairs.
- Beaucoup de filles sont introduites dans la rue par des pairs.
- La recherche de revenus est la raison principale pour se rendre dans la rue. Parfois les enfants y sont envoyés par les parents. D'autres ont fui le foyer.

De manière globale, le nombre de filles de la rue augmente depuis la fin des années 80. Il est le résultat de la détérioration des conditions de vie dans les quartiers pauvres, qui réduit les possibilités de maintenir les filles au foyer. Cela constitue une rupture par rapport aux valeurs traditionnelles.

Sorties: il est question de cinq anciens enfants de la rue qui ont poursuivi leur formation jusqu'au niveau universitaire. On n'indique pas si cela se passe durant le séjour au foyer ou bien plus tard. Il est constaté que les enfants ont une motivation forte et des compétences importantes. Leur réussite dépend de l'appui émotionnel et des opportunités qui peuvent se présenter.

Ojanuga, D. N. (1990). „Kaduna Beggar Children: A Study of Child Abuse and neglect in Northern Nigeria." <u>Child Welfare</u> Vol. 69, pp. 371-380. (anglais) [FR - 2375, PR]

[Nigeria, Afrique, mendicité, école, pauvreté]

Cet article s'intéresse aux enfants mendiants et établit diverses sous-catégories: les enfants qui vivent en famille (77%), ceux qui vivent avec leur maître coranique (*mallams*) (16%) et ceux qui vivent avec des amis (5%). Le texte ne dit pas où ils dorment.

Les causes de la mendicité sont l'extrême pauvreté, la perte des mécanismes de solidarité traditionnels et des liens familiaux. Ceux-ci n'ont pas été remplacés par des mécanismes gouvernementaux d'aide aux populations les plus pauvres, aux handicapés et aux malades. La majorité des enfants mendient parce que l'un de leurs parents (ou les deux) est invalide; ils ne se rendent pas à l'école. Plusieurs parents sont aveugles.

L'auteur signale (en 1990) qu'il n'existe aucun projet pour les *street children*.

Onana, J.-B. (1996). „Les enfants prostitués de Johannesburg (Afrique du Sud)." <u>Cahiers de Marjuvia</u> (N. 3), pp. 27-31. (français) [FR- 2439]

[Afrique du Sud, Afrique, perspective structurelle, prostitution, famille, intervention/politiques sociales]

Dans cette brève présentation, l'auteur (juriste et urbaniste à l'Université d'Afrique du Sud à Pretoria) s'intéresse à la prostitution. Elle est abordée comme une conséquence directe de la vie dans la rue. Le phénomène est associé aux ruptures familiales provoquées par l'apartheid. Le document rapporte les résultats d'une enquête réalisée auprès des enfants en 1995. Il montre que les enfants travaillent plus souvent à leur propre compte et qu'ils se prostituent parce qu'ils sont dans la rue. L'auteur conclut que si ces enfants étaient soustraits à la rue, ils ne se prostitueraient pas. Les actions de l'Etat (point de vue légal) et d'une ONG active dans la formation professionnelle (NICRO) sont exposées.

Peacok, R. (1990). „The Black Street Child: a Victim of the South African Society." Sociologia del Diritto 17 (3), pp. 119-129. (anglais) [PR, FR]

[Afrique du Sud, Afrique, perspective structurelle, perspective légale, réaction sociale]

Ce texte traite de la discrimination raciale comme facteur explicatif du phénomène des *street children*. Cette discrimination agit de diverses manières sur les familles et sur les enfants:

- Le *group Area Act* de 1950, a été source de déplacements, de séparations familiales et d'oppression des populations noires (120-121). Associé aux politiques de contrôle de migration, il a été la raison de séparations familiales.
- Le nombre de centres pour enfants blancs est proportionnellement beaucoup plus élevé que pour les enfants noirs. L'enfant blanc qui se trouve dans la rue sera directement placé dans l'un de ces centres.
- L'occidentalisation provoque chez les familles noires une perte de culture.
- L'école est également la source de confusions culturelles à ce propos. De plus, elle offre une qualité inférieure d'enseignement et elle est discriminante pour les enfants noirs. Elle véhicule une représentation inférieure des noirs.

Ces expériences font partie du processus de victimisation qui conduit les enfants à la rue. Là, il se poursuit avec l'extrême violence policière, l'abus sexuel, les maladies telles que le SIDA (cf. plus bas).

Au niveau des conséquences, il est question d'une mortalité des enfants de la rue due au SIDA qui serait de 50% (Hersch, 1988). Un certain nombre d'enfants sont emprisonnés dans des conditions arbitraires (leur traitement dépend du choix du policier et l'enfant n'a pas de représentant légal).

L'auteur conclut sur l'importance de prêter attention aux inégalités inscrites dans la structure socio-politique avant d'entreprendre une prévention sur le plan micro-social.

Phiri, J. (1996). „The plight of street children in Zambia." Africa Insight 26 (3), pp. 276-279. (anglais) [FR 1418]

[Afrique, Zambie, perspective structurelle, pauvreté, travail, école, famille, habitat/quartier, Sida, intervention/politiques sociales]

Cet article fait partie du numéro spécial de *Africa Insight* qui a été entièrement consacré aux *street children*. L'auteur se réfère à diverses études réalisées en Zambie pour délimiter quantitativement le phénomène des enfants de la rue (études mentionnées: UNICEF Zambia, "*Street children in Zambia: The year of Zambian Child*", Unpublished Report of the proceedings of the First National Workshop on Street Children, Lusaka, GRZ/UNICEF, Zambia, 1992; Tacon P./Lungwangwa G., "*Reap a hundred harvests: A study of street children in three urban centres* of Zambia", Unpublished Report, Republic of Zambia & UNICEF, 1991; Tacon P./Lungwangwa G., " *Street children in Zambia*". IAS Working Paper, Lusaka, Institut for African Sudies, 1991).

Il élargit le propos de son article aux enfants qui travaillent dans les rues et à l'ensemble des enfants vulnérables, potentiellement candidats à la rue. Il examine les facteurs économiques et sociaux conduisant *à la rue* ("*streetism*"). La crise économique, bien qu'analysée de diverses manières par les experts (politiques nationales versus économie mondiale) est le facteur qui explique la vulnérabilité des populations urbaines (chômage, inflation, pauvreté…). L'auto-emploi dans la rue devient une des seules issues, notamment pour les femmes et pour les enfants en dehors du circuit scolaire. Dans l'exposé, il est davantage question d'enfants qui travaillent dans les rues et qui ont des contacts avec la famille. Le système scolaire est également responsable de cette situation par son incapacité à fournir une éducation de base. Finalement, l'urbanisation et la concentration de la population dans les quartiers pauvres ont une incidence directe sur le phénomène des enfants de la rue. Relié aux conditions économiques précaires, elle peut provoquer la misère et parfois même la violence. "*In Zambia, unemployment, food shortages, and a lack of housing and recreational facilities affected the most deprived segments of the population. The street, in many instances, then became an attractive venue for play and work for youth"* (278). L'abus, la négligence des parents et les familles monoparentales, que certains chercheurs identifient comme facteurs explicatifs complémentaires, sont à mettre en relation avec la pauvreté qui constitue une source de stress. Un dernier facteur explicatif qui est intervenu plus récemment est le SIDA (enfants orphelins). Ils sont généralement pris en charge par la parenté, bien que certains d'entre eux se retrouve dans la rue.

L'article présente également un certain nombre d'informations sur l'intervention (*training/HIV/Aids Education/Advocacy*).

Poitou, D. (1995). „Evolution de la jeunesse marginalisée au Niger (1975-1995)." Cahiers de Marjuvia N. 1, pp. 19-27. (français) [FR-2437]

[Niger, migration, perspective structurelle, perspective culturelle/interculturelle, famille, école, délinquance, pauvreté, drogue]

L'auteur décrit l'évolution de la situation de la jeunesse au Niger et traite du contexte lié au phénomène émergent des enfants de la rue. Phénomène relativement récent à Niamey, il prend une ampleur nouvelle (p. 25). Parmi les thèmes traités dans ce document:

- Le constat d'échec des instances primaires de socialisation (famille et école) et des filières classiques d'intégration dans l'économie formelle.

- L'ambiguïté d'une approche du phénomène en termes de délinquance. En effet, plusieurs phénomènes se combinent pour expliquer la vie dans la rue, entre autres l'inadaptation des jeunes ruraux à la vie urbaine et la multiplicité des standards d'évaluation et des normes de comportement caractérisant cette société pluri-ethnique.

- L'aggravation de la situation des jeunes à partir de 1980, lors des mesures de rigueurs économiques. Le contexte difficile des années 90 voit se développer toutes formes de déviances. Parmi celles-ci, la prostitution, la drogue et la délinquance. L'auteur constate également l'augmentation du nombre de talibés dans la ville de Niamay.

- L'exode rural et la multiplication des activités informelles.

Poitou, D. (1996). „Les racines de l'exclusion: influence des croyances africaines sur la socialisation de l'enfant de la rue." Cahiers de Marjuvia N. 2, pp. 68-72. (français) [FR-2437]

[Afrique, perspective culturelle/interculturelle]

L'auteur souligne l'importance des facteurs macro-économiques, de la crise généralisée et de l'urbanisation galopante qui influencent la vie familiale. A son tour, la précarisation de la vie des familles explique la présence des enfants de la rue. La piste de réflexion explorée dans ce texte s'intéresse par contre aux dimensions culturelles et plus particulièrement aux coutumes et croyances qui provoquent la discrimination et l'étiquetage de certains enfants.

„*Pour certains enfants, après un étiquetage discriminatoire conforme aux règles ancestrales, les villes deviennent alors le relais d'un itinéraire éprouvant, où se jouent leur avenir social et leur destin d'adultes dans une socialisation devenue problématique*" (p. 68). Les exemples cités par l'auteur concernent divers pays d'Afrique:

- Burkina Faso: la discrimination des enfants jumeaux, censés porter malheur au père.

Zaïre: un enfant difficile est perçu comme „fétiché" par un membre de la famille. Son père n'ayant pas payé la totalité de la dot avant sa naissance, l'oncle aurait maudit ce premier-né.

- Mauritanie: esclavage d'enfants.
- Togo: des enfants sont chassés de leur village lorsque sa mère, déclarée sorcière, est éliminée.
- Niger: les jeunes aînés sont laissés pour compte et négligés.
- Nigeria: les enfants *yoruba* nés après des frères ou des sœurs décédés en bas âge sont négligés par les parents. Ceux-ci pensent que le nouveau-né est un „*Abiku*", c'est-à-dire le même enfant qui réapparaît et qui est prêt à rejoindre les esprits. Pour cette raison, les parents ne donnent satisfaction à aucune de ces demandes.
- Les *talibés*, enfants mendiants pour leur maître coranique.

Les rituels et les échanges coutumiers ont souvent été pervertis par leur monétarisation ou par la perte de leur signification première. C'est le cas pour l'aumône coranique ou la dot. La polygamie peut contribuer au départ de certains enfants dans la rue. A cette population d'enfants discriminés s'ajoutent encore les migrants, les enfants travailleurs, etc.

Querre, M. (1999). „Les stratégies juvéniles face aux déséquilibres socio-économiques et écologiques dans le Séno." Cahiers de Marjuvia (9), pp. 86-87. (français) [FR]

[Burkina Faso, Afrique, perspective de l'acteur, perspective structurelle, perspective culturelle/interculturelle, travail, intervention/politiques sociales]

L'auteur expose une série d'observations sur les déterminants qui peuvent amener à la migration vers la ville depuis les régions du Nord-Est du Burkina Faso. L'article traite de la crise écologique et de la crise des instances traditionnelles de socialisation, du retrait de l'Etat et de la crise économique. Les stratégies des jeunes sont décrites: migrations individuelles vers la ville, vers la Côte d'Ivoire, vers les sites aurifères. On signale le lien entre le départ vers la ville et les écoles coraniques, desquelles plusieurs enfants ont pris la fuite. Une dernière partie du document traite des interventions.

Rajani, R./Kudrati, M. (1993). „Street Children of Mwanza: a situation analysis", Mwanza, Kuleana Centre for children's rights, 32 pp. + annexes. (anglais) [BM/JE]

[Tanzanie, Afrique, pauvreté, migration, famille, Sida, identité]

Il s'agit d'une analyse de situation des enfants qui vivent dans les rues de la ville de Mwanza. Les auteurs se réfèrent au guide de l'UNICEF pour l'analyse des situations difficiles et le modèle de recherche–action de F. Dallape (Kenya). La recherche utilise diverses techniques quantitatives et quantitatives; elle est centrée sur les enfants.

Un chapitre cherche à répondre à la question du „pourquoi les enfants finissent dans la rue" et fait état d'une combinaison de facteurs sociaux et individuels.
Six facteurs interdépendants sont examinés:

a) *Poverty*:

Du point de vue de l'enfant, c'est la faim qui le pousse à se rendre dans la rue, mais aussi à y rester. La famille n'est pas en mesure de prendre soin de l'enfant. Du point de vue social, les auteurs mentionnent les mesures d'ajustement structurel réduisant les subsides aux familles pauvres dans le domaine de l'alimentation, de la santé et de l'éducation.

b) *Urban Newcomers*:

La pauvreté rurale, la migration et l'urbanisation contribuent à la pauvreté urbaine et à la rupture de liens dans la famille élargie. Les pratiques traditionnelles qui préviennent l'abus et la négligence s'affaiblissent dans ce contexte.

c) *Changing sexual Patterns*:

L'instabilité et/ou la fluidité de la composition familiale concerne la plupart des enfants. La responsabilité parentale n'est pas clairement définie. Un scénario typique est celui qui voit la mère se remarier avec un homme qui refuse d'assumer la responsabilité des enfants de celle-ci.

d) *Situation of Women*:

Dans les récits des enfants, la mère assume de grandes responsabilités familiales que le père néglige. Le patriarcat influence négativement la situation des enfants.

e) *La violence*:

La violence et/ou négligence sont mentionnées par 89% des enfants. Elle est directement reliée à la perte des mécanismes traditionnels de protection communautaire contre les abus de l'enfant.

f) *Le Sida*:

29% des enfants mentionnent la maladie comme raison de leur situation (perte des parents, abandon). Dans ce cas également, les auteurs constatent la perte d'efficacité des réseaux traditionnels de prise en charge des enfants orphelins.

L'analyse de situation explore divers aspects du point de vue programmatique: l'accès des foyers de nuit, l'état de santé, la vie sexuelle, l'éducation, le travail, les discriminations, les besoins émotionnels des enfants. Le texte conclut sur une série de recommandations. En annexe, les auteurs présentent les résultats quantitatifs de l'enquête.

Rajani, R./Kudrati, M. (1994). „The Variety of Sexual Experience of Street Children in Mwanza and their Implication on Sex Education/HIV Prevention Programs". Mwanza, Kuleana Centre for children's rights, 10 pp. (anglais) [BM/JE]

[Tanzanie, Afrique, Sida]

Il s'agit d'un document non publié qui se rapporte aux comportements sexuels des enfants vivant dans les rues de Mwanza. Il est signalé qu'il existe très peu de prostitution „ouverte" chez ces enfants. Les diverses attitudes et représentations des enfants sont explorées.

Richter, L./Van der Walt, M. (1996). „The psychological assessment of South African street children." Africa Insight 26 (3), pp. 211-220. (anglais) [FR 1418]

[Afrique, Afrique du Sud, perspective psyhcologique/pathologies, perspective de l'acteur, identité, résilience]

Cet article fait partie d'un numéro de la revue *Africa Insight* entièrement consacré aux enfants de/dans la rue. Il présente les résultats d'une étude réalisée à Johannesburg.

Les auteurs signalent qu'il existe un nombre très limité de travaux psychologiques sur les „enfants de la rue" et ceci en dépit des présupposés voulant que ces enfants souffrent de traumatismes psychologiques résultant des ruptures familiales et des expériences dramatiques dans la rue. La litérature existante en Afrique et l'étude présentée dans cet article montrent pourtant une réalité plus complexe quant aux risques et à la résilience des enfants vivant dans les rues.

Les problèmes méthodologiques, les stratégies et techniques adoptées dans l'étude sont exposés. A travers divers tests psychologiques, l'étude a exploré diverses caractéristiques de l'enfant qui vit dans les rues (niveau de nutrition, compétences cognitives, capacités dans la résolution de problèmes, motivations, niveau éducationnel, relations familiales, etc.). Les résultats obtenus sont contextualisés dans la réalité sud-africaine grâce à la comparaison avec un groupe de contrôle (enfants noirs vivants dans des quartiers défavorisés). Les auteurs montrent que les problèmes de nutrition des enfants de la rue sont similaires à ceux des enfants vivant dans des conditions de pauvreté. Des résultats similaires concernent le développement cognitif. Si l'on remarque au premier abord que les comportements et performances de l'enfant se situent à un niveau beaucoup plus bas que les normes occidentales, aucune différence n'apparaît par rapport aux enfants appartenant au milieu urbain. Les auteurs expliquent ces résultats par l'expérience limitée de scolarisation et par l'inadéquation du système scolaire, qui produit peu de différences dans les habiletés intellectuelles testées. Le développement de la pensée logique tel qu'il est testé peut être obtenu soit par la scolarisation formelle soit par les expériences de survie et la confrontation aux difficultés de vie difficiles. Il est fait référence aux travaux de L. Aptekar qui ont montré comment les performances des enfants ne sont pas si pauvres et l'expliquent par les compétences cognitives que les enfants développent dans la rue. L'étude sud-africaine montre néanmoins que plus longtemps l'enfant reste dans les rues, plus il perd des habilités et acquière des handicaps. Il est probable que cette tendance inclut la perte de motivation, l'acquisition de normes, l'adoption de comportements et d'habitudes qui s'opposent à l'effort et à la concentration nécessaires pour réussir les tests. D'autre part, les drogues et les blessures comportent des dégâts sur le plan cognitif. L'éventuelle existence de déficits cognitifs préalables à la vie dans la rue est également mentionnée. La résolution des problèmes par les enfants vivant dans les rues est influencée par leur manque d'éducation scolaire. Le nombre de problèmes neurologiques étant relativement élevé, les auteurs signalent que celle-ci pourrait être une caractéristique des enfants de la rue. Cependant, l'étude ne permet pas de savoir si ces problèmes sont antérieurs à la vie dans la rue ou bien s'ils en seraient la conséquence. Les traits et comportements psycho-pathologiques sont examinés en mentionnant le caractère normatif de cette question. Dans la mesure ou l'enfant de la rue participe à une sous-culture dont les valeurs et les normes s'opposent à la société dominante, il y a d'autant plus de risques qu'il apparaisse dans les catégories psychopathologiques. Un tiers des enfants examinés présente des signes de pathologies et un tiers des symptômes de dépression, d'anxiété, etc.. Les auteurs signalent que la présence prolongée dans la rue augmente les probabilités de rencontrer des symptômes psychopathologiques. Environ un tiers des enfants présente toutefois des caractéristiques de résilience. Cela permet de désigner quelques facteurs susceptibles de „protéger" l'enfant face aux contraintes de l'environnement et de mieux penser les modèles d'intervention pour les enfants de la rue.

Rodriguez-Torres, D. (1996). „Le gang Serena: origine et production d'une contre-société de la rue à Nairobi." <u>Politique Africaine: Du côté de la rue</u> (63), pp. 61-71. (français) [FR-1413]

[Kenya, Afrique, perspective structurelle, perspective de l'acteur, perspective culturelle/interculturelle, pauvreté, famille, sociabilité, travail, délinquance]

Cet article fait partie d'un numéro de la revue entièrement consacré à la rue en Afrique. Dans cette contribution, l'auteur situe l'émergence du phénomène des enfants de la rue au cours des années 70, bien qu'il devienne visible à partir de 1982 lorsque, après le coup d'état manqué, les habitants du bidonville ont envahi et saccagé le centre-ville. Leur nombre aurait augmenté pendant les années 1985-1986, suite à la grande famine et aux programmes d'ajustement structurel qui ont accru la misère des plus pauvres. Leur nombre n'a cessé de croître.

L'auteur mentionne la présence de 60% d'enfants de la rue provenant du même grand bidonville, Mathare Valley. Il signale que, dans celui-ci, l'institution du mariage a presque disparu et les familles dont la femme est le chef de famille sont prépondérantes.

L'entrée dans la rue est située vers l'âge de 6 ou 7 ans et expliquée par la misère. Après un départ très précaire et soumis à la violence, l'enfant s'intègre dans le *gang*. L'auteur traite l'organisation de la vie quotidienne en décrivant le *gang Serena*. La vie en groupe permet à l'enfant une meilleure organisation de la survie: un lieu fixe pour dormir, le partage des repas, etc. Le *gang Serena* compte 150 membres actifs, dont 50 en prison.

Il existe des rituels d'entrée (dont le viol comme condition d'admission) et un partage du travail selon les classes d'âge, ainsi qu'une langue propre dérivée du swahili, le *'sheng'*. On y décrit l'organisation, les formes de solidarité internes et l'organisations des stratégies de survie (travail, mendicité, vol). Pour l'auteur, il est question d'une véritable catégorie sociale émergente qui ne va pas disparaître (ils représenteraient plusieurs dizaines de milliers de jeunes) et qui modifie la stratification sociale urbaine.

Le texte mentionne essentiellement les risques liés à la répression sans aborder véritablement les sorties possibles (l'emprisonnement, la justice expéditive de la foule lorsqu'elle arrive à arrêter un enfant voleur, la violence, voire l'exécution de l'enfant par la police, la violence des chauffeurs de bus qui expulsent les enfants du bus pendant qu'il circule).

Schurink, W. et al. (1993). „Street Children". Pretoria, Human Sciences Research Council, 282 pp. (anglais) [0-7969-1645-4] (anglais) [BM/JE]

[Afrique du Sud, Afrique, perspective de l'acteur, identité, pauvreté, famille, école, travail, interventions/politiques sociales]

Cette étude sur la situation des enfants de la rue en Afrique du Sud vise explicitement à cerner les causes et l'intensité du problème, dans le but de développer des modèles d'intervention.

Un ensemble de facteurs sont identifiés:

Push factors: pauvreté, chômage, promiscuité au foyer, désintégration familiale, abus d'alcool des parents, échec scolaire, échec dans des placements alternatifs de l'enfant, violence familiale.

Pull factors: désir de gagner de l'argent, de contribuer au revenu familial, liberté de la rue, etc.

Il existe néanmoins une prise de conscience grandissante des liens entre ces comportements des familles et les causes profondes qui sont quant à elles d'ordre social. Les pauvres conditions de vie de ces populations étant liées au déclin économique dans les pays en développement. Ceci explique l'augmentation du nombre de *street children* dans ces pays. Les travaux plus récents rejettent une analyse qui se limite aux comportements individuels.

Un chapitre entier est consacré à la structure et au fonctionnement des familles et met en évidence l'influence des contraintes structurelles. Dans le fonctionnement familial, on signale les privations, la violence, la désorganisation dans des foyers en situation de rupture et la présence fréquente d'un beau-père. Au foyer, l'enfant a été soumis à une forme ou à une autre d'abus (physique, émotionnel, sexuel) et cette situation devient intolérable. Les raisons propres à l'enfant expliquent néanmoins pourquoi certains quittent le foyer alors que d'autres, dans les mêmes conditions, y restent. Ce thème est abordé avec la notion d'identité. *„Decision to leave home and to stay in the street* *could only become a reality if the following conditions were present: (i) problematic relationship between children and parents; (ii) circumstances at home were perceived as unbearable by the child; (iii) awareness of the opportunity of a better life (as a street child) and (iv) the ability to deal with practical problems such as transport. Most of the children experienced a turning point where they decided to make an end to one lifestyle (e.g. that of abused child) and started another lifestyle (that of street child). From the finding it was clear that street children were in control of their own lives, as was also confirmed by the psychological tests undertaken by Richter (1991"* (p. 267).

La recherche étudie également la perception du phénomène des enfants de la rue, la perception que les enfants ont d'eux-mêmes, leur vie quotidienne, ainsi que les interventions les concernant.

Seelig, J. M./Tesfaye, A. (1994). „Child welfare in Ethiopia." International Social Work, Vol. 37, pp. 221-237. (anglais) [PR, FR]

[Ethiopie, Afrique, intervention/politiques sociales, migration/déplacements, catastrophes/conflits armés, délinquance]

L'article donne une bonne vue d'ensemble des politiques concernant l'enfance en Ethiopie. Il se centre sur les enfants déplacés, orphelins, „street children" et la jeunesse délinquante.

Les auteurs mentionnent dans un premier temps les éléments qui caractérisent le contexte éthiopien. D'une part, le contexte de guerre civile et les famines, d'autre part les faibles investissements dans les services publics généraux de la part de l'Etat (moins de 3%), alors que 70% du PNB est destiné à la défense et au développement économique.

La population d'enfants déplacés („les enfants séparés involontairement de leurs parents") est très élevée. Outre les famines et les guerres des régions du nord, les auteurs signalent les programmes nationaux de replacement (*resettlement*) qui, dans le but de déplacer des masses de populations vers des terres fertiles, ont contribué à la séparation des familles. Moins de 20% des enfants déplacés auraient été réunis avec leurs familles. Il y en aurait 24.000 en 1994.

Les enfants orphelins seraient au nombre de 250.000. Ils seraient le produit de la guerre et des famines ou bien seraient séparés de manière permanente de leurs familles. Les auteurs mentionnent encore les enfants qui choisissent de partir et migrer en ville pour des raisons purement économiques.

Les *street children* sont regroupés en quatre catégories: *deprived children, rejected children, survivalist children* and *runaway children*. Cette distinction concerne implicitement les raisons de départ et la motivation de l'enfant. Les deux premiers cas concernent des enfants qui n'ont pas choisi la rue. Les *survivalist children* opèrent par contre une sorte de choix, tout comme les *runaway*, qui sont en majorité des migrants recherchant en ville des opportunités d'emploi et d'éducation. Un nombre important proviendraient de familles déplacées de l'Erythrée. Il y aurait alors un lien direct entre les conflits armés et leur présence dans les rues.

La délinquance juvénile est un phénomène en augmentation. Les auteurs observent que les trois quarts des infractions se rapportaient à des vols non violents, mais que récemment la proportion de vol avec emploi de la violence est en augmentation. Bien que la cause principale de ces délits soit la pauvreté, la présence de *gangs* dans les villes en explique le caractère violent.

Dans la deuxième partie, le texte présente une évaluation des programmes adressés aux diverses populations. Les stratégies mentionnées ne sont pas mises en relation avec les diverses sous-catégories de *street children*. Les auteurs soulignent l'importance d'études ultérieures pour examiner cette question. Ils mentionnent également des défaillances dans les interventions pour des problèmes tels que la prostitution des jeunes filles, la délinquance féminine, l'absence d'emploi pour la jeunesse, l'absence d'activités récréatives, la mendicité.

Sharp, L. (1996). „The Work Ideology of Malagasy Children: Schooling and Survival in urban Madagascar." Anthropology of Work Review 17 (1-2, summer), pp. 35-42. (anglais) [sociological abstract]

[travail, perspective culturelle/interculturelle, Madagascar, Afrique]

Sociological abstract: *„Explores the work ideology of children in Madagascar, based on interviews with students in the educational center of Ambanja. It is contended that the locally based work ideology reflects colonial assumptions &*

history. Many of these children are migrants who live alone in order to attend school. They rent small dwellings & return to their rural homes every weekend to work in their parents' fields. In addition, most of them have developed small businesses, usually as street vendors, which enhances self-worth because independent productivity is a key aspect of indigenous Sakalava culture, as opposed to wage labor, considered a form of enslavement. In addition, they are acquiring economic skills not learned by their town-based classmates. The child workers in this community are propelled by duty & love of kin, & their voluntary, cooperative work challenges ethnocentric assumptions that all child labor is exploitive."

Shindi, J. (1986). „Parent loss an Child Labour in Northern parts of Nigeria". African Network for Prenvention of Child Abuse and Neglect, Workshop on Child Labour, Enugu; 3 pp. [BM/JE]

[Nigeria, Afrique, travail, famille]

Ce document présente une recherche en psychologie qui met en relation la perte d'un parent avec le travail dans la rue. Il est montré que les enfants qui ont perdu un parent travaillent plus longuement et gagnent davantage d'argent. Leur désir de travailler (la recherche de sociabilité entre enfants) et leur indépendance sont signalés à côté des situations d'abus et d'exploitation.

Smith, C. S. (1997). „The Life-World of Street Children in Durban Metropolitan Area". Pretoria, University of Pretoria (South Africa). (anglais) [UMI abstract]

[Afrique du Sud, Afrique]

Cette thèse n'a pas été consultée. Le résumé mentionne un certain nombre de causes du phénomène des enfants de la rue et leurs potentiels de résilience. en même temps que les risques qu'ils encourent. UMI Abstract (www.lib.umi.com): *„The purpose of this study was to investigate the life-world of street children in the Durban metropolitan area. The study focused on several crisis phenomena in the lives of street* *children, namely self-perception, public perceptions (including the abuse and violence towards which street children are subjected), and the extent to which both of these crisis phenomena impact upon the education of street children. In South Africa, the former policy of apartheid led to a society that was discriminated against along racial lines. Consequently, an alarming number of black children have either chosen, or have been forced through circumstance, to take responsibility for their own lives on the streets. It is the lives of these children that this study has sought to understand. The following aspects were investigated and described: (1) The problems of self-perception and the extent to which these problems influence the life-world of street children; (2) Problems regarding public perceptions of street children, and the abuse to which they are subjected; (3) The extent to which public perceptions influence the self-perceptions of street children; and (4) Problems regarding the education of street children. Some of the research findings are as follows: (1) Family disharmony, poverty, overcrowding, inadequate facilities and problems at school, precipitated the decision to leave home. (2) Despite hardships experienced on the streets, young people are potentially resilient. (3) Despite the apparent paradox between resourcefulness and adaptability on one hand, and vulnerability on the other, street children are still highly at risk for becoming emotionally traumatized. (4) The notion of freedom is valued. (5) Street children reject adult authority. (6) The support of a peer group is important to street children. (7) Street children adhere to a conventional morality. The following recommendations are supported by the research findings: (1) Any attempt to ameliorate the injustices suffered by street children must address the causes, and not merely the symptoms. (2) The need for both primary and secondary macro intervention programmes is a national priority. (3) Public education and community action is an imperative, if negative attitudes, abuse, and violence towards street children are to cease. (4) Immediate attention needs to be given to education."*

Sohm, F. (1997) „Les enfants de la rue de Luanda (Angola)." <u>Cahier de Marjuvia</u> (N. 4), pp. 50-60. (français) [FR 2440]

[Angola, Afrique, intervention/politiques sociales, pauvreté, conflits armés, famille, intervention/politiques sociales]

Il s'agit d'une présentation du responsable de l'association Mulemba (Luanda) au séminaire de MARJUVIA. Le document décrit dans un premier temps le contexte historique, politique et social en Angola (guerre, économie sinistrée, capitalisme sauvage, misère,...). Les premiers enfants de la rue sont signalés en 1993. On a cru, dans un premier temps, qu'il s'agissait d'enfants déplacés par la guerre. 60% d'entre eux le sont réellement, mais l'identité d'enfant réfugié/déplacé est aussi une couverture pour 40% d'enfants qui proviennent en réalité de la ville même de Luanda. La recherche de leurs familles est rendue difficile par les conflits armés et par les histoires qu'ils inventent. L'attitude du public et les actions en leur faveur sont décrites, en particulier l'action de l'association Mulemba.

Stichweh, R. (1997). „Inklusion/Exklusion, funktionale Differenzierung und die Theorie der Weltgesellschaft." Soziale Systeme 3 (1), pp. 123-136. (allemand) [sociological abstract]

[Afrique du Sud, Brésil, perspective structurelle, démarche comparative]

Sociological abstract Résumé sociologique: „*Seeks to define exclusion, which is usually discussed in the context of national systems, in terms of globalized functional differentiation. Drawing on systems theory, a multidimensional concept of exclusion is developed that takes it to be a series of cumulative & sequentially interrelated phenomena, including spatial differentiation/extraterritoriality, barred labor market entrance, family risk factors, educational discrimination, marginalization by the mass media, &, in the cases of South African apartheid & Brazilian street children, segregation related to a structural coupling of politics & law. Although these phenomena refer to a plurality of functional systems that are global, they are concluded to be products of regional circumstances & region-level structural couplings. This conclusion relativizes exclusion & proscribes discussion of its global reproduction, but does allow a process-oriented analysis of its components.*"

Streetman, H. D. (1995). „A Case Study of Education for Street Children in Nairobi, Kenya and Implications for Future Policy", University of Pittsburgh, 131 pp. (anglais) [PR]

[Kenya, Afrique, perspective structurelle, intervention/politique sociale, école, pauvreté, migration]

Cette thèse de doctorat en sciences de l'éducation s'intéresse en premier lieu au lien entre la situation des enfants qui travaillent et/ou vivent dans les rues et les politiques étatiques dans le domaine de l'éducation. Un chapitre fournit une analyse de la litérature sur les thèmes de la scolarisation, de la situation économique et sociale des populations défavorisées urbaines/migrantes et des enfants de la rue. L'auteur montre ainsi la difficulté d'accès à l'éducation formelle et explore les alternatives non étatiques. Un chapitre s'intéresse aux politiques éducatives pour les enfants de la rue dans d'autres pays.

UMI Abstract „*At the time of Independence from British colonial rule, the Kenyan government believed that the dearth of skilled labor in the country was due to lack of access to education for Kenyans prior to Independence. The Kenyan government, thus, endeavored to expand educational opportunity in the form of universal primary education to foster a literate and highly skilled work force that would be capable of achieving national development. The Kenyan system of community-funded, Harambee schools and formal school system has hosted gross inequities with regard to access, quality of education received. The inequities are exacerbated by an external system of examinations. Still education has been in high demand. The expanded education system inadvertently has resulted in an increase in the rural-urban migration rate and in a glut of primary school leavers in the urban labor market. Internal migration has created a plethora of squatter settlements in Nairobi. Economic hardships in these areas, especially in light of Kenya's troubled economy and structural adjustment measures, have resulted in conditions that promote the escalation of numbers of street children. The Kenyan government's response to the street children crisis has been minimal. This paper examines what is being done by non-governmental and charitable organizations to respond to the crisis, with a special emphasis on what educational provisions exist. It also explores the ways in which other countries have responded to their street children, in order to decipher policies and programs that might be useful in the Kenyan context. Kenyan educational policies of universal primary education and Basic Education for All are critiqued. Alternative policy options are suggested.*"

Swart, J. (1990). „Malunde: The street children of Hillbrow". Johannesburg,

Witwatersrand University Press, 132 pp. (anglais) [1 86814 1225] [BM/JE]

[Afrique du Sud, perspective de l'acteur, perspective structurelle, perspective culturelle/interculturelle, sociabilité, identité, famille, pauvreté, habitat/quartier, sociabilité, intervention/politique sociale...]

Il s'agit d'une recherche qui utilise différentes techniques (observation participante, discussion en groupe, dessins et entretiens individuels, questionnaires) et explore plusieurs facettes du phénomène de l'enfant qui vit dans la rue. Plusieurs éclairages complémentaires sont présentés.

Un chapitre de l'ouvrage concerne directement les causes (Ch. 3: *Why children live on the street*). Il apparaît qu'il est impossible de trouver une réponse simple à la question de savoir pourquoi les enfants vivent dans les rues et qu'il s'agit plus souvent d'une combinaison de facteurs divers.

Quelques résultats de l'étude:

- <u>Le point de vue des enfants.</u> Les enfants ont donné les raisons suivantes à leur vie dans la rue:

parental abuse and neglect	*27%*
poverty	*24%*
homelessness and abandonment	*13%*
juvenile delinquency	*13%*
township unrest	*9%*
other factors	*4%*

- <u>La perception du problème des adultes.</u> La communauté du quartier (un quartier mixte du point de vue racial) envisage relativement correctement les raisons du départ dans la rue, mais sous-estime parfois des événements tels que l'expulsion de l'enfant de son foyer par les parents ou bien par les employeurs.

- <u>Les ruptures familiales.</u> Les conditions sociales telles que la pauvreté, le chômage, le manque de soins de santé, les logements inadéquats tout comme les problèmes d'alimentation contribuent à l'abus et à la négligence (p. 57).

- <u>La variable raciale.</u> En Afrique du Sud, la variable raciale est pertinente dans la mesure où la vie dans la rue concerne les enfants noirs et non les enfants blancs ou indiens.

- <u>The Group Areas Act, Migrant Labour System and Influx Control (amended in July 1986)</u>. Le régime d'apartheid a été source de séparations familiales, par exemple celle des parents qui travaillent pour des blancs (domestiques, travailleurs de l'agriculture) et ne peuvent pas prendre les enfants avec eux, idem pour les migrants.
- <u>L'érosion des styles de vie traditionnels</u>. Produite par le processus d'urbanisation et d'occidentalisation, elle a un impact sur la vie dans les quartiers défavorisés.
- <u>Les conflits ethniques et sociaux</u>. „*...politicisation of children, faction fighting between different ethnic groups, hostilities between citizens and the police, and reprisals in the form of necklacing, have created and atmosphere of tension and insecurity. All these features may be instrumental in generating the street children phenomenon*" (58).
- <u>La famille</u>. Les naissances illégitimes et remariages sont aussi une explication, tout comme le décès des parents. Un enfant rapporte avoir été envoyé en ville par sa mère pour chercher son père, migré deux ans plus tôt.
- Il y a des enfants qui s'ennuient à la maison, qui ne s'y sentent pas bien, ou bien qui veulent explorer et visiter la ville. Il s'agit d'une minorité.
- Dans un autre chapitre, l'auteur aborde les thèmes de l'occupation de la rue et des intérêts que l'enfant y porte. Ainsi, Hilbrow, un espace très animé, est stimulant pour les enfants: „*street children find the vibrancy of Hillbrow stimulating. The influx of visitors and workers provides a constant follow of income and there are many nooks and crannies in which to sleep. Despite the drawbanks of rejection and abuse by certain members of the community, Hillbrow provides a degree of security for them which is not found elsewhere in Johannesburg*". (p. 41)

D'autres parties de l'ouvrage s'intéressent à la vie dans les rues et aux projets d'intervention.

Swart-Kruger, J. (1996). „An Imperfect Fit-Street Children and State Intervention: The South African Case." <u>Africa Insight</u> 26(3), pp. 231-236. (anglais) [FR 1418]

[Afrique du Sud, Afrique, perspective structurelle, perspective culturelle/interculturelle, réaction sociale, intervention/politiques sociales, travail, identité]

Le texte analyse la situation des enfants de la rue en Afrique du Sud. En introduction, l'auteur fait état du consensus qui existe à propos du rôle joué par l'apartheid dans la prolifération des enfants des rues. Cet article s'intéresse par contre aux éléments qui, après 1994 et malgré les espoirs dans les changements politiques, continuent à renforcer la marginalisation de ces enfants. Parmi ces éléments, les mesures d'enfermement des enfants, fondées sur la conviction que l'enfant doit être enlevé de la rue dans le cadre de mesures de protection. Elles finissent par conduire à sa criminalisation. A défaut d'institutions adaptées, les enfants continuent à être placés dans des centres totalement inadéquats. L'interdiction de travail pour les enfants de moins de quinze ans constitue également une mesure marginalisante: l'enfant travaille dans la rue dans une constante crainte d'être arrêté. La conception occidentale de l'enfance est responsable de ces mesures inadéquates car elle ne confère pas de responsabilité à l'enfant à l'intérieur de la communauté et du travail. Le document fait référence à une étude de L. Chawla auprès des enfants orphelins après la guerre au Mozambique; elle suggère que la place active reconnue de l'enfant à l'intérieur de la communauté et de la famille peut réduire le traumatisme de la guerre. En Afrique du Sud, les compétences des enfants dans des situations difficiles sont par contre abordées comme déficiences ou comme une forme de déviance. Le travail de l'enfant est ainsi criminalisé et il n'y a finalement pas de place pour l'enfant dans la société africaine.

Si les enfants de la rue espéraient être plus en sécurité dans les rues après l'apartheid, la réalité leur a par contre réservé une augmentation d'arrestations et des abus de la part des forces de l'ordre. L'auteur conclut en recommandant des mesures et des interventions qui soient davantage centrées sur les ressources et les compétences des enfants.

Swart-Kruger, J./Richter, L. (1996). „South African Street Children. At Risk for Aids?" Africa Insight 26(3), pp. 237-243. (anglais) [FR 1418]

[Afrique, Afrique du Sud, SIDA]

Cet article montre dans un premier temps les conceptions de la sexualité et de la masculinité qui, chez les jeunes et les adolescents d'Afrique, expliquent le non-usage des préservatifs dans la prévention du SIDA. Chez les *„enfants de la rue"*, le sentiment d'être invulnérable propre à tous les adolescents s'ajoute à une plus grande fréquence des relations sexuelles, aux relations sexuelles payés *(survival sex)* et aux risques beaucoup plus élevés d'abus sexuel. Au niveau mondial, le taux d'infection HIV chez les enfants de la rue serait entre 2% et 10% alors qu'il se situerait entre 0.2% et 0.4% dans les autres groupes d'adolescents (238). Le texte décrit ensuite les résultats d'une étude concernant les attitudes et les croyances des „enfants de la rue" à l'égard des risques d'infection. Il montre comment le faible sentiment de valeur personnelle et le degré élevé de fatalisme réduisent les mesures de protection et ceci malgré les informations transmises. D'autre part, les raisons pour lesquelles l'enfant se trouve dans la rue et les contraintes structurelles doivent être inclues dans l'analyse et prises en compte dans les interventions. L'article formule des recommandations pour les programmes.

Swart-Kruger, J./Richter, L.M. (1997). „AIDS-Related Knowledge, Attitudes and Behaviour among South African Street Youth: Reflection on Power, Sexuality and the Autonomous Self." <u>Social Science and Medicine</u> 45(6, Sept.), pp. 957-966. (anglais)

[Afrique du Sud, Afrique, SIDA]

Le texte rapporte une étude empirique sur les attitudes et les connaissances des enfants de la rue à propos du SIDA. D'autres études sont mentionnées en indiquant que la catégorie des enfants et des jeunes de la rue comporterait un risque plus élevé: le taux d'infection serait de 10 à 25 fois plus élevé que dans les autres groupes d'adolescents. Il varie entre 2% et 10% chez les enfants de la rue (au niveau mondial). L'article montre que les connaissances des enfants de la rue sont imprécises et que plusieurs difficultés se présentent dans les actions de prévention. Elles se rapportent à une conception de la sexualité soit marquée par un jugement moral, soit considérée comme une activité de type rationnel. Or, les auteurs constatent que le paradigme du choix rationnel est inadéquat pour ces populations d'enfants soumises à des contraintes diverses et dont l'autonomie est sensiblement réduite. Ils examinent le lien entre la sexualité et le pouvoir en montrant que les enfants possèdent une marge de manœuvre très étroite pour décider de la nature de leurs comportements sexuels. Les contraintes-mêmes qui poussent les enfants vers la rue (économiques et sociales) sont d'abord responsables des risques encourus en ce qui concerne le SIDA. Elles doivent être au centre de l'intervention préventive.

Sy, Y. F. (1994). „Le travail des enfants au Sénégal", Organisation Internationale du Travail (OIT), Janvier 1994, 50 pp., rapport. [BM/JE]

[Sénégal, Afrique, travail]

Il s'agit d'une analyse de la litérature qui concerne tout d'abord le travail dans d'autres espaces que la rue (ateliers informels, secteur rural, travaux domestiques, apprentis,...). Le travail dans la rue n'est pas abordé. Il y est question d'un nombre important de garçons travaillant comme indépendants, sans toutefois pouvoir croiser ces informations. Deux points concernent de près le thème des enfants qui dorment dans la rue: les longues distances entre le foyer et le travail, qui ne permet pas aux enfants de rentrer le soir, la présence de filles domestiques qui passent les nuits dans la rue car elles ne peuvent pas dormir chez l'employeur.

Taljaard, R. C. (1994). „Aspects of a Communication Campaign To Promote Community Involvement with Street Children", Michigan of Pretoria. (afrikaans) [UMI: wwwlib.umi.com]

[Afrique du Sud, Afrique]

UMI Abstract (www.lib.umi.com): „*This study focuses on the perception members of a church in Sunnyside have of street children, in order to understand the dynamics of their lack of involvement with the street children. It is based on the new paradigm research model and uses eco-systemic epistemology as theoretical point of departure. In this the research provides for the wider context of behaviour, in order to appreciate the human being in all its complexities in the research. The wholeness of phenomena and relationships are therefore important. A qualitative research design was used to understand the church members' qualitative experiences of the street children. Focus groups were conducted with different groups in the church. The results report the respondents' perceptions and personal experiences of the street children. The results were interpreted and recommendations were made.*

Tall, P. A. (1986). „Copines de la rue' à Dakar". Dakar, ENDA/JEUDA M- 46, 18 pp. (français/anglais) [en suspens]

[Sénégal, Afrique, fille/genre]

en suspens

Tall, M. (1996). „Droits des jeunes vivant et travaillant dans les interstices du milieu urbain". Monitoring Children's Rights E. Verhellen, The Hague, Martinus Nijhoff Publishers, pp. 867-869. (français) [PR]

[Mali, Côte d'Ivoire, Sénégal, Burkina Faso, Afrique, travail, droits des enfants, famille, définitions]

L'auteur adopte la perspective du travail de l'enfant. Il signale le caractère dépassé de la distinction entre „enfants *de* la rue" et „enfants *dans* la rue", dans la mesure où elle est stigmatisante et renforce leur exclusion. Les enfants qui vivent dans la rue sont minoritaires parmi les enfants travailleurs. Ils ont fui la discrimination de leur marâtre, les écoles coraniques auxquelles ils avaient été confiés ou encore leur père trop sévère. Hors du foyer, ils se regroupent en bandes. Certains enfants sont poussés à des activités déviantes en raison de leur précarité. L'auteur suggère que leur catégorisation en dehors des enfants travailleurs provoque leur exclusion et ne permet pas de penser une stratégie globale leur donnant la sécurité et susceptible de favoriser leur retour en famille. Ensuite l'auteur expose les douze droits des enfants travailleurs tels qu'ils ont été identifiés par les enfants et les jeunes travailleurs organisés dans leur rencontre de Bamako (1994):

- droit à une formation pour apprendre un métier
- droit à rester au village (à ne pas s'exoder)
- droit à un recours et à une justice équitable, en cas de problèmes
- droit à des repos de maladie

- droit à être respectés
- droit à être écouté
- droit à un travail léger et limité (adapté à nos âge et à nos capacités)
- droit à des soins de santé
- droit à apprendre à lire et à écrire
- droit à s'amuser et à jouer
- droit à s'exprimer et à s'organiser
- droit à exercer nos activités en sécurité (p. 869)

Tanon, F. (1996). „La rencontre des enfants de la rue d'Abidjan (Côte d'Ivoire), Bilan d'une mission d'observation." <u>Cahiers de Marjuvia</u> (N. 3), pp. 14-26. (français) [Fr N. 2439]

[Côte d'Ivoire, Afrique, intervention/politiques sociales sociabilité, travail]

Il s'agit du rapport d'une mission d'observation commanditée par la Croix-Rouge de Côte d'Ivoire, basé sur des rencontres avec les enfants de la rue et avec des intervenants. Dans un premier temps, l'article décrit les enfants rencontrés dans trois espaces de la ville. Une petite partie seulement vit dans la rue et le terme „enfant de la rue" est entendu au sens large. Plusieurs différences sont décrites quant aux activités, à la bande, aux ethnies, etc. Le premier espace est le quartier des banques et des milieux d'affaires où les enfants mendient, vendent des produits ou encore réalisent des petits vols. Ils vivent en bandes ayant chacune son territoire. Certains dorment dans un immeuble. Le deuxième cas est celui des enfants qui dorment dans les ateliers où ils sont apprentis, le troisième concerne ceux qui mendient près de la gare (éducation coranique). La deuxième partie de l'article décrit les institutions, les personnes et organismes qui s'intéressent aux enfants (N.B. un certain nombre de personnes privées offrent de l'aide organisée aux enfants). L'auteur présente les résultats d'une recherche du BICE. La troisième partie du document décrit le discours officiel (étatique) sur le problème.

Toto, J.-P. (1996). „Travail des enfants et transition démographique en Afrique". Vers des voies nouvelles au Congo. L'enfant exploité. Schlemmer B. (Ed.). Paris, Karhala/ ORSTOM, pp. 87-98. (français) [2-86537-686-9] [FR]

[Congo, Afrique, travail, famille, migration]

La perspective de cet article (et de l'ensemble de l'ouvrage) est celle du travail et de l'exploitation. L'auteur analyse le lien entre la transition démographique et le travail des enfants. Il fournit plusieurs pistes utiles pour comprendre le fonctionnement familial, les conflits et, implicitement, les raisons du départ de l'enfant. Cependant, le texte n'aborde pas directement le départ dans la rue, mais traite de la „circulation de l'enfant travailleur". Il est également question du départ de l'enfant qui s'installe chez des amis ou des personnes connues.

Une analyse de la place de l'enfant dans la famille montre comment celle-ci devient de plus en plus précaire, de la même manière que les autres liens familiaux (cf. les „cheminements matrimoniaux de plus en plus incertains" p. 90). L'auteur présente le cas des femmes chefs de familles inscrites dans un réseau polygamique „de fait", à côté de celui des situations de divorce. De nouvelles stratégies familiales de survie émergent dans le contexte actuel. L'accroissement du nombre d'enfants de la rue est vu comme une déstructuration - restructuration de l'espace social.

Les activités lucratives des enfants dans les rues sont décrites en montrant comment certaines s'inscrivent dans un fonctionnement familial harmonieux, alors que d'autres se déroulent en marge de la famille lorsque les enfants „choisissent d'orienter leur existence selon leur gré" (p. 92). A ce sujet, l'auteur signale que plus de la moitié des enfants et de jeunes de la rue de Brazzaville sont nés dans cette ville. La migration de l'enfant vers la ville le voit souvent se rendre chez un frère aîné. Ces liens familiaux tendent à être moins solides. Plusieurs trajectoires et situations d'enfants sont examinées en mettant en évidence comment le travail peut être source de cohésion ou de conflits d'intérêts. Les aspirations de l'enfant (et notamment sa recherche d'autonomie) le poussent à s'éloigner du foyer. On remarque que „la nature de la vie familiale (espace familial incomplet et conflictuel, respectivement par décès et divorce des parents en particulier) est l'un des déterminants qui assurent la qualité de la relation de l'enfant au travail et sa famille. Le cas le plus extrême est celui de l'enfant qui, par son travail, assume l'essentiel des charges du ménage, lorsqu'il doit, pour des raisons diverses, suppléer l'absence de son père ou du chef du ménage." (p. 94).

(Cet article se base sur une étude réalisée par l'auteur: Toto J.P. (1992) Les enfants de la rue à Brazzaville, rapport d'enquête, CODESRIA - CNSEE, Brazzaville.)

Touré, K. (1995). „L'insertion sociale des enfants et des jeunes qui travaillent dans les rues d'Abidjan." <u>Cahier de Marjuvia</u> (N. 2), pp. 17-22. (français) [Fr 2438]

[Côte d'Ivoire, Afrique, travail]

Il s'agit d'une courte présentation concernant une thèse de doctorat en cours d'élaboration. Elle se rapporte au travail des enfants et des jeunes dans les rues. Seuls 2 des 80 enfants suivis vivent dans les rues. L'auteur identifie des causes économiques, ainsi que des raisons liées aux systèmes éducatifs et à la culture (valeurs religieuses). L'auteur expose également des éléments d'une analyse micro-sociale des activités économiques en montrant la créativité des réponses à la situation de marginalité.

Umbima, K. (1991). „Regulating Forster Care Services: The Kenyan Situation." <u>Child Welfare</u> 70 (2), pp. 169-174. (anglais) [PR]

[Kenya, Afrique, famille, socialisation, pauvreté, adoption, perspective structurelle, perspective culturelle/interculturelle, intervention/politiques sociales]

Le texte soulève la question de l'attitude adoptée dans le travail social et dans les politiques sociales à l'égard des pratiques traditionnelles de socialisation. Il montre comment ces dernières sont rendues précaires par la crise économique, le mal-développement et la migration, ce qui provoque entre autres le phénomène des enfants de la rue. Bien qu'elles subsistent, les pratiques traditionnelles de prise en charge des enfants sont négligées par l'Etat qui a opté pour des stratégies et des politiques calquées sur le modèle occidental. Le rôle joué par les grands-parents ou par d'autres adultes qui élèvent les enfants est pris comme exemple, en opposition aux adoptions dans les familles nucléaires, traditionnellement pratiquées en occident.

Dans les communautés traditionnelles, il existe un certain nombre de mécanismes qui favorisent la socialisation de l'enfant. Il s'agit entre autres des membres du clan qui interviennent dans ce processus, mais aussi du contrôle social qui prévient les abus et la négligence des parents. L'occidentalisation est à la fois la cause de la perte de ces modèles traditionnels et d'un appauvrissement de la population. De plus, l'appauvrissement de la population rend problématique la socialisation d'un grand nombre d'enfants parmi lesquels les enfants de la rue.

Van Ham, N.A./Blavo E.Q./Opoku S.K. (1991). Street Children in Accra: a survey Report, Report produced by Department of Sociology, University of Ghana/Save the Children Fund (UK), 1991, 94 pp. (anglais) [BM/JE]

[Ghana, Afrique, travail, pauvreté, famille]

Cette étude combine des méthodes qualitatives et quantitatives et concerne à la fois les enfants de la rue/dans la rue et abandonnés. Les éléments du profil: la majorité des *street children* est née en ville, la majorité a des parents en ville. Pour cette raison, la migration et le décès des parents ne sont pas considérés comme des causes prédominantes (p. 57) Les causes du travail des enfants (c'est en termes de „labour" que l'analyse est faite) sont la pauvreté et les problèmes familiaux, la moitié des enfants interviewés n'ont pas de parents qui vivent ensemble et 30% attribuent leur situation au divorce. Le chômage des parents est aussi abordé (34). Les causes sont recherchées principalement du côté de la famille (p. 34).

Veale, A./Adefrisew´, A. (1992). „Study on Street Children in Four Selected Towns of Ethiopia". Addis Abeba, Ministry of Labour and Social Affairs - UNICEF, Ethiopia - University College Cork, Ireland, 149 pp. (anglais) [FR-2392]

[Ethiopie, Afrique, carrière, délinquance, famille, pauvreté, identité, migration, perspective structurelle, perspective culturelle/interculturelle] *

Il s'agit d'une recherche réalisée dans quatre villes d'Ethiopie (Addis Abeba, Bahir Dar, Nazareth, Mekele). Les auteurs utilisent les catégories de l'UNICEF (*children at risk, on the street, of the street, abandoned*) et effectuent un comptage sur la base d'un questionnaire distribué à 1000 enfants. Ils se proposent de travailler sur les causes du phénomène à partir des données fournies par les enfants sur leurs conditions de vie.

1) Enfant *de* la rue, enfant *dans* la rue

La comparaison entre les villes montre des variations que les auteurs expliquent par les spécificités des régions. A Addis Abeba, la présence des *street children* est entièrement reliée à la pauvreté et 3/4 des enfants dorment au foyer: 92% ont une famille en ville. En revanche, à Nazareth 62,5% des enfants ont migré vers la ville depuis les régions rurales. Cela reflète les habitudes des familles Gurage (voir plus loin) d'envoyer leurs enfants dans les villes les plus proches. Les enfants sont encouragés à être autonomes et à envoyer de l'argent à la maison. Néanmoins, seulement 11% vivent dans les rues et la majorité d'entre eux habitent chez des membres de la parenté ou bien louent une habitation. Certains (10%) disent dormir entre la rue et la maison. A Mekele, la proportion d'orphelins est élevée (19,5%) tout comme celle des enfants de la rue (51%), ce qui reflète la réalité de la guerre et des populations déplacées. A Bahir Dar, le profil des enfants est mixte: 18% sont des enfants de la rue, dont la majorité ont migré seuls, leur famille vivant dans les régions rurales (pp. vii-viii).

Le mouvement de l'enfant dans la rue vers une situation „de" rue est expliqué par les auteurs à partir de plusieurs éléments. D'une part, il dépend de l'âge et des compétences acquises dans la rue (xii). D'autre part, il tient aux relations familiales. La pauvreté agit de deux manières sur les relations familiales: elle peut en renforcer la cohésion ou bien conduire aux ruptures des liens et/ou à l'abus physique et émotionnel. Les auteurs constatent que les *„Children of the street were found to be characterized by a higher level of physical abuse at home than children on the street"* (xii) (voir les chiffres donnés plus bas). Les enfants qui dorment dans la rue auraient aussi plus souvent expérimenté le manque de nourriture au foyer (64% en comparaison avec 54% chez les enfants dans la rue (??)). Le nombre de familles monoparentales et d'enfants orphelins de père était aussi plus élevé chez les enfants de la rue que chez les enfants dans la rue. Le niveau d'éducation des parents est plus bas chez les enfants qui dorment dans la rue. Les auteurs expliquent ainsi le départ de l'enfant par le stress dans la vie familiale provoqué par plusieurs facteurs qui agissent en concomitance. Ils constatent qu'il faut diriger les interventions vers la famille et les parents.

2) *Unaccompanied children from other regions*

Un autre thème soulevé dans cette recherche concerne les enfants migrants et notamment ceux issus des tribus Gurage. Les enfants sont envoyés en ville pour travailler et leur retour avec de l'argent pour la famille leur octroie un statut élevé dans la communauté rurale.

Dans l'ensemble, les enfants migrants représentent 41% des enfants à Addis Abeba, 34% à Bahir Dar et 66% à Nazareth. Cependant, tous ne dorment pas dans la rue, mais chez des membres de la parenté ou bien chez des pairs. La réunification familiale n'est pas toujours souhaitée par les enfants. Les raisons de la migration sont la pauvreté, la recherche de travail, la scolarisation, les problèmes familiaux. *„Choice exercised by the child in the process by which he or she came to be on the streets is undoubtedly an important determinant in the child's psychological adaptation to the circumstances"* (xiv). Les auteurs constatent que, bien que les conditions physiques de la vie dans la rue soient similaires, l'expérience de ces enfants doit être distinguée de celle des enfants déplacés, la vulnérabilité psychologique de ces derniers étant plus importante.

3) <u>Raison de l'initiation à la rue</u>

Entre la moitié des enfants et les deux tiers disent être dans la rue „pour travailler", „pour m'aider" ou „pour aider les parents", ou encore en raison de difficultés économiques. Le divorce, le décès d'un parent sont des événements qui déclenchent le départ.

4) <u>Le déplacement comme facteur causal</u>

Les auteurs distinguent entre le déplacement de la famille et celui de l'enfant non-accompagné. A Mekele, le déplacement lié à la guerre est un facteur très significatif. Cependant, les auteurs ne distinguent pas ici les enfants qui dorment dans la rue de ceux qui n'y dorment pas. Les enfants orphelins sont aussi nombreux à Mekele qu'à Addis Abeba.

5) <u>Réaction parentale</u>

64,5% des enfants disent que leurs parents approuvent leur présence dans la rue. Néanmoins, ces résultats ne distinguent pas les enfants qui dorment dans la rue des enfants qui y travaillent durant la journée.

6) <u>Fréquentation de l'école</u>

En moyenne 15% des enfants qui dorment dans les rues vont à l'école.

La comparaison des données de cette recherche avec des études antérieures montre que le phénomène évolue. Premièrement, le nombre d'enfants *de* la rue a diminué. D'autre part, le nombre d'enfants orphelins aurait augmenté à Addis Abeba, où il y aurait également moins d'enfants migrants. Les méthodologies diverses rendent toutefois difficile la comparaison.

[N.B. On peut également objecter que les chiffres présentés par les auteurs ne montrent pas de différences statistiques assez importantes pour considérer certains facteurs comme discriminants. Ainsi, les enfants battus régulièrement représentent 18,7% des enfants de la rue et 7,5% des enfants dans la rue. Cela signifie que la violence physique des parents concerne un enfant sur cinq. Le même constat concerne la pauvreté et la faim expérimentées au foyer (voir plus haut).]

Verlet, M. (1996). „Grandir à Nima (Ghana) - dérégulation domestique et mise au travail des enfants". L'enfant exploité. B. S. (Ed.). Paris, Karhala – ORSTOM, pp. 311-328. (français)
[ISBN/ISNN] [FR]

[Ghana, Afrique, travail, famille]

La perspective de cet article (et de l'ensemble de l'ouvrage) est celle du travail et de l'exploitation. Il fournit plusieurs pistes utiles pour comprendre le fonctionnement familial, les conflits et, implicitement, les raisons du départ de l'enfant. Il se base sur un travail d'observation du quartier de Nima, dans la ville d'Accra.

Le texte traite de la crise des unités domestiques, sous l'influence des politiques d'ajustement structurelle et plus généralement de la dérégulation sociale. La „dérégulation domestique" est comprise comme sa précarisation, sa fragilisation voire son éclatement. Les différentes formes de mise au travail (y compris celles qui impliquent la migration de l'enfant vers la ville) sont exposées. L'auteur inclut l'errance et les bandes comme milieux de travail des enfants à l'extérieur de l'unité domestique et conclut sur le fait que le travail de l'enfant est loin d'apporter toujours une réponse à la dérégulation domestique. Dans des cas extrêmes, il est susceptible de l'aggraver.

Vélis, J.-P. (1993). „Blossoms in the Dust: Street children in Africa" (En français: Fleurs de poussière: Enfants de la rue en Afrique). Paris, UNESCO, 167 pp. (anglais ou français) [F: 92-3-202924-3, Anglais: 92-3-102924-X] [FR, PR]

[Afrique, pauvreté, travail, famille, école, intervention/politiques sociales]

Cet ouvrage présente des descriptions de situations, des discours d'enfants et des travaux de recherche dans divers pays en montrant la complexité du phénomène, mais sans présenter une véritable analyse. L'auteur décrit le contexte africain en mettant l'accent sur la pauvreté et sur la rupture des modes traditionnels de vie axés sur la famille, le caractère traditionnel du travail et la perversion de certaines pratiques culturelles qui concernent les enfants. Il traite également des types d'activités des enfants, de l'école, de l'éducation et des interventions.

Western Cape Street Children's Forum (1996) „A Service provision Model: Proposal from the Western Cape Street Children's Forum", 45 pp. (anglais) [BM/JE]

[Afrique du Sud, Afrique, intervention/politiques sociales]

Ce document est le résultat d'un groupe de travail composé des membres de diverses ONG et institutions, sous la direction de Annette Cockburn. Son objectif est d'identifier les divers services fournis aux enfants vivant dans les rues et les besoins existants, ainsi que de formuler des stratégies d'action.

Williams, C. J. (1996). „Street Children and abuse of power." Africa Insight 26 (3), pp. 221-230. (anglais) [FR 1418]

[Afrique, abus/exploitation, famille, sociabilité, réaction sociale, interventions/politiques sociales]

L'article fait partie d'un numéro de la revue *Africa Insight* entièrement consacré aux enfants de/dans la rue. Il présente une réflexion sur les multiples facettes de la violence dont sont victimes les enfants. Les „cercles de la violence" incluent la violence dans la famille, la violence des jeunes de la rue et de*s gang*s, la violence de la part de la communauté, la violence policière, militaire et institutionnelle. Chacun de ces contextes est examiné à partir de la littérature existante en montrant finalement comment l'enfant vit une „violence sociale cumulée".L'auteur fait remarquer que, à côté de la pauvreté et de la nécessité de contribuer au budget familial, la violence est également un phénomène secondaire souvent associé au départ de l'enfant (Aptekar). Pour d'autres chercheurs, les hiérarchies traditionnelles permettraient aux adultes „de faire ce qu'ils veulent des enfants" (Rajani/Kundrati).

L'auteur déconstruit les discours sur la violence en montrant des facettes qui sont rarement explorées par la recherche (genre, race, enfants handicapés, peur de la violence, images négatives et violence symbolique, violence latente et violence passive). Une reconstruction en termes de violence et de pouvoir est ensuite opérée de manière à rendre compte de formes de violence qui restent en dehors du champ des lois nationales.

Wrights A. et al. (1986). „The girls of Jeunesse-Action". Dakar, ENDA/JEUDA N. 51, 50 pp. (anglais)

[Afrique, fille/genre]

en suspens

Zimbabwe Council for the Welfare of Children (1989). „Report on Street Kids: A Preliminary Study on the Problem of Street Children in Greater Harare". Harare, 31 pp. [BM/JE]

[Zimbabwe, Afrique, travail, pauvreté, famille.]

Cette étude s'intéresse aux enfants vivant et/ou travaillant dans les rues durant la journée. L'hypothèse de départ était la suivante: „*The problem of street children can be attributed to poverty, homelessness, broken homes and inappropriate socialisation*". La recherche montre un nombre réduit de *homeless* (15%). La recherche confirme par contre que la pauvreté est un facteur déterminant. L'abus dans la famille est mentionné par les enfants vivant dans la rue. 50% des enfants proviennent de familles avec les deux parents.

Zogbo, R. G. (1996). „Gardiens des voitures et loubards d'Abidjan: une marginalité assumée." <u>Cahier de Marjuvia</u> N. 2, pp. 55-63. (français) [FR-2437]

[Côte d'Ivoire, Afrique, famille, perspective culturelle/interculturelle]

Il s'agit d'un extrait d'un rapport plus long. L'auteur conteste une explication qui verrait les parents démissionner vis-à-vis de leurs enfants et observe comment la détérioration des conditions de vie en milieu urbain exerce une forte pression sur les familles et favorise l'émergence de l'individu en rupture. L'auteur s'intéresse à une population de gardiens de voitures et de loubards entre 16 et 30 ans. Il signale que les loubards ont plus de 20 ans et constituent la couche sociale la plus élevée dans la hiérarchie des jeunes de la rue et une phase ultérieure du processus de marginalisation.

Le document décrit la trajectoire de ces jeunes qui se sont rendus dans la rue suite aux problèmes familiaux. Il mentionne la question de la sorcellerie, ainsi qu'un processus codifié pour devenir membre du groupe des gardiens des voitures qui vit dans la rue. Il fait état des enfermements des adolescents dans la maison de correction d'Abidjan.

Le phénomène des loubards concerne des jeunes entre 25 et 35 ans. Ils soignent leur musculature et se livrent à des batailles entre bandes, au vol et à la violence. L'auteur évoque l'engagement des loubards par le président de la république pour intervenir dans les manifestations (garants de la sécurité dans certaines manifestations, meneurs de troubles dans d'autres), ou bien par des sociétés de sécurité, ou encore comme videurs et portiers...

Voir également la bibliographie générale:

Adick, C. and (Ed.) (1998). „Straßenkinder und Kinderarbeit. <u>Sozialisationstheoretische, historische und kulturvergleichende Studien</u>". Frankfurt, IKO, 303 pp.

Bar-On, A. (1997). „Criminalising Survival: Images and Reality of Street Children." Journal of Social policy 26 (1), pp. 63-78.

Black, M. (1995). „In the twilight zone: Child workers in the hotel, tourism and catering industry". Geneva, ILO, 92 pp.

Dallape, F. (1987). „You are a thief! An experience with street children" Undugu Society of Kenya, 125 pp.

Dallape, F. (1996). „Urban Children: A challenge and an opportunity." Childhood - Special Issue on working and street children 3 (2, May), pp. 131-145.

ENDA (ouvrage collectif) (1995). „Enfants en recherche et en action. Une alternative africaine d'animation urbaine". Dakar, ENDA, 252 pp.

JEUDA (1990). „Enfants en situation difficile: quelques axes de réflexion". Dakar, ENDA/JEUDA, N. 77, 20 pp.

Kefyalew, F. (1996). „The Reality of Child Participation in Research." Childhood - Special Issue on working and street children 3 (2, May), pp. 203-213.

Nyberg, J. (1997). „Rädda Barnen's Work with Children on the streeet/Homeless Children". Stockholm, Rädda Barnen, 15pp.

Tessier, S. (Ed.) (1994). „L'enfant et son intégration dans la cité". Paris, Syros, 183 pp.

Tessier, S. (Ed.) (1995). „L'enfant des rues et son univers - Ville, socialisation et marginalité", Paris, Syros, 228 pp.

Tessier, S. (Ed.) (1998). „A la recherche des enfants des rues". Paris, Karthala, 477 pp.

Raffaelli, M./Larson, R.W. (1999). „Editors' Note." New Directions for Child and Adolescent Development. "Homeless and Working Youth Around the World: Exploring Developmental Issues" M. Raffaelli/R.W. Larson (Ed.) (85), pp. 1-4.

Richter, L. M. (1990). South African "Street Children": Comparisons with Anglo-American Runaways. Contemporary Issues in Cross-Cultural Psychology. N. Bleichrodt/Drenth P.J.D. Amsterdam/Lisse, Sweet & Zeitlinger, pp. 96-109.

Schrader, A./Veale, A. (Ed.) (1999). „Resource Pack: Prevention of street Migration". London, Consortium for Street Children/University College of Cork, 78 pp.

Specht, E. W. (Ed.) (1991). „Strassen-fiesser", Stuttgart, Beiträge sozialer Arbeit der Diakonie, band 4 Diakonisches Werk der EKD.

Stöcklin, D. (1998-2001). „Recherche-action auprès des enfants de la rue", Terre des

Hommes, documents non-publiés.

Richter, L. M. (1990). South African "Street Children": Comparisons with Anglo-American Runaways. <u>Contemporary Issues in Cross-Cultural Psychology</u>. Bleichrodt N./Drenth P.J.D. Amsterdam/Lisse, Sweet & Zeitlinger, pp. 96-109.

UNESCO (1995). „<u>Working with street children</u>": <u>selected case-studies from Africa, Asia and Latin America</u> (édition française: <u>Dans la rue, avec les enfants - Programmes pour la réinsertion des enfants de la rue</u>). Paris, UNESCO/BICE, 303 pp.

Veale, A. (1992). „Towards a Conceptualisation of Street-children: the case from Sudan and Ireland." <u>Trocaire Development Review</u>, Dublin, pp. 107-121.

C. Asie (à l'exception des pays de l'ex-Union Soviétique)

Agrawal, A. (1998). „Leisure among Street Children" - International Sociological Association (ISA), U Rajasthan, Jaipur India (tel/fax 91-141-517918/621677). [sociological abstract]

[Inde, Asie]

Sociological abstract: *„Presents an empirical study of street children in Rajasthan, India, focusing on their stresses & strains, life patterns & modes, & ways of leisure. The problem of rehabilitation of these children is also considered. Analysis of their leisure life reveals problematic aspects of socialization. The situation of the street child with respect to child labor is also addressed".*

Arimpoor, J. (1992). „Street children of Madras. A situational Analysis". Nodia (India), National Labour Institute, 76 pp. [PR]

[Asie, Inde]

Il s'agit d'une étude qui utilise la méthodologie quantitative pour effectuer une analyse de situation des enfants „de" et „dans" les rues (nature et dimensions du problème, besoins des enfants et réponses des institutions). Les résultats contredisent le stéréotype de l'enfant abandonné puisque la majorité des enfants qui se trouvent dans la rue rentrent chez eux le soir. Un certain nombre sont dans la rue avec leur famille. L'auteur estime que les relations familiales sont fortes: *„In Tamil Nadu familiy ties are very strong and despite severe socio-economic deprivation these unfortunate children still choose to honour family ties"* (p. 24). Toutefois, la distance du lieu de travail ne leur permet pas toujours de rentrer au foyer.

Baker, R. (1993). „Street Children: What do we assume?" An inter-disciplinary investigation into the lives of street children in Kathmandu, Dissertation for BA Anthropology, University of Durham. March 1993, 37 pp. (anglais) [BM/JE]

[Népal, Asie]

Travail académique qui utilise les méthodes qualitatives (histoires de vie) et explore le niveau d'éducation, les stratégies de survie, le contexte de vie, le niveau nutritionnel, etc. Voir également les travaux plus récents de l'auteur.

Baker, R./Panter-Brik, C. et al. (1997). „Homeless Street boys in Nepal: their Demography and Lifestyle." Journal of Comparative Family Studies 28 (1), pp. 129-146. (anglais) [PR]

[Népal, Asie, résilience, perspective de l'acteur, perspective structurelle, perspective culturelle/interculturelle, pauvreté, migration, famille, guerre/catastrophes, fille/genre, travail, sociabilité, recherche]

L'article expose les résultats d'une étude réalisée en 1993 auprès de différentes populations d'enfants, enfants de la rue, enfants de villages ruraux, enfants vivant dans des quartiers pauvres, enfants scolarisés dans des „écoles privilégiées". Les résultats se rapportent exclusivement à des garçons.

L'introduction mentionne les facteurs provoquant l'augmentation du nombre des enfants de la rue: augmentation de la pauvreté, amélioration des moyens de communication qui à leur tour facilitent la migration, fragilisation des relations familiales et guerres.

A Katmandu, le nombre d'enfants de la rue aurait doublé entre 1990 et 1993 (500 *homeless* en 1990). L'auteur signale l'existence d'études qui conçoivent la vie dans la rue comme l'affaire d'enfants ayant une santé physique et mentale affaiblie, engagés dans des pratiques à très haut risque, manquant d'éducation et des moyens nécessaires pour affronter la vie adulte. Elle signale également les études qui décrivent les enfants de la rue sous une lumière plus optimiste, suggérant qu'il soit davantage question d'une perception sociale négative.

Les résultats de cette recherche montrent plusieurs aspects:

- La majorité des enfants sont des migrants provenant des zones rurales, situées en moyenne à 5 heures de voyage et parfois même jusqu'à 24 heures. Seulement 16% des enfants de la rue vient de Katmandu.
- 89% des enfants visitent la famille au moins une fois par an.

Plus de la moitié des enfants de la rue (52%) vient d'une famille composée des deux parents; 8% n'a pas de parents; 23% provient d'une famille recomposée (avec un beau-père ou une belle-mère) et 17% n'a qu'un seul parent. Le nombre de familles recomposées est largement sur-représenté parmi les enfants de la rue, tandis qu'il n'est que de 0 à 2% en milieu rural. Les auteurs signalent: *„To generalise, in the presence of a step-parent push factors appear to predominate, while in the presence of biological parent pull factor assume a greater importance"* (p. 137). Cependant, leur nombre reste limité par rapport aux familles complètes.

- De manière générale, les raisons de départ données par les enfants sont: des raisons économiques (35%), des problèmes familiaux (42%), leur désir d'indépendance (23%). Les auteurs constatent que le questionnaire est toutefois insuffisant pour explorer les motivations des enfants. De plus, la famille complète n'exclut pas des difficultés familiales, exacerbées par les difficultés économiques.
- Les enfants provenant de familles complètes (deux parents) ou de familles monoparentales, en contraste avec celles recomposées, indiquent plus souvent les raisons économiques ou l'envie d'indépendance pour expliquer leur départ. Ils rentrent plus souvent visiter la famille. La majorité des enfants qui ont un beau-père ou une belle-mère invoquent par contre des raisons familiales pour expliquer leur départ dans la rue. Ils rentrent moins souvent au foyer, voire pas du tout.
- La moitié de ces *homeless* proviennent des castes supérieures alors que la plupart des enfants *dans* la rue qui vivent dans les quartiers pauvres appartiennent aux castes inférieures. Les auteurs avancent deux hypothèses explicatives. La première se rapporte aux pressions de la famille sur l'enfant et/ou à l'importance des considérations liées à la caste. Celles-ci réduisent l'éventail de travaux acceptables pour les membres des castes supérieures. La deuxième explication se rapporte à la plus grande connaissance du monde extérieur au village chez les enfants issus des castes supérieures, voire à leur plus grande initiative dans la recherche d'une vie à l'extérieur du foyer.
- La plupart des enfants travaillent (*rag-pickers* 2/3) ou mendient (1/5). Ils considèrent dans l'ensemble le travail de recyclage comme une activité plus digne que la mendicité. Même s'il est pénible et malsain, ce travail requiert un effort et des compétences.

- Le nombre très réduit de filles est expliqué par leur rôle traditionnel au foyer et par le plus grand contrôle exercé par la famille. Cependant, le nombre de filles vendues ou engagées dans la prostitution serait en augmentation.
- La vie dans la rue est décrite comme faite de concurrence pour le travail, mais également de coopération et d'entraide entre enfants. Leur réseau est solide et répond à des besoins matériels et émotionnels. Certains comptent également sur des liens avec des adultes.

Les phénomènes du vol et de la prostitution ont été peu étudiés.

N.B. Dans un autre article, les auteurs traitent des résultats de la recherche concernant la santé des enfants (voir Panter-Brick et al.,1996)

Baker, R. (1998). „Runaway Street Children in Nepal: Social Competence Away from Home". Children and Social Competence. Hutchby I./Moran-Ellis J., London, Falmer Press, pp. 46-63. (anglais) [FR 1515]

[Népal, Asie, perspective de l'acteur, perspective culturelle/interculturelle, travail, famille, identité, résilience, migration, sortie]

Cet article présente dans un premier temps une déconstruction de la conception de l'enfance, de la famille et des compétences en signalant que l'enfance est perçue de manière différente dans les pays occidentaux et dans les sociétés rurales népalaises. Dans celles-ci, le départ de l'enfant qui va à la recherche d'un travail n'est pas nécessairement désapprouvé. Dans un contexte de précarité, de changements et d'instabilité dans la famille, l'enfant recherche ailleurs des éléments de stabilité. Le cas d'un enfant, Dilip, illustre ces divers aspects. Son expérience dans la rue prend la forme de circulation/alternance entre la rue, les ONG et le foyer. Le texte montre comment les compétences sociales des enfants qui vivent dans la rue de Katmandou ne peuvent pas être réduites au point de vue des adultes et qu'elles sont inséparables du contexte spécifique. Les enfants ont une conception propre de leur situation et de leur avenir. Cependant leur représentation de leur situation n'est pas connue ni reconnue et ils sont plus souvent considérés comme incompétents.

Balagopalan, S. (1997). „Moving Boundaries": An Ethnographic Study of the literacy Experiences of Street Children in Calcutta, India. PHD Thesis, New York, New York University, 333 pp. [UMI]

[Inde, Asie, intervention/politiques sociales]

Cette thèse n'a pas été consultée. Le résumé suivant n'indique pas les caractéristiques exactes des enfants étudiés (enfants *de* la rue ou *dans* la rue). L'étude s'intéresse au lien entre l'éducation et les perspectives de l'enfant. Il montre comment l'éducation non-formelle ne répond pas nécessairement aux besoins des enfants qui recherchent une reconnaissance formelle (qualifications).

UMI Abstract (wwwlib.umi.com): *Drawing on the theoretical framework of literacy as a 'socially constructed practice' this ethnographic study contextualizes the literacy experiences of a group of street children at a nonformal education site, in Calcutta, India. This study focuses on literacy acquisition, literacy utilization and meaning making in the lives of these street children. The central themes underlying this study are the importance the children accord to gaining literacy skills, the use they make of literacy in their everyday lives as street children and child laborers, and their self-constructions based on their expectations from gaining an education. Utilizing the tools of literacy events and literacy practices, this ethnography tries to capture the complexity in the children's engagement with literacy, a complexity that circumvents situating the experiences of these children within a dichotomization of skills, i.e. as literate or illiterate. In this study, the access of the children to nonformal education is to a large extent determined by their marginal status. Their birth into poverty usually precludes them from going to school, or often causes them to dropout of formal education. The street children participate in the nonformal education program with a certain set of expectations and their interactions with what they receive is to a large extent influenced by this. For the children their constructions of a school, their need for structure, and their self-perceptions of themselves as learners are important issues mediating interaction with nonformal education. The children associate hard labor with lack of educational qualifications rather than with non-possession of literacy skills. Thus, they yearn for formal schooling and its attendant certification. That association is important because it questions the efficiency of providing nonformal education to street children and child laborers who cannot use the educational system because what some of them really seek is access to formal schooling. Most importantly this study posits that an adequate account of literacy in the lives of street children must be connected to a theory of the children as acting subjects and must situate their action in space and time."*

Balanon, L. (1989). „Street Children: Strategies for Action." <u>Child Welfare</u> 98 (2), pp. pp.159-166. (anglais) [sociological abstract]

[Philippines, Asie, intervention/politiques sociales]

Sociological abstract: *„With the rapid changes occurring in their homeland - urban growth, economic crisis, inadequate services - more Filipino children, especially those of the urban poor, are being forced to earn a living for themselves & their families. Several programs have been developed to meet the needs of the nation's "street children". An outreach project designed to detect child abuse & exploitation, a street school that aims to protect children, & transitional homes for children who are not in contact with their own families, are described. Recommendations for research & legislation are made".*

Binh, V. N. (1994). „Children living/working on the street in Vietnam." <u>Child Asia</u> (12), pp. 9-10. (anglais) [BM/JE]

[Viêt-nam, Asie, perspective structurelle, pauvreté, migration, intervention/politiques sociales]

Ce bref article, rédigé par un responsable de Radda Barnen, introduit le sujet à partir des grands changements survenus au Viêt-nam depuis 1986. Les politiques de „transition" vers une économie de marché et les changements politiques ont bouleversé la vie des familles et des communautés. Ces changements ont à la fois des effets positifs et négatifs sur les populations. Le nombre d'enfants vivant/travaillant dans les rues a augmenté de manière alarmante au cours des années 90, notamment dans les villes de Hanoi et de Ho Chi Minh. Trois catégories d'enfants sont décrites: les enfants provenant des régions rurales, les enfants *de* la rue et les enfants *dans* la rue. La première catégorie inclut les enfants qui sont envoyés par leurs parents dans les villes, sans être conscients des risques d'exploitation. Un commerce d'enfants est évoqué. La relation de ces enfants avec la rue n'est pas clairement définie. Le document signale en amont de leur situation de migrants: la pauvreté, les changements socio-économiques, la faim et les catastrophes naturelles. Les enfants *de* la rue sont caractérisés à partir de l'absence de contacts familiaux et ceci pour diverses raisons (ruptures, rejet, abus,...). Le document conclut sur les types de programmes s'adressant aux enfants.

Binh, D. V./Men, T. et al. (1995). „Vocational Training for Street Children in Ho Chi Minh City", Social Work Centre/Vietnam Youth Association/Save the Children Fund UK/The social Development Research and Consultancy Group. April - June 1995. (anglais) [DS]

[Viêt-nam, Asie, perspective structurelle, travail, école, famille, pauvreté, migration, intervention/politiques sociales]

Le premier chapitre décrit le contexte général vietnamien depuis les années 70. Le mouvement vers une économie de marché (dès 1986) a vu émerger les phénomènes du sous-emploi, de la prostitution, de l'usage de drogues, de la pauvreté et des enfants de la rue. Le nombre de ces derniers varie entre 10000 et 30000 selon les estimations. La présence d'enfants dans les institutions étatiques est néanmoins antérieure à 1986 et l'étude décrit la population institutionnalisée.

La recherche s'intéresse aux enfants vivant dans la rue, tout comme à ceux qui rentrent chez eux le soir. Elle vise à explorer les activités économiques, les modalités de formation et les intérêts des enfants et des adolescents dans ces deux domaines. Les techniques de recherche sont le questionnaire et les discussions en groupe, avec 60 enfants. 45 dorment dans les rues et leur âge moyen est de 15 ans et demi. Les diverses définitions utilisées dans les études vietnamiennes sont exposées.

Le texte traite du lieu de provenance des enfants (majoritairement en dehors de la ville), de leur niveau d'éducation, des raisons qui les ont poussés vers la rue. Ces dernières semblent avoir été délimitées en amont de la recherche. Les ruptures familiales et les mauvais traitements concernent 37% des enfants, l'absence de famille 7%, la recherche d'argent 23%, la recherche de jeu et d'exploration 18,3% et le désir d'indépendance 5%. La plupart des enfants (plus de 75%) conservent des liens avec la famille.

L'étude explore également les types d'activités et les situations spécifiques des familles.

Les résultats du projet de formation *(vocational training)* sont analysés en exposant les avantages et les inconvénients, ainsi que les résultats spécifiques selon les catégories des enfants (vivant dans la rue, rentrant le soir, filles/garçons).

Black, M. (1991). „Philippines: children of the runaway cities", Florence, Innocenti studies/UNICEF, 41 pp. (anglais) [PR]

[Philippines, Asie, perspective structurelle, perspective de l'acteur, perspective culturelle/interculturelle, famille, pauvreté, travail, politiques sociales, intervention/politiques sociales, fille/genre, réaction sociale]

Il s'agit d'un rapport sur une étude de l'UNICEF-Florence. Il concerne des enfants qui vivent et/ou travaillent dans les rues dans cinq villes des Philippines.

Le document offre une compréhension de la situation de l'enfant de/dans la rue en la replaçant dans le contexte de vie des communautés urbaines défavorisées. La vie dans la rue, l'expérience du travail et la vie au foyer sont examinés de manière approfondie et plusieurs cas d'enfants sont exposés.

Le premier chapitre décrit la vie familiale dans un contexte de pauvreté. Le décalage entre les idéaux d'union, de respect et de responsabilité et les pratiques quotidiennes est expliqué par la pauvreté: maladie, malnutrition, logements inadéquats, promiscuité. Le document expose des éléments du processus historique (crise économique, endettement et migrations) qui voit exploser les quartiers paupérisés. Le rôle joué par l'Etat est examiné: par le rejet des populations défavorisées et les expulsions des habitants des *slums* illégaux, il contribue aux séparations familiales. Les approches répressives à l'égard des *street children* (délinquance, analyse des causes de la présence dans la rue en termes individuels) sont un autre élément qui a caractérisé longtemps la politique de l'Etat. Des approches nouvelles sont actuellement adoptées, bien que des difficultés soient mentionnées.

Le deuxième chapitre offre une description détaillée de la vie des enfants issus des communautés défavorisées; il montre les risques spécifiques et distingue la situation de la fille de celle du garçon (santé, alimentation, scolarisation, exploitation, etc.). Cette analyse contribue à mettre en perspective la vie de l'enfant dans/de la rue.

Le troisième chapitre fait intervenir la distinction entre enfants „*de*" et „*dans*" la rue. La vie dans la rue est à la fois l'affaire d'expulsions et de départs choisis par l'enfant. Elle est envisagée sous l'angle de la perte du sentiment d'appartenance à la communauté, des privations et des comportement non conformes aux normes de la société. Cela explique leur résistante à une vie structurée et leurs fugues des institutions qui les accueillent. Dans la catégorie enfants „*dans*" la rue, l'auteur décrit essentiellement une expérience basée sur le travail. Bien que certains enfants séjournent parfois dans la rue durant la nuit et risquent de devenir des „enfants *de* la rue", leur situation fait l'objet d'une analyse différente. Le travail est mis en relation avec le contexte de précarité et les pratiques spécifiques de ces familles défavorisées. Il n'est pas exclusivement négatif et l'opposition rue/foyer est vue comme étant non seulement irréaliste, mais également impropre à penser des actions. La vision idéale de l'enfance ne permet pas de concevoir le travail et la rue comme part de leur expérience et comme une préparation à la vie adulte. Il apparaît ainsi plus pertinent de s'intéresser aux situations concrètes et de distinguer les risques spécifiques auxquels sont soumis les enfants.

Le quatrième chapitre traite des politiques sociale et des interventions au niveau communautaire (politiques sociales, organisations de base, services urbains de base, stratégies de participation,…). Un paragraphe traite des projets centrés sur les enfants de/dans les rues en décrivant les actions basées dans la rue, dans les centres et dans les communautés.

Blanchet, T. (1994). „Child Rights study". Dhaka, Bangladesh, Rädda Barnen. (anglais) [BM/JE]

[Asie, Bangladesh, travail, mendicité, famille, prostitution]

Il s'agit de diverses études menées en 1993.

a) *Children Beggars in Dhaka*, Dhaka, September 1994.

L'auteur s'intéresse aux divers types de mendicité qu'il considère comme un travail spécifique demandant certaines habilités. L'étude constate l'existence de diverses catégories de mendiants qui ne se mélangent pas: les enfants handicapés, les enfants qui guident un adulte handicapé, les enfants mendiants gérés par un adulte, les enfants plus grands avec des petits frères ou sœurs. Un bébé est utilisé et parfois loué par des femmes mendiantes qui veulent créer une image de mère.

Dans la conclusion, l'auteur signale que la mendicité est en partie le produit de l'appauvrissement conséquent aux catastrophes naturelles. Dans d'autres cas, il s'agit de femmes et d'enfants expulsés de la famille. Parfois, les mères abandonnent leurs enfants lorsqu'elles se remarient, leur nouvel époux ne voulant pas assurer la surcharge des enfants. Pour la majorité des familles, la mendicité constitue une activité qui est devenue acceptable et normale.

(Les autres études sont: "*Male child prostitution in Chittagong, report june 94*"; "*The role ot the police in Brothel prostitution: the case of Dolodia*" "*Floating Prostitutes in Chitagong*" (même auteur). Il y est montré que les filles qui se prostituent dans la rue sont liées à la prostitution organisée. Leur situation et leurs conditions de vie sont néanmoins plus précaires que celles des filles qui vivant dans les maisons de prostitution.

Bond, T. W. (1992). „Street children in Hochiminh City/Les enfants des rues a Ho Chi Minh Ville". Lausanne, Terre des Hommes, 59 pp. (français ou anglais) [PR]

[Viêt-nam, Asie, travail, famille, travail, école, santé, réaction sociale, intervention]

Ce document expose les résultats d'une étude réalisée en 1992 sur la base d'un questionnaire. L'auteur distingue trois catégories d'enfants: **A)** ceux qui dorment dans la rue sans famille, **B)** ceux qui dorment dans la rue avec leur famille ou tuteur, **C)** ceux qui ont une famille ou un tuteur et rentrent généralement chez eux. Un paragraphe décrit les divers quartiers dans lesquels s'est déroulée l'enquête et met en évidence la grande hétérogénéité de la population des enfants qui se trouvent dans les rues (activités, horaires, âges, etc.). La recherche ne compte pas sur un groupe de contrôle, mais compare la situation des trois catégories d'enfants. Les donnés quantitatives explorent le contexte familial, le type d'activité dans la rue (le plus souvent une petite activité indépendante), les relations avec la police, l'éducation, l'état de santé, la relation avec la famille, ainsi que les besoins des enfants. Les résultats montrent que parmi les enfants appartenant à la catégorie **A**, il y a davantage de familles caractérisées par des événements tels que les divorces, les séparations, les décès, les remariages ou des parents inconnus. Il est signalé que la majorité des enfants n'ont pas envie de rentrer au foyer ou de revenir à la „normalité". En contraste, l'auteur observe un sentiment très fort d'unité parmi les membres des familles qui vivent dans la rue. Les arrestations les plus fréquentes concernent le vagabondage et le vol. Les mesures gouvernementales consistent dans l'enfermement et l'institutionnalisation.

Buist, R. (1999). „Butterflies - Street Children in Sri Lanka", Leiden University.

[Inde, Asie, intervention]

pas consulté, figure dans www.crin.org

Chatterjee, A. (1992). „The forgotten children of the cities". Florence, UNICEF/Innocenti Studies, 46 pp. (anglais) [88-85401-08-2] [PR]

[Inde, Asie, travail, famille, école, intervention/politiques sociales, abus/exploitation, sociabilité]

Ce document présente une description du contexte de vie des enfants qui vivent et/ou travaillent dans les rues. Il traite de la crise des familles urbaines, du travail des enfants et, dans un chapitre, des enfants qui travaillent pour leur compte. La recherche met la situation de l'enfant en relation avec sa communauté et sa famille, le travail et l'éducation. Le troisième chapitre s'intéresse de plus près à la situation des enfants qui vivent dans la rue. A Delhi, ils constitueraient 25% des enfants travailleurs de rue. L'auteur signale que certains d'entre eux conservent des liens avec la famille. La plupart proviennent de familles où la mère est chef de famille et les pressions économiques sont importantes (p. 24). Le travail indépendant produirait des revenus supérieurs au travail pour un employeur. L'auteur décrit plusieurs aspects de leur vie et notamment l'exploitation, les risques d'abus et de violence. Le quatrième chapitre examine l'éducation de l'enfant travailleur. Le dernier chapitre est consacré à l'examen des interventions auprès des enfants en situations difficiles en milieu urbain et propose un ensemble de directions pour l'avenir. Dans le dernier paragraphe, l'auteur préconise le travail communautaire dans les quartiers urbains défavorisés et le renforcement de leurs stratégies de survie. Les politiques sociales doivent diriger davantage de ressources du pays vers les catégories les plus vulnérables. Sont également mentionnées les ressources des enfants (les groupes de pairs et les stratégies) qui peuvent être renforcées par l'intervention.

Chau, L.T.M. (1999). „Understanding the Complexities of Urban Survival Strategies" - A case Study from Ho Chi Minh City, Vietnam. Mémoire de maitrise, London, University of London, 45 pp. (anglais) [PR]

[travail, pauvreté, famille]

Il s'agit d'une étude sur la survie et le travail des enfants dans les rues. Elle présente l'analyse d'un cas et met en évidence quelques facettes de la survie des familles pauvres en milieu urbain (diversification des stratégies, travail des enfants, conflits, école).Un dernier chapitre s'intéresse à la planification.

Childhope et al. (1989). „Mobilizing Community Action for Street Children" - First Regional Conference/Seminar on Street Children in Asia, 4-13 May 1989, Manila, Childhope, 197 pp. (anglais) [BM/JE]

[Philippines, Chine, Malaisie, Thaïlande, Viêt-nam, Bangladesh, Indonésie, Asie]

Il s'agit de la première conférence nationale sur les *street children*, elle présente en annexe une série d'analyses rapides de situations dans diverses villes d'Asie. Le manque d'informations est encore important à cette époque. Certains exposés ne se fondent sur aucune étude empirique.

(La plupart des analyses de situation concernant les villes des Philippines se réfèrent à une étude publiée en 1988. DSWD/NCSC/UNICEF: "*The Situation of Street Children in Ten Cities*", Manila, 1988, 40 pp. Cette étude vise à une première connaissance descriptive: âge, sexe, niveau d'éducation, santé, lieu d'origine, situation familiale et contacts avec la famille, activités, gangs, dangers, problèmes et aspirations...)

- E.H. Khan Mojlish, "Situation of street and working children in Bangladesh" (pp. 113-115)

- Suyono Yahya & al., "The Indonesian policy on Child Welfare with special reference to child's social dysfuction" (pp. 116-121). Cette contribution traite des politiques sociales.

- Wong Sui Leong, "Street children in Kuala Lumpur" (pp. 122-125). Ce texte présente des estimations pour les années 1984-1988, mentionnant au total 58 cas d'enfants "*wanderers or beggars*".

- J. Nayagam, "Problems of street children in Malaysia and Steps taken to counter the problem" (pp. 126-129). L'auteur distingue entre les enfants de parents immigrants illégaux qui généralement mendient dans les villes et les enfants fugueurs ou abandonnés issus de familles locales. La majorité des enfants appartient à cette deuxième catégorie. Les facteurs contribuant au départ dans la rue sont décrits: problèmes familiaux, recherche de liberté, ennui, échec scolaire et activités lucratives.

- Guo Xian, "Problem and countermeasures of Street Children in Present China". Il y est question de trajectoires des zones rurales vers les villes et des petites villes vers les grandes, de vie en groupe et d'activités diverses. On mentionne l'existence de bandes d'enfants qui se déplacent de ville en ville et de migrations saisonnières. Trois catégories de raisons sont mentionnés: A) l'émergence d'une population flottante en lien avec les politiques d'ouverture et les réformes sociales, B) la rupture de l'„égalitarisme" („*equalitarisianismus*") due aux réformes économiques et qui voit émerger des problèmes importants dans la scolarisation des enfants, C) même dans un contexte relativement stable, plusieurs problèmes familiaux expliquant le départ de l'enfant vers la rue. Cette dernière cause est retenue comme essentielle.

- "Street Children of Metro Manila. A brief Situationer" (pp. 137-145)

- "A situation analysis of street children in Kalookan City - August 1988" (pp. 146-156)

- C. Tordilla, "Situationer: Naga City, Philippines" (pp.157-158)

- J.C. Salas, "Summary of street Children in Iloilo City" (pp. 158-161)
- T. McGuire, "Summary: The situation of Cebu City Three Hundred and Two Street Children" (1986) (pp. 162-164)
- "The Phenomenon of Street Children in Cagayan de Oro City" (pp. 165-170)
- "Synopsis of the Situation of Abandoned Street Children in Thailand" (pp. 171-173)
- Trinh Van Le, "Street Children in Vietnam" (pp. 173-176)
- Duong Quang Trung, "The Problem of Street Children in Ho-Chi-Minh City" (pp. 177-178)

Childhope (1989). „The street Girls of Metro Manila: Vulnerable Victims of Today's silent Wars". Manila, 63 pp. (anglais) [PR]

[Philippines, Asie, fille/genre, famille, travail, pauvreté, intervention/politiques sociales, perspective structurelle]

Cette recherche, publiée en 1989, vise à comprendre la situation spécifique des filles vivant et/ou travaillant dans les rues Manille et celle des filles placées dans une institution pour filles de la rue. Le premier chapitre résume les données issues de travaux antérieurs en délimitant un ensemble de facteurs qui contribuent à expulser l'enfant de son foyer (*push factors*): pauvreté, marginalisation, crise économique, mesures d'ajustement, etc.

La recherche fournit des informations sur la vie en famille (caractérisée par les problèmes relationnels et économiques) et la vie dans la rue (travail, revenu, vie en groupe). A côté de la pauvreté et des mauvais traitements dans la famille (abandon/négligence), l'attrait pour l'expérience de la rue (amitiés et libertés) est aussi mentionné. Les facteurs sur le plan structurel, communautaire et familial sont étroitement imbriqués. Pour cette raison, la situation de la fille est considérée comme le produit de la pauvreté de masse. La situation de la fille serait plus précaire dans le foyer parce qu'elle devrait assumer davantage de travail domestique et il y aurait plus de conflits.

Quelques aspects de la vie en institution sont explorés, mais aucune information n'est donnée sur la sortie. Le document formule quelques recommandations sur les programmes à mettre sur place.

Childhope (1990). Part I: „San Saiyai: A project of the Catholic Youth of Thailand"; Part II: „The Penafrancia Project for Urban Poor and Street Children", CHILDHOPE, South East Asia Field Office, Manila, Philippines, 80 pp. [PR]

[Thaïlande, Philippines, Asie, sociabilité, intervention/politiques sociales, école, pauvreté, famille]

Il s'agit de la présentation de deux projets, illustrant des actions réussies. Dans l'introduction de chacun d'entre eux, il y a une définition de la population et des causes.

Part I: Projet San Saiyai: Bangkok

La définition de la population se base sur la rupture avec les parents. Il est fait référence à l'étude de PITAK F. (PASCY). Les raisons de la présence des enfants dans les rues sont les suivantes:

- divorce des parents, séparation ou remariage
- décès de l'un ou des deux parents
- pauvreté
- traitement de l'enfant au foyer: strict, négligent ou brutal
- arrestation par la police
- choix de l'enfant: goût pour l'aventure
- l'enfant s'est perdu

Il s'agit généralement de garçons qui mendient de la nourriture, volent ou travaillent dans diverses activités.

Part II: Projet Penafrancia/Manille

Le projet s'intéresse à l'enfant de la rue/ dans la rue. On signale que l'enfant ne va pas à l'école par manque d'argent et que ses parents lui manquent pour le guider dans les choix importants: consommation d'alcool, de cigarettes, de drogues et sexualité. A défaut d'une formation, il sera influencé par ses pairs au lieu d'agir par conviction personnelle... (p. 42)

Childhope (1990). „Proceeding of The Regional Consultation Meeting - Advocacy Workshop"; 222 pp. (anglais) [PR]

[Philippines, Indonésie Thaïlande, Viêt-nam, Chine, Malaisie, Asie, travail, famille, école, pauvreté, délinquance, intervention/politiques sociales]

Les comptes-rendus de cette première conférence concernant les *street children* en Asie réunissent des documents d'ordres divers sur l'action et sur les programmes. Les approches sont diverses, comme le montre le contenu des analyses de situation par pays:

Santaputra et al. présentent la situation en Thaïlande et décrivent quatre catégories de causes du phénomène des *street children*. Les facteurs structurels liés au mal-développement sont vus comme dominants, à coté de facteurs environnementaux (problèmes scolaires et fugues des enfants issus des classes moyennes?), familiaux (pauvreté et problèmes relationnels, la première expliquant les deuxièmes), personnels (envie de se rendre dans la rue et d'être indépendant, mais aussi *„naughty, stubborn and too lazy to work"*).

La présentation de la Malaisie (J. Nayagam) se concentre sur l'échec scolaire. Celle de Priantoro et Abuhanifah (Jakarta) est par contre axée sur le travail des enfants. Nguyen Thi Chau expose la situation à Ho Chi Minh City en mentionnant l'histoire du pays et les actions entreprises. La présentation sur la Chine concerne les *„truant children"*, c'est à dire ceux qui ne vont pas à l'école et travaillent. La présentation de L. G. Balanon concerne les Philippines et porte sur les programmes et les actions.

Plusieurs projets et stratégies d'action sont présentés dans les autres chapitres du recueil.

Childhope (1991). „Children on Jakarta's Streets". Manila, 113 pp. (anglais) [PR]

[Indonésie, Asie, travail, famille, pauvreté, délinquance, intervention/politiques sociales]

Il s'agit de la présentation de trois études sur les *street children*. Le premier document a été rédigé par une instance gouvernementale (Office of the Minister Coordinator for People's Welfare). Il aborde la situation des *street children* en termes de „dysfonctionnements sociaux", quantifie leur nombre et présente les programmes existants. Le deuxième document a été rédigé par le *„Permanent Working Group on Child Welfare"*. Il adopte la perspective du travail des enfants et de la pauvreté et présente une estimation statistique des enfants travailleurs. Le plan d'action pour 1991 est également présenté.

Le troisième document se rapporte à une recherche commanditée par Childhope et menée par le *Center for Child Information and Policy Studies*. Elle concerne les enfants qui travaillent et/ou vivent dans les rues de Senen (Jakarta). La démarche est qualitative et descriptive. Le document présente les lieux de travail/de vie, les activités, la mobilité des enfants, l'abus de drogues, la criminalité et l'exploitation. En conclusion, les auteurs distinguent entre les facteurs économiques, qui poussent un certain nombre d'enfants à se rendre dans la rue pour obtenir des revenus, et les facteurs sociaux, c'est-à-dire des problèmes familiaux. Les enfants qui vivent dans les rues exercent des activités distinctes de ceux qui y travaillent la journée; les premiers seraient plus souvent engagés dans des activités délinquantes.

Childhope (1995). „Learning from Families on the Edge" - Case Studies on Families of Street Children in South and Southeast Asia, 146 pp. (anglais) [PR]

[Indonésie, Philippines, Viêt-nam, Inde, Asie, pauvreté, famille, travail]

Ce document présente les résultats de plusieurs recherches réalisées dans les pays mentionnés plus haut, dont l'étude de Ho Chi Minh décrite dans un autre résumé, et en fournit une synthèse.

Les facteurs identifiés par *Urban Children Project, Florence* (voir Szanton Blanc (1994), [gén.]) sont testés sur des populations de diverses villes (Calcutta, Ho Chi Minh, Manille, Jakarta). Cette démarche est censée permettre l'identification des familles dans lesquelles les enfants sont prédisposés:

    i)   au travail

ii) à la vie dans les rues

iii) à l'adoption de comportements „à haut risque" (tableau p. 3.

Ces trois situations sont implicitement vues comme évolutives et l'on évoque un cumul de facteurs dans le cas de l'enfant qui adopte des comportements „à haut risque".

Les informations sont recherchées du côté de la situation familiale de l'enfant qui vit ou travaille dans la rue. Les critères utilisés pour la systématisation sont les suivants:

1) La migration (la migration plus récente est associée à un moindre soutien familial et à la vie dans la rue).

2) La taille et l'âge du foyer (les foyers plus anciens et plus nombreux seraient davantage prédisposés à avoir des enfants travailleurs. Pour l'enfant qui vit dans la rue, il y aurait également une diminution du sens d'appartenance).

3) L'emploi de la mère (lorsque la mère travaille, l'enfant travaillerait également et le père aurait moins souvent un emploi. L'absence de soins et d'un suivi de la part des adultes conduirait l'enfant à vivre dans la rue).

4) La composition du foyer (les foyers incomplets sont associés au travail de l'enfant. Pour la vie dans la rue, s'ajoutent le faible degré de coopération et le niveau élevé de conflits).

5) L'éducation et mariage (des parents mariés très tôt et sans éducation seraient associés au travail de l'enfant. L'abus prédisposerait en revanche l'enfant à vivre dans la rue).

6) L'environnement.

7) Le niveau de pauvreté (ces deux dernières dimensions ne distinguent pas les trois catégories d'enfants).

Les résultats de la recherche permettent de redéfinir les indicateurs. Ils ne sont pas toujours retenus comme adéquats dans les villes concernées par les études. Ainsi, les familles des *„street children"* du Viêt-Nam sont davantage concernées par les déplacements de populations que par la migration et ces deux mêmes cas de figure existent à Calcutta. A Jakarta, le lieu de migration semble être un indicateur plus important que le manque de ressources économiques. Les compositions du foyer (membres, taille et âge), ainsi que l'emploi des parents ne peuvent pas être réduits à un profil unique et diverses situations sont présentéees pour chaque ville étudiée. La

„*diminution du sentiment d'appartenance au foyer*" qui prédisposerait l'enfant à se rendre dans la rue relève ainsi de fonctionnements familiaux divers. De même, l'absence de soins donnés aux enfants ne semble pas être liée au travail de la femme et/ou à l'emploi des parents. Un certain nombre d'indicateurs complémentaires sont présentés en conclusion de la recherche, entre autres, la qualité des relations familiales, qui ne peut pas toujours être assimilée aux dimensions mentionnées, bien qu'elle soit en interaction avec la pauvreté.

Une série de recommandations conclut le document.

Childhope Asia/UNICEF Cambodia (1993). „The Life of Street Children in Cambodia: The Situation of Children Without Support in Urbanizing Areas in Cambodia". Manila, 24 pp. (anglais) [PR]

[Cambodge, Asie, famille, pauvreté, guerre, migration, école, interventions/politiques sociales]

Cette analyse de situation a été menée à Phnom Penh et Battambang à l'aide d'un documentaire vidéo et d'entretiens. Elle se base également sur une étude antérieure de M.Monchy (UNICEF, 1991). La plupart des *street children* („*de*" et „*dans*" la rue) ne sont pas nés en ville, mais proviennent de régions diverses du Cambodge et du Viêt-nam. Ces régions sont caractérisées par „l'instabilité, les conflits, les calamités naturelles" (p. 6). Les enfants sont venus en ville avec un membre de la famille (47,6%), seuls (44%) ou avec des amis. Les raisons données par les enfants sont liées à la pauvreté et aux ruptures familiales. En référence au travail de Monchy, le document estime que la pauvreté d'une part, et la perte des supports familiaux traditionnels d'autre part, expliquent la présence d'enfants seuls dans les rues. Il est tout particulièrement question des remariages, des divorces et des décès. L'histoire spécifique du Cambodge est également abordée: la violence, les pertes et multiples traumatismes sont sources de stress, de manque de confiance et d'anxiété. Elles sont en lien avec l'augmentation des divorces, la promiscuité et la violence domestique.

L'expérience de la rue est considérée comme positive par la moitié des enfants. Sous le titre „alternatives ou options" le document décrit les attitudes des enfants:

- à l'égard de l'école,

- de la vie dans un foyer (la moitié ne voudrait pas y vivre, parce que cela ne leur

permettrait pas d'aider la famille),
- du retour au village natal (seulement 1 enfant sur 5 le voudrait),
- de la vie dans la rue (seulement la moitié voudrait quitter la rue pour un foyer).

Le document présente également une analyse des réponses institutionnelles et identifie les besoins qui restent sans réponse.

Childhope Asia (Philippines) (1995). „Life After the streets: ten former street children tell their stories". Manille, 68 pp. (anglais) [PR]

[Philippines, Asie, résilience, identité, intervention/politiques sociales, sortie]

Ce document présente rapidement dix histoires d'enfants (1 fille et 9 garçons) qui ont été suivis par des projets après avoir vécu ou travaillé dans les rues. On ne connaît pas la fréquence des trajectoires décrites ni la manière dont ces cas ont été choisis. L'objectif de cette étude est d'illustrer le concept de résilience (c'est-à-dire la capacité de résister à la destruction et/ou de conserver son intégrité, ainsi que celle de construire positivement sa vie en dépit des circonstances difficiles). A ce propos, le texte met en exergue les éléments suivants:
- l'éducation formelle
- l'emploi (la moitié des enfants sont devenus des éducateurs de rue)
- la vie normale (abordée par rapport à la famille d'origine ou d'une famille nouvellement fondée par le jeune).

Les facteurs qui contribuent à la résilience sont:
- l'acceptation inconditionnelle de l'enfant par une autre personne,
- la religion et la spiritualité,
- des valeurs intériorisées durant l'enfance („good foundation of values during early childhood"),
- l'estime de soi.

Le texte conclut sur la nécessité de prendre en compte ces facteurs et met en garde le lecteur contre une vision de la résilience comme substitut des politiques sociales.

Crawford, S. (1998). „All work and no play... Children and work in the Republic of Yemen". Sana'a, Radda Barnen. March 1998, 66 pp.

[Yémen, Asie]

Il s'agit d'un rapport sur le travail des enfants qui utilise des données secondaires et les techniques PRAs (*Participatory Rapid Appraisals*). Un court passage signale l'existence d'un petit nombre d'enfants vivant et travaillant dans les rues (p. 11).

CWIN (1990). „Lost Childhood - A survey research on Street Children of Kathmandu". Kathmandu, 18 pp. (anglais) [PR]

[Népal, Asie]

Il s'agit d'une étude quantitative et descriptive sur les activités des enfants qui vivent dans les rues (les données explorent les raisons de départ, les activités économiques dans la rue et les problèmes qu'ils rencontrent).

D'Lima, H./Gosalia, R. (1992). „Street Children of Bombay". Noida, National Labour Institute, 110 pp. [PR]

[Inde, Asie, famille, travail]

L'hypothèse sous-jacente à cette étude concerne les causes au niveau de la famille et de la pauvreté (et notamment de la pauvreté rurale). L'analyse de situation construit un profil de l'enfant „de" et „dans" la rue à partir de données quantitatives.

L'expérience de l'enfant qui vit seul dans la rue est vue comme l'issue d'un cercle vicieux. Un schéma est présenté en conclusion. Le point de départ est la pauvreté rurale qui conduit à la migration familiale vers la ville. Le travail dans le secteur informel est associé à l'absence de formation et à l'analphabétisme. Cela va de pair avec l'insécurité des revenus qui, à son tour, conduit l'enfant à travailler dans la rue sans avoir ni une formation ni une éducation. Ce cercle voit ainsi le travail de l'enfant comme cause et conséquence de la pauvreté. Un deuxième cercle vicieux voit l'enfant fuguer et devenir un *street child* qui survit de manière autonome. A son tour, le manque de formation/éducation et les influences anti-sociales constituent un cercle vicieux.

Pour l'enfant qui va vivre dans la rue, le texte mentionne la violence et le décès des parents.

[N.B. la famille n'a pas fait l'objet d'une étude empirique.]

Davis, L. (1994). „Children of the East". London, Janus Publ., 72 pp. (anglais) [1 8576 171 6] [PR]

[Asie, Philippines, Indonésie, Thaïlande, Malaisie]

Cet ouvrage, rédigé par un Prof. de l'Université de Hong Kong, se rapporte à la situation de l'enfance dans plusieurs pays d'Asie. L'auteur indique que les abus et la négligence des familles, ainsi que les problèmes des enfants, trouvent leur explication dans la pauvreté. Le chapitre 2 „*Asian children in context*" aborde la question de la qualité de vie des enfants et de la pauvreté en cherchant des réponses presque exclusivement du côté de la planification familiale qui réduirait la croissance de la population.

Une partie du chapitre 3, sur l'abus/la négligence/les maladies, concerne les *street children* (Philippines, Thaïlande, Malaisie). L'auteur expose les définitions („de", „dans" la rue et abandonné) et signale que la prostitution concerne tout d'abord cette troisième catégorie. Elle est directement liée au tourisme sexuel avec des étrangers. Le cas exposé dans le document concerne par contre un enfant qui a des relations régulières avec sa famille. Un dernier chapitre s'intéresse aux interventions.

Epstein, I. (1993). „Child Labour and Basic Education Provision in China." International Journal of Education 13(3), pp. 227-238. (anglais) [PR]

[Chine, Asie, travail, école, perspective structurelle]

Analyse approfondie de la relation existant entre le travail de l'enfant, les défaillances dans les politiques du domaine de l'éducation et l'introduction des nouvelles politiques de développement économique en Chine. L'auteur montre comment les politiques économiques que l'occident salue comme signes d'ouverture constituent un encouragement à l'exploitation du travail de l'enfant. Le texte s'intéresse au travail dans des régions rurales, dans des usines et dans des centres pour jeunes délinquants. La politique nationale au niveau de l'éducation est examinée.

Fonseka, L./Malhotra, D.D. (1994). „India: Urban Poverty, Children and Participation". Urban Children in Distress - Global Predicaments and Innovative Strategies. Szanton Blanc C. Florence, UNICEF - Gordon and Breach, pp 161-215. (anglais) [FR- 1230]

[Inde, Asie, famille, perspective structurelle, travail, intervention, genre/fille]

Il s'agit d'une étude sur les enfants en situation particulièrement difficile (CEDC) qui s'inscrit dans une recherche comparative portant sur plusieurs pays (Cf. Szanton Blanc (1994) [gén.]). Elle utilise les données statistiques produites par d'autres recherches et compare la situation des enfants travailleurs de rue avec celle des enfants qui y vivent. L'étude identifie un certain nombre de traits spécifiques en ce qui concerne les origines familiales. Les politiques sociales et les programmes sont examinés.

Franchet, C. N. (1996). „Programme Note: Realities and Opportunities in Ho Chi Minh City." Childhood - Special Issue on working and street children 3 (2, May), pp.

261-265. (anglais) [FR 3001]

[Viêt-nam, Asie, travail, famille, réaction sociale, intervention/politiques sociales] *

L'auteur aborde diverses situations. Environ 70% des enfants se rendraient dans la rue seulement pendant la journée . 20-25% seraient des enfants „de" la rue qui connaissent leur famille et 5 à 10% n'auraient aucun contact avec la famille.

Causes: l'article mentionne la pauvreté et la migration comme cadre global. Elles conduisent des familles, souvent nombreuses vers la ville et expliquent la présence des enfants dans la rue, où ils recherchent des revenus. Ceux-ci peuvent représenter 30 ou 40% du budget familial, mais leur travail n'est souvent pas l'objet d'une reconnaissance. Ils courent le risque d'exploitation, d'accidents de voiture, de violence et d'abus. Un autre risque est celui de l'emprisonnement et de la détention dans des centres institutionnels, l'objectif de ces mesures étant plus souvent celui de nettoyer les rues que de protéger les enfants.

Au sujet des causes, l'auteur se réfère au travaux de Nguyen Thi Oanh et de son équipe (Open University of Ho hin Minh City) et souligne le lien direct entre la perception de l'enfance et la réaction sociale et institutionnelle envers les enfants de la rue.

La présence des ONG au Viêt-nam est récente et soumise à des limitations légales et administrative. Plusieurs projets sont décrits.

Fuglesang, A./Chandler, D. (1989). „What's Inside: Learning with Children in the Street". Colombo, Redd Barna Sri Lanka, 129 pp. (anglais) [PR]

[Sri Lanka, Asie, Intervention, perspective de l'acteur, famille, travail]

Il s'agit d'un rapport d'activité de Redd Barna (Colombo) centré sur l'intervention. Le document adopte une perspective en termes d'identité et de socialisation des enfants. Un chapitre décrit la situation sociale des enfants en termes d'oppression, de pauvreté et de marginalité; il aborde les thèmes de la famille, des activités économiques, de l'école et de la perception de soi tout en indiquant des pistes pour l'intervention. Le texte présente des techniques d'intervention et des évaluations du projet.

Il inclut également le résumé d'une enquête publiée en 1986 et réalisée par S.A.K. Karunanayake et. Al. (pp. 81-85). Les ruptures familiales sont indiquées comme étant le facteur principal qui mène les enfants à la rue. Cependant, le même résumé signale que la plus grande partie des enfants expriment de l'affection pour leur famille et que plus de la moitié conserve des contacts avec elle. L'étude fournit également des informations sur les revenus et les dépenses enfants, leurs compétences et habiletés. C'est le travail, et non pas le vagabondage, qui est au centre de leur expérience. Un certain nombre d'enfants vivent dans les rues avec leur famille. Trois études de cas fournissent des informations sur les trajectoires des enfants.

Goonesekere, S.W.E.. (1993). „Child Labour in Sri Lanka: Learning from the Past". Genève, ILO, 77 pp. (anglais) [92-2-106473] [PR]

[Sri Lanka, Asie, travail, prostitution]

Cette étude concernant le travail des enfants adopte une perspective de lutte pour son élimination. Dans l'introduction, l'auteur décrit rapidement la conception de l'enfance dans les trois ethnies présentes au Sri Lanka, (rôle économique et travail, transactions de vente/placement de l'enfant). Il signale que les changements économiques et sociaux ont produit une augmentation des activités économiques des enfants et leur insertion dans de nouvelles sphères. Un paragraphe de ce document se rapporte au travail dans la rue, un autre aux activités illégales. Le texte examine les politiques nationales, les législations du travail, les interventions et les projets alternatifs (un paragraphe s'intéresse aux enfants abandonnés).

Gosh, A. (1992). „Street children of Calcutta". Noida, National Labour Institute, 112 pp. [BM/JE]

[Inde, Asie, travail, famille]

Comme les autres études indiennes éditées par le Ministry of Welfare et l'UNICEF, ce travail se concentre sur la définition des besoins en termes d'intervention. La perspective adoptée est celle du travail et les différentes catégories de *street children* sont décrites en introduction, mais ces populations ne sont discriminées dans l'étude. 97% des enfants vivent avec leurs parents et 3% dans la rue.

Gross, R./Landfried, B./ Susilowati, H. (1996). „Height and weight as a reflection of the nutritional situation of school-aged children working and living in the streets of Jakarta." Social Sciences Medicine 43(4), pp. 453-458. (anglais) [PR]

[Indonésie, Asie, résilience, santé, travail, école, famille, réaction sociale, drogue]

L'étude présentée dans cet article se rapporte à un groupe d'enfants travailleurs de Jakarta, dont une partie vivent dans la rue (89 enfants au total). Les donnés relatives aux enfants qui vivent dans la rue sont comparées à celles des enfants rentrant chez eux tous les soirs et à celles d'un groupe de contrôle (des enfants vivant dans le même quartier de provenance).

Les résultats montrent que les enfants qui vivent dans la rue proviennent beaucoup plus souvent de familles incomplètes ou recomposées. La mère est plus souvent absente. La moitié des enfants sont scolarisés.

L'état nutritionnel des enfants qui travaillent et vivent dans la rue est meilleur que celui des enfants qui vivent dans les mêmes quartiers. Les auteurs indiquent que les revenus supplémentaires et l'appui solidaire des enfants en sont la raison. Le départ dans la rue semble ainsi aller de pair avec le développement de stratégies qui permettent à l'enfant d'obtenir un certain nombre de ressources dans la rue.

En comparant la situation de ces enfants à celle des enfants de la rue dans d'autres pays, les auteurs observent toutefois que leur santé est également influencée positivement par les conditions climatiques et par l'absence de consommation d'inhalants ou d'autres substances. L'absence de répression policière est également signalée, les enfants „de" et „dans" la rue étant largement ignorés.

Hanssen, E. (1994). „Finding Care on the Street Children in Sri Lanka". Paper presented at the Social Workers World Conference, Sri Lanka; 13 pp. (anglais) [BM/JE]

[Sri Lanka, Asie, sociabilité, famille, carrière, perspective de l'acteur]*

Les informations ont été recueillies par questionnaire, entretiens et observation participante. L'auteur reprend une distinction de Save the Children - Norvège: les *street children* souvent non-accompagnés, mais plus souvent capables de trouver seuls leur nourriture et les *slum children* qui sont en revanche dépendants de leur parants et ont plus souvent un foyer pour passer la nuit. La distinction entre l'enfant *abandoning* et *abandoned* est aussi retenue.

L'auteur expose les résultats au sujet des „soins" *(„care")* mutuels entre enfants montrant qu'ils sont très importants en comparaison avec les enfants qui vivent dans un foyer. Le leader du groupe remplace en quelque sorte la mère. La carrière de l'enfant est également décrite (cf. article de 1996 dans Childhood). Quelques commentaires sont formulés sur le processus de réunification familiale.

Hanssen, E. (1996). „Finding Care on the street: Processes in the careers of Sri Lankan Street boys." <u>Childhood - Special Issue on working and street children</u> 3(2, May), pp. 247-259. (anglais) [FR]

[Sri Lanka, Asie, carrière, identité, famille, perspective de l'acteur, recherche]

L'article traite des enfants *de* la rue au Sri Lanka. L'étude utilise le concept de carrière et montre l'existence d'un processus psychologique de construction de l'identité et d'une identification progressive à la rue. La carrière de l'enfant de la rue commence parfois encore au foyer, avant qu'il ne décide de fuguer. L'auteur identifie trois étapes:

   a) the preliminary stage

   b) the acting out

   c) the consolidation stage

Aucune remarque n'est faite à propos de la sortie de la rue. Les témoignages des enfants montrent qu'ils n'ont pas trouvé de soins *(„care")* suffisants dans leur foyer. Il y a par contre un degré élevé de soins mutuels parmi les enfants, ainsi qu'un nombre élevé de réseaux de soutien.

L'auteur constate que la notion même de „soin" doit être abordée et comprise du point de vue de l'enfant. Il conclut sur un ensemble de remarques sur la méthodologie de recherche.

Hegenauer, E., Hegenauer, M., et al. (1995). „District 8, Ho Chi Minh City: Street Children and their Families" - A baseline survey report. Ho Chi Minh City, World Vision International/Vietnam, September 1995. (anglais) [DS]

[Viêt-nam, Asie, famille, pauvreté, travail, école]

Il s'agit d'une étude quantitative qui porte sur 300 familles d'un district de Ho Chi Minh City. Elle présente des informations sur la taille des familles, leur situation sociale et démographique et leur niveau d'éducation. La population de la recherche englobe les enfants qui vivent dans les rues et les enfants travailleurs. Les auteurs soulignent que „le problème réel n'est pas celui des enfants de la rue, mais celui de la pauvreté des familles" (p. 6).

Human Rights Watch and C. R. Projects (1996). „Police Abuse and Killing of Street Children in India". New York, 189 pp. (anglais) [1-56432-205-x; un résumé de ce rapport peut être consulté sur le site de cette organisation (www.hrw.org) [PR]

[Inde, Asie, réaction sociale, perspective légale, sortie]

Le rapport de Human Rights Watch documente les enfermements arbitraires des enfants suspectés d'être des „vagabonds", les cas de violence et de torture, d'extorsion d'argent et de décès en institution. Les initiatives des ONG sont également présentées.

Kahn, S. (Ed.) (1997). „A Street Children's Research". Dhaka, Save the Children, Bangladesh, 49 pp. (anglais) [PR]

[Bangladesh, Asie, perspective de l'acteur, abus/exploitation, travail, famille, fille/genre, réaction sociale, école, intervention/politiques sociales]

    Cette recherche avec les *street children* adopte une approche et des techniques participatives: elle a été planifiée et réalisée par 11 enfants entre 10 et 15 ans. Elle concernait les problèmes auxquels les enfants étaient quotidiennement confrontés. Les thèmes centraux ont été mis en évidence et explorés à partir du point de vue des enfants. Ce sont: les mauvais traitements physiques et verbaux (par la police, des adultes dans la rue et des passants), les problèmes liés au travail (l'impossibilité d'avoir accès à des activités sans la présence de gardiens, le travail peu intéressant), un avenir incertain, le problème du mariage pour les filles, la haine à l'égard des filles de la rue, les faibles revenus, l'avenir incertain, l'impossibilité de protester en raison de l'absence des parents, l'absence d'accès à l'éducation. Le document conclut sur un ensemble de recommandations concernant les rôles joués par les ONG, les enfants eux-mêmes, l'Etat, les adultes, les organisations étrangères (intervention directe et *advocacy*). Au niveau de l'intervention directe des ONG, le document recommande le développement de formations professionnelles adaptées aux aspirations des enfants, l'aide dans la recherche des familles d'origine (plusieurs enfants ne se rappellent plus l'adresse de leur domicile), le développement d'une tutelle par le programme qui remplacerait les gardiens actuels des enfants, la mise en place de foyers pour les filles, les services d'alimentation.

Lackey, D. (1995). Discussion Paper: „Macro Factors affecting Children in South East Asia". Bangkok, Save the Children Fund, South East Asia and Pacific Regional Office. December 1995, [réf. RRPM PAPER:PSI] [BM/JE]

[Asie, intervention/politiques sociales, enfance, perspective structurelle]*

    Il s'agit d'un document qui s'intéresse au bien-être des enfants en Asie et au contexte de travail des ONG dans une perspective structurelle.

Last, R./Poblete P.L. (1992). <u>Primary Health Screening of Sealdah Street Children</u>, Columbia University College/University of Virginia School of Medicine, mars 1992, 9 pp. (anglais) [BM/JE]

[Inde, Asie, santé, recherche] *

Recherche sur les besoins des enfants vivant dans la rue dans le domaine de la santé. Elle soulève des questions intéressantes pour la méthodologie de en montrant les insuffisances des procédures habituelles (cf. Milne/Ennew 1996).

Lim, L. L. (Ed.) (1998). „Child Prostitution". <u>The sex sector: the economic and social bases of prostitution in Southeast Asia</u>. L. L. Lim. Genève, ILO, pp. 170-205. (anglais)

[92-2-109522-3] [PR]

[Thaïlande, Cambodge, Philippines, Indonésie, Asie, prostitution] *

Cet article fait partie d'un ouvrage entièrement consacré à la prostitution en Asie du Sud-Est qui comporte quatre études de cas. Cette section traite de la spécificité de la prostitution des enfants (caractère forcé et nocif pour le développement) et expose les résultats des études. Un paragraphe concerne spécifiquement les enfants de la rue, bien que la population semble délimitée de manière imprécise. Les raisons données pour la présence des enfants dans les rues sont la pauvreté, le surpeuplement des foyers, les séparations familiales, l'absence ou la violence des parents, l'abus de drogues ou l'abus sexuel.

L'auteur signale que l'enfant de la rue s'engage dans la prostitution suite à un viol (au foyer, lors du travail comme domestique ou dans un autre emploi, ou encore par les autres enfants de la rue). (Whaites A. (1996)) D'après ce même auteur, le besoin d'argent est le facteur principal qui pousse l'enfant récemment migré en ville vers la prostitution. Il indique également que l'enfant ne fait pas la différence entre la prostitution, le vol et les activités licites. Il cite un article de Gray est cité: les filles qui entrent dans la prostitution sont généralement forcées, les garçons le font „volontairement". Il est également indiqué que la prostitution fait partie du style de vie de la rue et peut avoir un attrait pour la fille... (Gray (1993)). Est également signalée l'organisation autonome de groupes d'enfants de la rue dans la prostitution, certains enfants jouant le rôle de, souteneur (*bugaw*) et payant la police en échange de leur protection (Philippines)(Velasquez, 1993).

[N.B. Les références pour ce paragraphe sont des courts articles de World Vision (USA), il apparaît que les informations sont rares, insuffisantes et apparemment contradictoires.]

Marshall, A./ Stone, A., et al. (1991). „The Cambridge study on street children in Jakarta", Cambridge, document non-publié.

[Indonésie, Asie]

Il s'agit d'une étude réalisée à Jakarta (travail de diplôme ou maîtrise?). Le travail réunit des présentations de projets et des articles de presse. Six pages traitent de la problématique. Les auteurs mentionnent le nombre important d'enfants provenant des campagnes, poussés vers la ville par les problèmes économiques et/ou familiaux. Ils citent une étude de 1989 (*Pusat Penelitian Pranata Pembangunan University of Indonesia*) dont les résultats montrent que les raisons économiques dominent. Ils signalent que certains enfants vivent dans la rue durant la semaine et rentrent chez eux (dans les zones rurales?) durant le week-end.

Mathur, M. (1992). „Mapping socio-economic realities of street children in Jaipur (India)", Department of Home Science, University of Rajastan, Jaipur - 302 016, India, 16 pp. (anglais) [BM/JE]

[Inde, Asie, travail, famille, école, réaction sociale]

Ce document est cité dans la bibliographie de Milne/Ennew comme ayant été présenté lors de la conférence de Bergen "*Children at Risk*" en 1992 et concernant une thèse de doctorat en cours. L'analyse de situation se base sur des informations recueillies à travers des entretiens par questionnaire et l'observation participante auprès de 200 enfants vivant (27%) et/ou travaillant pendant la journée (73%) dans les rues. La moitié sont des migrants, la plupart ayant migré avec la famille. 15% n'ont pas de famille sur laquelle s'appuyer. La recherche étudie la taille des familles, le niveau éducationnel, le type d'activité, l'âge auquel le travail a commencé, l'attitude de l'enfant vis-à-vis de celui-ci, les revenus, les heures de travail, la place pour le jeu et la récréation, les formes de dépendance (tabac, *bidis*, jeu, …), les relations entre pairs. L'usage de drogues ou d'alcool, ainsi que la prostitution et le vol, n'ont pas pu être explorés.

La violence et les tensions familiales, le harcèlement de la police, l'attitude des employeurs et les aspirations des enfants sont également traités d'un point de vue statistique (questionnaire). Ces données ne distinguent pas les enfants qui vivent dans la rue de ceux qui y travaillent seulement durant la journée.

Medina, L. M. (1992). Réponses au problème des enfants de la rue aux Philippines. „Protéger les enfants au travail". W. E. Myers. Genève, UNICEF. (français et anglais) [FR]

[Philippines, Asie, travail, famille, migration]

La perspective adoptée dans ce document est celle de la protection des enfants travailleurs. L'article concerne des enfants qui dorment dans la rue tout comme des enfants"dans" la rue. L'introduction présente un contexte d'urbanisation galopante et de prolifération des taudis. Si, en 1979, 76,3% de la population de Manille vivait dans la misère, la situation s'est encore aggravée depuis cette date. Le texte présente un programme d'action national et analyse les deux premières années de son fonctionnement.

Bien qu'il soit difficile de distinguer ce qui caractérise les populations qui séjournent dans la rue de celles qui y travaillent la journée, le document présente des informations intéressantes sur la migration. Les migrations vers les villes seraient concomitantes avec la dévaluation de la monnaie nationale. La majorité des enfants migrent avec leur famille. Ceux qui ont migré seuls expliquent leur départ par les mauvais traitements, la"duperie d'un employeur", le décès ou la séparation des parents ou encore par la recherche d'un parent dont ils avaient perdu la trace. Un certain nombre d'enfants conservent des liens avec la famille, même si les relations avec les parents sont décrites comme problématiques. Le pourcentage d'enfants seuls varie selon les villes. Il se situerait entre 0,3% et 15%, mais la ville de Cebu présente un taux de 50% d'enfants seuls. On ne connaît pas les raisons de ces différences. Sont également mentionnés la différence dans le traitement de la part des policiers, les *gangs*, le vol, mais les informations ne distinguent pas les diverses populations.

Plusieurs interventions sont présentées. Le texte conclut sur la misère urbaine et rurale qui est la raison principale du phénomène et va continuer à pousser des enfants vers les rues.

MOLISA (Ministry of Labor, Invalids and Social Affairs) (1995). „Street Children: status and social Issues worthy of concern". (anglais) [DS]

[Viêt-nam, Asie, pauvreté, famille, travail]

Il s'agit d'une enquête par questionnaire qui concerne diverses villes. 2345 enfants ont été interrogés, certains vivant dans la rue et d'autres rentrant chez eux le soir. L'estimation porte sur 50000 enfants. 60% des enfants ont quitté leurs parents ou bien n'ont pas de famille. 9% sont en conflit avec la famille et 7% sont „abandonnés". Plus de la moitié ont de bonnes relations avec la famille. Pour les auteurs, l'abus est rare et l'explication est plutôt à rechercher du côté de la pauvreté. Un tiers des enfants interrogés sont des filles.

Nayar, U. S. (1994). „Street Children: The concept of the ‚new family' or ‚strengthening existing families'". Paper presented at World Health Organization, Geneva, Programme on substance abuse, April 18-22, 1994, Geneva; 13 pp. (anglais) [BM/JE]

[Inde, Asie, famille, résilience, migration]

Cette conférence du directeur de l'Institut pour l'enfance et la jeunesse (Tata Institute of Social Sciences, Bombay) porte sur la relation entre l'enfant qui vit et/ou travaille dans les rues et sa famille. L'auteur signale que les conceptions de la famille et les pratiques familiales sont diverses et influencées par les séparations, les migrations, l'industrialisation, etc. Les enfants vivant et/ou travaillant dans la rue n'ont pas expérimenté une famille stable et protectrice. Au contraire, ils ont vécu dans un environnement conflictuel ou ont connu des relations faites de souffrance ou de rejet. Certains enfants n'ont pas un souvenir clair de leur famille et de leur village d'origine. Le texte présente un ensemble de stratégies d'action pour travailler dans la réunification familiale y compris un suivi des parents, leur *empowerment*, la recherche de familles de remplacement (?).

L'auteur fait remarquer la résilience de certains enfants, leur indépendance et leur résistance au changement. L'influence du cinéma sur les rêves des enfants leur fournit un certain optimisme. Certains enfants semblent ainsi trouver leur compte dans la vie dans les rues. Le cas d'un „enfant résilient" est exposé (l'issue positive n'est pas trouvée dans la réunification familiale).

Nayar, U. S. (Inconnue, mais après 1998). „Consideration about the Impact of Research on Street Children from Mumbai" - India. Mumbai. [BM/JE]

[Inde, Asie, famille, intervention, résilience, recherche, définitions, intervention/politiques sociales, drogue] *

Après avoir signalé l'évolution des définitions entre les années 80 et 90, l'auteur opère une distinction à partir des contacts avec la famille: enfants qui vivent en famille, enfants vivant seuls dans la rue, mais avec des contacts sporadiques avec la famille et enfants vivant dans la rue, mais sans contacts avec la famille (réfugiés, orphelins et fugueurs). Une sous-catégorie est utilisée pour les fugueurs: a) enfants ayant fui un environnement familial déplaisant ou traumatisant (problèmes familiaux), b) enfants qui ont fui le foyer à la recherche d'expériences excitantes dans les rues et hors du contrôle des parents.

L'auteur expose les raisons suivantes:

"*A child gets on to the street for a variety of reasons, ranging from problems in the family - marriage, remarrying, poverty - natural and or man made disasters, famine, armed conflict, physical and sexual abuse, exploitation by elders/adults, dislocation through migration, overcrowding and sometimes the kids hit the streets of some big cities for fun and adventure and feel afraid to go back, or decide to go back after they have made it (stuck it rich)!*

In the context of our own work with the street and working children from slums, strained family atmosphere, parental quarrels and indifference, or the death of a parent to whom they were closely attached, and the remarriage and entry into their life of a stranger who at best is indifferent or distant, seem to have encouraged the children to resort to this nomadic and potentially vulnerable existence" (p. 4).

Cela semble être vrai surtout pour les enfants qui ont été dans la rue de leur propre choix, la pauvreté s'ajoutant aux difficultés familiales.

Un paragraphe s'intéresse aux interventions regroupées en deux catégories: celles qui offrent des services aux enfants vivant dans la rue et celles qui s'occupent de la prévention du mouvement vers la rue. Les réponses d'institutionnalisation ont par contre échoué avec les enfants qui vivent dans la rue. Des programmes sont présentés (*Community-Based Contact Programmes; Shelter; Group Home; Self-Help Group Home; Childline*)

Les études plus anciennes s'intéressaient à connaître le *background* des enfants vivant dans la rue et les raisons pour lesquelles ils y étaient. L'approche actuelle se centre sur les aspects psychosociaux, la résilience, le développement de stratégies pour interagir avec eux et le développement de formations pour les divers professionnels. „*L'idée essentielle est de développer des stratégies pour réduire la discrimination des enfants de la rue dans la société*" (p. 9).

Le document expose „*The Modified Social Stress Model*" (1994) utilisé dans un projet de Mumbai pour la prévention de drogues. Le processus de recherche est décrit avec quelques résultats, parmi lesquels l'inadéquation de la conception traditionnelle de la famille par rapport à la réalité expérimentée par ces enfants et à leur maturité.

Nghia, N. X./Binh, D.N. et al. (1995). „Learning form Families on the Edge: A study of the situation of the street children's families in HCM City". Hochiminh City, Open University of Hochiminh City, Department of Women's studies, June 1995. (anglais) [DS]

[Viêt-nam, Asie, travail, famille, sociabilité, identité]

Il s'agit d'une étude initiée par Childhope qui emploie un questionnaire fermé. Le document reprend la distinction opérée par Bond (1992) en comparant les diverses populations. Quelques résultats: les enfants qui travaillent dans la rue et rentrent chez eux le soir ne sont pas forcés à travailler par les parents, mais présentent leur activité comme émanant de leur volonté. En contraste, les enfants qui vivent dans la rue se sont plus souvent rendus travailler parce que les parents le leur ont demandé (environ la moitié). D'autres enfants vivant dans la rue n'ont pas de parents pour s'en occuper. La pauvreté est alors associée implicitement aux ruptures familiales pour expliquer la présence des enfants qui vivent dans la rue. Parmi ces derniers, les auteurs distinguent ceux qui travaillent pour eux-mêmes (environ la moitié) de ceux qui travaillent pour soutenir la famille et qui seraient plus souvent saisonniers.

Une question ouverte concerne l'appréciation des enfants sur la vie dans la rue. Toutes catégories confondues, l'appréciation des enfants est relativement positive et seulement un petit nombre d'entre eux (18,8%) estime que la vie dans la rue est négative. Pour la plupart, la situation est acceptable car ils peuvent gagner leur propre argent et étudier. Pour ceux qui ont une attitude favorable, il est question d'autonomie, d'amis et de liberté.

Onta-Bhatta, L. (1996). „Street children: Contested Identities and Universalizing Categories." <u>Studies in Nepali history and Society</u> 1(1, June), pp. 163-199. (Anglais) [sociological abstract]

[Népal, Asie, réaction sociale, intervention, définitions, idéntité]

Sociological abstract: *„Analyzes how different conceptions about street children in Nepal have evolved & how various actors - eg, the state, development organizations, the media, & street children themselves - have contributed to the processes of creating & consolidating street children's identities. While terms such as "children of the street" & "children on the street" have been adopted to locate Nepali street children in internationally established categories, the word khate is accepted as a collective identity of all street children. These generalizing conceptions are created by the state, the media, & child development organizations when designing policies &*

programs, & raising public awareness on child rights & the street children situation. It is argued that attempts to give meaning to the realities of street children have not been sensitive to their differences or self-perceptions. Street children resent & contest these generalizing categories, but utilize them to take advantage of immediate circumstances for long- or short-term personal gains."

Pandey, R. (1991). „Street children of India". Allahabad, Chugh Publications, 345 pp. (anglais) [FR- 1422]

[Inde, Asie, famille, travail, fille/genre, délinquance, migration, quartier/habitat, intervention/politiques sociales]

Cet ouvrage concerne une recherche réalisée à Kanpur (Inde) en 1989. Elle fait partie du projet plus large *„Situational analysis of Street Children"* soutenu par le gouvernement indien et l'UNICEF. Son objectif était: 1) d'étudier la nature du phénomène et son ampleur, 2) d'étudier les besoins des enfants, 3) de suggérer des modifications des services existants, 4) de créer une base de données, 5) de contribuer à former un profil de l'enfant de la rue au niveau national. Elle porte sur les enfants qui travaillent dans la rue pendant la journée et ceux qui y vivent jour et nuit. Les techniques utilisées sont le questionnaire, l'observation et l'étude de cas.

L'auteur situe les causes du phénomène des enfants de la rue dans les changements sociaux et tout particulièrement dans l'urbanisation. La migration depuis les régions rurales vient augmenter le nombre de personnes vivant dans les *slums* en condition de pauvreté. La situation des familles pauvres est décrite en termes de privations, de négligence, voire d'abandon des enfants (271). Du point de vue théorique, l'auteur signale l'impossibilité d'analyser le problème des enfants de/dans la rue à partir d'un facteur ou d'une perspective unique, ainsi que la nécessité de l'étudier comme un phénomène multidimensionnel qui ne peut pas être compartimenté. (272).

L'hétérogénéité de la population des *street children* est abordée à partir de leurs caractéristiques sociales: sexe, âge, stade de développement, religion, type de relation aux parents (fugueur, enfant expulsé, etc.) Les enfants qui vivent dans la rue représentent environ 10% de l'échantillon de la recherche: 6,5% d'enfants fugueurs et 3,7% d'enfants expulsés ou abandonnés. La recherche étudie également les traits de personnalité des enfants (soumission, sentiment d'infériorité, etc.) sans différencier toutefois ceux qui dorment dans la rue de ceux qui rentrent le soir.

Le chapitre 5 analyse la situation familiale (emploi, revenus, taille, sentiment de l'enfant à l'égard de la famille). Le chapitre 6 examine la situation économique des enfants (type d'activité, revenus, exploitation par les parents ou par l'employeur, etc.). Le chapitre 7 aborde la question des besoins de base des enfants et leur non-satisfaction. Le chapitre 8 traite de la situation des enfants face à la loi. Le chapitre 9 aborde la situation spécifique des filles et le 10ème chapitre traite des programmes d'action pour *les street children*. Dans ces divers chapitres, les donnés sur les enfants vivant dans la rue ne sont presque jamais distinguées de celles qui concernent les enfants y travaillant durant la journée.

Panicker, R./Nangia, P. (1992). „Working and Street Children of Delhi". Noida, National Labour Institute, 65 pp. (anglais) [PR]

[Inde, Asie, travail, famille, filles/genre, intervention/politiques sociales]

Cette étude fait partie d'une série de recherches indiennes du National Labour Institute/ UNICEF. Le document présente quelques cas et utilise des données statistiques. Elle s'intéresse essentiellement aux enfants qui travaillent dans une perspective d'exploitation.

Panicker, R./Desai, K. (1993). „Street Girls of Delhi". Noida, National Labour Institute, 67 pp. (anglais) [PR]

[Inde, Asie, fille/genre, famille, travail]

Cette étude fait partie d'une série de travaux du National Labour Institute/UNICEF. Le cas spécifique des filles est abordé par l'étude de vingt cas. La plupart de ces filles ne vivent pas dans les rues, mais y travaillent. Certaines s'occupent essentiellement de travaux domestiques. La perspective du document est celle du travail de l'enfant.

L'analyse des résultats figure dans les deux pages conclusives. Elle signale l'importance des discriminations basées sur le sexe et en particulier la charge importante de travail et de responsabilités pour les filles, les mariages précoces, et le fait que, bien souvent, les hommes de ces familles n'assument pas leurs rôles de manière adéquate.

Panter-Brik, C./Todd, A., et al. (1996). „Growth status of homeless Nepali Boys: do they differ from rural and Urban Controls?" Social Science and Medicine 43(4), pp. 441-451. (Anglais) [PR]

[Népal, Asie, résilience, santé]

Cet article présente les résultats d'une recherche réalisée en 1993 auprès d'enfants „de" et „dans" la rue à Katmandu (Népal). Il étudie l'état de santé et l'origine (sociale/ethnique/composition du foyer/mode de vie/...) des enfants en utilisant deux groupes de contrôle (enfants scolarisés des classes moyennes et enfants d'origine rurale défavorisée).

L'étude médicale montre que la vie dans la rue, même prolongée, n'affecte pas négativement la croissance de l'enfant (alimentation et maladies infectieuses). D'autres études aux résultats comparables sont citées: Wright et al. (Honduras), Hixon (Philippines). *"These findings indicate that, at least in Nepal, homelessness and absence of family support do not necessarily have adverse implications for physical health. The street environment has, we suggest, positive as well as negative aspects relative to the home environment, and policies directed at homeless children should aim to reinforce the former and to ameliorate the latter, rather than to remove children against their will from the streets into urban institutions or relocate them with relatives in their home villages"* (p. 229).

Voir également Baker, R. et al. (1996)

Papavero, R.-A. (1996). „Le processus de marginalisation de l'enfant de la rue au

Cambodge." Cahiers de Marjuvia, N. 4, pp. 25-42. (français) [FR 2440]

[Cambodge, Asie, perspective structurelle, perspective de l'acteur, intervention/politiques sociales, identité, carrière, famille, migration, pauvreté, sortie]

Après avoir décrit le contexte historique et social cambodgien, le texte aborde la question des causes. Il examine: 1) Le contexte de pauvreté (problèmes en milieu rural, migration saisonnières, exode rural définitif, chômage et économie informelle), 2) la déscolarisation, 3) la crise de la famille (désorganisation familiale, difficultés économiques, femmes chefs de famille, violence familiale), 4) l'attrait de la rue. Des discours d'enfants illustrent l'impact de ces „causes". Une deuxième paragraphe traite de la carrière de l'enfant et des significations de la rue (réf. R.Lucchini (1993)). L'auteur présente une typologie des enfants de la rue: 1) l'enfant victime, 2) l'enfant acteur, 3) l'enfant provocateur, ainsi que des considérations sur la carrière. Une partie de cette analyse concerne l'intervention des ONG. En conclusion, on signale que le postulat qui veut que la réintégration familiale soit la meilleure situation est faux: 70% des enfants réintégrés ne restent pas. Le document propose des alternatives d'intervention concernant les sorties de la rue en lien avec la carrière de l'enfant.

Patel, S. (1990). „Street Children, hotel boys and children of pavement dwellers and construction workers in Bombay - how they meet their daily needs." Environment and Urbanization 2 (2), pp. 9-26. (anglais) [PR]

[Inde, Asie, travail, famille, migration]

Cet article présente les résultats d'une étude réalisée en 1989. Elle s'intéresse à plusieurs populations d'enfants dont ceux qui vivent dans la rue à plein temps. La migration et l'urbanisation croissante sont le cadre général qui explique la présence de ces diverses catégories d'enfants. Dans l'introduction, il est question d'enfants qui vivent seuls, d'enfants migrants, d'enfants qui ont fui leur foyer ou bien ont quitté une institution (p. 9). La suite du document s'intéresse cependant exclusivement au départ du foyer parental.

Les enfants de la rue sont définis comme des enfants qui ont quitté volontairement leur foyer (p. 10). Les enfants se définissent eux-mêmes comme „*Sadak Chap*", soit „*street stamp*". Il n'est pas clair si une partie des migrants se trouvent parmi eux.

Au sujet des enfants de la rue, l'auteur signale: „*this phenomenon is a result of larger changes than a growth in ,irresponsible parenting'*" (p. 11).

Les raisons données par les enfants pour avoir quitté le foyer sont les suivantes:
- recherche de revenus (20%)
- problèmes familiaux (violence, nourriture insuffisante, expulsion) (49%)
- obligation d'aller à l'école (8%)
- décès d'un parent ou des deux (10%)
- attrait pour la ville (4%)

Pour diverses raisons, les enfants n'envisagent par de rentrer au foyer. Pour certains, il est d'abord question de trouver un travail, (33%); pour d'autres, il n'y a pas d'intérêts (27%) et 14% n'ont pas de foyer où rentrer.

Deux risques sont mentionnés par l'auteur: le harcèlement policier ou par des autorités (l'enfant est arrêté pour vagabondage ou en tant que suspect de vol) et la maladie.

Paul, D. (1995?). „Street Survival, Children, Work and Urban Drift in Cambodia", World Vision Australia, 46 pp. (anglais) [PR]

[Cambodge, Asie, famille, travail, migration, perspective structurelle, intervention/politiques sociales]

Un chapitre de ce document explore les raisons du départ vers la rue, sur la base des informations données par les enfants bénéficiaires d'un projet de *World Vision* et de la litérature existante. Il évoque plusieurs trajectoires: enfant placé dans la famille élargie qui est exploité ou surchargé par les adultes, enfant qui aide sa famille, enfant qui a subi la violence domestique ou encore été abandonné dans la rue. A son tour, la violence domestique est reliée par l'auteur au traumatisme de la guerre, à la reconstitution de la famille et à la famille monoparentale. Les thèmes de la pauvreté rurale, des migrations saisonnière, des sécheresses et l'existence de paysans sans terres sont aussi abordés. Les déplacements de population ont contribués à affaiblir les liens familiaux.

Le deuxième chapitre s'intéresse aux activités économiques et à l'exploitation des enfants. Le troisième chapitre traite des interventions.

Philips, W. S. K. (1992). „Street Children of Indore". Noida (India), National Labour Institute, 127 pp.
et
Phillips, W. S. K. (1994). „Street Children in India". Jaipur, Rawat Publications, 204 pp. (anglais) [FR 1200]

[Inde, Asie, travail, famille, école, migration] *

Ces deux ouvrages présentent les résultats d'une analyse de situation réalisée à Indore (cf. les diverses études dans des villes indiennes). Elle se rapporte à diverses catégories de *street children:* les enfants qui vivent dans la rue avec leurs familles, les enfants qui travaillent dans la rue, les enfants „*de*" la rue et les enfants abandonnés.

Le profil des *street children* (pp. 32-58)

12% des *street children* n'ont aucun contact avec leur famille. L'auteur signale: „*this study reveals that because of the parents' negligence, poverty and disharmony in family even the children having family become street children*" (p. 48). Pour 24% des enfants qui ne vivent pas avec leur famille, les raisons trouvées sont l'abandon des parents (4,7%), les mauvais traitements de la belle-mère (2,7%), le décès des parents (3,7%). 40% des familles n'ont pas de lieu fixe de résidence. La religion est vue comme non-significative dans la vie quotidienne des enfants.

Les pairs et l'amitié ont un rôle important pour les enfants, mais, selon l'auteur, ils sont aussi un support pour la consommation de drogues qui touche 48% d'enfants (le tabac et l'alcool sont inclus).

Les causes:

- Dans la préface, l'auteur aborde la présence dans la rue de familles entières comme un phénomène provoqué par la pauvreté.

- La pauvreté, la modernisation et l'industrialisation affectent négativement la vie familiale: "*marital disharmony, separations or divorces, family tensions, death of parents, ill-treatment by step parents, selling of children as bounded labourers are some of the conditions that have brought a large number of children on the street."*(p. v).

L'auteur mentionne différentes conséquences possibles en termes de risques: enfermement dans des institutions, prostitution, travail informel soumis à l'exploitation et à la maltraitance (pp. 15-18).

Porio, E./Moselina, L. et al. (1994). „Philippines: Urban Communities and Their Fight for Survival". Urban Children in Distress - Global Predicaments and Innovative Strategies. C. S. Blanc. Florence, UNICEF - Gordon and Breach, pp. 101-159. (anglais) [FR 1230]

[Philippines, Asie, perspective structurelle, famille, travail, genre/fille, intervention/politiques sociales]

Il s'agit d'une étude sur les enfants en situation particulièrement difficile (CEDC) qui s'inscrit dans une recherche comparative dans plusieurs pays (Cf. Szanton Blanc (1994) [gén.]). Le document présente une comparaison de données secondaires (quantitatives) concernant les enfants qui travaillent dans la rue pendant la journée avec celles des enfants qui y vivent. L'étude inclut une analyse des programmes et des politiques sociales.

Punalekar, S. P. (1996). „Street Child in Urban Gujarat". Child Labour in India. S. N. Tripathy. New Delhi, Discovery Publishing House, pp. 1-18. (anglais) [PR]

[Inde, Asie, travail, perspective structurelle, pauvreté, migration, famille, intervention]

Cet article présente les résultats d'une étude quantitative sur le travail des enfants dans les rues (Urban Gujarat). S'intéressant au travail de l'enfant, l'auteur adopte une perspective structurelle et le relie à la pauvreté urbaine. Parmi la population étudiée, un certain nombre d'enfants (30%) vivent éloignés de leur famille, dans les rues, dans les projets ou chez l'employeur. La fugue de l'enfant est associée à la violence familiale. L'étude décrit le profil de l'enfant qui travaille dans les rues: caste, lieu de naissance, éducation, situation familiale, migration, revenus, type d'activité, dépenses, etc.

Rahman, H. (1989). "Bangladesh. Enfants des rues. Enquête à Dhaka, Chittagong et Khulna". Lausanne, Terre des Hommes. Décembre 1989, 36 pp. (français) [PR]

[Bangladesh, Asie, travail, famille, migration, sociabilité, carrière]

Ce document est un compte-rendu d'une enquête auprès d'enfants qui vivent dans les rues. Il se base sur des questions fermées et sur des observations plus ouvertes menées par quatre enquêteurs. Dans la première partie du texte, T. Bond présente les lignes directrices. Les éléments décrits par l'auteur suggèrent une hétérogénéité assez importante de la population.

Le rapport signale que la pauvreté est associée à plusieurs autres phénomènes. On y distingue quatre catégories d'enfants, correspondant implicitement à quatre trajectoires distinctes qui mènent à la rue:

- Les enfants victimes d'abus ou de négligence ou d'abus de la part des parents. Le plus souvent le décès d'un parent implique la présence problématique d'un beau-père ou d'une belle-mère. L'enfant rentre très rarement au foyer.
- Les victimes de la migration rurale qui voit le père quitter le foyer et la mère devenir mendiante ou se remarier. L'enfant est alors obligé de devenir indépendant.
- L'enfant abandonné (souvent en bas âge) à cause de son illégitimité.
- Les enfants soutiens de famille. Il s'agit de la trajectoire de migration de l'enfant qui représente le soutien économique pour la famille restée à la maison. L'auteur signale que, bien qu'ils vivent dans la rue dans des conditions similaires aux autres catégories d'enfants, la signification de cette expérience est différente. Ces enfants ont un but (celui d'aider la famille) et rentrent régulièrement à la maison.

Les contacts avec la famille sont variables: il y a le retour au foyer pour les fêtes (une fois par an) et le retour régulier. Le cas des filles a été peu exploré en raison des difficultés à les atteindre.

D'autres observations concernent l'évolution de l'enfant dans la rue. Les activités qu'il accomplit dépendent de son âge (mendicité, activité indépendantes, vol à la tire...) Les petits enfants et les derniers arrivés sont soumis aux contraintes parfois brutales des anciens. Les enfants plus expérimentés gagnent en autonomie et deviennent „plus rusés". Il y aurait une structure sociale forte. Des cas d'enfants sont rapidement exposés. Un dernier paragraphe présente une esquisse du projet.

Rane, A./Billimoira, J. (1998). „Child Rights Advocacy in India." Indian Journal of Social Work 59 (1, Jan.), pp. 256-275. (anglais) [sociological abstract]

[droits de l'enfant, intervention/pol.sociales, école, travail, Inde, Asie]

Sociological abstract: "*Reflects on the situation of the child in India from the rights perspective, with attention to the role of the state, voluntary organizations, & international agencies. Six child advocacy campaigns are discussed: the Nongovernmental Forum for Street & Working Children, the Forum for Creche & Child Care Services, the Campaign against Child Labour, Udaan, Bachpan Bacha Andolan, & the Voluntary Coordinating Agency for Adoption. Implications for social work practice, research, & education are discussed.*"

Rao, B.V.R./Mallik, B. (1992). „Street Children of Hyderabad". - A Situational Analysis. Noidia, National Labour Institute, 49 pp. (anglais) [PR]

[Inde, Asie, pauvreté, famille, migration, travail]

Cette étude utilise des méthodes quantitatives pour effectuer une analyse de situation. Ses objectifs sont le dénombrement, l'établissement d'un profil et l'identification des besoins des enfants dans une perspective d'intervention (voir les autres études indiennes faites à la même période). Elle s'intéresse aux enfants qui vivent et/ou travaillent dans les rues. L'introduction cherche à répondre à la question"pourquoi les enfants sont-ils dans les rues?". On signale les difficultés économiques des familles, l'abandon, la négligence, la recherche d'aventure. La plupart des familles sont migrantes (98,6%) originaires des régions rurales. Les auteurs signalent l'impact de la pauvreté rurale, des calamités naturelles, du chômage, etc. Les profils du garçon et de la fille de/dans la rue sont présentés en conclusion.

Reddy, N. (1992). „Street Children of Bangalore". - A situational Analysis. Noida, National Labour Institute, 128 pp. (anglais) [PR]

[Inde, Asie, définitions, travail, pauvreté, migration, école, intervention/ politiques sociales, perpective structurelle]

Ce travail sur les enfants de la rue à Bangalore fait partie de la série de travaux commanditées par UNICEF et par le gouvernement indien. En introduction, l'auteur mentionne des difficultés de catégorisation et de comptage. La distinction entre *children on the street, children of de street* et *abandoned childen* est considérée comme inadéquate.

A Bangalore, l'étude dénombre 45000 *street children* et 25000 *homeless*. Le phénomène est en augmentation en raison de la marginalité économique et de la migration. On estime que chaque jour il y a 12 enfants qui vont dans la rue.

Dans le paragraphe „Genèse du problème et causes" (pp. 4-5), l'auteur traite de la marginalité économique, du malaise créé par les conditions historiques, de l'attitude de la société et des politiques gouvernementales (notamment en ce qu'elles ignorent le secteur de l'agriculture rurale et produisent la migration), ainsi que de la distribution inégale des ressources. L'espoir d'un avenir meilleur en ville produit la migration, mais les difficultés économiques et les problèmes d'emploi et de logement provoquent la désintégration de la famille. Cela conduit les enfants dans la rue. L'inadéquation du système éducatif est également responsable de cette situation. (Le texte mentionne des classes avec 50 à 100 élèves, ainsi que l'émulation du modèle britannique de scolarisation). L'auteur signale le besoin de formation professionnelle et de compétences adaptées aux contextes de survie des enfants. Finalement, l'introduction de drogues illicites aggrave le problème

En conclusion, l'auteur analyse les réponses institutionnelles et constate leur inadéquation. Le texte conclut sur une série de recommandations concernant les interventions non-institutionnelles. Les questions des interventions spécifiques pour les filles, ainsi que des actions avec les communautés et avec les familles, sont également abordées.

Rialp, V. (1993). „Children in hazardous work in the Philippines". Genève, ILO, 72 pp. (anglais) [92-2-106474-3] [PR]

[Philippines, Asie, travail, prostitution]

Cette étude sur le travail des enfants présente deux cas, dont l'un concerne la prostitution, ainsi qu'une évaluation des politiques et des interventions. Le cas de la prostitution est abordé sur huit pages. L'auteur décrit les caractéristiques de la population et des activités (revenus, organisation du travail, âge, etc.).

Ricaldi-Coquelin, A.-M. (199?). „Les enfants des rues vietnamiens et les institutions d'accueil" (Analyse d'une prise en charge: à propos du centre de Tay Dang). Paris, DEA en sciences de l'éducation, Université René Descartes, Paris V, Sorbonne. (français) [DS]

[Viet-nam, Asie, intervention /politiques sociales, famille]

Il s'agit d'un travail de diplôme qui s'intéresse aux enfants de la rue placés dans des institutions étatiques. La démarche est de type qualitatif et adopte une perspective compréhensive. L'analyse met en évidence les ruptures familiales (divorces, séparation, présence d'un beau-père ou d'une belle-mère...) qui ont amené l'enfant à la rue, mais aussi son choix. La recherche étudie l'entrée en institution et les difficultés dans celle-ci.

Sanguiguit, S. L. C. (1994). „Environmental learning Processes of Philippine Street Children", Michigan State University, 192 pp. (anglais) [PR]

[Philippines, Asie]

Dans cette thèse, l'auteur a utilisé les méthodes ethnographiques pour cerner le phénomène des enfants de la rue dans une perspective écologique. Les stratégies de survie des enfants sont comprises comme un processus spécifique d'apprentissage qui se construit dans les interactions quotidiennes. Au chapitre 4, l'auteur présente une systématisation des causes du phénomène aux divers niveaux d'analyse: *"The street children phenomenon was described as an interplay of factors concerning socioeconomic conditions of the country, accessibility and availability of community resources, situations in the family, and individual characteristics of street children. In the context of survival in the streets, the environmental learning of street children consisted of the processes of perceiving, interacting, experiencing, observing, and adapting."*

Save the Children (1998). „Voices of disadvantaged children in Vietnam". London, 55 pp. (anglais) [PR]

[intervention, Viet-Nâm, Asie, intervention/politiques sociales]

Ce document concerne différentes situations vécues par les enfants défavorisés. Son objectif est de leur donner la parole et il est donc principalement composé d'extraits de témoignages. Le paragraphe concernant les enfants qui vivent et/ou travaillent dans les rues donne des indications sur les raisons principales qui les y conduisent: la pauvreté et les ruptures familiales. Le cas de la mésentente avec le beau-père ou la belle-mère est fréquent. Certains enfants vivent et travaillent dans la rue dans le but d'envoyer de l'argent à la famille.

Shroff, N. (1993). „Street Children in Bombay". Report presented at the seminar of Planned Restructuring of Bombay Urban Growth, 26/28 March, 1993. Bombay, College of Social work, 35 pp. (anglais) [BM/JE]

[Inde, Asie, travail, migration, famille, intervention/politiques sociales]

Il s'agit d'une présentation de projet qui, en introduction, mentionne l'existence de diverses catégories d'enfants, ainsi que les causes du phénomène. Les explications sont liées à l'industrialisation rapide et à l'urbanisation qui ont accéléré la migration depuis les régions rurales. Les opportunités économiques se trouvent en ville bien que la majorité des travailleurs gagnent très peu dans les activités informelles qui n'exigent pas de qualifications.

Les enfants participent à la survie de la famille. En raison de la précarité économique, certains coupent les liens familiaux. On distingue deux catégories: ceux qui fuguent d'une famille traumatisante ou insatisfaisante, (alcoolisme, abus, mauvais traitements, pauvreté, chômage, etc...) et ceux qui fuguent parce qu'ils sont en recherche d'expériences excitantes en ville. La présentation des risques se réfère à l'étude de D'Lima et Gosalia (1992). La plus grande partie de l'exposé est consacrée à une présentation détaillée des stratégies d'intervention.

Silva, T. (1996). „Poverty and uneven Development: Reflections from a street children project in the Philippines." <u>Childhood - Special Issue on working and street children</u> 3 (2, May), pp. 279-282. (anglais) [FR-3001]

[Philippines, Asie, perspective structurelle, famille, pauvreté, catastrophes/conflits armés, migration]

L'auteur (Childhope Asia) présente des réflexions sur les causes structurelles du phénomène des *street children*. Elle montre comment les facteurs socio-économiques et politiques influencent directement les conditions physiques, économiques et psycho-sociales des familles, constamment menacées dans leur survie. Les politiques d'ajustement structurel et les budgets nationaux centrés sur les armements laissent des parties importantes de la population sans ressources et sans emploi. Dans le cas des Philippines, plusieurs phénomènes s'y ajoutent: la corruption de la bureaucratie gouvernementale, les catastrophes (naturelles et provoquées par l'homme), l'instabilité politique.

Cet article souligne également que la distribution inégale des revenus, et notamment entre les villes et la campagne, provoque dans cette dernière des soulèvements réguliers et de fortes migrations vers la ville. La migrations semble toutefois être un phénomène relativement ancien, puisque la majorité des parents des enfants *de/dans* la rue ont eux-mêmes été des enfants de migrants. *"With a generation preceding them, today's street children are thus a concrete manifestation of the continuing saga of urban families' unmet basic needs and unfulfilled promises in the city of their dreams. Migrant families that settled in slums and squatters communities have continued to suffer from a lack of access to social services, poor housing conditions with no drinking water supply or sanitation, as well as the absence of health care and medicine"* (p. 281).

Cela conduit à une perte du sens „communautaire", des liens de solidarité et du contrôle social, ce phénomène étant d'autant plus important chez les migrants provenant des régions militarisées.

Ces facteurs expliquent l'augmentation alarmante du nombre d'enfants de la rue: *"In the 5 years since the firs study, in 1988, the proportion of children with little or no contact with their families in the overall street and working population has risen from 25 to 37.14 percent"* (UNICEF/DSWD/NCSD, 1988; Nosenas and Lamberte, 1995) (p. 281).

Du point de vue psycho-social, l'auteur signale de nombreux handicaps des enfants issus des familles pauvres, qui les marginalisent davantage: la faible estime de soi, un concept de soi altéré, une incapacité de se relier à autrui, la perte de respect pour les personnes plus âgées, un sentiment d'absence de règles et la tendance à adopter des comportements déviants.

Stöcklin, D. (1999). „Les enfants en situation de rue dans la ville de Shanghai." <u>Cahiers de Marjuvia</u> (9), pp. 77-85. (français) [FR]

[Asie, Chine, perspective de l'acteur, perspective structurelle, sociabilité, famille, travail, pauvreté, migration]

Ce document présente les résultats provisoires d'une recherche réalisée par l'auteur à Shanghai (voir Stöcklin, 2000). L'auteur identifie deux facteurs macro-sociaux de marginalisation des jeunes en situation de rue: les disparités économiques (et notamment le fossé rural-urbain et la migration contrôlée) et la politique chinoise de limitation des naissances. Dans une perspective centrée sur les enfants et sur leur expérience dans la rue, l'auteur construit une typologie des enfants („mendiants" et „vagabonds"), en montrant la spécificité de ces situations et les marges de manœuvre limitées de ces enfants en raison d'une forte hiérarchie informelle dans la rue (policiers, patrons).

Stöcklin, D. (2000). „Enfants des rues en Chine" - Une exploration sociologique. Paris, 367 pp. (français) [2-84586-010-2]

[Chine, Asie, perspective structurelle, perspective culturelle, perspective de l'acteur, famille, carrière, identité, travail, réaction sociale, socialisation/enfance, pauvreté, migration]

Cet ouvrage présente une thèse soutenue à l'Université de Fribourg en 1998 et propose une approche sociologique du phénomène des enfants de la rue à Shanghai. Peu d'informations sont disponibles sur ce thème, essentiellement en raison des implications politiques de ces connaissances que les chercheurs chinois sont difficilement en mesure d'exposer.

L'auteur montre l'existence d'une „marginalisation planifiée" et examine l'impact de deux facteurs macro-sociaux: a) la politique restrictive de migration, b) la politique de limitation des naissances. Ils produisent la marginalisation de franges importantes de la population, bien qu'ils aient une influence différenciée sur les populations dans la rue.

a) La population flottante désigne cet ensemble de migrants qui échappent au contrôle étatique et se trouvent illégalement dans un autre Etat, c'est-à-dire sans posséder de certificat de résidence.

b) La politique de limitation des naissances, lorsque les parents ne peuvent pas faire face aux sanctions économiques prévues pour les naissances surnuméraires, marginalise une catégorie importante d'enfants, les „enfants hors-plan". Selon les estimations, 40% des naissances font partie de cette catégorie. Cette situation a pour conséquence la fragilisation de ces familles et la précarisation de la situation des filles, dont la naissance est moins souhaitée car elle ne permet pas d'accomplir les rites religieux traditionnels. L'auteur suggère que la rue est l'une des trajectoires possibles de ces enfants, à côté des risques d'infanticide, d'abandon ou de vente de filles.

Parmi les enfants mendiants, il observe un certain nombre d'enfants „hors plan". Que cela soit pour les migrants illégaux ou pour les naissances „hors plan", ce sont principalement les catégories plus pauvres qui sont davantage sanctionnées, parce qu'elles ne possèdent pas les ressources nécessaires pour se protéger (payer les amendes, s'assurer une protection par la corruption, etc.).

Dans les rues, c'est tout d'abord la stigmatisation et la construction sociale de la déviance (les lois) qui explique le traitement réservé aux enfants. L'étude de leurs stratégies de survie permet de différencier deux catégories d'enfants: les enfants mendiants et les enfants vagabonds. Le système enfant-rue de R. Lucchini (1996) est utilisé pour la comparaison de ces deux populations (Espace/temps/socialisation/sociabilité/activité/identité/motivation/genre). L'auteur décrit deux types de relations à la rue et montre comment cette relation dépend des contraintes externes (exploitation, répression, corruption) et de l'identité de l'enfant.

Les enfants mendiants sont inscrits dans des relations familiales et/ou dans des rapports d'exploitation des patrons. Ces derniers prélèvent une partie des revenus des familles en échange de la protection par la police et/ou d'un logement. Très contrôlés, les enfants mendiants ont une autonomie plus réduite que les enfants vagabonds. La rue est plus souvent subie, bien que la réaction sociale négative soit médiatisée par les parents. L'auteur observe qu'une sous-culture de la rue et une sociabilité forte entre enfants est impossible dans ce contexte, parce qu'il est trop soumis au contrôle et à l'exploitation directe de la part des adultes (parents/patrons). La présence de filles est plus importante chez les enfants mendiants (50%) que chez enfants vagabonds (10%).

Les enfants vagabonds *("liulang")* sont des enfants migrants provenant des campagnes et exerçant des activités lucratives de manière sporadiques. Le caractère hiérarchisé et contrôlé de la rue empêche une occupation régulière de cet l'espace. Suite à leur arrestation, ils sont placés dans des centres étatiques de déportation et/ou renvoyés dans leur village à la campagne. L'auteur a constaté plusieurs passages dans ces centres de déportation et plusieurs retours en ville. Les motivations des enfants pour la rue et la ville sont diverses et évoluent au cours de la carrière de l'enfant.

Les stratégies des enfants sont alors contrecarrées par la forte hiérarchie de la rue et par la répression. Leur degré d'autonomie se trouve fortement affaibli. Chez les enfants mendiants, s'ajoute le contrôle des parents. Les enfants vagabonds comptent en revanche sur des groupes de pairs, bien que la sociabilité soit fragile en raison de la répression.

Du même auteur:

- <u>Enfants des rues: les „vagues aveugles"</u> in: Tessier S. (ed.) (1998) (voir bibliographie générale)
- <u>Children in the streets of Shangai</u>, in: NATS, III, N. 3-4, June 1997, pp. 39-60.

Tanada, C. (1994). „The Sustainability of Credit Assistance to the Urban Poor": A Philippine Case Study, Mcgill University (Canada), 139 pp. [UMI]

[Philippines, Asie, intervention, éducation, travail]

UMI Abstract (wwwlib.umi.com): *"Urban poverty in the Philippines is strikingly manifested with the problem of street children. The labour of children is significant because of marginal household incomes. This thesis is an assessment of the credit program of one community based Non-Government Organization in Manila. The Family and Children for Empowerment (FCED), attempts to augment household incomes through the provision of low interest loans to women for informal micro-enterprises. The study is exploratory. The results reveal that most beneficiaries have achieved an income high enough to prevent their children from working and give families the opportunity to improve their standards of living. However, limitations exist in the informal sector which hinder the expansion and stability of the enterprises. Also, the cooperative credit program itself is at a critical stage. The study finds an urgent need for the cooperative to implement measures for capital build-up if it wants to continue to subsidize and provide its low interest credit loans to urban poor petty traders and products."*

UNICEF/World Bank/Rädda Barnen/Yemen Government. (1997). To be seen and heard: „Children and Women in Especially Difficult Circumstances in the Republic of Yemen" - Yemen Situation Analysis, 1997, 113 pp.(?) [BM/JE]

[Yémen, famille, travail, sortie]

Il s'agit d'un rapport sur la situation générale des enfants et des femmes. Deux pages concernent les enfants sans abris. Il est signalé que leur nombre est très réduit et qu'ils proviennent souvent des régions rurales. Ils ont quitté le foyer en raison de problèmes familiaux. Le document rapporte le cas d'un enfant dont la mère s'est remariée. Il est indiqué que les enfants qui fuguent trouvent généralement rapidement un foyer, certains vont vivre avec d'autres garçons et jeunes et trouvent un travail. Il n'existe pas de filles sans abris. La bibliographie ne fait état d'aucune étude spécifique sur les enfants vivant dans les rues.

Van Acoleyen, K. (1999). „Outreach to street and working children", Education for Development. (anglais) [DS]

[Viêt-nam, Asie, intervention/politiques sociales]

Ce document s'intéresse à l'intervention dans les rues et traite de la méthodologie, des objectifs, de la formation des intervenants et des difficultés. En introduction, l'auteur mentionne trois catégories d'enfants délimitant ainsi trois trajectoires qui conduisent à la rue:

a) les enfants fugueurs issus de familles urbaines ou bien ceux qui n'ont pas de famille

b) les enfants qui ont migré avec leur famille

c) les enfants qui ont migré seuls, mais qui aident leur famille

Des enfants appartenant à chacune de ces trois catégories peuvent dormir dans la rue ou bien y être seulement durant la journée.

Van Anh, N. T. (1994). „Some Problems of the increasing number of street children in Hanoi." Sociological Review (2), pp. 27-36. (anglais) [DS]

[Viêt-nam, Asie]

Etude quantitative réalisée par trois sociologues vietnamiens. Pas consultée.

Van Buom, N. and Caseley, J. (1996). „Survey on the situation of street children in

Hanoi". Hanoi, Youth Research Institute (YRI). March 1996. [DE, BM/JE]

[Viêt-nam, Asie]

pas consulté

Verma, S. (1999). „Socialization for Survival: Developmental Issues Among Working Street Children in India." <u>New Directions for Child and Adolescent Development "Homeless and Working Youth Around the World: Exploring Developmental Issues" M. Raffaelli R.W. Larson (ED.)</u> (85), pp 5-18. (anglais) [PR]

[Inde, Asie, travail, sortie, fille/genre, socialisation/enfance, identité, famille]

Cette étude utilise une définition large des *street children* et englobe les enfants qui travaillent dans la rue pendant la journée. La perspective adoptée est celle du travail de l'enfant. Le document signale dans un premier temps le caractère traditionnel du travail de l'enfant en Inde dans une conception de l'enfance qui conçoit idéalement un travail combiné à la recréation et qui n'est pas dissocié du jeu et de l'éducation. L'enfant partage cependant avec l'adulte les contraintes et les privations.

L'article se réfère à une étude réalisée à Chandigarh (Verma et Bhan, 1996). L'auteur montre comment le travail des enfants dans les rues indiennes offre des opportunités réduites pour accéder aux classes moyennes et comporte des risques sérieux. En revanche, les compétences que les enfants acquièrent dans les rues sont utiles pour la survie et la gestion de situations de crise. Il est signalé que la fille sortirait plus tôt de la rue que le garçon en raison de son mariage.

Weiner, M. (1991). „<u>The Child and the State in India - Child Labor and Education Policy in Comparative Perspective</u>". New Delhi, Princeton University Press (1991); Oxford University Press (1999), 213 p. (anglais) [019 562920 5] [PR]

[Inde, Asie, travail, pauvreté, école, intervention/politiques sociales, (comparaisons:

Chine, Taiwan, Corée du Sud, Sri Lanka, Kerala.), perspective structurelle, perspective culturelle]

Cet ouvrage s'intéresse au travail de l'enfant en lien avec son éducation. Il inclut les enfants de la rue dans l'ensemble des enfants travailleurs et il y consacre une page. A propos du cas des enfants de la ville de Secunderabad, l'auteur mentionne la consommation de drogues, la prostitution, la mendicité, la menace de la police. Les enfants mentionnent la violence familiale comme raison pour quitter la famille et le village d'origine. L'auteur relie la question du travail de l'enfant à l'éducation et au rôle de l'Etat. Lors de la comparaison avec d'autres pays asiatiques, il est montré que l'Inde est un des pays dans lesquels les politiques à l'égard de la scolarisation et du travail des enfants ont été très peu développées. L'explication de cette situation se trouve non pas exclusivement dans la pauvreté, mais aussi dans la religion et la culture qui vont de pair avec une société très inégalitaire et hiérarchique. La religion hindoue n'adopte pas une attitude favorable à l'égard de l'éducation des enfants des castes inférieures. L'auteur fonde cette explication sur la comparaison de situations de divers Etats indiens et montre comment les différences de culture/stratification ont une influence sur les politiques éducatives (importance des missions chrétiennes pour la scolarisation des enfants). L'éducation obligatoire est considérée comme un moyen susceptible de réduire le travail de l'enfant.

World Vision UK (1996). „The commercial sexual exploitation of street children.", 35 pp. (anglais) [PR]

[Cambodge, Philippines, Bangladesh, Brésil, Asie, Amérique Latine, prostitution, intervention/politiques sociales]

Ce document traite de la prostitution et des interventions de réhabilitation. Il comprend des études de cas dans les pays mentionnés.

Papouasie – Nouvelle Guinée:

Dalglish, P. and Conolly, M. (1992). „Too much Time: Too Little Money: The Challenge of Urban Street Youth in Papua New Guinea". Toronto, Street Kids International, March 1992, 47 pp. (anglais) [PR]

[Papouasie – Nouvelle Guinée, pauvreté, migration, école, intervention/politiques sociales, perpective structurelle, perspective culturelle/interculturelle]

Ce rapport fait partie d'une série de documents publiés par *Street Kids International*. Il examine la situation de l'enfance et la jeunesse dans la rue (*street youth*) en lien avec l'urbanisation, le chômage, ainsi qu'avec l'inadéquation des systèmes scolaire et de formation.

On signale une urbanisation rapide et de grandes expectatives chez les jeunes migrants. La fréquentation de l'école est faible: 38,6% des garçons et 54% des filles ne fréquentent pas l'école (chiffres de 1980). Plusieurs explications sont avancées: les coûts élevés, l'absence d'infrastructures pour accueillir tous les enfants, les contenus scolaires basés sur le modèle occidental. Ils ne comportent pas d'apprentissages pratiques et sont éloignés des cultures indigènes. Les budgets consacrés à l'éducation non-formelle sont très limités. L'absence de formation est reliée aux activités délinquantes, qui seraient en augmentation dans le pays.

Les auteurs s'interrogent sur les conflits de culture, c'est-à-dire la perte des valeurs traditionnelles et la modification des modes de vie communautaires.

Le texte examine également les actions étatiques en faveur de la jeunesse et présente l'action des ONG. En abordant les activités délinquantes, les auteurs se réfèrent à l'ouvrage de Bruce Harris (The rise of Rascalism: Action and Reaction in the Evolution of Rascal Gangs, 1988). Ils décrivent la procédure qui conduit le jeune et/ou l'enfant dans les centres pour mineurs délinquants. Les problèmes de santé et la situation de la femme sont également abordés.

Voir également la bibliographie générale:

Adick, C.(Ed.) (1998). „Straßenkinder und Kinderarbeit. Sozialisationstheoretische, historische und kulturvergleichende Studien". Frankfurt, IKO Verlag, 303 pp.

Black, M. (1995). „In the twilight zone: Child workers in the hotel, tourism and catering industry". Genève, ILO, 92 pp.

Blanc, C. S. (1994). „Urban Children in Distress - Global Predicaments and Innovative Strategies". Florence, UNICEF - Gordon and Breach, 481 pp. (anglais)

Le Roux, J. (1996). „The worldwide Phenomenon of street Children: Conceptual Analysis." Adolescence 31 (124), pp. 965-971.

Nyberg, J. (1997). „Rädda Barnen's Work with Children on the Streeet/Homeless Children". Stockholm, Rädda Barnen, 15 pp.

Raffaelli, M./Larson, R.W. (1999). „Editors' Note." New Directions for Child and Adolescent Development "Homeless and Working Youth Around the World: Exploring Developmental Issues" M. Raffaelli, R.W. Larson (ED.) (85), pp. 1-4.

Specht, E. W. (Ed.) (1991). „Strassen-fiesser", Stuttgart, Beiträge sozialer Arbeit der Diakonie, Band 4, Diakonisches Werk der EKD, 242 pp.

Stöcklin, D. (1998-2000). „Recherche-action auprès des enfants de la rue", Terre des Hommes, documents non-publiés.

Tessier, S. (ED). (1994). „L'enfant et son intégration dans la cité". Paris, Syros, 183 pp.

Tessier, S. (Ed). (1998). „A la recherche des enfants des rues". Paris, Karthala; 477 pp.

UNESCO (1995). „Working with street children: selected case-studies from Africa, Asia and Latin America" (édition française: Dans la rue, avec les enfants - Programmes pour la réinsertion des enfants de la rue). Paris, UNESCO Publ./ICCB, 303 pp.

D. Europe Centrale et de l'Est, Asie (pays „en transition"), Europe du Sud-Est

Alexandrescu, G. (1996). „Programme Note: Street Children in Bucharest." <u>Childhood - Special Issue on working and street children</u> 3(2, May), pp. 267-270. (anglais) [FR-3001]

[Roumanie, perspective structurelle, pauvreté, famille, intervention/politiques sociales prostitution, délinquance]

    Cet article décrit les résultats d'une étude réalisée par Salvati Copii (Save the Children Romania). Trois thèmes sont abordés à propos du contexte et des causes. En premier lieu, il est question des changements profonds d'après 1989 et de l'appauvrissement de franges importantes de la population. Ce dernier affecte en premier lieu les familles et les enfants qui sont largement sur-représentés parmi la population la plus pauvre. En deuxième lieu, il est question de la politique d'institutionnalisation massive des „orphelins sociaux" durant la période communiste, ainsi que des conditions de vie dans ces institutions. Un troisième thème concerne le "triomphe du capitalisme agressif" et la croissance chaotique, qui semblent provoquer ou favoriser l'abandon des enfants vulnérables. L'auteur conclut: *"Even though it has been exaggerated by the media, the street children phenomena in Romania is increasing, because of the decrease in the standard of living. It is likely to continue to increase because the system of social security for children and families is not developing fast enough to deal with the worsening social and economic situation."* (p. 269).

La recherche de Salvati Copii a enregistré environ 1500 enfants dans les rues des principales villes de Roumanie. Les entretiens réalisés à Bucarest en 1995 auprès de 245 enfants et jeunes de 5 à 20 ans visaient à connaître leurs conditions de vie et les raisons de leur présence dans la rue.

- 190 d'entre eux provenaient du domicile et les autres d'une institution.
- Les auteurs signalent une présence élevée de familles"à problème" (emprisonnement des parents, violence physique, abus sexuel et abus d'alcool).
- Le départ de l'institution est par contre expliquée par les conditions de vie très

pauvres qui y règnent et par les mauvais traitements subis de la part du personnel et des enfants plus âgés. Sont également mentionnés, les espoirs liés à une vie dans les centres urbains.

Plusieurs caractéristiques de leur vie dans les rues sont décrites: bandes organisées et structurées, activités de vol et de mendicité, solidarité autour de la protection mutuelle, consommation de solvants, prostitution des filles. Les activités réalisées par les enfants sont plus avantageuses que le travail informel (bas salaires). Les enfants semblent également profiter de la liberté et des plaisirs liés à la rue, bien qu'ils n'apprécient pas la précarité.

Ball, A. (1993). „State Children: Soviet Russia's Besprizornye and the New Socialist Generation." The Russian Review 52 (2), pp. 228-247. (anglais) [BM/JE]

[homeless, histoire, Russie, Europe de l'Est, pays post-communistes]

Travail historique sur les enfants en Russie durant le 20ème siècle avec plusieurs références aux *homeless*.

Boskic, R./Zajc, M. (1997). „Homelessness; Brezdomstvo." Teorija in Praksa 34 (2), pp. 241-252. (Slovène) [sociological abstract]

[Slovénie]

Sociological abstract: "*Studies on homelessness conducted in Western Europe & the US are reviewed to assess their possible applicability to the phenomenon of postsocialist homelessness in East-Central Europe. Homelessness is defined as lack of access to adequate housing facilities, presented as a combination of sanitary functions, ratio of rooms to inhabitants, & building quality. Homeless persons in Slovenia are classified as (1) street people, (2) part of homeless communities, (3) homeless children & youth, (4) mentally disturbed homeless (5) alcoholics, & (6) squatters. An examination of the work of Slovenian religious charitable organizations*

& state welfare services in Ljubljana illuminates the need for a new profile of welfare workers who would facilitate understanding & confronting the causes of the hitherto "invisible" problem of homelessness."

Burke, M. A. (1995). „Children Institutionalization and Child Protection in Central and Eastern Europe". Florence, Innocenti Occasional Paper N. 52, UNICEF-ICDC, 57 pp. (anglais) [PR]

[perspective structurelle, pauvreté, famille, drogue, prostitution]

Ce document s'intéresse à la situation de l'enfance et aux facteurs de risque dans le développement de l'enfant. L'analyse se rapporte à la période de transition dans une perpective des politiques sociales et de planification. Elle décrit les réponses des Etats avant et après la 1989. Le phénomène d'institutionnalisation des enfants est analysé en mettant en évidence les causes structurelles. Le document fournit un ensemble d'informations sur l'augmentation des risques pour les développement de l'enfant: pauvreté, manque de logements, santé, ruptures familiales, guerres, abus de drogues et d'alcool, prostitution et promiscuité sexuelle, taux de criminalité, travail de l'enfant. La situation de l'enfant qui vit dans la rue n'est abordée que très rapidement. Le document fait état de 100.000 à 300.000 *homeless* à Moscou dont beaucoup d'enfants. En Hongrie, il y aurait entre 6.000 et 10.000 enfants vivant dans des rues, des parcs et des maisons abandonnées(Kollman, 1992). Aucune analyse n'est présentée sur ce sujet. Le taux de criminalité parmi les jeunes est étroitement lié au placement en institution.

CAF (1997). „Report on Street Children in Central Europe". London, CAF Consultant, (anglais)

[Estonie, Lettonie, Lituanie, Slovaquie, Bulgarie, Roumanie, République tchèque, Pologne, Hongrie]

Ce rapport de CAF pour la Fondation du Roi Baudouin présente des données statistiques sur les enfants de la rue dans divers pays de l'Est (perspective de financement des projets). Le rapport relie le phénomène des enfants de la rue à la grande présence d'enfants en institution et à la situation spécifique des enfants appartenant aux communautés *Rom*.

Diverses catégories d'enfants sont exposées. Les catégories mentionnées sont: 1) *runaways*, les enfants fugueurs en provenance des institutions, 2) *parental pressure*, les enfants forcés par les parents à se rendre dans la rue pour chercher des ressources économiques, 3) *Physical and Sexual abuse*, ceux qui ont fui l'abus physique et sexuel dans la famille (à leur tour associés à la consommation d'alcool et au chômage), 4) *Out of school*, 5) *Roma Community*. Tout en évoquant des trajectoires possibles, le rapport montre que ces catégories ne s'excluent pas mutuellement, un enfant pouvant s'inscrire dans plusieurs d'entre elles. Elles se basent vraisemblablement sur la littérature et sur les données statistiques utilisées dans les divers pays.

Le document présente les estimations du nombre d'enfants par pays (*street children* et enfants dans les institutions)

Childhope, BICE (199?). „Street Children: Resource Sheets for Project Management". London/Geneva, CHILHOPE/BICE, (anglais) [RL]

[Europe Centrale et de l'Est, Bulgarie, Albanie, Roumanie, intervention/politiques sociales] *

Ce dossier est composé de fiches concernant la gestion de projets pour les enfants de/dans la rue. Il s'agit d'informations sur les diverses options de travail (travail de rue, réunification, formation professionnelle, *advocacy* etc.), sur l'évaluation, le recrutement du personnel, la recherche de fonds, etc. Il présente un ensemble de projets de pays de l'Europe de l'Est. Les auteurs utilisent les distinctions classiques entre *street-working children* et *street-living children (children of the street)* et constate l'existence d'enfants qui vivent dans la rue avec leur famille. L'accent est mis sur la diversité des enfants et de leurs besoins en termes d'intervention. La pluralité des causes est également mentionnée, avec l'idée que le phénomène des *street children* est "un symptôme de stress économique et social extrême".

Les explications mentionnées pour le phénomène des *street children* sont:

- La pauvreté et les ruptures familiales provoquées par les changement rapides dans

les structures économiques et sociales. Cela a renforcé le travail des enfants, souvent dans les rues.
- La discrimination de certains groupes sociaux. (En Roumanie la plupart des enfants de la rue sont Rom *(Gypsies)*); racisme).
- La perte de contrôle de la part des gouvernements. (Roumanie: la perte de contrôle sur les institutions pour enfants a vu accroître le nombre d'enfants de la rue.)

L'expérience dans la rue (pour les enfants de et dans la rue) est décrite en termes de travail *(earning for living)*; prostitution; petit crimes; nuits dans la rue (pour certains), groupes et bandes, usage de drogues.

Description des projets: Romania: ASISTA – Bucharest/Albania - Hope for Street Children of Tirana/Bulgaria - The Faith Hope and Love Project – Sofia (Certains projets s'adressent aux enfants travailleurs de rue, quelques informations sur les enfants sont données). La bibliographie présentée dans le dossier ne mentionne pas de documents spécifiques analysant le problème des *street children* ou des *homeless*.

Collectif (1997). „Le guide du travailleur social en Roumanie" - Draft, Edition inconnue. (français) [DS]

[Roumanie, intervention, sortie]

Il s'agit d'un manuel de travail social centré sur les enfants des rues et préparé par un collectif (EquiLibre /Salvati Copiii/AISS/FOC et. al.). Il présente quelques éléments explicatifs (milieu urbain dont la croissance est incontrôlée, pauvreté, inefficacité des institutions), les classifications, les activités et les outils des diverses institutions qui travaillent dans le domaine des enfants de la rue, des études de cas et des outils de travail pour les ONG. Il inclut quelques informations sur les sorties de rue (réunification familiale) et sur les dangers (l'abus, la prostitution, le SIDA et les drogues).

Conseil de l'Europe, Comité directeur sur la politique sociale (CDPS), Groupe d'étude sur les enfants de la rue (1994). „Les enfants de la rue/Street children". Rapports Nationaux. Strasbourg, Conseil de l'Europe, (Anglais ou français) [DEI]

[République Fédérative Tchèque et Slovaque, Pologne, Hongrie (Allemagne, Danemark, Espagne, France, Irlande, Norvège, Pays-Bas, Portugal, Turquie, Autriche, Chypre, Islande,Liechtenstein, Saint-Marin, Suède, Suisse, Belgique, Finlande, Grèce, Italie, Royaume-Uni)]

Ce recueil de rapports nationaux a été publié en 1994; cependant, certains d'entre eux ont été rédigés avant 1992. (Pour l'analyse des causes et les difficultés méthodologiques liées à l'analyse des rapports, voir la bibliographie générale: Conseil de l'Europe, Comité directeur sur la politique sociale (CDPS), Groupe d'étude sur les enfants de la rue (1994). „Les enfants de la rue/Street children". Strasbourg, Conseil de l'Europe, 91pp.)

Bulgarie, rapport rédigé par T. Montcheva

Le texte distingue trois catégories d'enfants, correspondant implicitement à trois trajectoires:

a) des enfants qui vivent dans la rue à défaut d'un milieu familial normal ou de conditions de vie minimales;
b) des enfants ayant fui les établissements spécialisés;
c) des enfants contraints par les adultes à gagner leur vie par des activités illégales exercées principalement dans la rue (mendicité, commerce, prostitution) (p. 18).

Les causes directes de l'augmentation du phénomène des enfants de la rue sont recherchées dans le contexte d'instabilité économique et sociale (transition vers l'économie de marché) et dans les facteurs psychosociaux. Parmi ceux-ci, l'auteur mentionne „la crise des valeurs, le défaut de confiance dans les institutions, la diffusion des déviations de comportement et d'autres phénomènes destructifs accompagnant le changement de système. Le mécanisme d'action de ces facteurs n'a pas été suffisamment analysé" (p. 18) La déstabilisation et la dégradation du microclimat familial et scolaire multiplient les effets des facteurs macro-économiques et sociaux. Le travail des femmes, indispensable en raison des bas salaires (héritage de l'économie planifiée) est relié au manque de contrôle sur les enfants de la famille notamment en l'absence d'institutions d'accueil pour les enfants. Le document signale qu'une grande partie des enfants vit volontairement dans la rue et non pas sous la contrainte directe.

République tchèque et République slovaque, rapport rédigé par Ján Gabura

On signale l'absence complète d'études. Les enfants de la rue ne sont pas répertoriés sous cette catégorie. L'enquête par questionnaire (adressé à des institutions censées être en contact avec cette population d'enfants) n'a donc pas fourni les informations escomptées et l'auteur s'interroge sur la validité des résultats obtenus. Il observe un décalage par rapport à la définition de base de l'étude (Soran/Ertman (1991): „les enfants ou adolescents de moins de 18 ans qui vivent dans la rue pendant des périodes plus ou moins longues. Ils vont d'un lieu à l'autre et ont leurs propres groupes de pairs et leurs contacts dans la rue. Leur adresse officielle peut être celle de leurs parents ou d'un établissement de protection sociale. Mais ce qui les caractérise, c'est qu'ils n'ont que peu de contacts avec les adultes ou les institutions qui ont une responsabilité à leur égard - parents, établissements scolaires, établissements de protection de l'enfance, services sociaux".)

Le texte signale quatre catégories d'enfants qui s'insèrent partiellement dans la définition „enfant de la rue". Elle correspondent à quatre trajectoires:

a) Les enfants issus „d'un milieu connaissant des problèmes sociaux" et dont la famille se déresponsabilise trop tôt. La rue répond aux besoins des enfants en raison de cette négligence parentale. Ils ne sont pas très nombreux.

b) Les enfants appartenant aux minorités (essentiellement *roms* ou tsiganes) qui vivent en harmonie avec les normes sociales et culturelles de leur groupe. Leur présence dans la rue alterne avec des périodes de vie dans la famille. La vie dans la rue ne s'oppose pas aux normes du groupe.

c) Les enfants qui se sont enfuis de chez eux et sont recherchés par les parents et les autorités. La fugue s'explique par les mauvais traitements, les punitions, la négligence etc. Leur expérience dans la rue est généralement courte.

d) Les enfants qui se sont enfuis d'établissements éducatifs.

L'auteur distingue encore les enfants qui sont dans la rue durant la journée, ceux qui sont négligés par les parents et ceux qui sont dans la rue, mais ont déjà commis des actes délinquants. Les activités de survie des enfants (travail occasionnel, vol, prostitution) sont rapidement mentionnées de même que la réaction sociale à leur égard. Une liste des causes (d'après les résultats du questionnaire) est présentée en trois catégories: facteurs de causalité au niveau de la société, au niveau de la famille et au niveau de l'enfant. On estime que le phénomène est en augmentation.

Hongrie, rapport rédigé par J. Gabura

En Hongrie, la notion d' „enfant de la rue" n'existe pas et, comme en Tchécoslovaquie, celui-ci n'est pas retenu comme un problème social. La définition dominante est vue comme étant inadéquate. Les enfants rencontrés par les institutions sociales sont caractérisés par leur insertion dans un milieu „tout à fait asocial", qui ont fui ou ont été chassés du foyer ou encore qui se sont enfuis d'établissements éducatifs ou de correction. Peu d'enfants vivent en permanence dans la rue. La catégorie la plus importante est celle des enfants de la minorité gitane qui ne sont pas en rupture avec leur famille et alternent entre la rue et le foyer.

L'auteur mentionne les raisons pour lesquelles les enfants fuguent de leur foyer: mauvais traitements, punitions, revanche prise sur les parents, désir d'attirer l'attention, désir d'aventure, pression des pairs...

D'autres phénomènes se rapprochent pour certains aspects du thème des enfants „de" la rue:

- Le phénomène plus récent des enfants réfugiés provenant de Roumanie, de l'ex-Yougoslavie et de l'ancienne Union Soviétique. Certains adolescents survivent sans famille.
- Les jeunes (15/18 ans) sans emploi qui quittent la campagne pour la ville, mais n'y trouvent pas d'emploi. Ils considèrent leur migration comme un échec et finissent par rester dans la rue.

Le rapport présente une liste de facteurs de causalité similaire à celle donnée pour la Tchécoslovaquie. On estime que comme pour d'autres „phénomènes sociaux pathologiques", le phénomène des enfants de la rue est en augmentation.

Pologne, rapport rédigé par J. Gabura

A la différence des deux pays précédents, le terme enfants de la rue est connu dans le monde polonais depuis les années 20. Il n'y aurait pratiquement pas d'enfants de la rue en Pologne, mais des enfants fugueurs (qui ne restent dans la rue que très peu de temps); la prostitution enfantine et les enfants réfugiés sont rares. Le phénomène n'est pas reconnu en tant que tel. Le schéma de causalité est axé sur les enfants fugueurs et, plus généralement, sur les enfants à problèmes (sous tutelle, sous surveillance, etc.)

Grèce, rapport de Silia Nicolaidou

Pour la Grèce, le rapport signale l'absence d'enfants vivant seuls dans les rues et la présence d'enfants fugueurs (les statistiques ne sont pas précises). Il mentionne la présence d'enfants mendiants d'origine romani „travaillant sous la stricte surveillance et protection de leurs familles", d' enfants migrants d'Albanie, de jeunes toxicomanes et de jeunes qui ont été entraînés dans la prostitution.

Turquie, rapport de Graeme Brown

Le texte aborde les problèmes de définition: les enfants de la rue regroupent souvent les enfants qui y travaillent. Le nombre de ceux qui vivent dans les rues serait soumis à des variations saisonnières associées aux phénomènes de migration. La plupart des enfants qui migrent sont néanmoins accompagnés par leurs parents. Le texte mentionne les causes suivantes: exode rural, revenu familial, problèmes scolaires, problèmes familiaux.

[N.B. Le questionnaire utilisé pour l'enquête figure en annexe. Les rapports sur la Slovénie, la Lettonie et la Roumanie ne font pas partie du recueil.]

Creuziger, C. (1997). „Russia's Unwanted children: A cultural Anthropological Study of Marginalized Children in Moscow and St Petersburg." <u>Childhood</u> 4 (3, Aug.), pp. 343-358. (anglais) [FR, PR]

[Russie, Europe centrale et de l'Est, pays post-communistes]

L'auteur signale un changement de perception de l'enfance qui rend pertinent l'usage de la catégorie des *„unwanted children"* dans la société russe. Les orphelins, les enfants handicapés et les enfants de la rue font partie de cette catégorie. Le traitement qui leur a été réservé dans la société russe a été différent selon les époques. La qualité de vie dans les institutions et la réaction sociale en dépendent: ils ont été perçus comme des délinquants (bandes) dont la présence était menaçante après la guerre civile; ils ont été vus comme des orphelins et des victimes pendant la deuxième guerre mondiale. Ils sont considérés aujourd'hui comme une menace. L'étude en milieu institutionnel conclut par la négligence du suivi sur tous les plans: matériel, éducatif, affectif, identitaire, etc. L'institutionnalisation des enfants a des effets très négatifs et provoque leur exclusion. Les causes du départ des enfants vers la rue sont le traitement institutionnel inadéquat et/ou le traitement familial abusif et négligent. La consommation d'alcool des parents est également mentionnée.

Le phénomène est vu par l'auteur comme le résultat „*of social development since the fall of the soviet regime. As in the period prior to the second world war, today political upheavals have given rise to a chaotic economic and social environment that is disorienting for the citizens of Russia. The loosening of social control and weakness of the state has allowed more children to choose life in the streets. For the orphans, a life of crime offers better potential for a good quality life ...* " (p. 351). L'auteur signale que la vie dans la rue répond également au „désir de consommer" et au „besoin d'affection", qui trouvent une réponse dans la bande.

N.B. Les références utilisées pour le cas des enfants de la rue concernent tout d'abord des articles de presse.

Creuzinger, C. (1996). „Childhood in Russia: Representation and Reality". Lanham, MD, University Press of America, 254 pp. (anglais) [0-7618-0289-4] [PR]

[enfant en institution, Russie]

Voir l'article paru dans *Childhood* au sujet de la relation entre le traitement réservé aux enfants dans les institutions et la représentation de l'enfance. Cet ouvrage n'aborde pas directement le thème des enfants en situation de rue et concerne le placement en institution.

Dammann, P. (1992). „Die Bahnhofskinder. Bukarest, Warschau, Sofia, St. Petersburg, Tirana", Verlag J.H.W. Dietz Nachf., 126 pp. [3-8012-3045-7] [FR 1091]

[Europe centrale et de l'est, pays post-communistes]

Reportage avec photographies, descriptions et brefs témoignages d'enfants et d'adultes de divers pays de l'Est. Certains concernent les enfants de la rue (Bucarest,

St. Petersburg, Sofia).

Engeberink, G. O./Kruijt, D. (1996). „Enfants des rues dans la ville européenne - Étude préliminaire". Barcelone/Rotterdam, Centre d'études socio-politiques/Eurociété Comité de Bien-être, juin 1996. [BM/JE]

[Europe, Italie, Espagne, Suisse, Portugal, Allemagne, Angleterre, Portugal, Norvège, République Tchèque, Hollande]

Ce document est un rapport préliminaire d'une étude sur enfants sans abris et enfants des rues dans diverses villes européennes: Barcelone, Bologna, Bradford, Brno, Genève, Lisbonne, Madrid, Manchester, Oslo, Prague, Rotterdam, Prague, Strasbourg, Stuttgart. La recherche a été effectuée par questionnaire à l'attention des fonctionnaires de diverses villes. Un rapport d'environ une page est présenté pour chaque ville à partir des informations obtenues.

Prague: on signale les informations transmises par le Département de l'Education des jeunes et du Sport. Le problème des enfants sans abris ne comporte pas une catégorisation spécifique pour la République Tchèque. Ils seraient entre 500 et 1000. Il est fait référence à l'intervention"dans les gares", aux enfants qui vivent dans des caves, des canalisations, des refuges de fortune, des appartement abandonnés. Leurs activités principales sont le vol, la prostitution, la mendicité ou le recyclage.

Les causes mentionnées par cette institution étatique sont l'aliénation et les comportements des parents (manque d'intérêts, ruptures, etc.). Sont également mentionnés l'échec scolaire, l'influence des pairs, l'effondrement des valeurs, les valeurs de consommation, ainsi que l'absence de loisirs...

Brno: il est question de moins de 100 enfants sans abris, chiffre fourni par le département de l'Aide sociale de la ville. Il s'agit d'enfants qui ont fui leur famille ou bien une maison de correction. On signale des problèmes de criminalité, toxicomanie, prostitution, fugue et absentéisme scolaire. Au niveau familial, on mentionne les ruptures, l'asocialité, la criminalité, l'instabilité et la marginalité. La consommation d'inhalants serait un phénomène grandissant dans les communautés *Roms*.

Les conclusions du rapport font état du manque de connaissances sur le phénomène des enfants sans abris et de la confusion des définitions. Une partie du rapport concerne les interventions.

ENSCW, ISMO et al. (1998). „Straßenkinder und Mobile Jugendarbeit". Dokumentation zum Symposium vom 8. bis 11. September 1998 in St. Petersburg/Russland. St. Petersburg, 151 pp. (allemand et anglais) [PR]

[Russie, Europe, enfance/socialisation, travail, intervention/politiques sociales]

Il s'agit du recueil des documents issus d'un congrès tenu à St. Petersburg en 1998. Plusieurs contributions présentent les actions des divers organismes qui ont participé au congrès, ainsi que les diverses approches: en termes de travail des jeunes (W. Specht, A.S. Caglar, W. Blenk), de droits de l'enfant (G. Thurdin), d'appauvrissement des populations et de polarisation sociale (E.-U. Huster), etc. Un chapitre est spécifiquement consacré au cas russe et présente essentiellement des actions et des projets. M. Mirsagatowa évoque plusieurs phénomènes liés au problème: le chômage, la désertion sociale, la désintégration familiale, la migration, les problèmes des institutions étatiques pour enfants. A. Rean signale comment, au-delà des phénomènes macro-sociaux (la crise économique, chômage, migrations et déplacements conséquents aux conflits armés, etc.), la présence des enfants dans les rues doit être comprise dans une perpective psycho-sociale. Elle serait moins en lien avec la recherche de revenus et davantage en rapport avec la violence, l'institutionnalisation des enfants, ainsi que le processus d'émancipation qui est inscrit dans l'expérience de la rue.

Dans d'autres contributions, on trouve des exemples de projets et des options d'intervention. Les groupes de travail ont abordé les thèmes de l'abus sexuel, de la consommation de produits psychotropes, de la formation et de la criminalité. La liste d'adresses des participants est donnée en annexe.

Gasyuk, G. I./Morova, A.P. (1995). „Economic Reforms and Family Well-Being in Belarus: Caught between Legacies and Prospects". Florence, Innocenti Occasional Paper N. 54, UNICEF, 50 pp. (anglais) [ISSN 1014-7837] [PR]

[Bélarus, perspective structurelle, enfance]

Ce document présente une analyse des changements économiques et sociaux liés à la "transition". On y trouve des données statistiques concernant des thèmes tels que la santé des enfants, l'éducation, l'impact sur la stabilité de la famille qui témoignent de l'impact des contraintes structurelles et économiques sur la situation de l'enfance.

Golinowska, S., Balcerzak-Paradowska, B., et al. (1996). „Children in Difficult Circumstances in Poland". Florence, Innocenti Occasional Paper N. 57, UNICEF, 61 pp. (anglais) [PR]

[Pologne, enfance, perspective structurelle, enfance]

Ce document fait partie de la série de recherches sur les pays en transition (UNICEF). Il s'intéresse aux changements dans les conditions de vie des familles et montre l'appauvrissement qui frappe tout particulièrement les enfants et les jeunes. L'augmentation du taux de délinquance et de criminalité est liée à ces contraintes structurelles. Le document comprend une série de données quantitatives au sujet des facteurs de risque dans le développement de l'enfant (Ch. 4): santé, handicap, scolarisation, travail de l'enfant, alcoolisme, dépendance de drogues, prostitution, violence dans la famille, criminalité des jeunes. Les difficultés spécifiques des jeunes (absence d'emploi et de logement), les actions de l'Etat et des ONG sont également décrites.

Himes, J. R./Kessler, S. et al. (1991). „Children in Institutions in Central and Eastern Europe". Florence, UNICEF, 30 pp. (anglais) [88-85401-02-3] [PR]

[Hongrie, Roumanie, Pologne, Rép. Tchèque, Slovaquie, enfant en institution]

Ce document de 1991 traite des enfants institutionnalisés, héritage de certains pays soviétiques, et documente les causes et les conséquences des institutionnalisations massives dans divers pays. Il ne fait pas ouvertement référence aux enfants qui vivent dans la rue ni à la rue comme sortie de l'institution.

Human Rights Watch (1996). „Children of Bulgaria. Police Violence and Arbitrary Confinement". New York, (anglais) [PR, un résumé du rapport peut être consulté sur le site web the Human Rights Watch: www.hrw.org/summaries/s.bulgaria969.html;]

[Bulgarie, perspective légale/droit de l'enfant, réaction sociale, sortie, aubs/exploitation]

Ce rapport a été rédigé sur la base d'entretiens avec des enfants, des avocats, des responsables de communautés Rom, des activistes des droits de l'homme, des représentants de la police, etc. L'expression *street children* désigne une population plus large que les *homeless* en incluant ceux"pour qui la rue est devenu l'habitat principal". Ils sont estimés au nombre de 14.000. La majorité appartiennent aux communautés Rom. Pour ces populations, le taux de chômage se situe autour de 70% et atteint 90% dans certains quartiers, le taux national étant de 12.5%. Le statut socio-économique très bas associé aux défaillances du système éducatif bulgare sont les raisons les plus souvent citées pour expliquer le départ de l'enfant dans la rue. La désertion scolaire intervient à un très jeune âge.

Les enfants expliquent leur départ par les problèmes relationnels avec les parents, l'absence de supervision et de soins au foyer et parfois par l'absence de nourriture. Certains suivent le chemin des frères aînés ou de cousins qui travaillent dans les rues. Le texte rejette l'idée très répandue que les enfants y sont envoyés par les parents pour travailler car aucun enfant ne mentionne un telle situation. Les enfants proviennent de toutes les régions du pays (d'autres villes et de villages). Ils appartiennent à des familles nombreuses, des familles monoparentales ou des familles dans lesquelles les deux parents sont sans emploi.

Les activités réalisées sont diverses (commerce, mendicité, vol, recyclage, prostitution). Les enfants sont perçus par la police et par le public comme des criminels et ils sont l'objet d'une répression policière violente et d'abus. En raison de leur origine ethnique, ils sont également soumis aux attaques violentes de *gangs skinheads*, sans jouir d'aucune protection de la police. Les conditions d'arrestation et de détention sont examinées.

L'enfermement des *street children* et plus généralement des enfants Rom dans des centres de justice juvénile (*Labour Education Schools*) est fréquent et ils sont largement sur-représentés dans ces institutions. Il s'agit essentiellement d'institutions pénales qui ne sont toutefois pas soumises à une procédure et/ou à un contrôle judiciaire. Un certain nombre d'enfants sont également présents dans les prisons (leur cas n'est pas documenté). Les aspects légaux sont examinés. La partie finale du texte présente un ensemble de recommandations.

International Save the Children Alliance, (1998). „Secrets That Destroy". Stockholm, Rädda Barnen Suède, (français, anglais, espagnol, grec, finlandais) [91-88726-71-1] [PR]

[prostitution/abus sexuel, Grèce, Russie]

Ce document est issu de divers séminaires sur l'abus sexuel des enfants. Dans les pays d'Europe, ce phèneomène relève de situations diverses et le cas des enfants de la rue est exposé parmi ces diverses situations. Celle de Vyborg (Russie) est rapportée par Arja Kähty. Entre trente et soixante enfants seraient impliqués dans ces activités liées au tourisme sexuel (Finlande, Russie). Le cas de la Grèce est également exposé. Il est signalé qu'une intervention et un accompagnement de l'enfant victime d'abus est prévue par les lois grecques. Cependant, les enfants qui ne sont pas des ressortissants grecs (la plupart d'entre eux étant des ressortissants des anciennes républiques soviétiques) ne bénéficient pas de cette intervention. Une fois découverts par la police, ils sont plus souvent renvoyés dans leur pays et l'abus sexuel n'est pas dénoncé.

Le document s'intéresse aux projets d'intervention; plusieurs propositions figurent dans la conclusion.

Kollman, G. (1992). „Street Children: A short Summary of the Hungarian Situation" Paper presented at the „Regional Seminar for Eastern and Central Europe", Sofia, 28 septembre-2 octobre 1992.

[Hongrie]

pas consulté. (cité dans Burke 1992)

MONEE Project (1999). „After the Fall: the human impact of ten years of transition" (Après la chute: l'impact humain de dix ans de transition). Florence, UNICEF ICDC, 34 pp. (anglais ou français) [88-85401-46-5, disponible sur internet: www: unicef-icdc.org] [PR]

[Europe centrale et de l'Est, perspective structurelle, enfance]

Ce document ne concerne pas spécifiquement les enfants qui vivent dans les rues. Il s'agit de la présentation de résultats des diverses recherches du projet MONEE dix ans après la chute du mur de Berlin, qui fait état des coûts humains élevés. On peut y trouver des informations au sujet de l'augmentation de la pauvreté, des problèmes liés à l'éducation, (dont l'augmentation des coûts et l'exclusion de beaucoup d'enfants Rom), de la situation sur le plan de la santé (maladies, maladies sexuellement transmissibles, consommation d'alcool et de drogues, suicides, ...) du phénomène d'institutionnalisation des enfants, de la situation des femmes et des filles et des conflits armés.

Montel, M./Bourcier, J.-L. (1997). „Les enfants des rues de Bucarest". Cahiers de Marjuvia (8), pp. 7-17. (français) [FR]

[Roumanie, famille, pauvreté, perspective structurelle, perspective culturelle, travail]

Il s'agit d'une présentation de deux collaborateurs d'EquiLibre aux séminaires de Marjuvia (Paris.) Elle fait référence à une enquête réalisée en 1993 avec Terre des Hommes, Red Barnet et La ligue de Santé Mentale (Roumanie). Les auteurs soulignent le caractère soudain de l'apparition du phénomène des enfants des rues à Bucarest au lendemain de l'hiver 1989 et exposent diverses explications complémentaires: la politique nataliste et économique mise en place par le régime depuis 20 ans et la présence d'une communauté tsigane qui n'a jamais été intégrée. La politique nataliste voit chaque femme poussée à donner cinq enfants au pays; elle a comme corollaire l'abandon d'enfants et l'augmentation du nombre d'enfants non-désirés. Associé à une politique économique qui voit le pays s'appauvrir, ce phénomène explique la présence d'un grand nombre d'institutions pour enfants. Vivant dans des conditions dramatiques, ils descendront dans les rues, le moment venu. La désorganisation familiale est également expliquée par ce contexte de pauvreté, par les familles nombreuses et par le sous-emploi. A son tour, elle pousse les enfants vers la rue.

La discrimination des communautés tsiganes (plus du 10% de la population) est aussi en lien avec ce phénomène d'exclusion des services de santé et d'éducation. On suggère également une explication liée au fonctionnement des familles tsiganes: *„l'usage de demander très tôt aux enfants de fournir leur quote-part à l'économie familiale. Mendicité, vente de graines de tournesol, petits services ou rapines... le lieu de travail est souvent la rue. Les journées de petit rapport sont souvent sanctionnées au retour au domicile par une raclée ou quelques punitions. Rapidement, ces très jeunes travailleurs de la rue vont être tentés de considérer que l'argent gagné par leur travail leur revient de droit. Du statut d'enfant travailleur de la rue à celui „d'enfant de la rue", le pas sera rapidement franchi dès que le système répressif aura volé en éclat ... "* (p. 10).

Le texte décrit également l'évolution de la situation au cours des années 90 et la position du gouvernement face au problème des enfants de la rue. Une dernière partie présente le travail de EquiLibre. Il est question d'une forte mortalité parmi les enfants, due aux maladies, aux bagarres et aux drogues (pp. 16/17, résumé des débats).

Municipalité grande Sofia (1996). „Les enfants de la gare - Projet d'action", Union pour la protection des enfants, Maison d'édition "Laska", (français)

[Bulgarie, intervention/politiques sociales, délinquance, réaction sociale] *

Il s'agit de la présentation d'un projet qui comporte trois partie. La première présente le programme. Le point de départ est l'insécurité urbaine et notamment celle des utilisateurs des transports publics face aux enfants sans domicile qui vivent dans la gare. Ils sont reconnus comme une source de problèmes: vols, vol à main armée, mendicité, et comme signes d'une pathologie sociale. La deuxième partie présente les résultats d'une étude empirique dirigée par V. Terzeiéva-Stoïanova. (D'autres références sont mentionnées dans le document: des études du gouvernement sur les enfants sans surveillance (1992-1994, 1995) et une étude sur les populations tsiganes dans la période de transition (1995)). L'étude concernée a pris la forme d'une recherche par questionnaire auprès des enfants et des personnes employées dans la gare, ainsi que d'entretiens avec quinze experts. Parmi les raisons de la présence dans la rue: la violence familiale (la moitié des enfantes dit préférer la rue pour cette raison), l'absence de nourriture au foyer (1/5), la demande des parents pour que l'enfant mendie (1/3). La famille nombreuse à laquelle appartiennent les enfants est caractéristiques des populations tsiganes. Les familles d'environ la moitié des enfants résident dans une autre ville bulgare et la plupart des enfants a cessé tout contact avec la famille. Environ 2/3 d'entre eux ont vécu dans des orphelinats ou des camps de rééducation. Un petit nombre d'enfant rentre au foyer tous les soirs. Du point de vue des experts, les raisons de la présence des enfants dans la rue se trouvent dans la famille. Il est signalé qu'il s'agit essentiellement de familles tsiganes.

Les obstacles principaux à la „re-socialisation des enfants sans contrôle" sont la „dépendance des drogues, le refus de délaisser l'esprit vagabond, la dépendance des parents, etc."

La troisième partie de ce document présente divers rapports des autorités de Sofia concernant essentiellement les problèmes de sécurité pour la population et la délinquance.

Nauck, B./Joos, M. (1995). „East Join West: Child Welfare and Market Reforms in the "special Case" of the former GDR". Florence, Innocenti Occasional Papers, Economic Policy Series N. 48, UNICEF, 56 pp. (anglais) [PR]

[Allemagne, Europe centrale et de l'Est, perspective structurelle, famille, enfance]

Ce document concerne la situation de l'enfance dans les pays „en transition". Il n'aborde pas la question des enfants de la rue. Il s'intéresse à l'impact des contraintes structurelles et économiques sur la vie des familles et, par conséquent à la situation des enfants. Il fait partie de la série de travaux du projet de recherche sur la transition vers l'économie de marché en Europe centrale et de l'est (MONEE). Il présente les transformations survenues dans les familles (mariage, fécondité, mortalité, migration, mères célibataires, avortement,...). Les changements structurels et économiques conduisent à un risque élevé d'appauvrissement dans les familles avec enfants. Les familles „non-standard" avec des enfants, et notamment les familles monoparentales ou avec des parents non-mariés, sont les plus vulnérables.

Ressler, E. M./Boothby, N. et al. (1988). „Unaccompanied Children", Oxford University Press, (anglais) [FR 1114]

[Hongrie, guerres]

Des courts passages de ce livre concernent les enfants de la rue et signalent le lien entre la guerre et les enfants abandonnés. Les auteurs mentionnent le cas de la Hongrie à propos des enfants de la rue. Ils indiquent également comment les catastrophes (naturelles, guerres, famines, etc.) peuvent constituer une opportunité pour l'enfant qui quitte une famille insatisfaisante... (p. 119)

Romanian League for Mental Health (1993). „Street children".

[Romanie]

Pas consulté. Il s'agit probablement d'un rapport non publié concernant la recherche quantitative réalisée en 1993 par un collectif (Romanian League for Mental Health/Terre des Hommes/Red Barnet et al.), document cité par d'autres études, dont Zamfir (1996).

Romanian Save the Children (1996). Report on Street Children, „Save the Children" (Romania), 14 pp. (anglais) [BM/JE]

[Roumanie, perspective structurelle, famille, pauvreté, intervention/réaction sociale]

Le texte traite dans un premier temps des changements survenus en Roumaine depuis la révolution. Il signale l'explosion de la pauvreté dès 1991, les problèmes au niveau de la protection sociale et de l'éducation de l'enfance. L'étude porte sur 220 enfants interviewés dans la rue. Elle identifie trois catégories d'enfants: les enfants qui vivent dans la rue, mais ont une famille, ceux qui sont complètement abandonnés et ceux qui vont travailler la journée. 23% d'entre eux proviennent d'institutions et 71% de familles. Le reste a toujours vécu dans la rue. Plusieurs enfants ont fugué des institutions ou de leur maison. Le travail et la mendicité sont expliqués par des problèmes familiaux. Certains enfants sont forcés de travailler par la famille. La rue est décrite à travers le travail, la vie dans des bandes, la consommation de drogues, les psychopathologies et la prostitution.

Save the Children USA (1996). *Titre exact inconnu*

[PR]

[Arménie, Géorgie, Azerbaïdjan]

Il s'agit d'un rapport de Save the Children/USA, dont les références exactes font malheureusement défaut. Il concerne la situation de l'enfance dans trois pays (Arménie, Géorgie, Azerbaïdjan) traitée sur la base d'une visite de trois semaines dans chacun des pays. Des responsables des ONG, des institutions gouvernementales et des enfants ont été interrogés. Un chapitre se rapporte aux enfants vivant et/ou travaillant dans les rues. Le rapport indique que la situation dans ces trois pays est similaire en ce qu'ils ont expérimenté une forte crise dans la période qui a suivi l'indépendance, les conflits armés et les déplacements de populations, ainsi qu'une grande pauvreté.

On constate une augmentation du nombre d'enfants vivant dans les rues à Yerevan, Tbilisi et Baku. Il s'agit d'enfants réfugiés ou bien déplacés, qui proviennent de familles pauvres ou ayant de sérieux problèmes (consommation d'alcool et de drogues (p. 2)). Les enfants survivent de la mendicité et/ou du vol et ils sont rapidement forcés à s'insérer dans des réseaux criminels et, pour les filles, dans la prostitution.

Il est signalé qu'il n'y a pas d'études sur les enfants vivant dans les rues dans ces trois pays (p. 31). Néanmoins, il est question d'une recherche concernant les enfants de la rue réalisée par l'UNICEF en 1995 (Azerbaïdjan), mais qui n'a pas pu être consultée par l'auteur.

Le texte évoque plusieurs trajectoires qui conduisent l'enfant à la rue. L'une d'elles concerne les enfants qui se trouvent séparés des parents en raison de la guerre ou des déplacements. Une autre trajectoire concerne les enfants qui ont été exploités par l'armée et utilisés comme espions ou combattants. Il seraient traités avec suspicion par la population et se retrouvent dans les rues. Une troisième trajectoire voit l'enfant déplacé ou réfugié quitter le camp pour réfugiés et se rendre en ville dans l'espoir de trouver du travail (p. 31). Est également mentionné le cas de l'enfant fugueur et/ou abusé par les parents (p. 32).

Arménie

Les enfants, victimes de la guerre et/ou du tremblement de terre, proviennent des régions rurales où ils ont laissé leurs familles. L'exploitation par des adultes dans des activités criminelles est mentionnée. Pour les filles, la sortie de la rue est associée à l'exploitation sexuelle. Quelques récits d'enfants sont inclus.

Géorgie

Le gouvernement estime à 800 le nombre d'enfants de la rue. On signale les risques importants liés à la prostitution à l'insertion dans des activités criminelles. La formation de gangs semble être un phénomène récent.

Azerbaïdjan

La plupart des enfants qui vivent dans les rues seraient des enfants déplacés ou réfugiés. Quelques-uns sont envoyés dans la rue par les parents et d'autres ont fui des institutions pour enfants (abus). Les causes mentionnés sont: „la détérioration de l'unité familiale", „la situation économique mauvaise", „l'absence de contrôle social", la non-fréquentation de l'école, l'augmentation de la violence dans les foyers et l'absence d'emploi.

Le chapitre consacré aux enfants en conflit avec la loi mentionne la „sortie" des enfants de la rue (mais aussi des prostitués) qui les voit entrer dans la filière judiciaire. La police renvoie les enfants à leur foyer ou les place dans des institutions.

Tatochenko, V. (1993?). „State of children in Russia on the way to the market economy", document non-publié, (anglais). [DEI 1370]*

[Russie, pauvreté, travail, école, délinquance]

Ce document non publié du Prof. V. Tatochenko dresse un bilan sur la situation de l'enfance en Russie. Il décrit la situation générale marquée par la forte détérioration des conditions économiques et sociales. Il y aurait quotidiennement 237 enfants qui fuguent de leur foyer. A propos des *children in the street*, l'auteur mentionne l'absence d'activités para-scolaire (loisirs), qui ont disparu suite aux réformes. Une deuxième raison pour le départ dans la rue (pendant la journée?) est la recherche d'argent, qui va de pair avec une multiplication de petits commerces (nettoyage de voitures, vente, etc.). Il est important de réguler ces activités afin d'éviter l'exploitation, l'abus et la criminalité. Chaque année, il y aurait 100.000 fugueurs. Il est signalé que cela relève en partie du vagabondage, mais qu'une partie substantielle de ces enfants fuient des familles asociales en raison de la violence et de l'abus sexuel (p. 15). La présence des enfants dans la rue est associée à la formation de groupes marginaux et déviants et à l'insertion dans la criminalité. L'absence de contrôle policier est mentionnée.

On ne connaît pas exactement les sources de l'auteur, les donnés statistiques proviennent de divers rapports: *The State of Children in Russia in 1992*; *The state of Children in URSS in 1990*; *The State of Health of the people in Russian Federation in 1991*.

Terre des Hommes – Lausanne (1993) „Terre des Hommes en Roumanie", Lausanne, mars 1993.

[Roumanie]

Il s'agit d'un document de quatre pages présentant l'action de Terre des Hommes et quelques résultats d'une enquête réalisée en 1993. Il concerne les données recueillies par Terre des Hommes (111 enfants) dans le cadre d'une enquête réalisée collectivement avec d'autres organisations de Bucarest. Quelques résultats: 51 enfants ont fui la maison, 25 des orphelinats, 2 des prisons, 30 n'ont pas révélé leur origine. D'autres documents non-publiés de Terres des Hommes présentent des analyses des données statistiques et décrivent les problèmes méthodologiques liés à l'enquête.

UNICEF, Central and Eastern Europe, Commonwealth of Independent States and the Baltic Regional Office (1997). „Information Kit on CEE/CIS and Baltic States". Geneva, UNICEF.

(anglais) [PR] *

[perspective structurelle, famille, pauvreté, délinquance, Lituanie, Lettonie, Roumanie, Russie, Hongrie, Arménie, Azerbaïdjan, Albanie, Moldavie]

Ce dossier contient un ensemble de fiches sur la situation des enfants et sur le travail de l'UNICEF dans divers pays. Le phénomène des enfants „de" la rue est mentionné à plusieurs reprises. Les fiches sur la Russie, le Bélarus et l'Ukraine font défaut. L'UNICEF prévoit de mettre à jour ce dossier (communication personnelle).

La fiche introductive (*Background Brief*) décrit les effets de la „transition" sur le plan social et économique: *„Having been nurtured in systems where the state essentially provided employment, recreation, welfare benefits and even took on parental duties when necessary, the people of the CEE/CIS/Baltics find themselves now bereft of such quasi-parental care. Unemployment is high, new welfare and social service safety-nets are not yet in place and, above all, the human skills, social norms, life strategies and family and community values needed to replace the ideologies of the past are only just beginning to develop."* La situation des adolescents se caractérise par la pauvreté, l'absence d'emploi, d'assurances sociales, de scolarisation et de formation. Associée à la globalisation, cette situation provoque des comportements à risque: consommation d'alcool et de drogues, suicide, grossesses précoces, maladies sexuellement transmissibles, crime, *homelessness*. Le dossier expose également le problème de l'exploitation sexuelle.

Diverses fiches mentionnent l'existence d'enfants qui vivent dans les rues sans être nécessairement identifiés comme tels (abus sexuel, *homeless*, ou autre...). Parmi les informations:

- Il y aurait plus de 10.000 enfants en Lituanie et Lettonie qui ne vont plus à l'école. Ils passent leurs journées (?) dans la rue et plusieurs se prostituent (*Background Brief,* p. 5).

- La recherche de *Save the Children* (1996) en Roumanie montre 2000 enfants de la rue, dont plusieurs se prostituent en échange d'un lieu pour dormir (*Background*

Brief, p. 5). En dépit de l'état lamentable des institutions publiques pour les enfants (depuis la coupure dans les budgets sociaux), le nombre d'enfants abandonnés par les parents et institutionnalisés serait en augmentation. Pour les adolescents, il est question de l'émergence d'un style de vie: „*In the context of increasingly dysfunctional family environments and growing consumer pressure from contact with more affluent countries, older children and adolescents are being affected by so-called 'lifestyle' problems such as alcoholism, substance abuse, homelessness, involvement in crime and exploitation. It is only in recent years that the phenomenon of 'street children' has been acknowledged.*" (*Romania Fact Sheet*, p. 2).

- Une enquête réalisée en Russie *(Russian Procurancy General)* indique qu'un tiers des jeunes qui quittent les institutions (pour orphelins ou handicapés) deviennent des *homeless*, un sur cinq devient criminel *(Background Brief,* p. 7).

- En Hongrie, plus du 60% des bénéficiaires des centres pour *homeless* ont vécu préalablement une longue institutionnalisation (source non mentionnée). Le problème est similaire en Roumanie *(Background Brief, p. 7)*.

- Arménie. La „transition" provoque une baisse considérable du niveau de vie et des taux de scolarisation. Le travail des enfants dans les rues est en augmentation, tout comme la mendicité. Une étude rapporte qu'il y avait 100 enfants vivant dans la rue en 1996 et 350 en 1997. La plupart de ces enfants ont une famille et 242 seraient rentrés chez eux. La présence d'enfants mendiants est aussi importante (A. Galstian, *Armenia: Children of the streets)*

- Azerbaïdjan. Le texte mentionne 300000 enfants déplacés par les conflits armés. Toutefois, „*while war, economic hardship and social disruption in other countries has resulted in a large increase in the number of 'social orphans', kin and religious structures in Azerbaijan seem to have held children closer to the family*" (p. 2). Le texte mentionne une étude de l'UNICEF auprès des enfants de la rue et des enfants travaillant dans la rue, sans donner d'indications supplémentaires sur leur situation.

- Albanie. Une étude pilote de l'UNICEF/*Ministry of Labour & al.* a répertorié 130 enfants dans les rues de Tirana, dont 13 dormaient dans la rue. Une partie travaillent et d'autres mendient. Il est également question de prostitution.

- Moldavie. Le phénomène des enfants de la rue augmente depuis 1990. En 1996, 500 enfants environ ont été enlevés de la rue et placés dans des institutions ou des foyers temporaires. Leur nombre serait en augmentation, tout comme le taux de criminalité chez les adolescents.

UNICEF, MONEE Project (1997). „Children at risk in Central and Eastern Europe: Perils and Promises". Florence, UNICEF, 170 pp. (anglais) [le sommaire est disponibles sur le site www:unicef-icdc.org] [PR]

[Europe Centrale et de l'Est, perspective structurelle, enfance]

Ce document présente une analyse détaillée des conditions de vie dans les anciens pays soviétiques et montre leur dégradation progressive. Le thème des enfants qui vivent dans la rue n'est pas abordé. Les aspects suivants sont traités: pauvreté (préalable à la transition et durant la transition), conflits inter-ethniques et guerres, migrations et déplacement des populations, situations familiales (l'érosion de la famille traditionnelle, les changements démographiques et les nouvelles stratégies des familles), état de santé, scolarisation. Un chapitre est consacré aux nouveaux modes de vie des jeunes et aux risques liés à la santé (consommation de drogue et d'alcool, suicide, maladies sexuellement transmissibles). Un autre concerne la délinquance. Elle est en augmentation bien que les statistiques ne permettent pas de discriminer les différents comportements sanctionnés (parmi ceux-ci, le fait d'être dans la rue). Un chapitre concerne les enfants institutionnalisées. Le texte aborde la question de la prévention des risques à travers les politiques familiales.

La référence aux populations des *homeless* ou *street children* apparaît parfois sous d'autres catégories. On trouve des informations sur la délinquance (informations statistiques), la consommation de drogues, l'exploitation sexuelle et les styles de vie (*„lifestyle and risks among youth"*). On constate un abaissement de l'âge moyen pour ces comportements à risque.

UNICEF et al. (1998?). „Social Integration of Institutionalized and Street Children - Proposal for Funding", document non publié, 15 pp. (anglais) [PR]

[Roumanie]

Ce document présente un projet de recherche auprès des enfants de la rue et des enfants institutionnalisés en Roumanie dans une visée de recherche de financements. Il signale le contexte de privatisation et les réformes, qui rendent vulnérable une partie importante de la population et notamment les enfants. L'apparition des enfants de la rue est associée aux dysfonctionnements de la transition. „*The families are not prepared to cover the physical and emotional needs of their children. In the communist society the social order was imposed by strict rules and a very strong system of controlling the individuals. In the actual society rules and controlling system were not replaced by new norms and values socially accepted. The freedom won through the revolution was interpreted by individuals as a freedom to do anything serving to their own interest without being afraid that they will be punished when the norms of society are brocken down and as a freedom of responsibility for community interest.*" (p. 4).

Durant les premières années après la révolution, la présence des enfants de la rue est la conséquence de leur départ des institutions nationales où „leurs besoins émotionnels n'ont pas été satisfaits". Leur nombre a augmenté avec les enfants qui ont fui leurs foyers (négligence, abus, pauvreté). Cette deuxième trajectoire serait la plus fréquente actuellement (1997-1998?).

On signale 1500-2000 enfants dans la rue à Bucarest, dont 800 vivent dans la rue. D'autres villes sont également touchées: Timisoara et Iasi sont mentionnés. Il y aurait des déplacements saisonniers entre les villes.

Il est mentionné que certaines villes (Timisoara et Iasi) constitueraient un attrait pour les enfants parce que plusieurs ONG y sont présentes. La présence des enfants de/dans la rue à Iasi s'expliquerait davantage par la pauvreté qui affecte le Nord-Est du pays et par le fait qu'elle aggrave des problèmes tels que la violence domestique, les ruptures, l'alcoolisme et la criminalité. Il semblerait que la majorité des enfants proviennent du Nord de la Moldavie, partie la plus pauvre du pays.

Quelques constats des ONG: l'âge moyen des enfants diminue, de plus de plus d'enfants sont envoyés par leur famille pour mendier (celle-ci étant la seule source de revenu familial), les rues comportent des gangs qui exploitent les enfants les plus jeunes; la prostitution et le tourisme sexuelle sont en augmentation parmi les enfants de la rue.

Certaines informations sur les sorties d'institutions sont présentées, mais elles semblent concerner l'ensemble des institutions pour enfants et non pas spécifiquement les „anciens enfants de la rue".

Zamfir, E./Zamfir, C. (1996). „Children at Risk in Romania: Problems old and new". Florence, Innocenti Occasional Paper, N. 56, UNICEF/ICDC, 51 pp. (anglais) [PR]

[Roumanie, perspective structurelle, enfance]

Analyse des causes des problèmes liés aux „enfants à risque" en Roumanie. Elle fait état de l'aggravation des conditions de vie liée à la transition et montre les causes structurelles des problèmes qui touchent l'enfance. Les enfants *rom* sont particulièrement à risque pour ce qui concerne la santé, la criminalité, la pauvreté et la marginalité. L'augmentation du taux d'abandon des enfants est mise en relation avec le déclin économique et social qui trouve les communautés sans préparation pour affronter ces problèmes. Un bref paragraphe concerne les *street children* (estimation à 1440 pour Bucarest (Romanian League for Mental Health (1993); 2500/3500 dans le pays, sans références bibliographiques). Le phénomène est considéré comme le produit de la désintégration de la famille, sous la pression des contraintes économiques et sociales. Cela concerne de près le déclin du soutien de l'Etat aux familles défavorisées et/ou de sa prise en charge des enfants abandonnés.

Zamfir, E. (1997). „Social Services for Children at risk: The Impact on the Quality of Life." Social Indicators Research 42 (1), pp. 41-76. (anglais) [PR]

[Roumanie, perspective structurelle, enfance]

Cet article présente une partie des analyses publiées par l'UNICEF (cf. plus haut). Il examine le contexte de négligence, d'abandon et d'institutionnalisation des enfants en Roumanie, avant et après 1989. Les explications se rapportent à la détérioration des conditions de vie des enfants. La situation spécifique des enfants Roms est abordée dans le dernier paragraphe. Un court paragraphe s'intéresse aux *street children* en signalant que le phénomène est en rapport à la fois avec la désintégration des familles et le déclin de l'action étatique en leur faveur. Un tableau (p. 66) résume quelques caractéristiques des enfants de la rue à Bucarest (sexe, âge, activité, permanence dans la rue, raisons de leur présence, scolarisation, santé et situation des parents).

Zouev, A. (1999). „Generation in Jeopardy". New York, UNICEF, 206 pp. (anglais) [0-7656-0290-3] [PR]

[Europe Centrale et de l'Est, perspective structurelle, enfance]

Ouvrage sur la situation des pays de l'ex-Union soviétique. La première partie décrit les conditions sociales de la population (accès aux services de base et situation de l'enfance) en montrant plusieurs aspects de la dégradation qui est en cours durant la période de „transition". La deuxième partie concerne les *children in especially difficult circumstances* (CEDC). La troisième présente quelques facettes de la transition dans des régions différentes.

Un chapitre concernant la négligence, l'abus et l'exploitation des enfants traite des enfants *homeless*. On signale l'absence d'informations sur ces thèmes et l'on fait état de leur augmentation. Quelques trajectoires sont évoquées. L'une d'elles est celle de l'enfant quittant une institution qui, par manque de ressources, n'est plus en mesure de subvenir aux besoins des enfants. Une deuxième concerne l'enfant issu de familles dans lesquelles les parents „pauvres" ou „alcooliques et irresponsables" ont vendu le logement. Une troisième est celle de l'enfant qui fugue d'un foyer de parents „abusifs". La difficulté à trouver un emploi licite conduit beaucoup de ces jeunes à s'insérer dans des *gangs* délinquants. Est également mentionné le manque soin des parents qui travaillent ou encore la vente d'enfants par ces mêmes parents.

Le document traite encore de l'absence d'interventions étatique pour la protection de l'enfance et/ou de leur insuffisance, ainsi que de l'héritage des milliers d'enfants „orphelins sociaux" institutionnalisés durant l'époque du régime soviétique.

D'autres informations concernant les enfants vivant ou travaillant dans les rues sont signalées dans les chapitres sur le travail et la criminalité juvéniles.

Autres documents:

Atauz, S. (1990). „Street Chidren in Urfa". Ankara, UNICEF.

[Turquie, travail]

Erder, N. (1991). „Children working on the street in Metropolitan Ankara, A status Report". Ankara, ILO.

[Turquie, travail]

Rigas, A. V. (1998). „Foreign Children on the Street: A Travelogue on the Streets of Athen". (ASP Association-Paper, International Sociological Association (ISA). [Dept Psychology U Crete, GR-74100 Rethymno Greece [fax: 30-1-8156468]]

[Grèce, travail, migration, Europe de l'Est]

Sociological abstract: *Examines the life stories of 20 children working on the streets of Athens, Greece, drawing on semidirected interview, field research, audiovisual, & photographic data. Street children are an urban phenomenon for Greek society, referring to urban children/adolescents, ages 4-16, coming from abroad (Albania, Poland, Russia) in the last 10 years, who spend most of their time working or begging. These children feel that the unfairness & inequality they experience should be redressed through social commitment to their welfare.*

Voir également la bibliographie générale:

Adick, C. (Ed.) (1998). „Straßenkinder und Kinderarbeit. Sozialisationstheoretische, historische und kulturvergleichende Studien". Frankfurt, IKO Verlag, 303 pp.

Conseil de l'Europe, Comité directeur sur la politique sociale (CDPS), Groupe d'étude sur les enfants de la rue (1994). „Les enfants de la rue/Street children". Strasbourg, Conseil de l'Europe, 91 pp.

Holm, K. et al. (Ed.) (1996). „Neue Methoden der Arbeit mit Armen: am Beispiel Straßenkinder und arbeitende Kinder". Frankfurt, IKO, 191 pp.

Specht, E. W. (Ed.) (1991). „Strassen-fiesser", Stuttgart, Beiträge sozialer Arbeit der Diakonie, Band 4, Diakonisches Werk der EKD.

Annexe: Adresses

A. Sites INTERNET:

http://www2.deakin.edu.au/GUIC/default.htm
Projet „Growing up in the cities"

http://childhouse.uio.no/index.html
Ce site comprend un répertoire de chercheurs et d'instituts de recherche concernant l'enfance; voir également le site suivant.

http://www.childwatch.uio.no/
Il s'agit du site du réseau d'instituts de recherche sur les droits de l'enfant. Une partie du site concerne les indicateurs des droits de l'enfant. On peut y trouver le travail de Ennew/Gopal/Heeran/Montgomery: analyse de la litérature et bibliographie commentée sur la prostitution enfantine. (http://www.childwatch.uio.no/cwi/projects/indicators/prostitution/)
Un rapport sur les droits de l'enfant en Afrique (Ngoné Diop Tine et Judith Ennew) traite des „*street children*" (http://www.childwatch.uio.no/cwi/projects/indicators/contexts1.html#8)

http://globetrotter.berkeley.edu/humanrights/bibliographies/kidbib.street.html
Contient une bibliographie sur les *street children* préparée par Molly Ryan (1997)

http://www.crin.org/
Il s'agit du Child Rights Information Network. Ce site contient des informations sur les événements, les organisations et les publications au sujet des droits de l'enfant.

http://www.globenet.org/enda/procape/
Ce site contient une bibliographie sur les enfants issus des milieux urbains défavorisés ainsi que l'approche de ENDA/Procape. Voir également http://www.enda.sn/

http://www.streetkids.org/
Il s'agit du site de street kids international (Canada). Il présente un certain nombre de documents sur qui sont inclus dans cette bibliographie

http://www.rb.se/childwork/index.htm

Il s'agit du site de Rädda Barnen Suède qui présente la bibliographie de J. Ennew et B. Milne (1996 [gén.] sur les enfants travailleurs et/ou de la rue dans une perspective des méthodes de recherche.

http://www.pangaea.org/street_children/kids.htm
Ce site présente une bibliographie sur les „*street children*" ainsi qu'un répertoire d'organisations.

http://www.ecpat.net/
Il s'agit du site de ECPAT (Thaïlande) qui œuvre dans le domaine de la protection contre l'abus et l'exploitation sexuelle des enfants. Il comprend une liste d'adresse des associations membres de ECPAT. Sur ce thème voir également: http://www.focalpointngo.org/focalpoint.html

http://www.who.int/substance_abuse/pages/vulnerable.html
Il s'agit du site de l'OMS qui concerne les programmes de prévention d'abus de drogues chez des populations particulièrement vulnérables (dont les enfants 'de' la rue)

http://www.oit.org/public/english/standards/ipec/
Il s'agit du site de l'IPEC (International Programme on the Elimination of Child Labour).

http://unicef.org
http:// **www.unicef-icdc.org**
Le deuxième site est celui du centre de recherche de Florence (UNICEF Innocenti Research Centre) et inclut des bases de données.

http://unesco.org
Site de l'UNESCO

B. Adresses de chercheurs

Prof. Lewis Aptekar
San José State University
Dep. of Education
One Washington Square
San José, California USA

Dr. Rachel Baker
Department of Social Anthropology
University of Edinbourgh
Adam Ferguson Building
George Square
Edinburgh EH8 9LL
R.Baker@ed.ac.uk

Judith Ennew and Brian Milne
The Old Store
High Street
Brinkley
Newmarket
Suffolk CB8 0SE
United Kingdom
Fax: + 44 1638 507 249

Prof. Riccardo Lucchini
Séminaire de sociologie
Faculté des sciences économiques et sociales
Université de Fribourg
CH – 1700 Fribourg
Tél. + 41 22 300 82 16/17
Fax. + 41 22 300 97 27
E-mail: Riccardo.Lucchini@unifr.ch
http://www.unifr.ch/socsem/

Dr. Usha S. Nayar
Professor & Head
Unit for Child and Youth Research,
Tata Institute of Social Sciences
P.B. No. 8313
Deonor
Mumbay-400 088
India
tél. 91-22-5563290
fax. 91-22-5562912
E-mail: tash@bom2.vsnl.nct.in

Dr. Yves Marguerat
Institut Français de Recherche Scientifique
pour le Développement en coopération (IRD)
213, rue La Fayette
75480 Paris cedex 10
Tél.: 01.48.03.77.77
Fax: 01.48.03.08.29
E-mail: marguerat@bondy-ird.fr

Dr. Catherine Panter-Brick
Department of Anthropology
University of Durham
43 Old Elvet
Durham DH1 3HN
U.K.
Tél. +44-(0)191-374-2854
Fax +44-(0)191-374-2870
E-mail: Catherine.Panter-Brick@durham.ac.uk

Dr. Daniel Stöcklin
Terre des Hommes
En Budron C
Le Mont-sur-Lausanne
Case Postale
1000 Lausanne 9
Tél. + 41 21 654 66 19
Fax. + 41 21 653 66 77
E-mail: Daniel.Stoecklin@tdh.ch

Dr. Jill Swart-Kruger
Department of Anthropology
University of South Africa
392 Pretoria 0001, South Africa
Tél. 27-12-429-3111
Fax. 27-12-429-3221
E-mail: sjk@global.co.za
       krugejm@alpha.unisa.acza.
       jmkrug@global.co.za

Dr. Angela Veale
Departement of Applied Psychology,
University College of Cork
Ireland
Tél.: 353 21 904 304
Fax: 353 21 270 439
E-mail: A.Veale@ucc.ie

International Secretariat for Excellence in Child Research: Dr. Fred Bemak, Dr. Judith Ennew, Dr. Riccardo Lucchini.

Dr. F. Bemak
Counselor Education
283, Arps Hall
PAES/College of Education
The Ohio State University
Columbus, Ohio
USA 43210
Tél. +1 614 688 8652
Fax. + 1 614 292 0102
E-Mail: bemak.1@osu.edu

Dr. Judith Ennew
Centre for Family Research
University of Cambridge
Free School Lane
Cambridge CB2 3RF
United Kingdom
Tél. + 44 1223 334516
Fax. +44 1223 330574
E-Mail: je19@hermes.cam.ac.uk

Dr. Riccardo Lucchini
cf. l'adresse mentionnée plus haut

Wissenschaftliche Arbeitsgruppe für weltkirchliche Aufgaben der Deutschen Bischofskonferenz

Broschüren

- Armut und Bevölkerungsentwicklung in der Dritten Welt (1990: auch in englisch, französisch und spanisch); Autoren: Franz Böckle/Hans-Rimbert Hemmer/Herbert Kötter

- Gutes Geld für alle. Sozialethische Überlegungen zur Geldwertstabilität (1991; auch in spanisch); Studie der Sachverständigengruppe „Weltwirtschaft und Sozialethik", vorgelegt von Franz Furger und Joachim Wiemeyer

- Christen und Muslime vor der Herausforderung der Menschenrechte (1992; auch in englisch und französisch); Autoren: Johannes Schwartländer/Heiner Bielefeldt

- Von der Dependenz zur Interdependenz. Anstöße und Grenzen der Dependenztheorie (1994; auch in englisch und französisch); Studie der Sachverständigengruppe „Weltwirtschaft und Sozialethik", vorgelegt von Franz Furger und Joachim Wiemeyer

- Wirtschaft: global und ökologisch. Überlegungen zu Ressourcenschonung und Umwelterhaltung (1994; auch in englisch und spanisch); Studie der Sachverständigengruppe „Weltwirtschaft und Sozialethik", vorgelegt von Franz Furger und Joachim Wiemeyer

- Mut zur Strukturanpassung bei uns - Hilfe für die Entwicklungsländer (1995; auch in englisch); Studie der Sachverständigengruppe „Weltwirtschaft und Sozialethik", vorgelegt von Franz Furger

- Handeln in der Weltgesellschaft: Christliche Dritte-Welt-Gruppen (1995); Autoren: Karl Gabriel/Sabine Keller/Franz Nuscheler/Monika Treber

- Soziale Sicherungssysteme als Elemente der Armutsbekämpfung in Entwicklungsländern (1997; auch in englisch und spanisch): Studie der Sachverständigengruppe „Weltwirtschaft und Sozialethik"

- Stabilität und soziale Gerechtigkeit. Zur Einführung des EURO (1999); Studie der Sachverständigengruppe „Weltwirtschaft und Sozialethik"

- Die vielen Gesichter der Globalisierung. Perspektiven einer menschengerechten Weltordnung (1999, auch in englisch, französisch und spanisch); Studie der Sachverständigengruppe „Weltwirtschaft und Sozialethik und der kirchlichen Werke Adveniat, Caritas international, Misereor, missio Aachen, missio München und Renovabis.

- Das soziale Kapital. Ein Baustein im Kampf gegen Armut von Gesellschaften (2000); Studie der Sachverständigenggruppe „Weltwirtschaft und Sozialethik.

Die Broschüren sind zu beziehen bei der Zentralstelle Weltkirche der Deutschen Bischofskonferenz, Kaiserstraße 163, 53113 Bonn, Tel. 0228/103-288, Fax. 0228/103-335.

Wissenschaftliche Arbeitsgruppe für weltkirchliche Aufgaben der Deutschen Bischofskonferenz

Buchreihe "Forum Weltkirche: Entwicklung und Frieden", Matthias-Grünewald-Verlag Mainz

- Bd. 1: Peter Hünermann/Juan Carlos Scannone (Hg.): Lateinamerika und die katholische Soziallehre. Ein lateinamerikanisch-deutsches Dialogprogramm (1993)
  Teil 1: *Wissenschaft, kulturelle Praxis, Evangelisierung. Methodische Reflexionen zur Katholischen Soziallehre*
  Teil 2: *Armut. Herausforderung für Wirtschafts- und Sozialordnung*
  Teil 3: *Demokratie. Menschenrechte und politische Ordnung*

- Bd. 2: Johannes Schwartländer: Freiheit der Religion. Christentum und Islam unter dem Anspruch der Menschenrechte (1993)

- Bd. 3: Thomas Hoppe (Hg.): Auf dem Weg zu einer Europäischen Friedensordnung. Perspektiven und Probleme nach dem Ende des Kalten Krieges (1994)

- Bd. 4: Joachim E. Tschiersch/Herbert Kötter/Frithjof Kuhnen: Kirchen und ländliche Entwicklung. Einwirkungen auf die Rahmenbedingungen der Entwicklungszusammenarbeit - Möglichkeiten und Grenzen (1995)

- Bd. 5: Franz Nuscheler, Karl Gabriel, Monika Treber, Sabine Keller: Christliche Dritte-Welt-Gruppen. Praxis und Selbstverständnis (1996)

- Bd. 6: Jürgen Schwarz (Hg.): Die katholische Kirche und das neue Europa. Dokumente 1980 - 1995 (2 Bände) (1996)

- Bd. 7: Ludwig Bertsch, Hermann Janssen, Marco Moerschbacher (Hg.): Alternativen zur traditionellen Pfarrstruktur. Die Communio-Ekklesiologie und ihre Rezeption in Afrika, Ozeanien und Europa (1997)

- Bd. 8: Thania Paffenholz: Konflikttransformation durch Vermittlung. Theoretische und praktische Erkenntnisse aus dem Friedensprozeß in Mosambik 1976-1995 (1998)

- Bd. 9: Thomas Hoppe (Hg.): Friedensethik und internationale Politik. Problemanalysen, Lösungsansätze, Handlungsperspektiven (2000)

Bezug nur über den Buchhandel

Wissenschaftliche Arbeitsgruppe für weltkirchliche Aufgaben der Deutschen Bischofskonferenz

Reihe „Projekte"

1 Yves Bizeul: Christliche Sekten und religiöse Bewegungen in der südlichen Hemisphäre. Eine Literaturstudie (1995)

2 Thomas Bremer (Hrsg.): Religion und Nation im Krieg auf dem Balkan. Beiträge des Treffens deutscher, kroatischer und serbischer Wissenschaftler vom 05. bis 09. April 1995 in Freising (1996)

3 Gero Erdmann: Demokratie und Demokratieförderung in der Dritten Welt. Ein Literaturbericht und eine Erhebung der Konzepte und Instrumente (1996)

4 Martin Diehl: Rückkehrbereitschaft von Stipendiaten aus Entwicklungsländern. Eine Evaluierung von Förderprogrammen des Katholischen Akademischen Ausländer-Dienstes (KAAD) (1997)

5 Günther Freundl/Petra Frank-Herrmann (Eds.): Reproductive Behaviour in Circumstances of Extreme Poverty (1997)

6 Karl Gabriel/Monika Treber (Hrsg.): Christliche Dritte-Welt-Gruppen: Herausforderung für die kirchliche Pastoral und Sozialethik (1998)

7 Gero Erdmann: Demokratie- und Menschenrechtsförderung in der Dritten Welt. Grundlinien eines Rahmenkonzeptes für die kirchliche Entwicklungszusammenarbeit (1999)

8 Thomas Hoppe (Hg.): Menschenrechte - Menschenpflichten. Beiträge eines gemeinsamen Symposiums der Deutschen Kommission Justitia et Pax und der Wissenschaftlichen Arbeitsgruppe für weltkirchliche Aufgaben vom 7. bis 8. Dezember 1998 in Köln (1999)

9   Antonella Invernizzi: Straßenkinder in Afrika, Asien und Osteuropa – Eine kommentierte Bibliographie (2000)

Zu beziehen über die Zentralstelle Weltkirche der Deutschen Bischofskonferenz, Kaiserstraße 163, 53113 Bonn, Tel. 0228/103-288, Fax. 0228/103-335.

Notizen

Notizen

Notizen

Notizen

Notizen

Notizen